평화의 길
— 역사와 함께

국립중앙도서관 출판예정도서목록(CIP)

평화의 길 : 역사와 함께 : 이기영 목사 에세이 / 지은이:
이기영. -- 서울 : 동연, 2018
      p. ;   cm

권말부록: <논문> 비잔틴 영성
ISBN 978-89-6447-407-5 03040 : ₩18000

기독교 신앙 생활[基督敎信仰生活]

234.8-KDO6
248.4-DDC23   CIP2018014753

이기영 목사 에세이

평화의 길 — 역사와 함께

2018년 5월 21일 초판 1쇄 인쇄
2018년 5월 25일 초판 1쇄 발행

지은이 | 이기영
펴낸이 | 김영호
펴낸곳 | 도서출판 동연
등 록 | 제1-1383호(1992년 6월 12일)
주 소 | 서울시 마포구 월드컵로 163-3
전 화 | (02) 335-2630
팩 스 | (02) 335-2640
이메일 | yh4321@gmail.com

ISBN 978-89-6447-407-5 03040

이기영 목사 에세이

평화의 길

역 사 와 함 께

이기영 지음

동연

머리말

1.

망설이다가 책명을 『평화의 길 — 역사와 함께』라고 붙여 보았습니다. 여기에는 여러분의 노고(勞苦)의 결실(結實)이 있었음을 믿고 환영하고 감사하고 싶습니다. 우리 현대사를 회고하면, 해방과 분단, 평화통일이라 하겠는데, 해방은 잠시의 기쁨과 감격이었고, 분단은 많은 회한(悔恨)을 동반하며 평화통일의 진행형으로 이어지고 있습니다. 우리 민족의 해방 경험은 성서적으로 이스라엘 민족의 출애굽사건 만큼이나 의미 깊은 잊을 수 없는 역사적 사건입니다.

최근 동북아를 향한 국제정세는 한반도 평화통일을 어렵게 만들고, 남북 간의 정세도 극한의 힘 다루기 상황입니다. 우리 민족의 평화통일 의지와 희망과는 다르게 더욱 멀게 합니다. 한국교회는 남북관계 개선, 평화통일을 위해 어떻게 기도해야 할지 선택의 기로(岐路)에 서 있습니다. 남북 화해는 주변 강대국과 긴밀한 협력을 하되 의존할 성질의 것은 아닙니다. 남북 당사자 간의 신뢰와 인간애, 상생의 원칙과 민족자주성을 회복하여 교류하며, 도우며, 한반도 평화를 실현해 가야 합니다. 우리는 주권국가의 자주민이고 충분히 그렇게 할 수 있을 만큼 성숙하였습니다. 이제는 냉전체제를 풀고 평화체제로 전환하고, 핵전쟁의 위협을 제거하고 온 인류와 세계의 생존과 평화를 물려주는 세계사적 인류사적 사명도 동시에 가져야 합니다. 역사 주관자 하나님의 주권과 통치를 믿고, 더 이상의 전쟁 연습을 중지하고, 그 칼을 쳐서 보습을 만들고 창을 쳐서 낫을 만드는 하나님 평화(샬롬)를 우리 한반도에서 시작하는 것입니다.

감사하게도 평창겨울올림픽을 거치면서 완화되는 쪽으로 방향을 튼 것이 큰 영향을 끼쳤습니다. 급속히 남북정상회담, 북미정상회담 개최가 결정되었고, 북중정상회담도 했습니다. 얼마 전까지도 예측할 수 없었던 급속도의 진전입니다. 때가 찼다는 하나님의 역사 섭리일까 희망해 봅니다. 우리 민족이 남북관계 개선을 위하여 해야 할 최우선의 선택은 '권력을 사심 없이 화해의 도구로 사용하는 결단'입니다. 따라서 한국교회가 한반도 평화통일에 정신적 물질적인 기여를 분명하게 할 때 비로소 하나님 선교의 새 시대가 열릴 것입니다.

2.

에베소서 2장은 그리스도교 핵심인 예수 그리스도를 새롭게 가르칩니다. 그리스도는 우리의 평화요 그는 자신의 몸을 바쳐서 유대인과 이방인이 서로 원수가 된 것 곧 중간에 막힌 담을 허시고 하나로 만들었다고 선포합니다. 그러나 한국교회는 분단된 한반도에서 지난 70여 년 동안 화해로 하나 되게 하기 보다는 오히려 분단을 더 조장하고 견고하게 하는 세력에 편승했다는 솔직한 죄책 고백을 함이 옳을 것입니다. 한국교회는 반성과 회개, 변화하여 그리스도 신앙의 핵심인 예수의 자기희생과 화해 정신을 본받아 평화통일과 하나의 새 민족으로 나아가게 해야 할 최선의 과제를 안고 있습니다.

3.

목회자로서 설교한다는 것은 매번 준비하는 단계부터 쉽지 않고 설교를 마감하고도 항상 여운(餘韻)이 남는 것이 무거운 사명(使命)적 운명(運命)이기도 합니다. 성서 가르침의 본질과 현장 상황의 의미가 무엇인가를 찾아서 신학적 설교를 시도하면서 현장 목회자 제현(諸賢)과 뜻을 함께하며 나누겠다는 자세로 몇 곳에서 전했던 것을 감히 내놓게 되었습니다. 설교란 혼자 하는 것이 아니고 듣는 이들과 교감(交感) 내지 사귐을 하면서 생활신앙을 공유(共有)한 이들의 경청(傾聽)의 덕(德)에 힘입은 바이니 상호소통의 결과물이라 실감하며 감사드리고 싶습니다.

필자의 현장 목회 40여 년을 회고해보니 초창기 목회시절부터 주일(主日) '주보'(週報)에는 반드시 '공동기도'와 '요약 설교'를 펴내면서 서로의 신앙과 삶, 그 의미를 상호소통하며 목회하려고 했던 것 같습니다. 이러한 목회는 이민(移民) 다문화가정 목회에서도 그대로 계속되었습니다. 귀국하여 그 동안에 몇 곳의 부름에 응하여 설교할 기회를 가지며, 무(無)교회 신앙을 가진 일심회(一心會) 원로 교우들과 설교 나눔의 소통을 하면서 「성서한국」에 실렸던 내용을 내놓습니다. 최근에는 나루교회 교우들과의 성서 말씀과 진지한 삶의 나눔, 신앙과 사귐을 통한 메시지를 내놓게 되었습니다. 주님의 인도하심이라 믿고 감사드립니다.

4.

종교개혁 500주년을 맞아 한국교계는 많은 주제와 그 의미를 찾아 어떻게 응답하고 활용할 것인가를 모색하고 있습니다. 개혁에의 반성과 성찰을 하면서도 안타깝게도 오늘의 한국교회는 개혁의 주체세력으로부터 개혁의 대상으로 나락(奈落)으로 내려가 뜻있는 이들과 사회로부터도 지탄의 대상이 되고 있는 게 아닌가 싶습니다. 위대한 개혁자들의 정신을 계승하여 이기적 욕망과 권력욕의 깊은 잠에서 깨어나고, 정의, 평화, 생명의 주류를 실감하며 일어나야 합니다. 종교개혁은 예수의 하나님 나라 복음에로 돌아가 자기부터 시작하여 처음 믿음, 처음 사랑을 회복하는 자리에서 출발하는 것이라 할 때, 자기 자신의 변혁 없이 교회개혁도 없을 것입니다.

부족한 힘없는 한 목회자의 순례 여정이었고, 미흡하나마 이것을 세상에 내보내는 것은 교회와 세상을 말없이 섬기는 이들에게 그 어려운 설교와 성서 말씀, 역사 참여의 삶을 준비하며 노고에 지친 이들과 함께 그 순례 길을 함께 공감하며 걷겠다는 다짐이고, 바람입니다. 주 안에서 함께 신앙순례 길에 서서 바른 신앙의 삶을 찾아가며 정립하려는 이들에게 공감할 수 있기를 진심으로 기도드립니다. 도서출판 동연 김영호 사장과 그 직원들에게 아울러 감사 인사를 드립니다.

2018년 부활절에

이기영 목사

차 례

1부

나를 따르라

: 믿음

예수, 제자들을 부르다

'사랑'이라는 메시지 하나로 이 세상을 평화롭게 바꿀 수 있을까요? 만약 그렇다고 믿는 사람이 있다면 세상 사람들은 그를 틀림없이 바보라고 놀려댈 터인데 놀랍게도 예수가 바로 그런 바보였답니다. 그렇다면 죽음을 무릅쓰고 그런 바보를 따르던 사도들은 무어라 불러야 할까요? 더구나 지금 그런 바보들이 전하는 메시지를 믿고 따르는 우리는 또 어떻게…?

결국 '사랑'이라는 메시지 하나로 세상의 평화를 이루려던 바보인 예수를 따르는 우리 또한 바보인 셈이지요. 그런즉 우리 모두 바보임을 기꺼이 시인합시다. 그러면 마음 놓고 세상을 바꾸는 일에 몸을 던질 수 있을 테니까요.

이처럼 '사랑'이라는 메시지 하나로 세상을 바꾸려던 예수는 세례를 받고 광야에서 혹독한 시련을 이겨낸 후, 유식한 학자나 돈 많은 부자들이 아니라 이웃의 가난하고 평범한 사람들을 불러 모아 제자로 삼고 공동체를 이루었습니다. 그런데 어째서 예수는 부와 권력을 가진 사람들이 아니라 힘없고 비천한 이들을 제자로 거두었을까요? 조금만 생각하면 이것은 조금도 이상한 일이 아닙니다. 바로 만물의 주재자이신 하나님께서도 유식한 학자가 아니라 겸손한 목수를 택해 복음을 선포하게 하셨기 때문이지요. 다시 말하자면 복음의 가르침대로 사는 것과 학식이나 권세의 많고 적음은 어떤 관계도 없다는 것입니다.

제자(disciple)라는 말은 '배우는 사람'이라는 뜻의 라틴어에서 왔습니다. 복음서에 보면 세례 요한과 바리새인들에게도 제자들이 있었으며, 예수도 특별히 친밀했던 '열 두 제자'를 두었습니다. 누가복음에는 70명의 제자들이 보냄을 받은 것으로 나오고, 사도행전에서는 예루살렘의 모든 그리스도인들을 '제자들'이라고 부릅니다.

예수가 처음 제자들을 부른 사건은 모든 복음서에 기록되어 있는데, 그는 최초의 제자로 어부 형제인 시몬과 안드레, 야고보와 요한을 각각 부르면서 "나를 따라 오너라. 내가 너희를 사람을 낚는 어부로 만들겠다"고 말씀하십니다. 성서학자인 체드 마이어스(Ched Myers)는 그 장면이 예레미야서의 "야훼 하나님께서 이스라엘의 우상을 섬기는 백성들, 그 믿음 없는 자들을 붙들기 위해 어부들과 사냥꾼을 내보내겠다"고 약속하신 말씀의 실현이라고 지적하기도 하지요. 또한 예언자 아모스와 에스겔도 부자들과 억압자들에 대한 심판으로서 '물고기를 낚시 바늘로 끌어내는 것'에 대해 말했습니다. 예수는 온갖 불의가 판치는 부패한 기존 질서를 변화시키기 위해 바로 이런 전통 안에서 자신이 시작한 비폭력 투쟁에 가난한 사람들이 함께 참여하도록 제자들을 부르신 것입니다.

한편 마태복음과 마가복음에는 예수가 최초의 제자들을 거둔 이후, 세리였던 마태(혹 레위)를 "나를 따르라"는 한마디 명령으로 불러내는 장면이 나옵니다. 비록 마태는 사람들이 손가락질하던 로마제국의 '앞잡이'였지만 예수는 그와 함께 식사를 나누었고 더구나 제자로 받아들이기까지 하셨지요.

누가복음은 예수가 시몬을 제자로 부른 장면을 다음과 같이 더욱 자세하게 묘사하고 있습니다. 이야기인 즉, 게네사렛 호숫가에서 시몬의 배를 타고 군중을 가르치던 예수가 그에게 "깊은 데로 가서 그물을 쳐 고기를 잡아라"라고 하셨고, 이 말을 듣고 전에 없이 물고기를 많이 잡게 된 시몬이 예수의 현존 앞에서 자신의 왜소함을 깨닫고 그의 발 앞에 엎드려 자신의 죄를 고백하지요. 이에 예수는 "무서워 말라 이제 이후로는 네가 사람을 취하리라"고 하시자 이에 그 무리들이 배를 버려두고 예수를 따랐다는 것입니다.

요한복음은 서문에 뒤이어 실제로 제자들을 부른 장면으로 시작됩니다. 예수의 모습을 본 세례 요한이 자신의 제자들에게 "보라 하나님의 어린양이라"고 말하자 그들이 예수를 따라갔는데, "무엇을 구하느냐?"는 예수의 말에 그들이 "랍비여, 어디 계시오니까?"라고 하자 예수는 "와보라"고 합니다. 또한 그 다음날 갈릴리에서 빌립을 만난 예수는 그에게도 역시 자신을 따르라고 말합니다. 또한 이 복음서에는 베드로를 제자로 부른 사건이 맨 마지막에, 즉 베드로가 예수를 부인하고 예수가 죽음에서 부활한 이후에 일어난 일로 기록되어 있습니다. 그 기록에 따르면 죽음에서 부활한 예수는 베드로에게 "네가 젊어서는 스스로 띠 띠고 원하는 곳으로 다녔거니와 늙어서는 네 팔을 벌리리니 남이 네게 띠 띠우고 원하지 아니하는 곳으로 데려가리라"(21:18)고 말씀하시는데, 이어지는 본문에는 예수의 이 말씀이 '베드로가 죽음으로 하나님께 영광을 돌릴 것을 가리키시는 것'이라고 합니다.

우리는 이들 복음서를 통해 예수가 온갖 부류의 사람들로 제자를 삼으면서 그들에게 죽기까지 완전히 헌신할 것을 요구한 사실을 알 수 있습니다.

아무든지 나를 따라 오려거든 자기를 부인하고 날마다 제 십자가를 지고 나를 따를 것이니라(눅 9:23).

특히 누가복음은 예수와 제자가 되려는 세 사람 사이의 만남 이야기를 통해 제자직의 긴급한 요구를 강조합니다. 이 만남들 중 첫 번째 사람은 예수에게 "선생님이 가시는 곳이면 어디든지 따라 가겠습니다"라고 말하는데, 여기서 우리가 가장 중요하게 새겨야 할 것은 바로 '어디든지'라는 대목입니다. 바로 그것이 따르는 자의 결심이어야 하기 때문이지요. 그러나 예수는 이에 대해 수락도 거부도 하지 않고 다만 "여우도 굴이 있고 새도 보금자리가 있으나 인자는 머리 둘 곳이 없다"라고만 말합니다. 어째서 예수는 이런 반응을 보였을까요?

짐승인 여우와 새들도 휴식하고 은거할 곳이 있는데 인자인 예수가 머리 둘 곳이 없다니! 그렇다면 예수에게는 집이 없었다는 뜻일까요? 그러나 누가복음에는 그의 어머니와 형제가 가버나움에 살고 있다고 분명히 기록되어 있습니다. 그러므로 예수가 하신 이 말씀은 일종의 비유로 보아야 합니다.

여기서 '여우'는 구약에서 암몬족을 지칭했던 말입니다. 당시 암몬족은 유대인과 정치적 원수였으며, 우리말에서 '여우같다'는 표현은 '간교하다'거나 '교활하다'는 뜻으로 사용되는데 이는 대체로 증오심을 반영합니다. 그래서 신약성서에도 헤롯을 '저 여우'라고 표현하는 대목이 나오지요. 또한 '새' 또는 '공중의 나는 새'는 이방인을 표현할 때 잘 쓰이던 말로 그 속에는 남이 지어놓은 곡식을 공짜로 먹는다는 뜻도 있습니다. 즉 성서에서 '새'라는 표현은 침략자를 일컫는 비유적인 말로 사용되었으며 에돔이나 로마인을 그렇게 부른 기록이 있기도 합니다. 아마도 우리말로는 오랑캐나 왜놈이라는 표현 정도가 비슷한 말이겠지요. 그런데 이처럼 가장 미움 받는 동물의 상징이었던 여우나 새들에게도 굴이 있고 보금자리가 있는데 하물며 모든 이들에게 추앙받아야 할 인자가 머리 둘 곳조차 없다니요! 이 얼마나 고독한 자의 절규입니까? 이 말은 그의 생애를 보면 결코 과장이 아닙니다. 진실로 그가 어디 맘 편히 머리 둘 곳이 단 한군데라도 있었던가요? 자신의 민족과 로마인들에게 핍박당하고 심지어는 제자들에게까지 배신당한 그의 삶이야말로 종말적 실존의 반영이었으며, 요한복음은 이것을 모든 그리스도인에게 적용했습니다.

세상이 너를 미워하는 것을 당연한 것으로 알라. 너를 미워하기 전에 나를 미워하리라. 이는 내가 세상에 속하지 않았기 때문이니라.

이처럼 우리가 따라야 할 그리스도의 길은 이 땅에 살면서도 여기에 삶의 거점을 두거나 거기에 얽매이지 않고 오직 다가오는 미지의 미래에 밧줄을 던지며 새 천지에 상륙하는 모험가들의 길과 같은 것입니다.

두 번째 사람은 자기 아버지의 장례를 치르게 해 달라고 부탁하는데, 그가 그런 부탁을 한 이유는 자신의 아버지가 실제로 사망했기 때문이 아니라 아버지가 사망할 때까지는 집에 머물러 있어야하는 유대인의 관습 때문이었습니다. 그러나 예수는 부모에 대한 이런 전통적인 감상적 순종을 배격하고 "죽은 자들의 장례는 죽은 자들에게 맡겨두고 너는 가서 하느님나라의 소식을 전하여라"고 말합니다.

세 번째 사람과의 만남은 두 번째 사람의 경우와 비슷합니다. 그래서 마태복음은 이 내용을 제외하기도 했지요. 이 세 번째 사람은 자신이 예수를 따라나서기 전에 가족들과 작별을 하게 해달라고 부탁합니다. 기약 없는 길을 떠나는 사람에게 이것은 얼마나 당연한 부탁입니까? 그런데도 예수는 "손에 쟁기를 잡고 뒤를 돌아보는 자는 하나님나라에 합당치 않다"라는 말로 그의 부탁을 거절합니다. 완전히 예상 밖의 대답이었지요. 하지만 예수가 그런 대답을 한데에는 모두 그럴 만한 이유가 있었습니다.

무엇보다 이 사람은 자신이 맺어온 기존의 관계에 미련을 가진 자,

자신이 소유했던 것들에 대한 애착심을 버리지 못한 사람입니다. 즉 가졌던 것이 아까워 한번만이라도 다시 만져보고 떠나려는 것이지요. 이에 대한 예수의 냉정한 거절은 바로 자신의 사명이 생사의 기로에서 있는 긴급한 일임을 강조한 것입니다. 이 장면에 대해 독일의 저항신학자 본회퍼는 "쟁기를 가는 인간은 뒤를 돌아보지 않으며 시야가 닿지 않는 곳도 보지 않고 지금 내디뎌야 할 발걸음에 집중한다. 되돌아보는 것은 그리스도교적이 아니다. 불안과 슬픔, 죄책감에도 불구하고 당신에게 새로운 출발을 명하는 그분을 우러러 보는 것이야말로 올바른 자세. 그러면 그분으로 인해서 모든 것을 알게 될 것이다"라고 말하고 있습니다.

다시 정리하자면, 집에 가서 식구들과 작별인사를 나누게 해 달라는 사람에게 예수가 하신 말씀은 이제 낡은 세상이 끝나고 하나님 나라가 코앞에 다가왔으므로 오로지 사명만을 생각하고 다른 일 때문에 잠시라도 그 사명을 포기하지 말라는 뜻이지요. 이제 예수는 칠십 명의 제자를 뽑아 앞으로 찾아갈 마을과 고장으로 미리 둘씩 짝지어 보내시며 그들에게 어느 집에 들어가든지 먼저 "이 집이 평안할지어다"라고 말하고 또한 거기 있는 병자들을 고친 후 그들에게 하나님 나라가 가까이 왔음을 선포하라고 당부했습니다.

복음서에 의하면 제자들은 실제로 생업을 포기하고 인간관계를 떠나 완전히 예수만을 따랐습니다. 오직 모든 것을 전부 바치든가 아니면 제자가 아니든가 둘 중의 하나를 선택해야 할 뿐, 절반쯤 제자로 산다든가 파트타임으로 제자직을 수행하는 방법은 없었지요. 이처럼 예수는 제자들이 비폭력 운동에 가담하여 목숨을 걸기를 기대했던 것입니다.

예수의 제자들은 병자들을 고치고 귀신들을 쫓아냈으며, 공동체를 세워 하나님 나라를 선포하고 비폭력을 실천했습니다. 또한 그와 함께 기도하고 성만찬 음식을 나누었는데, 무엇보다 중요한 것은 그들 역시 십자가에 못 박혀 죽었다가 부활함으로써 영원히 예수와 동행했다는 사실입니다.

예수는 자신의 비폭력 원칙에 따라 아무에게도 강압적으로 자신을 따르도록 요구하지 않았습니다. 이러한 예수의 비폭력 저항 방식은 당시 상황에서 잡히기만 하면 처형되는 것이 거의 확실했기에 많은 사람들이 그에게서 떠나갔습니다. 심지어 마지막에는 제자들조차 모두 그에게서 도망칠 정도였지요. 그럼에도 불구하고 예수는 십자가를 향해 전진했으며, 죽은 자들 가운데서 다시 살아나 자신의 비폭력적 해방운동을 위해 가담할 제자들을 계속해서 찾았습니다. 예수는 수백 수천 명의 새로운 형제자매들에게 곤경과 박해를 약속한 셈이지만 이와 더불어 풍성한 삶, 자신과 영원히 교제하는 삶도 약속했습니다. 자신을 따르며 자신의 가르침을 실천하면 반드시 하나님 나라에서 복을 받을 것이라는 약속이지요.

로마제국의 군대가 예수를 붙잡았을 때 모든 남자 제자들은 예수를 버리고 도망쳤습니다. 네 복음서에 따르면 단지 소수의 여자 제자들만이 마지막까지 예수에게 신실하였지만 그것도 거리를 두고 그랬던 것입니다. 그래서 예수는 부활한 후 제일 먼저 그 여성 제자들에게 나타났으며 그 후에야 전체 공동체에게 모습을 드러냈습니다.

이제 눈앞에서 예수의 부활을 본 제자들은 예수의 영에 사로잡혀 예수의 이야기로 이 세상에 불을 지르기 시작했고 다른 사람들을 새로이 제자의 길로 불러들였습니다. 하지만 처음 3세기 동안에는 그리스도의 제자가 된다는 것은 곧 죽음을 의미했고 실제로 수많은 초기 그리스도인들이 그리스도를 자신의 주님으로 고백한 것 때문에 로마 군인들에게 살해를 당하곤 했습니다. 세례 자체가 제국의 권위에 대한 비폭력 시민불복종 행동이었기 때문이지요. 그러나 제자들의 관점에서 보면 그들의 죽음은 새로운 생명을 보증하는 것이었습니다.

그렇다면 오늘날 예수의 제자가 된다는 것은 무엇을 뜻할까요? 오늘날도 여전히 제자의 길은 위험과 고난을 감내해야 합니다. 개인적인 안락함이나 가족의 평안 그리고 지배적인 문화에 대한 충성을 포기하는 일이기도 하지요. 예수의 제자가 되는 것은 가난한 사람들과의 연대와 비폭력, 모든 인간과 생명에 대한 사랑과 공동체생활, 정의를 위한 공개적 행동, 묵상과 영성의 기도, 성만찬 축하 그리고 생명의 하나님을 예배할 것을 요구합니다. 그 길은 실패의 가능성을 열어놓은 길이며, 외로움과 고통, 박해와 수난의 가능성을 열어놓은 길입니다. 또한 제자의 길은 개인적, 사회적, 경제적으로 대안적인 생활방식을 요청할 뿐 아니라 예수가 오늘날 정의와 평화를 위한 비폭력 투쟁에서 계속해서 십자가를 질 때 우리의 삶을 포기하고 그와 동행할 것을 요구합니다.

디트리히 본회퍼(Dietrich Bonhoeffer)가 나치 독일에 의해 처형되기 직전에 남긴 그의 기념비적인 저술 『나를 따르라』(*The Cost of Discipleship*)에서 말한 것처럼, 오늘날 우리들의 제자직은 편안한 싸구려 제자직(cheap discipleship)이 되었습니다. 풍요한 나라들일수록 복음서가 요구하는 철저한 제자직을 거들떠보지도 않으며, 오로지 자신의 평안을 위해 불의에 침묵하는 교인들이 되어버렸다는 것이지요. 오늘날에는 예수의 제자가 되는 것이 사회적 주류에 속하는 일이 되었으며 심지어 지배문화가 우리에게 넌지시 권장까지 할 정도입니다.

그러나 복음서를 주의 깊게 읽어보면 제자직에 대해 다시 한 번 진지하게 생각하게 됩니다. 제자가 된다는 것은 지금까지 우리가 소중히 지켜왔던 모든 것들을 예수가 제시한 비전에 따라 과감하게 던져버려야 하는 일이기 때문이지요. 본회퍼는 처형되기 직전에 쓴 글에서

"만일 예수의 제자로서 지불해야 하는 비용을 감당하지 않는다면 우리는 아직 참된 제자가 되지 못한 것"이라고 했습니다. 즉 우리 시대를 위한 그리스도인의 소명은 더 이상 싸구려 제자직이 아니라 '값비싼 제자직'(costly discipleship)이 되어야한다는 말입니다.

이제 결론에 이르렀습니다. 핵무기가 넘쳐나고 인종과 계층 간의 차별이 심화되며 온갖 불의가 판을 치는 오늘날의 세상에서 예수를 따른다는 것은 한편으로는 폭력적인 문화와 정면으로 맞서는 것을 뜻하기도 합니다. 문화가 폭력을 조장할 때 우리는 예수의 비폭력을 주장합니다. 문화가 전쟁을 외칠 때 우리는 예수의 평화를 외칩니다. 문화가 성차별, 계급차별, 인종차별을 지지할 때 우리는 모든 사람의 평등과 다양한 공동체 사이의 협력과 화해를 요구합니다. 문화가 보복과 처형을 주장할 때 우리는 예수와 더불어 용서와 연민을 위해 기도합니다. 문화가 우리에게 부와 권세를 향해 맹목적으로 달려가도록 부추길 때 우리는 예수와 더불어 나눔과 겸손, 상생과 조화의 길로 나아갑니다. 그리스도인은 예수가 그랬던 것처럼 시대의 십자가를 스스로 짊어질 때 비로소 예수가 지셨던 십자가의 의미를 온전히 이해하게 되고 진정한 제자의 길을 깨닫게 됩니다.

그러므로 예수의 길을 따르는 그리스도인과 교회가 이 땅에서 어떻게 살아야 할 것인가는 너무나도 자명합니다. 키에르케고르가 예수의 참모습을 상실한 교회를 배격하면서 2천여 년 전의 겟세마네 동산과 골고다 언덕의 그리스도로 복귀를 주장했듯이 오늘날의 교회는 예수의 십자가 정신을 화려하게 치장된 성전이 아니라 고통으로 신음하는 우리 이웃들의 삶의 현장, 고난에 찬 이 시대의 역사적 현장에서 되찾아야 한다는 뜻이지요.

복음서에 따르면 오늘날 우리가 예수의 진정한 제자로 되는 길은 가난하고 억압받는 사람들을 위한 사회적 정의와 해방을 추구하고 황금으로 덧칠한 우상을 타파하며, 모든 폭력적 문화와 사회적 차별을 배격하고 만민이 평등하고 평화로운 공동체를 건설하기 위해 헌신할 것을 요구합니다. 만일 우리가 정직한 그리스도인으로서 이런 사회적 실천을 감당하기 위해 애쓴다면 우리는 제자직의 날카로운 가시를 느끼게 될 것이며, 복음이 생생하게 되살아나게 될 것입니다.

예수가 걸었던 고난의 길 그리고 진정한 그의 제자로서 우리가 걸어야 할 그 길이야말로 세상의 평화를 이루기 위한 길임을 다시 한 번 가슴에 새겨봅니다.

위로의 하나님(God of All Comfort)

제2이사야 이야기

깊은 어둠 속에서 신음하던 백성들은 새날이 동터온다는 소식을 들었고, 머나먼 이국땅에서 박해받던 포로들은 구원의 손길이 이르고 있음을 느꼈습니다. 이처럼 제2이사야의 예언들은 위대한 사건들에 대한 기대와 소망으로 가득 채워져 있으며, 모든 이스라엘의 백성들에게 위로와 격려를 주었던 것입니다.

고대에는 인간의 운명에 영향을 주는 결정이 천상의 회의에서 이루어진다고 생각했습니다. 새해를 맞이할 때마다 열리던 바빌론의 창조신화 에누마 엘리시의 공연에서도 신들의 천상회의에서 마르두크에게 최고의 권위를 부여한 후 "마르두크는 왕이다!"라고 외치며 환호를 보내는 장면이 등장합니다. 혼돈의 괴물 티아마트와 그녀의 동맹자들을 이긴 최고의 신인 마르두크가 세계를 다스리겠다고 선포하는 것이지요. 이와 비슷하게 제2이사야의 배경 역시도 천상의 회의가 열리는 장소이며, 거기에 등장하는 예언은 그 회의 장소에서 들려오는 기쁜 소식으로 시작됩니다.

바빌론의 신화와 제의에 익숙했을 제2이사야의 저자는 세상의 지배자로서 야훼의 모습을 그릴 때 이런 요소들의 영향을 받기도 했을 것입니다. 하지만 그보다는 앞서간 예언자들과 이스라엘이 전통적으로 드려왔던 예배의 내용에 더욱 큰 영향을 받았다고 보이는데, 이는 그가 야훼를 그리면서 이스라엘의 전승을 우선적으로 말하기 때문입니다. 그것은 "위로하라, 위로하라"는 말씀으로 시작되며 이는 하나님께서 천상회의의 구성원들에게 이스라엘과 열방들의 운명을 말씀하시는 것입니다.

이스라엘 백성들은 세 차례(기원전 597, 587, 582년)에 걸쳐 4,600명이 바빌론으로 잡혀 갔습니다. 그들은 바빌론에서 포로로 살아가는 동안에도 그들의 전통적 제의를 이어나갔지만 예루살렘 성전에서 행하던 것과 같이 완전한 제사는 드리지 못했으며 중요한 부분은 말로 대신 표현했습니다. 그러나 본국에 남은 백성들은 땅을 빼앗긴데다가 극심한 기근으로 인해 굶주림에 시달렸으며 자식들이 종으로 팔려가는 비참한 상황에 놓여 있었지요. 그런데 이 고난의 백성을 향해서 "내 백성을 위로하라"는 환희의 소식이 전파되었습니다. 백성의 고난이 하나님의 구원으로 이어지는 디딤돌이 되었다는 것은 이스라엘 백성이 역사에서 얻은 교훈입니다.

이스라엘 백성이 받은 고난의 실상은 출애굽기에 적나라하게 묘사되어 있습니다. 애굽 사람들은 감독을 세워 이스라엘 백성들에게 무거운 짐을 지우고 흙 이기기와 벽돌 굽기, 농사일 등을 시켰습니다. 그들은 이렇게 강제 노동뿐만이 아니라 산파들에게 이스라엘 여인들이 남자아이를 낳으면 죽이도록 명령했습니다.

이스라엘 백성들은 이방인 민족뿐만이 아니라 자기 나라의 왕과 지배자들에게도 고난을 당했습니다. 이는 열왕기서와 예언서 곳곳에 나타납니다. 아합왕과 왕후 이세벨이 조상으로부터 유산으로 받은 나봇의 포도원을 폭력을 통해 강제로 빼앗은 사건은 힘없는 사람들이 당하는 전형적인 고난의 이야기입니다.

우리 민족의 역사도 이와 비슷한 경험을 했으며 또한 지금의 우리 사회 곳곳에서도 수많은 고난의 이야기가 여전히 계속되고 있습니다.

맹 부인 이야기

대만의 신학자 송(C. S. Song)은『아시아의 신학』이라는 책에서 만리장성의 건설과 관련된 완(萬)씨 이야기와 함께 맹 부인의 놀라운 부활을 이야기합니다.

진시황제가 한창 만리장성을 쌓을 때 쌓으면 무너지고 쌓으면 무너지는 어려운 공사 구간이 있었는데 아첨을 잘하는 어느 신하가 진시황에게 "이렇게 긴 성벽을 쌓으려면 1리에 한 사람씩 생매장하여 그곳의 수호신이 되게 해야 합니다"라며 진언을 했답니다. 결국은 아첨꾼의 이 말 한마디로 수없이 많은 무고한 백성들이 생명을 잃게 되는 위기에 직면하게 된 것이지요. 이때 머리 좋은 한 학자가 황제에게 또 다른 진언을 합니다. 그 진언의 내용인 즉, 1리에 한 사람씩을 생매장해야 된다면 완(萬)자 성을 가진 사람 하나를 매장하면 일만 명의 목숨을 대신하지 않겠느냐는 것이었지요. 그래서 진시황은 전국에 군사를 풀어 완(萬)자 성을 가진 사람을 찾게 했고, 그 중에 결혼식을 올리고 있는 한 사람이 붙들려가 생매장을 당했던 것입니다.

그때 희생된 완 씨와 함께 하루도 살아보지 못하고 졸지에 청상과부가 된 맹 부인은 억울하게 죽어간 남편의 백골이라도 거두어 장례를 치러주고 싶어서 산 넘고 강 건너 머나먼 만리장성까지 찾아갑니다. 그러나 가긴 갔는데 그 끝 모를 만리장성의 어디에 남편이 묻혔는지도 모르고 쌓아 올린 성벽을 파헤칠 수도 없어 속수무책이었겠지요. 맹 부인은 대성통곡을 했습니다. 그런데 그 한 맺힌 통곡소리에 하늘도 감동했는지 성의 한 모퉁이가 무너지면서 남편의 뼈가 나왔습니다.

한편 이 소식을 전해들은 황제는 맹 부인의 모습을 직접보고 싶었습니다. 황제 앞에 나타난 맹 부인은 선녀같이 아름다워 보였고, 그 모습에 반한 황제는 맹 부인을 비로 맞기로 결심하지요. 그런데 진시황제가 맹 부인을 비로 삼으려 할 때 맹 부인은 세 가지 조건을 내세웁니다. 첫째는 세상을 떠난 남편을 기리도록 49일 간의 시간을 줄 것, 둘째는 강가에 49자 높이의 탑을 세워 그곳에 올라가서 제사를 드리게 해 줄 것, 셋째는 제사를 지내는 날에는 황제는 물론 모든 문무백관이 참여할 것이었습니다.

그런데 드디어 완(萬) 씨의 죽음을 애도하는 날이 돌아와 제사가 시작되자 맹 부인은 그 많은 사람들 앞에서 황제의 비행을 낱낱이 고발하고 저주를 퍼붓고는 물속으로 뛰어듭니다. 이에 분노한 황제가 신하들을 시켜 맹 부인의 시체를 건져내서는 살을 썰고 뼈는 가루를 내버리게 하지만 놀랍게도 맹 부인의 모든 살점과 뼛가루는 은빛 나는 물고기가 되었고 그녀의 혼백은 그 물고기 안에서 영원히 살아남았다는 이야기입니다.

이렇게 수많은 통치자들이 자신의 백성에게 위로를 주기는커녕 고난만을 안겨주는 재앙적인 존재에 불과했습니다. 그렇다면 우리는 여기서 '백성을 진정으로 위로하는 자는 누구인가?'라는 질문을 던질 수밖에 없겠지요. 이에 대해 성서는 '고난의 종, 위로하는 자'에 대해 말합니다.

애굽에서 울부짖는 백성의 소리를 들으신 하나님은 이스라엘 백성을 구원하기 위해 모세를 보내셨습니다. 그런데 하나님은 모세가 바로 공주의 아들로 애굽의 궁중에서 가진 자의 특권을 누리고 있을 때는 그를 부르지 않다가 그가 모든 것을 버리고 양치는 목자로서 섬기는 모습을 갖추자 비로소 부르십니다. 고난 받는 백성과 함께할 자는 특권을 누리는 가진 자나 통치자의 모습에서가 아니라 섬기는 종의 모습에서 찾아야 한다는 뜻이지요. 그래서 제2이사야는 '고난의 종'의 모습을 이렇게 말합니다.

> 그가 찔림은 우리의 허물을 인함이요 그가 상함은 우리의 죄악을 인함이라 그가 징계를 받음으로 우리가 평화를 누리고 그가 채찍에 맞음으로 우리가 나음을 입었도다(사 53:5).

이 '고난의 종의 노래'에서 우리는 백성을 사랑하시는 하나님의 사랑과 죄를 대신 지신 예수님의 십자가 대속과 그 하나님의 사랑을 깨닫게 하심으로 그 고난의 종의 아픔 속에서 새로 태어나는 성령의 은총을 믿게 되는 것입니다.

바울의 이야기

고린도는 희랍 본토와 펠로폰네소스 반도를 연결하는 지점에 위치한 항구도시로서 교통과 무역의 중심지입니다. 또한 희랍 최대의 상업도시이자 아가야 주의 수도로서 로마의 관리와 군대가 주둔해 있던 곳이기도 했지요.

주후 50년경, 바울은 제2차 선교여행 때 바로 이곳에 1년 6개월을 머물면서 교회를 일으켰고 신자들은 신앙생활에 열심이었습니다. 그렇지만 바울이 떠난 후 고린도교회는 극심한 박해를 받았고, 교회 내부에서는 이단의 침투와 교리논쟁이 일어나 교인들은 여러 면에서 괴로움과 상처를 받았습니다. 이러한 때 바울은 하나님의 위로를 전하면서 신앙생활의 제 문제에 대한 해결을 위해서 고린도후서를 기록하게 됩니다.

고린도후서의 표어는 '위로'입니다. 어떤 의미에서 고린도후서는 신약성서의 제2이사야서와 같다고 할 수 있지요. 바울은 고린도후서 1:3-7절까지에서 '위로'라는 말을 10회나 사용하고 있습니다. 바울은 하나님이 '위로의 하나님'이라고 가르칩니다. '위로'는 헬라어로 par-akalew라고 하는데 이는 '권고하다, 위로하다, 격려하다, 기쁘게 하다, 용기를 북돋다'는 뜻을 가집니다. 그러므로 바울이 말하는 하나님은 성도들을 위안해 주시고 격려해 주시며, 기쁘게 하시고, 용기를 북돋아 주시는 '위로의 하나님'입니다. '위로'는 현재의 구원으로부터 파생되지만 미래의 구원의 빛 가운데 있습니다. 따라서 최종적인 위로는 하나님의 종말론적인 행위입니다. 그러므로 현재적인 구원의 위로는 종말의 견지에서 규정되며, 그때에는 하나님께서 그의 영광스러운 임재에 의해서 모든 고통을 제하여 주실 것입니다. 이러한 이유 때문에 하나님의 임재는 영원한 위로요 선한 희망인 것입니다.*

이 '위로'라는 메시지의 중요성은 그것이 바울이 사도로서, 그리스도의 제자로서의 경험에서 왔다는 사실입니다. 구체적으로는 그가 고린도 교회와의 사이에서 겪은 경험이었지요. 고린도 교회의 신자들은 유대교 교사들에게 선동당해 그들의 영적 아버지인 바울을 비방하고 배반했던 그들의 잘못을 후회하고 아파하고 있었습니다. 그들의 배신은 전도자이며 고린도교회의 창시자인 바울에게 큰 고통을 주었습니다. 그러나 디도를 통해 그 이야기를 들은 바울은 이 사건을 통해서 자신과 고린도 교인들 사이에 깊은 '위로'를 주신 하나님에게 감사하게 된 것입니다.

이제 바울은 오히려 배신자들을 위로하기 위해서 고통을 겪고 있으며, 어떻게 그들을 위로해 줄 수 있는가를 알고 있습니다. 왜냐하면 바울 자신이 '위로'를 받았기 때문이지요. 사도로서 그의 지난한 삶은

---

* 게르하르트 킷텔, 『신약성서 신학사전』 (요단출판사, 1994), 592-593.

환난과 배반, 고난의 연속이었지만 그의 고난에는 항상 하나님의 위로가 따랐습니다. 바로 그런 자신의 경험이 있었기에 그는 고린도 교인들에게 '위로의 하나님'을 말할 수 있던 것입니다.

그런데 우리는 고난에 대한 바울의 고백을 오해해서는 안 됩니다. 말하자면 그 고백을 바울의 영적 교만이나 교회에 대한 보상 요구(자신이 겪은 고난의 가치를 인정해 달라는)로 해석해서는 안 된다는 것이지요. 또한 그의 고백은 그리스도를 전하는 일, 그리스도를 따라가는 삶의 어려움, 사도로서의 고충을 말하려는 것도 아니었습니다. 오히려 바울의 고백은 자신의 고난에 찬 삶 속에서 하나님께 받았던 '위로'와 그런 시련의 기회를 주신 하나님께 감사드리기 위함이었던 것입니다. 그래서 바울은 다음과 같이 말합니다.

> 여러분이 당하는 시련은 누구나 당하는 시련입니다. 하나님은 신실합니다. 그는 여러분이 감당할 수 없는 시련을 당하게 하지 않습니다. 그리고 시련과 함께 그 시련에 견딜힘과 그 시련에서 벗어날 길까지 마련해 주십니다(고전 10:13).

우리의 고난에는 무한한 위로와 기쁨이 따릅니다. 그리스도인이 십자가를 지는 것은 저주가 아니라 축복입니다. 부활의 약속과 위로로 충만해지기 때문이지요. 비록 우리가 십자가를 지고 고난의 길을 걸을 때는 견디기 힘든 고통이 따르겠지만 우리에게는 하나님이 마련한 영광의 면류관이 눈앞에 있습니다. 그리고 이것을 성령이 보증해 줍니다.

나의 아픔을 통해서 많은 사람의 아픔이 치료되고, 나의 눈물을 통해서 많은 사람의 눈물이 씻어진다면 이것은 거룩한 고난일 것입니다. 그리고 이것이야말로 고난이 가지는 '위로'가 아닐 수 없습니다. 애통해하는 자는 '위로'를 받을 것입니다. "기뻐하고 즐거워하라 하늘에서 상 받을 것이 크리라." 이것이 하나님이 우리의 모든 환란 속에서 주시는 약속이요 '위로'입니다. 그러므로 우리는 바울과 같이 이렇게 말할 수 있을 것입니다.

"우리가 환란을 당한다면 그것은 여러분의 위로를 위한 것입니다."

오직 하나님의 은혜!

종교개혁가들과 은혜의 이야기

하나님과 인간의 본성 사이에는 건널 수 없는 간격이 존재하고 있습니다. 이 간격 때문에 인간이 하나님과 어떤 의미 있는 관계를 맺는다는 것은 불가능하지요. 그래서 하나님께서 우리를 받아 주시기 전에 이 간격을 이어주는 뭔가가 필요하게 됩니다. 그 때문에 중세기 동안 은혜는 하나님께서 구원을 촉진할 목적으로 인간의 영혼 속에 주입한 어떤 실체로서 초자연성을 갖는 것으로 이해되곤 하였습니다. 즉 은혜란 순수한 인간 본성과 신(神)의 본성 사이에 가교 역할을 하도록 하나님이 우리 속에 창조하신 그 무엇이며 그것을 통해 하나님과 인간 사이의 깊은 틈이 메워질 수 있다는 생각이지요. 그러나 종교개혁이 시작된 16세기 무렵에는 그런 은혜 개념들이 혹독한 비판을 받는 주제였습니다.

은혜는 우리가 자비로우심이라는 말로 인식하는 신성한 임재와 행동의 틀을 나타냅니다. 우리가 죄인임에도 불구하고 하나님은 기꺼이 우리를 만나주시고, 우리가 듣지 못함에도 불구하고 기꺼이 당신의 목소리를 듣게 하십니다. 우리가 멀리 떠났음에도 불구하고 흔쾌히 다가오셔서 우리를 당신이 계신 본향으로 인도하시기도 하지요.

신약성서의 그리스어 본문이 말하는 의미에 민감했던 종교개혁가들은 '은혜'의 근본 의미가 우리를 향한 하나님의 자비롭고 특별한 사랑이라고 주장하였습니다. 그것은 하나님의 인격성을 전제로 하는 것이며, 이런 점에서 은혜라고 하는 강력한 인격성이 그들을 통해 재발견되었던 것입니다. 이러한 종교개혁가들의 새로운 해석의 바탕에는 직접적인 자기체험이 있었습니다. 이제부터 종교개혁운동의 대표적인 인물들인 루터와 츠빙글리 그리고 칼빈을 통해 그들이 '하나님의 은혜'에 대해 어떻게 새로운 개념을 제시했는지 알아봅니다.

첫 번째는 루터의 이야기입니다. 젊은 시절의 루터는 자신이 죄인임을 강렬하게 깨닫고 있었습니다. 그는 1483년에 태어나 1505년에 대학도시인 에르푸르트(Erfurt)에 있는 어거스틴 수도원으로 들어가게 되는데, 그곳에서 자신의 죄를 낱낱이 고백하였음에도 내면 깊숙한 곳에 불안이 도사리고 있음을 느끼게 됩니다. 그의 양심은 이런 죄들로 인해 격렬한 고통을 겪었으며 그것을 자신의 힘으로는 극복할 수 없음을 절감하지요. 그가 보기에 자신은 죄악의 갈고리에 꿰인 사람이었으며 죄로부터 벗어나 자유를 누릴 수 있는 방도가 없었습니다. 그래서 그는 어떻게 공의의 하나님이 그런 죄를 못 본채 넘어가실 수 있는지에 대해 의문을 품게 되는데, 특히 바울이 즐겨 사용했던 '하나님의 의'(righteousness)라는 문구로 인해 어려움을 겪습니다. 왜냐하면 바울이 복음을 하나님의 의의 계시와 사실상 같은 것으로 보았기 때문이지요. 루터는 바로 이 점을 이해할 수 없었던 것입니다. "어떻게 하나님의 의의 계시가 죄인들에게 좋은 소식이 될 수 있다는 말인가?"

루터가 보기에 복음은 의인들에게나 좋은 소식이었지 자신과 같은 죄인들에겐 상관없는 일이었습니다. 그분이 공의의 하나님이라면 루터를 포함한 죄인들에게는 벌을 내리시고 죄인임을 선고해야 마땅할 것입니다. 그래서 그는 죽기 전인 1545년에 쓴 글에서 청년시절 내내 자신을 괴롭혔던 영혼의 고통을 이렇게 되새기고 있습니다.

> 수도사로서 나는 흠 없이 살았음에도 불구하고 하나님 앞에서 내가 죄인이라 느꼈다. 내 양심은 불안했으며, 나의 행위를 통하여 하나님과 화해할 수 있다고 생각할 수 없었다. 나는 죄인을 벌하시는 의로우신 하나님을 더 이상 사랑할 수 없었다. 아니, 나는 그를 미워했다. 원죄를 통해 영원히 저주받은 죄인들에게 십계명이라는 율법으로 다시 억압하는 하나님을 나는 용납할 수 없었다.*

그렇게 하나님의 의에 대한 문제로 고뇌하던 루터는 1515년 무렵에 하나님이 자신의 죄를 포함하여 모든 죄를 용서하실 수 있는 분임을 깨닫게 됩니다. 새로운 시각으로 성경을 읽기 시작하자 이제는 더 이상 '하나님의 공의(公義)'라는 말은 그에게 극렬한 공포심을 안겨주지 않았으며, 오히려 그것을 하나님의 은혜라는 관점에서 받아들이게 된 것이지요. 하나님의 의는 죄인들에게 벌을 내리시는 공의가 아니라 죄인들이 하나님 안에서 위안을 얻으며 평강을 찾을 수 있도록 해주는 선물로서의 공의라는 것입니다. 루터는 그것을 깨달은 순간 자신이 마치 낙원에 들어간 심정이었다고 회상합니다. 그때 이후로 성경은 루터에게 전혀 다른 모습으로 다가왔고 이전에는 그토록 증오했던 '하나님의 의'라는 말씀을 더없이 사랑하고 찬양하게 되었으며, 그 결과 바울의 선언 속에 갇혀있던 이 말씀이 루터에게는 낙원으로 들어가는 입구가 되었던 것입니다.

하나님 은혜의 놀라운 점은 우리가 사랑받을 자격을 갖추기 전부터 이미 사랑을 받고 있었다는 사실에서 잘 드러납니다. 그러므로 은

---

* 이성덕, 『종교개혁이야기』 살림지식총서 221 (살림출판사, 2006).

혜는 하나님께서 죄인들을 변함없이 사랑하신다는 증거인 셈이지요. 은혜로 말미암아 죄의 권세를 부수시고 평온과 마음의 평강을 허락하셨음을 선포하는 것입니다. 우리를 향하신 하나님의 자비로우신 마음은 우리에게 보이신 행위들 속에 분명히 드러나 있으며, 그 은혜는 우리의 영적인 삶과 끊어질 수 없습니다. 그래서 개혁자들은 '오직 은혜만'이라고 가르쳤던 것입니다'

두 번째는 스위스 취리히의 개혁자 츠빙글리(Huldrych Zwingli)입니다. 1484년에 태어난 그는 취리히 대 예배당에서 백성들의 제사장(Leutpriest)이라는 새 직무를 시작함으로써 자신의 35세 생일(1월 1일)을 자축했습니다. 그런데 그 해 늦여름에 츠빙글리는 죽음의 고비를 맞습니다. 전염병이 취리히를 휩쓸었던 것이지요. 그는 죽어가는 사람들을 방문하며 위로하는 일에 온전히 매달렸는데, 이 전염병으로 취리히 전체 인구의 3분의1 가량이 숨을 거두었을 정도입니다. 그런데 8월 무렵에는 츠빙글리 자신도 큰 병을 얻었고 소생의 가망이 전혀 없어 보였습니다. 이 시기에 그는 한편의 시(詩)를 썼는데, 그 속에서 그는 하나님께 자신을 온전히 내맡긴 심정을 드러냅니다. 죽느냐 사느냐는 오로지 하나님께 달린 문제였고 인간의 통제를 넘어선 것이었습니다.

죽음의 문턱까지 다가갔던 츠빙글리는 기적적으로 회복되었고, 이제 '은혜'라는 말이 하나님의 섭리와 전능하심을 드러내는 곡조와 함께 울려 퍼졌습니다. 이처럼 은혜는 인간실존의 행로(行路)를 하나님께서 기꺼이 인도하시며 인간이 통제할 수 없는 상황에 기꺼이 개입하시는 것입니다. 은혜가 그 무엇보다도 우선 하나님의 호의를 발견하는 것이라면, 다음으로는 인간의 삶속에서 그 호의가 실제의 결과로 나타나는 것을 가리킵니다. 죽음의 전염병을 이겨내고 생명을 구원받은 츠빙글리에게 이제 은혜는 하나님께서 역동성과 창조성이 넘치는 모습으로 자비를 베푸시며 인간의 삶 속에 개입하심을 의미하게 되었지요.

마지막으로는 칼빈(John Calvin)의 이야기입니다. 1509년에 태어난 그는 일찍이 로마가톨릭교회의 사제가 되려는 꿈을 품었습니다. 그의 아버지는 누아용(Noyon)성당의 행정책임자였으며 그 교회의 유력한 후원자 가문과 친밀한 관계였기에 그의 꿈은 현실로 이루어지는 듯했습니다. 그러나 1529년이 되자 이 꿈은 물거품이 되고 마는데, 몇 가지 회계 상의 문제가 드러나면서 아버지가 성당에서 신임을 잃게 된 것이지요. 그 무렵 칼빈은 법학을 공부하기로 결심합니다.

칼빈은 법률가로서 성공할 수 있는 자질을 갖추었지만, 당시 프랑스 전역을 휩쓸었던 새로운 복음주의 사상에 관심을 기울였고 공감하게 됩니다. 1533년 말과 1534년 초에 걸쳐 칼빈은 훗날 스스로 '급작스러운 회심'이라고 표현했던 하나의 체험을 하는데, 그는 당시를 회상하면서 자신이 마치 친숙하고 위안이 되는 옛 종교에 견고하게 참호를 파고 몸을 숨기고 있는 것처럼 보였다고 했습니다. 그런데 자신도 모르게 뭔가 변화가 일어났습니다. 이 모든 것이 정확히 언제 일어났는지 입증할만한 자료는 남겨놓지 않았지만 그 기본 맥락은 분명합니다. 하나님께서 그의 삶에 개입해 그에게 옛 종교의 습속과 관계를 끊게 하셨고 복음을 섬기는 길로 나가도록 그를 해방시키셨던 것입니다. 그렇게 해서 결국 칼빈은 자신이 하나님을 섬기도록 부르심을 받았다는 것을 자각하게 됩니다.

은혜는 그처럼 죄와 무지에 찌든 상황 속에 하나님이 개입하시어 사람을 완전히 새롭게 바꾸고 죄의 수렁에서 구출해내며, 하나님에 맞섰던 자들을 길들여 순종케 하는 하나님의 능력을 가리킵니다. 칼빈은 자신과 바울을 이런 방식으로 하나님의 은혜를 체험한 사람들 속에 포함시켰습니다.

16세기의 가장 중요한 출판물이 되었던 책, 1536년 3월에 출판된 『기독교강요』의 저술을 포함하여 여러 가지 문제로 분주했던 칼빈은 1536년 7월에 스트라스부르(Starsbourg)로 가서 중요한 작업을 마무리하기로 결심합니다. 그러나 프랑스와 영국간의 전쟁으로 파리와 스트라스부르 사이의 통로가 막히자 남쪽 도시인 제네바에서 하룻밤을 머물게 된 칼빈은 그곳의 종교개혁가인 파렐(Guillaume Farel)을 만나게 되고 그에게 도움을 요청받습니다. 그는 파렐의 권고가 마치 자신에게 부여된 소명처럼 느껴져 그 제안을 받아들이게 되었고, 이후로 여러 번의 심정적 동요와 추방의 과정을 거치면서 고난을 겪기도 했지만 마침내 제네바에서의 사역이 하나님의 부르심이었음을 확신하게 됩니다. 칼빈은 이에 대해 "하나님의 손이 하늘에서 내려와서 자기를 붙들고 자기가 피하여 가려는 그 장소에 억지로 주저앉게 한 것처럼 느꼈다"고 쓰고 있습니다.

이로써 칼빈에게 은혜는 실제 인간의 삶—단지 일반적인 인간의 삶이 아니라 구체적이고 특정한 한 사람 한 사람의 삶— 속에서 나타나는 그 어떤 것으로 간주되었고, 그것은 하나님의 자비로우심이 민중들의 삶속에서 창조성 넘치는 모습으로 그들에게 새 힘을 부여하며 삶을 바꾸시는 모습으로 표현됩니다. 바울이 "나의 나 된 것은 하나님의 은혜로 된 것이니"(고전 15:10)라고 썼을 때, 그는 자신을 향한 하나님의 은혜뿐만 아니라 그 '은혜 씨앗'이 자신의 삶속에서 현실로 나타났음을 동시에 증언하고 있는 것입니다.

이처럼 은혜는 결코 추상적인 개념이 아니라 하나님께서 민중을 위하여 베푸신 모든 것이며, 그것은 우리가 오늘도 선용할 수 있는 통찰입니다.

인간실존과 은혜

덴마크의 철학자이자 종교사상가인 키에르케고르(1813-55)는 인간실존을 심미적 단계와 도덕적 단계 그리고 종교적 단계의 세 가지로 나누었습니다. 물론 여기서의 단계는 과정으로서보다는 차원의 의미가 강하다고 하겠습니다. 그는 이 세 가지 단계(혹은 차원)의 인간실존이 통합될 때 비로소 개개의 인간은 자유로운 존재, 참다운 인간이 될 수 있다고 말합니다. 아마도 그 가장 대표적인 삶의 본보기는 예수님의 일생일 것입니다.

예수님은 하나님의 아들로서의 몸을 씨앗 삼아 율법의 테두리를 벗어난 인간들에게 죄사함을 주시고, 성령의 능력으로 하나님의 사랑 안에서 자유를 누리고 살게 되는 참다운 인간상을 창조하려 하였습니다. 이것이 예수님의 하나님 나라, 구원운동입니다.

인간의 행복과 불행은 그가 세상을 어떻게 보며 어떻게 생각하느냐 하는 가치관, 세계관에 좌우된다고 할 수 있습니다. 세계관 역시 크게 세 가지로 나누어 볼 수 있는데, '운명 중심적 세계관'과 '율법주의세계관' 그리고 '은혜 중심적 세계관'이 그것입니다.

'운명 중심적 세계관'은 말 그대로 자신의 처지를 모두 하늘에 의해 이미 정해진 것으로 받아들입니다. 이런 세계관을 가진 사람들에게는 행복과 불행의 구별이 의미가 없을 것이며, 이것은 대체로 농경사회와 봉건사회의 보편적인 세계관이었습니다. 한편 신학적 '율법주의 세계관'은 자신이 이룬 모든 성취는 자신의 노력에 대한 마땅한 보상이자 대가로 생각합니다. 어찌 보면 아주 합리적인 생각이자 태도지요. 그런데 이런 세계관을 가진 사람들은 대체로 자신의 성취를 통해 기쁨과 행복을 느끼기보다는 남에게 과시하거나 교만한 태도를 취하는 경우가 많으며, 한편으로는 모든 일에 쉽게 절망하기도 합니다.

이제 마지막으로는 자신의 모든 성취를 하나님의 은혜로 생각하는 '은혜 중심적 세계관'이 있습니다. 그런 세계관을 지닌 사람들은 자신의 수고 그 자체를 은혜로 생각하며, 선재적(先在的) 은혜를 믿기에 자신의 모든 성취는 은혜 안에서 결실을 맺은 것으로 생각하지요. 그런데 은혜는 믿음이라는 그릇에 담겨있기에 믿음의 바탕이 있고나서야 은혜를 은혜로 받아들이게 됩니다. "나의 나 된 것은 하나님의 은혜로 된 것이니…"라는 바울의 고백이야말로 '은혜 중심적 세계관'의 본보기라 할 것입니다.

이처럼 우리의 하는 모든 일들은 다 은혜로 된 것이고 되어가는 것입니다. 그러므로 영광(榮光)은 오직 하나님께 돌려져야 하며, 그때 비로소 은혜가 은혜 될 수 있습니다. 그러나 설익은 사람들은 99%가 자기노력이고, 1%만이 하나님의 은혜라고 착각을 합니다. 만일 여러분이 그렇게 생각하고 있다면 다시 한 번 깊이 생각해 보기 바랍니다. 과연 어디까지가 내 노력으로 이루어진 것일까요? 아무리 생각해도 100%가 다 은혜요, 내가 수고한 것도 모두 은혜입니다. 이것을 알게 될 때 비로소 은혜가 은혜로 될 수 있습니다.

그리스도인 된 우리부터 은혜로 살고 은혜를 전하며, 은혜를 증거하고 은혜로 이웃을 만나는 그때야말로 진실로 '은혜의 새 윤리'의 시대가 열릴 것입니다.

오직 은혜, 이것이 바로 그리스도인의 신앙고백이고 생활이어야 합니다.

그리스도인의 영성적 삶

사전적 정의에 따르자면 영성(靈性, spirituality)이란 하나님을 믿고 거듭난 모든 자녀들에게 주어진 영적인 성품이자 성령의 역사하심으로 예수 그리스도를 통해서 이루어진 하나님의 모든 은혜와 은총을 경험하는 자에게서 나타나는 자연스럽고 경건한 성품이며 성령의 충만한 은혜 속에서 성령의 지배를 받고 살아가는 영적인 사람의 속성을 말합니다.* 그리스도인의 영성은 종교나 철학, 사회와 정치, 신과 자연, 인간의 영혼과 육체 등, 인간의 삶 전체에 관여합니다. 또한 큰 것(善)을 위한 저급한 욕망의 억제와 이를 위한 정신적 훈련도 포함하며, 오직 그리스도의 정신으로 하나님 말씀과 성령에 의해 변화되는 새로운 삶을 사는 것을 뜻하는 것입니다. 그러나 영성을 이 세상이나 세계, 역사 현실과는 동떨어진 비역사적, 초현실적인 것을 일컫는 것으로 오해하는 그리스도인들도 많기에 정교회의 슈메만(Alexander Schmeman) 같은 신학자는 영성이란 용어 대신 '그리스도인의 삶'(Christian Life)이란 말로 대치하여 사용하기를 권장하기도 하지요.

그리스도인으로서 바울의 영성은 다메섹 도상에서 부활한 그리스도를 만난 경험에서부터 시작됩니다. 철저한 유대인이던 그는 부활하

---

* 『교회용어사전: 교회 일상』 (생명의말씀사, 2013).

신 예수를 만난 이후 삶의 기초인 믿음과 가치관이 완전히 변했으며, 이제는 그리스도 안에서 사는 것이 삶의 출발점이자 목표가 됐습니다. 그리스도 안에서 하나님의 은혜로 말미암아 죄에서 구원받고 남은 생을 창조주에게 복종하면서 사는 것이 최선의 삶임을 깨닫게 된 것이지요. 하지만 우리 그리스도인들은 홀로 사는 것이 아니라 신앙공동체의 일원으로서 살아갑니다. 그러므로 몸의 한 지체가 다른 지체들과 서로 의지하고 협력하듯이 우리 역시 다른 이들을 통해 주어지는 은혜에 의지해 살아가며 또한 자신이 받은 은혜를 다른 이들에게 나누는 책임을 갖고 있다는 점을 명심해야 합니다. 그렇기에 그리스도인의 영성은 온전히 개인적인 영성일 수 없으며, 이러한 공동체적 영성에 대한 깨달음이야말로 바울이 말하는 건전한 영성의 기초인 것입니다.

이처럼 영적 삶이란 그리스도가 이 땅에서 살며 보여준 생을 닮고, 그의 고난과 부활의 능력을 경험하며 사는 것, 즉 신실한 그리스도인의 삶이라고 할 수 있습니다. '예수는 그리스도교 영성의 판단규범일 뿐만 아니라 그리스도인의 영성적 삶의 근원입니다. 그리스도인의 영성은 예수의 십자가와 부활의 생명 속에 동참하면서 그의 삶을 오늘의 삶의 상황 속에서 재현해나가는 '제자의 길'이자 '그리스도를 닮음'이며 그렇게 예수를 내 생명 속에 연출해 내는 순례자의 삶인 것입니다. 이제 그런 순례자로서의 삶을 살아간 참 신앙인들의 사례를 살펴보며 그리스도교 영성의 올바른 의미를 다시 한번 생각해봅니다.

마더 테레사는 특별한 저서나 신학적 주장을 내세우지 않았으나 자신의 삶을 통해 오늘날 그리스도인으로 산다는 것이 무엇인지를 선명하게 보여줍니다.

한번은 그녀의 자선단체를 찾은 한 외신기자가 문둥병 환자를 돌보고 있는 그녀에게 "당신은 어떻게 이런 일을 할 수 있습니까?"고 묻자, 그녀는 "물론 나도 어렵다. 그러나 나를 살리고 구원한 예수의 고난과 성령의 권면 그리고 하나님의 사랑과 은혜 등에 대한 명상과 기도 등이 나로 하여금 이런 봉사를 계속할 수 있게 한다"고 대답했습니다. 누구든지 그리스도인의 영성을 따라 살기 원하는 사람은 매일 이렇게 할 것을 제시한 것입니다. 비록 그리스도인의 신앙이나 영성을 여러 가지로 정의하고 주장할 수 있으나 예수를 오직 세상과 이웃을 위한 존재라고 한다면 테레사의 신앙과 삶은 그 정수(精髓)를 보여주는 것입니다.

현대를 살아가는 우리들에게 가장 큰 병은 폐병이나 문둥병이 아니라 사랑의 부재라는 병입니다. 그러므로 그 병의 치유는 사랑받고 사랑하며 관심을 일으키는 것이겠지요. 그런데 그런 사랑의 시작이자 끝은 기도입니다. 기도는 고난도 기쁨으로 받아들이게 하며 그 안에 하나님이 주시는 평화가 깃들고, 결국 이런 평화는 이웃과 세상으로 퍼져갑니다. 사랑의 기도는 언제나 평화의 기도가 됩니다. 사랑을 다른 사람들과 나눌 때 평화가 나와 그들을 맞이합니다. 테레사 수녀는 지극히 작은 자 하나라도 돌보는 것이 신앙인 영성의 여정이라 믿었기에 자신이 끝까지 그런 생을 살 수 있도록 기도했으며, 세상을 위해 자신이 가진 최상의 것을 바칠 수 있기를 간구했습니다. 바로 이것이 그리스도인의 영성적 삶입니다.

개신교 신학교에서 그리스도교 영성에 관해 가르치며 많은 저서를 출판했던 헨리 나우웬 신부는 스스로 고백했듯이 오랫동안 그리스도교의 영성을 신령한 것이나 사후의 영원한 세계에서의 일들로 믿었습니다. 그러나 점차 그의 생각이나 신앙은 변하게 되었고 결국은 '여기에서 지금'(Here and Now) 일어나는, 즉 역사의 현장에서 벌어지는 고난이 더욱 소중하며 그리스도교 영성이나 영원이란 바로 이러한 관심과 삶임을 깨닫게 되지요. 하나님의 뜻을 따라 세상과 이웃의 고난을 나의 고난으로 여기고 사랑과 기쁨으로 그 고난을 함께하는 삶이 없다면 죽음 뒤의 영원한 세계란 존재하지 않으며, 오늘 여기에서 그리스도인으로서 그리스도가 보여준 대로 사랑의 삶을 살 수 있다면 바로 그러한 신앙과 삶이 '그리스도인의 영성'이라는 깨달음이었습니다.

영성은 결코 신비한 체험이나 세상과는 무관한 영적 추구가 아닙니다. 오히려 그것은 예수가 십자가를 통해 보여준 것처럼 세상의 어떤 고난도 외면하지 않고 동참하여 그 고난의 해결을 위해 최선을 다하는 삶이며, 거기에 어떤 어려움이 따를지라도 그것을 하나님의 은혜요, 선물로 고백하며 감사하고 기뻐하는 자세와 신앙인 것입니다. 이와 같이 그리스도교의 영성이란 신비하고 거룩한 것이라기보다는 세속의 일들을 해결하려 함께 부둥켜안고 몸부림치는 것이라 할 수 있습니다. 정치나 사회적인 문제들, 즉 날마다 신문 잡지나 TV뉴스에 나오는 세상 잡다한 문제들은 결코 그리스도인과 상관없는 저속한 것이 아닙니다. 헨리 나우웬은 그런 세속의 사건들을 하나님의 계시로 보며 그 속에서 하나님의 뜻을 찾는 것이 그리스도인의 자세요, 영성을 추구하는 그리스도인의 과제라고 믿었습니다. 그 후 대학의 교수직을 사임하고 장애자들의 공동체인 라르쉬 데이브렉에서 봉사의 삶을 살았던 나우웬 신부는 높은 곳으로 오르려는 것이 아니라 낮은 곳으로 내려오는 것이 그리스도인이요, 그리스도의 영적 추구라고 고백합니다. 그러나 세상 사람들은 높은 곳에만 서려하고 더 많은 것을 가지려하며 심지어 그리스도인들도 크게 다르지 않습니다. 사실 성서의 모든 이야기가 하늘에서 땅으로 내려오는 이야기입니다. 하나님이 아래로 내려오시고 예수가 인간이 되어 높은 보좌를 버리고 지상으로 오셨습니다. 바로 이것이 복음이요 성서의 정신입니다. 하나님의 본체인 그리스도가 동등 됨을 포기하고 자기를 비워 종의 형상을 입고 사람들과 같이 되며 죽기까지 복종한 것처럼 따르는 것이 그리스도인이요 그의 영성입니다.

오늘날 그리스도교 영성을 추구한다는 신앙인들의 모습을 보면 흔히 불합리한 현실 사회의 문제들을 도외시하고 오로지 신령하고 신비한 것만을 추구하고 있습니다. 그러나 나우웬이 그의 저서 『생의 징표』(Life Signs)에서 그런 문제들을 영적인 것과 연결하면서 "아름다운 삶의 여부는 온전히 하나님의 집에서 결정한다"라고 주장한 점은 사회적 문제에의 참여를 타부시하는 한국교회에 큰 교훈을 줍니다. 따라서 신·구교를 막론하고 이 땅의 모든 그리스도인들은 사회적이고 정치적인 문제들을 외면하려는 자세에서 과감하게 벗어나야 할 것입니다.

．

보수적인 유교 가문에서 성장한 장공(長空) 김재준 목사(이하 장공이라 호칭)의 영성 형성에 가장 큰 영향력을 미친 사상가는 13세기 아씨시의 성 프랜시스와 20세기 초 러시아의 대문호 톨스토이 그리고 가가와 도요히코(賀川豊彦)였습니다. 그들의 사상적 영향을 받은 장공에게는 십자가에 달리신 나사렛 예수만이 진정한 메시아였으며, 오직 주의 품 안에서 맛보는 생명의 충만, 사랑, 자유 이외의 세속적인 부와 명예 등은 도리어 거추장스런 짐일 뿐이었지요. 이후 그는 일본 청산(青山)학원과 미국 프린스턴신학교 및 웨스턴신학교 등에서 약 7년간에 걸친 유학기간 동안 우리나라 사회와 교회를 창조적으로 변화시켜갈 지도자로서 지성적 훈련을 쌓게 됩니다. 이렇게 장공이 청산학원에서 자유라는 새로운 세계를 경험한 것과 프린스턴신학교에서 보수주의, 특히 근본주의 신학을 공부한 것은 참으로 의미가 깊습니다. 건전한 신학은 극단적 입장을 견지해서는 안 된다는 확신을 더욱 굳히게 되었기 때문입니다.

그리스도 신앙이란 곧 삶속에 성육신하는 생활신앙이 되어야 한다고 강조하는 장공의 성육신 신앙의 핵심적 본질은 '성육신적 영성'을 현실 속에서 관철한다는데 있으며, 따라서 그가 한국의 민주주의와 인권운동에 깊이 관여한 것은 본래적 신앙인의 삶의 구현이고 실천행동이었습니다. 이러한 장공의 '성육신적 영성신학'은 영혼의 구원과 사후의 천국생활을 내세우며 현실의 역사를 사탄의 지하왕국으로 보는 보수신학계와 구원의 체험을 인간내면의 성령 체험으로만 제한하고 복음의 진리를 교회 안에 가두어 온 한국교회에 일대 충격을 주었던 것입니다. 또한 장공의 교회관은 '우주적 사랑의 공동체'로서 확장 이해됩니다. 그는 교회가 성령의 기관이며 현실 역사를 그리스도의 역사로 변화시킬 책임이 있다는 것, 또한 전쟁에 반대하여 평화운동을 강력히 추진해야하며 특권층보다는 민중의 친구요 대변자가 되어야 한다는 것, 병들고 의지할 곳 없는 모든 이들에게 희망의 등대가 되어주는 '전우주적 사랑의 공동체'라는 것을 강조하고 그의 온 삶을 통하여 실천했던 것입니다.

이제 그리스도인의 영성적 삶이 분명해졌습니다. 그것은 보이지 않는 영이나 신비한 세계의 거룩한 추구가 아니라 하나님과 이웃사랑을 제일로 가르친 그리스도의 말씀을 하나님이 창조한 모든 생물과 하늘과 땅, 온 우주에까지 실천적으로 확장시키는 삶이어야합니다. '하나님의 선교'가 주장하는 대로 온 세계에 정의와 평화를 바로 세우고 온 생명을 살리는 하나님 나라 정신을 다 포괄하는 삶이자 자기를 버리고 십자가를 지고 예수를 따르는 길을 걷는 것입니다.

그리스도인의 영성을 삼위일체로 표현한다면 그리스도를 주로 고백하고 그의 삶을 본받으며, 근본적으로 성령 안에서 성령을 따라 사는 삶이요 하나님의 온전하심과 같은 사랑의 삶입니다.

오, 주님! 주는 나를 감찰하셨고 아셨습니다

피할 수 없는 하나님

다윗은 시편 139편에서 다섯 번에 걸쳐서 "주께서 나를 아셨습니다"라고 고백하고 있습니다. 그 자신은 스스로가 어떤 존재인지 몰랐으나 하나님께서는 그의 모든 것을 알고 계신다는 것이 다윗의 고백입니다. 하나님은 무한한 지혜로 사람의 전인격과 모든 행위를 완전하게 관찰하시고 아시는 분이심을 증거하는 고백이지요. 이어서 그는 하나님이 공간적 제약을 받지 아니하시고 온 우주 어디에나 계시는 분이기 때문에 사람은 어떤 곳에서도 하나님을 피할 수 없음을 고백합니다. 그처럼 이 시는 하나님의 위대하심에 대한 두려움과 놀라움 그리고 하나님에 대한 헌신적이고 신뢰할 만한 복종의 동시적 상호작용을 보여주고 있는 것입니다.

다윗은 자신의 생을 돌아 볼 때 언제나 하나님의 감찰의 눈 아래에서 봅니다. 어디에 있는지, 무엇을 하는지에 상관없이 어느 곳에서나 하나님의 눈을 만나게 되지요. 실로 하나님은 그가 말하기도 전에 그 말하려고 하는 바와 그의 생각을 헤아리셨습니다. 또한 하나님은 영이시라 어떤 공간에 매여 계시지 않습니다. 하늘의 가장 높은 곳이든 혹은 지하의 가장 깊은 곳이든, 새벽이 동터오는 가장 먼 동쪽이든 아니면 해가 바다 속으로 잠기는 먼 서쪽이든, 그 어느 곳으로 하늘을 가로 질러 도망하여도 하나님은 그를 사로잡고 그를 붙드실 것입니다.

시편 기자는 하나님의 전지성을 통하여 하나님에 대한 완전한 신뢰의 기초를 발견합니다. 이 하나님은 그의 심장을 꿰뚫어 보시고 그가 '고통'으로 인도하는 길을 걷는지 '생명'으로 인도하는 길을 걷고 있는지를 알고 계십니다.

> 모든 것의 창조자이신 하나님은 인간을 영원한 길로 인도하실 수 있는 오직 한 분이시다.*

'나'를 '안다'는 것에 대하여

내가 아는 '나'가 나일까요, 아니면 다른 사람들이 아는 '나'가 나일까요? 참으로 대답하기 쉽지 않은 질문일 수 있습니다. 그러나 여기서 분명한 것은 내가 아는 '나'가 있고 다른 사람이 아는 '나'가 있다는 것입니다. 그래서 어느 심리학자는 "내가 나를 안다는 것은 다른 사람에 의하여 알려진 나를 아는 것이다"(to know self is to be known by another)라고 말하기도 했습니다. 무조건 자기가 자기 자신을 제일 잘 안다고 생각하는 사람은 교만한 사람입니다. 다른 사람보다 오히려 자기가 자기 자신을 잘 모르는 경우가 있을 수도 있기 때문입니다. 등잔 밑이 어둡다는 속담도 있지 않습니까? 이 혼란한 세상에는 그처럼 교만한 이들이 차고 넘치는 듯합니다. 아니면 그들로 인해 세상이 혼란스러운지도 모를 일이지요. 내가 나 자신을 모르고 있다고 생각하는 겸손함으로부터 세상의 평화는 시작되는 것입니다.

그렇다면 참다운 '나'는 누구이고, 어떻게 '나'를 알 수 있는지에 관

---

* A. Weiser, *The Psalms*, 〈국제주석 II〉, 505-516 참조.

해 칼빈의 『기독교강요』를 중심으로 신앙적인 측면에서 생각해보도록 하겠습니다. 먼저 칼빈은 우리가 가진 모든 지혜가 하나님에 관한 지식과 우리 자신에 관한 지식의 두 부분으로 구성되어있다고 말합니다(『기독교강요』1권). 물론 이 둘은 서로 밀접하게 연결되어 있기 때문에 어느 쪽이 우선이고 어느 쪽의 지식이 다른 쪽의 지식을 이끌어내는지를 알아내는 것은 쉬운 일이 아니라고도 지적했지요. 하지만 칼빈은 두 가지 지식이 그처럼 서로 밀접한 관계를 지니더라도 우선은 전자에 대해 논하고 다음으로 후자를 논하는 것이 정당한 순서라고 생각합니다. 마치 출애굽 공동체를 구름기둥과 불기둥이 앞서 인도하고 그 뒤를 공동체의 백성들이 뒤따랐던 것처럼 하나님과 인간은 언제나 함께 하지만 앞서는 것은 항상 하나님이시라는 것이 칼빈의 신학론의 핵심이며 또한 현대의 칼빈 해석자로 유명한 칼 바르트(K. Barth)의 신 인식론, 신학 방법론의 핵심원리이기도 합니다.

그는 "하나님을 알지 못하고는 인간은 자신을 알지 못한다"고 말하며 우리에게 먼저 완전하신 하나님을 숙고하라고 권합니다. 하나님 앞에, 하나님의 말씀 앞에 설 때 비로소 우리가 어떤 존재인가를 알 수 있게 된다는 말입니다. 이것이 바로 성경이 인간에 대해 말하는 근본적인 문제입니다. 이제 그런 신학적 명제에 이어서 칼빈은 성경의 여러 인물들을 통해서 하나님의 위엄 앞에 선 인간의 구체적인 모습을 제시합니다.

구약시대 사람들은 하나님께서 빛처럼 강렬한 거룩함으로 그들에게 나타나면 죽을 수밖에 없다고 생각했습니다(삿 13:22). 그들은 하나님의 임재 앞에서 압도적인 두려움을 체험했고, 죽음의 공포로 쓰러질 만큼 마음이 흔들리는 모습을 보여 주었습니다. 그렇기에 칼빈은 욥과 아브라함과 엘리야의 경우를 구체적인 사례로 제시하면서 "인간은 자신을 하나님의 위엄과 비교해 보기 전에는 결단코 자신의 비천한 상태를 충분히 인식할 수 없다"(Inst.1.i.3)고 말한 것입니다. 다윗의 예를 들면, 시편 51편에서 그는 하나님과의 관계 속에서 자기의 죄를 인정하는 다음과 같은 고백을 합니다.

무릇 나는 내 죄과를 아오니 내 죄가 항상 내 앞에 있나이다. 내가 주께만 범죄하여 주의 목전에 악을 행하였나이다.

이처럼 우리는 하나님 앞에 섰을 때 자기 자신이 어떤 존재인지 적나라하게 드러나며, 모든 생명이 하나님의 빛 앞에 있는 것처럼 우리는 모두 하나님의 지식 앞에 노출된 가운데 존재할 뿐입니다. 이것은 완전한 지식이며 이 지식 앞에서 그 누구도 피할 수 없고 도망갈 수 없습니다. 그러므로 우리에게 하나님이 모르시는 비밀이란 있을 수 없는 바, 만약 비밀이 있다면 그것은 하나님 지식 속에 사랑이 있기에 우리를 기다려 주심으로만 가능한 것입니다. 하나님께서는 그처럼 내 허물도, 내 죄도 다 알고 계시면서 사랑으로 품어주십니다. 내가 흙덩이에 불과하다는 것을 하나님께서는 다 알고 계시다고, 그런 나를 사랑하고 계시다고 성경은 말씀합니다.

이는 저가 우리의 체질을 아시며 우리가 진토임을 기억하심이로다(시 103:14).

이와 같은 '하나님의 지식'을 히브리어로는 '야다'라고 표현하는데, 이것은 추상적인 지식이 아니라 체험적인 지식을 말합니다. '야다'가 쓰인 재미있는 말씀을 우리는 성경에서 찾아볼 수 있습니다. "아담이 그 아내 하와와 동침하매"(창 4:1), "요셉이 아들을 낳기까지 동침치 아니하더니"(마 1:25)와 같은 구절에서 '동침'이라고 번역하고 있는 것이 바로 '야다'입니다. '야다'는 본디 '안다'라는 의미를 지니고 있습니다. 남편이 아내를 알았다. 그랬더니 아들을 낳았다. 바로 이것이 '안다'는 뜻으로 아주 깊은 관계를 말하는 것이요, 아주 깊은 체험을 말하는 것입니다.

하나님의 전지전능 무소부재

이제 좀 더 구체적으로 하나님의 존재하심이 우리의 삶에 어떻게 관계하고 있는가에 대해 생각해보겠습니다.

하나님께서는 내 모든 죄를 아시고 회개하고 돌아오기를 기다리고, 진실을 찾기를 기다리고, 언젠가 깨끗한 마음으로 고백하기를 기다립니다. 그리하여 하나님과 인간의 올바른 관계수립을 바라시는 것입니다. 그런 의미에서 누가복음 15장에 나오는 탕자이야기는 우리에게 시사해 주는 바가 매우 큽니다. 탕자가 집을 나설 때부터 아버지는 알고 있었습니다. 형편없는 모습으로 아들이 다시 돌아오리라는 것을. 그리고 그가 돌아올 때까지 한없이 기다립니다. 이렇게 다 아는데 무슨 구구한 설명이 필요할까요? 우리는 오로지 아버지 앞에 겸손한 마음으로 임하는 길 밖에는 없으며, 나아가 하나님의 엄청난 지식 안에 나라는 존재가 있다는 것을 잊지 말아야 합니다. 나는 몰라서 버려진 존재가 아니며, 나의 실패와 고통, 시련은 하나님께서 나를 모르시기에 있는 것이 아닙니다. 하나님께서 모두 다 알고 사랑하시는 그 안에 나의 현재가 있습니다. 그러니 우리는 하나님의 능력과 지식 밖에 버려진 존재라는 생각은 말아야 합니다.

"육체의 가시" 때문에 평생을 고생하던 사도 바울은 하나님의 의를 위하여 이 가시를 없애달라고 수없이 기도를 했습니다. 그러던 그는 자신이 자칫 교만할 수 있는 사람이기에 하나님께서 육체의 가시를 주셨다는 것을 뒤늦게 깨닫게 됩니다. 이처럼 우리는 자기 자신을 잘 모르지만 하나님께서는 다 아시고 우리를 당신의 선한 길로 인도하시는 것입니다.

성 어거스틴(St. Augustine)은 어렸을 때부터 무척 방탕하여 그의 어머니 모니카가 그를 위해 얼마나 기도를 했는지 모릅니다. 이렇듯 방탕한 생활을 하던 어거스틴이 어느 날 로마로 가겠노라고 하자 모니카는 완강하게 만류했지요. 그러나 그가 끝내 자신의 뜻대로 로마로 가버리자 그녀는 슬픔과 걱정의 나날을 보냅니다. 그렇게 로마로 간 어거스틴은 그 후 어떻게 되었을까요? 그는 33세가 되던 해 로마에서 암부르시우스를 만나 회개하고 기독교로 개종하여 하나님 앞으로 돌아왔고 결국은 성인의 반열에 오르게 됩니다. 그러므로 하나님께서는 이미 다 알고 계셨기에 그를 로마로 인도하셨던 것입니다.

또한 애굽에서 약속의 땅 가나안으로 이스라엘 백성을 인도하실 때 어째서 하나님은 그들이 40년을 광야에서 헤매게 하셨을까요? 과연 그들이 겪을 고난을 모르셔서일까요? 아닙니다. 오히려 다 알고 계셨기에, 그들을 사랑하시기에 주시는 시련이었습니다. 여기에 하나님의 능력이 있습니다. 전지(Omniscience), 전능(Omnipotence), 무소부재(Omnipresence)하시는 하나님의 능력은 하나. 곧 그의 절대적인 사랑입니다. 그러므로 우리는 먼저 하나님 안에 있는 나를 알아야 합니다. 그러할 때에 비로소 하나님께서 나를 아시는 만큼의 평화로운 삶, 복된 삶을 영위해 갈 수 있을 것입니다.

부활신앙과 영성

부활신앙의 의미

신약성서에서 부활이란 말의 의미는 "일어나다, 깨어나다, 살아나다, 대항하여 일어나다"는 뜻으로 해석할 수 있습니다. 결국 부활은 잠에서 깨어나거나, 쓰러졌다 일어나거나, 병으로부터 일어서거나, 죽음으로부터 또는 억압과 압제에 대항해서 일어나는 의거나 봉기의 뜻을 내포하며, 죽음 가운데서 생명의 힘을 얻어 일어나는 사건입니다. 그러나 절망하고 포기한 자, 죽음을 시인한 자들은 부활을 의미 없는 것으로 만들지요. 엠마오로 내려가던 두 제자는 좌절과 절망에 빠졌을 때 부활한 주님을 만났으나 이미 체념했기에 주님을 알아볼 수 없었습니다. 그들은 십자가사건을 역사의 종말로 믿었고 부활의 희망 속에 펼쳐질 새로운 미래를 외면하였습니다. 이처럼 억압의 사슬에 굴종하는 자는 노예의 삶을 살아가지만 불의에 맞서 사슬을 끊고 자유에의 희망을 품고 사는 자는 부활의 기적을 체험할 수 있으며, 삶을 포기한 자는 끝내 죽음에 이르지만 생명에의 도전으로 일어서는 자는 부활의 생명으로 거듭납니다.

예수가 바로 부활의 생명입니다. 예수를 만난 고기잡이 어부들은 사람을 낚는 어부로 되었고, 앉은뱅이가 일어섰고, 병든 자들이 질병에서 해방을 얻으며, 죽은 자가 살아나 부활의 증인으로 거듭났습니다. 십자가사건은 죽음의 세력을 극복하여 생명의 새 세계로 향하는 이정표이자 변혁의 자궁인 것입니다.

예수의 부활은 의로운 자를 핍박하는 불의한 세상의 한복판에서 정의와 사랑 그리고 치유와 생명이 가득한 하나님의 나라를 이뤄가는 희망이요 소명입니다. 이러한 예수의 부활 이야기 속에는 몇 가지 중요한 신학적 질문이 존재합니다. 이를테면, "어째서 의로운 자가 핍박을 받는가?", "의로운 자를 박해하는 세상은 어떤 세상인가?", "의로운 자의 억울한 죽음에 대해 하나님은 어찌 할 것인가?"등이 그것이며, 특히 "죄 없는 한 사람의 희생을 통해 모든 이들의 죄를 사하는 일이 과연 옳은가?"라는 물음은 무엇보다도 근본적인 질문이지요.

신약성서의 여러 전승에 나타나는 부활사상의 공통점은 의롭고 죄 없는 예수가 세상 법정에서 정죄당하고 십자가에서 무고하게 죽임을 당했다는 것입니다. 그러나 하나님께서는 그를 죽은 자 가운데서 살리심으로 '인치셨습니다.' 초대교회는 이 사실을 굳게 믿었지요. 이것은 "예수 우리 주를 죽은 자 가운데서 살리신 이"라는 문구에서 잘 나타납니다(롬 4:24, 8:11, 갈 1:1, 엡 1:20). 그런데 이 말은 구약성서의 "이스라엘을 애굽에서 불러내신 하나님"을 변형한 것이며, 출애굽의 하나님이 부활의 하나님으로 발전한 것입니다. 부활이란 죽임 당한 예수를 '인치신' 행위인 동시에 믿는 자에 대한 구속적인 의미로 확장됩니다. 이는 부활신앙의 또 다른 차원으로, 특히나 오늘날의 혼탁한 세태에서 복음서와 원시 그리스도교의 부활신앙에 대한 올바른 이해는 더욱 소중합니다.

복음서의 부활 이야기

복음서의 부활 이야기는 '빈 무덤 설화'와 부활 이후의 '출현 설화'라는 두 가지 전승으로 요약되며, 그 중 마가복음에서는 예수의 부활이 첫 증인을 무서움에 떨게 하고 침묵시키는 당혹스런 사건으로 묘사됩니다. 안식 후 첫날 예수님의 무덤을 찾았던 막달라 마리아를 포함한 몇 명의 여인들은 무덤 안에서 흰옷을 입은 정체불명의 한 청년과 마주치는데, 그는 예수님이 살아나셨다는 부활의 소식을 "여기 계시지 아니하니라"(막 16:6)는 현장 부재의 메시지와 함께 그들에게 전하면서 갈릴리 재회의 약속을 상기시켜 줍니다. 그러자 거기 있던 모든 여인들은 놀라며 당황하지요. 이처럼 마가복음이 '놀람'과 '떨림', '무서움'이나 침묵 등의 어휘들로 묘사한 텅 빈 무덤에 대한 두려움, 그 부재의 영성이 바로 예수님 부활의 진정한 메시지입니다.

빌립보서의 그리스도의 찬송 시(빌 2:6-11)가 내포하고 있는 '비움의 기독론'(Kenotic Christology)은 바울 이전의 빈 무덤 전승으로 소급됩니다. 이 찬송 시에서 예수 그리스도는 초기 신자들에게 하나님의 본체로 표현됩니다. 그는 이 땅에 오심으로 자신을 비워 남루한 종의 형체를 입었고 죽기까지 복종하였습니다. 그 복종의 방식은 섬김이었으며, 탐욕적 소유가 아니라 비워내는 텅 빈 존재로서의 사랑을 추구했습니다. 그의 삶이 본시 이러했듯이, 그의 십자가 죽음도 그렇게 비워내는 사랑이었습니다.

그러나 마태복음에 와서 그들의 침묵과 두려움은 점점 경이로운 황홀감으로 번져갑니다. 돌문이 열린 배경에 큰 지진이 있었고, 그 정체불명의 청년은 하늘에서 내려온 주의 천사로 명시됩니다. 무덤을 방문한 여자들의 무서움은 "그 형상이 번개 같고 그 옷은 눈같이 흰" 천사를 본 무덤지기들에게 전가되는 반면, 여자들에게는 "무서워하지 말라"는 평안의 메시지가 선포되지요. 예수님은 제자들에게 나타나시어 샬롬의 인사를 전하고, 갈릴리에서의 재회 약속은 곧 실현됩니다. 아울러, 마태복음은 예수님의 시체를 제자들이 도둑질했다는 소문을 오히려 추문으로 만들어 버립니다.

사도 바울이 전하는 '출현'의 전승에서는 예수께서 약속하신대로 부활하셔서 게바(베드로)와 열두 제자 및 오백여 명의 형제에게 동시에 출현하셨으며, 이후에 야고보와 모든 사도들 그리고 바울에게도 부활한 모습을 보여주십니다. 이러한 예수님의 부활은 좌절과 낙담 속에 빠진 제자들에게 희망을 안겨주었고 새롭게 선교활동을 시작할 힘을 주셨으며, 또한 부활하신 예수님의 영은 교회 안에 머물며 성도들을 바른길로 인도하셨습니다. 이러한 바울의 경험과 성찰은 그리스도의 부활이야말로 '모든 그리스도인들의 부활'을 위한 촉매제가 되었음을 깨우쳐줍니다.

카타콤베와 원시 그리스도인들의 부활신앙

카타콤베는 원시 그리스도인들의 신앙의 구심점이었으며 그들의 예배관습이나 성인숭배 전통과 밀접한 관련이 있습니다. 죽음을 새로운 삶으로 옮겨가는 과정으로 믿었던 원시 그리스도인들은 카타콤베를 부활을 기다리며 휴식을 취하는 안식의 공간으로 여겼지요. 결국은 그러한 부활사상이 카타콤베의 발달에 큰 영향을 주었는데, 이처럼 육체적 부활을 믿는 그리스도인들은 화장보다 매장을 선호하여 묘지조성에 큰 관심을 기울였습니다.

박해의 시기에 순교한 사람들의 수가 늘어나고 또 그리스도인들이 은신할 곳이 필요하면서 증축과 개축이 거듭되던 카타콤베는 기원 후 313년 종교의 자유가 허용되자 새로운 형태로 변화합니다. 지하의 무덤이었던 카타콤베 안에는 소규모 강당(카펠라)이나 제단이 만들어졌고 각종 조각상들이 설치되었으며, 바로 위 지상이나 인근에는 바실리카 성당이 세워져 수많은 순례자들이 방문하였습니다. 순례자들은 순교한 영웅들의 이야기를 들으며 각종 기도회와 추모회, 예식들을 거행하였는데, 이렇게 시작된 순교자들과 그들의 기념물에 대한 경배는 중세시대로 이어져 성인과 성물숭배로 발전하게 됩니다.

이처럼 카타콤베는 단순한 무덤이 아니라 부활을 기다리던 신성한 공간이자 죽은 자들의 영혼을 영생으로 인도하기 위한 정거장이었으며, 원시 그리스도인들은 정기적인 방문을 통해 기도와 예배를 드림으로써 부활의 소망을 기원하였습니다. 한마디로 카타콤베는 원시 그리스도 신앙공동체의 중심으로서 순교정신의 새로운 차원을 열어준 거룩한 장소였던 것입니다.

카타콤베를 통해 형성된 문화는 원시 그리스도인들의 신앙양태를 이해하는데 있어서 대단히 중요합니다. 원시 그리스도인들이 로마제국의 혹독한 박해를 견뎌낼 수 있었던 것은 부활에 대한 믿음이었으며, 그 믿음은 카타콤베를 통해 구현되었기 때문입니다. 어찌 보면 카타콤베는 박해의 산물이자 그리스도 정신의 상징이라고도 할 수 있습니다. 그리스도인들은 카타콤베에서 부활신앙을 확인하며 위로와 용기를 얻었으며, 체포와 고문, 잔인한 죽음으로 이어지는 가혹한 박해에도 불구하고 로마제국에서 그리스도교가 결국 승리할 수 있었던 원동력은 바로 이러한 부활신앙입니다. 부활을 믿는 그들에게는 박해나 죽음이 새 생명을 얻기 위한 통과의례에 불과하였기 때문이지요.

부활신앙의 증거로서 카타콤베의 역사적 교훈은 무엇일까요? 카타콤베는 우리가 부활하신 예수 그리스도와 함께 영원한 생명에 동참할 수 있다는 희망을 보여주며, 또한 하나님이 실로 이 세상뿐만이 아니라 죽음 너머의 세계까지도 통치하시는 분임을 증언해 줍니다. 카타콤베는 실로 부활을 살았던 사람들의 이야기요 동터오는 하나님 나라의 모습을 현재화시킨 역사적 실례입니다.

예수님의 부활이 주는 의미와 영원한 생명

그렇다면 예수님의 부활은 어째서 우리에게 기쁨이 되고 희망이 되는 것일까요? 그것은 예수님이 한 개인으로서가 아니라 이스라엘 민족의 메시아로서, 인류의 '새 아담'으로서 그리고 '모든 피조물의 장자'로서 부활하셨기 때문입니다. 이로써 예수 그리스도는 모든 인류를 죽음의 세계로부터 영원한 생명의 변화된 세계로 인도하셨으며, 그의 부활을 계기로 모든 인류는 마지막 때에 죽음으로부터의 부활을 경험하게 될 것입니다. 예수 그리스도의 십자가 죽음과 부활사건을 통해 죄인 된 인간이 "새로운 피조물"(고후 5:17)이 되는 새로운 세계가 열리게 된 것입니다.

또한 예수님의 부활은 인간의 대 역전을 경험케 하는 사건입니다. 거짓이 아니라 진리가, 악이 아니라 선이, 절망이 아니라 소망이 승리한다는 것이지요. 죽음이 아니라 생명이 모든 것을 이기는 하나님의 사랑이라는 것을 부활하신 주님께서 우리에게 가르쳐 줍니다. 비록 오늘의 세계가 생태계의 위기로 치닫고 있고, 국가와 민족, 종교 간의 무참한 살육과 전쟁, 테러와 폭력이 세계도처에서 자행되고 있지만 예수 그리스도는 인류에게 희망을 주시며 삶의 기쁨이 됩니다.

우리의 삶 속에서 진리가 뿌리내리고, 정의와 사랑이 실천되고, 생명의 존엄이 보장될 때 비로소 우리는 부활신앙이 안겨주는 승리를 누릴 수 있을 것이며, 부활의 주님과 만나고 더불어 살아가는 세상을 이룩하게 될 것입니다.

착하고 신실한 삶

마태복음 25장에는 예수가 십자가 길을 떠나기 전 가르쳤던 달란트 비유가 있습니다. 주를 따르는 그리스도인들이 마음에 깊이 새겨야 할 교훈입니다.

어떤 주인이 여행을 떠나며 종들에게 각자의 능력에 따라 다섯 달란트, 두 달란트, 한 달란트씩 맡겼습니다. 주인이 없는 동안 앞의 두 사람은 열심히 장사하여 각각 다섯 달란트와 두 달란트를 남겼으나 나머지 한 사람은 주인을 무서운 사람이라고 생각해 땅을 파고 그 돈을 묻어두었지요. 그런데 여행에서 돌아온 주인이 그들과 셈하게 되었을 때, 배로 이윤을 남긴 종들에게는 "착하고 신실한 종아, 잘했다. 네가 적은 일에 신실하였으니 이제 내가 많은 일을 네게 맡기겠다. 와서 주인과 함께 기쁨을 누려라"고 칭송했으나, 한 달란트의 돈을 맡았던 종이 땅에 묻었던 돈을 그대로 내놓자 아주 무서운 징벌을 내렸습니다. "악하고 게으른 종아, 너는 내가 심지 않은데서 거두고 뿌리지 않은데서 모으는 줄 알았다. 그렇다면 그 돈을 은행에라도 맡겨 이자라도 가져와야 하지 않느냐며 그 한 달란트를 빼앗아 열 달란트 가진 신실한 자에게 주라. 가진 사람에게는 더 주어서 넘치게 하고 없는 사람에게서는 있는 것마저 빼앗을 것이다"라고 말이지요.

만약 이 달란트를 비유에 나온 그대로 돈이나 재물로 본다면 마치 오늘날 자본주의사회의 부익부 빈익빈의 이치를 정당화하는 발언처럼 생각하게 됩니다. 그러나 이 비유의 진의는 사람이 이 세상을 사는 자세(life style)나 신앙인이 저들에게 주어진 직임들을 얼마나 충실하게 수행하는가 하는 것으로 보아야 합니다. 크든 작든 어떤 직책이나 책임을 맡게 되면 충실하게 그 소임을 다해야 한다는 말이지요. 이를 소홀히 하고 게으르고 무책임하게 살 때 그 결과는 하나님으로부터 참으로 무서운 징벌의 대상이 되기도 할 뿐더러 더욱이 그런 자세는 그 사람의 일생을 불행하게 만들 것입니다.

그러므로 이 비유에서의 핵심은 한 달란트를 위임 받은 자가 최선을 다하여 자신의 직분을 수행하지 못하고 그 달란트를 그대로 땅에 묻어두는 안일하고 소극적인 자세에 대한 지적입니다. 이런 자세 때문에 그는 이미 갖고 있던 것까지 빼앗기고 쓸모없는 종으로 심판되어 바깥 어두운 곳으로 내쫓긴 채 거기서 슬피 울 수밖에 없었지요. 생각할수록 불행하고 안타까운 생의 자세입니다. 그가 주인을 굳은 사람으로 보고 무서워 그랬다는 것을 보면 사물을 보는 자세나 생각자체가 부정적인 사람이 아니었을까요?

이 사람은 주인이 자기를 믿고 돈을 맡겼으나 오히려 주인을 의심하고 잘못했다가는 주인에게 꾸지람을 받을까 염려했습니다. 결국은 이런 잘못된 생각으로 주어진 달란트, 즉 주어진 기회를 이용해 자신의 능력이나 직임을 과감하고 자신 있게 펼치지 못했던 것이지요. 그런데 사실 능력이나 기회와 같은 달란트는 자신의 것이 아니라 하나님의 선물이요 하나님의 것이므로 결국 그 사람은 하나님의 선물을 거절하고 하나님을 불신한 셈이며, 마땅히 그에 대한 징벌을 받게 된 것입니다.

포드 자동차회사의 창설자인 헨리 포드는 "할 수 없다고 생각하는 전문가들보다는 무한한 능력을 믿는 보통사람들이 필요하다"고 말했습니다. 이는 예수의 생각과도 같습니다. 중요한 것은 어떤 분야의 전문가가 아니라 할 수 있다는 확신을 가진 사람들입니다. 사실 달란트를 우리에게 주신 분은 하나님이기에 달란트는 하나님께 속합니다. 하나님이 능력과 기회를 우리에게 맡겼습니다. 이를 사용하여 더 유익한 일들을 하고 값지게 만들라는 위탁입니다. 그러므로 과감하게 시행해야 합니다. 만약 하나님이 준 달란트를 사용하지 않으면 우리의 재능이나 자질 등이 모두 소멸되는 것만이 아니라 어찌 보면 그것은 하나님의 위임에 대한 배신이기도 합니다.

세계적인 피아니스트인 루벤스타인(Arthur Rubenstein)은 피아노 연습을 어찌 그리 매일 열심히 하느냐는 질문을 받고 이렇게 대답했습니다. "만약 하루를 연습하지 않으면 내가 먼저 알고, 이틀을 연습하지 않으면 비평가들이 알며, 사흘을 연습하지 않으면 모든 청중이 안다." 세계적 피아니스트가 이런 확신으로 매일 열심히 연습을 하듯, 어떤 분야의 누구든지 그와 같은 확신과 연습이 필요합니다. 이런 끝없는 연습과 실행이 없으면 그의 명성은 물론 재능 역시 오래지않아 쇠퇴하고 쓸모없게 될 것입니다. 이런 이들은 한 달란트를 받아 땅에 그대로 묻어놓았던 종이 주인에게 무서운 징벌을 받듯 참으로 불행하고 부끄러운 인생을 살아가는 사람들이라 할 수 있습니다.

한 달란트를 땅에 묻은 종의 벌은 참으로 무서운 것입니다. 지각이 있고 책임감이 있는 그리스도인이라면 결코 그러한 상태에 안주할 수 없습니다. 그것이 하나님의 일이든 세상일이든, 아니 자신의 일과 자신의 생이든 하루 속히 그런 불충하고 게으른 자리에서 돌이켜 일어서야 합니다. 바울은 이런 삶의 자세를 잠자는 자와 죽은 자로 비유하며 속히 일어나라고 격려했습니다.

잠자는 사람아 일어나라. 죽은 사람 가운데서 일어나라. 그리스도께서 너를 환히 비추실 것이다(엡 5:14-15).

잠자는 사람은 하나님으로부터 소중한 선물을 받았으나 그 가치를 모르기에 무의미하게 삽니다. 아니 하나님이 주신 여러 가지 재능이나 직임의 선물을 그저 썩혀버립니다. 그러나 '착하고 신실한 하나님의 종'으로 살려는 자는 그런 어리석음에 머무를 수 없으며 죽음의 잠에서 깨어 일어나야 합니다. 게으름으로 시간을 허비해서는 안 됩니다. 특히 우리가 살고 있는 세상이 악하기에 세월을 아껴야 합니다. 악한 세상이 우리를 가만히 두지 아니하고 주어진 생명과 시간을 다 빼앗아 가기 때문입니다. 그래서 바울은 또한 이렇게 덧붙였습니다.

세월을 아끼라 때가 악하니라. 그러므로 어리석은 자가 되지 말고 주님의 뜻이 무엇인가 이해하라(엡 5:16-17).

미국 건국의 조상 벤자민 프랭클린(B. Franklin)은 "만일 네가 네 인생을 사랑한다면 네 시간을 사랑하라. 시간은 인생의 가장 귀한 구성요소이기 때문이다"라고 시간의 중요성을 강조했습니다. 시간은 곧 생명이요, 생명은 시간입니다. 이처럼 시간은 생명의 주된 구성요소이기에 시간을 아끼고 존중하는 것은 생명을 아끼고 존중하는 것입니다. 자기의 시간을 사랑하는 자는 자기의 생명을 사랑하는 자요, 자기의 시간을 사랑하지 않는 자는 자기의 생명을 사랑하지 않는 자입니다. 따라서 자기의 시간과 생명을 사랑하는 자는 다른 사람의 시간과 생명도 사랑하며 아낄 줄 알아야 합니다. 자기의 시간, 즉 생명을 사랑하고 아끼며 소중히 여긴다면 그는 더 이상 한 달란트를 받은 게으른 종이 될 수 없습니다. 그러므로 신실한 하나님의 사람들은 자기에게 주어진 달란트가 얼마이든 최선을 다하며 사는 사람들입니다.

그러나 여기서 한 가지 유념할 것은 내게 위임된 달란트가 클수록 그 성취나 완성에는 그만큼 많은 어려움이 따른다는 사실입니다. 그 임무와 책임이 중하기에 시련을 극복할 용기와 인내, 능력이 더욱 필요합니다. 때문에 동양의 현자요 철인이던 맹자(孟子, 372-289 BC)도 『맹자』「고자」편에서 "하늘이 장차 큰 임무를 어떤 사람에게 내리려 할 때는 반드시 먼저 그의 마음을 괴롭게 하고 그의 근골을 힘들게 하며, 그의 몸을 굶주리게 하고 그의 몸을 곤궁하게 하며, 어떤 일을 행함에 그가 하는 바를 뜻대로 되지 않게 어지럽힌다. 이것은 그의 마음을 분발시키고 성질을 참을성 있게 해 그가 할 수 없었던 일을 해낼 수 있게 도와주기 위한 것이다"라고 했습니다. 위임받은 큰 뜻을 성취하는 과정에는 반드시 이러한 시련과 인내가 따름을 다시금 일깨우는 동양의 고귀한 가르침입니다.

뛰어난 성경주석가이자 설교자였던 런던 웨스트민스터 교회의 모르건 목사(Rev. Campell Morgan, 1863-1945)는 그의 은퇴식에서 평생의 목회 경험을 회고하며 "설교하기 가장 힘든 회중은 잘 듣는 것 같지만 그들의 신앙생활에 전혀 변화가 없는 회중"이라고 했습니다. 설교가 좋고 감동적이었다고 고백하지만 마치 매너리즘에 빠진 자들과 같이 아무런 변화의 움직임이 없는 목석같은 교인들이 많습니다. 성경을 읽거나 설교를 들을 때, 혹은 훌륭한 신앙의 증언을 읽으면서 하나님의 말씀을 접할 때는 온 마음으로 받아들여야 합니다. 그 말씀으로 회개하고 변하여 새롭게 되어야하며, 마치 갓난아이가 엄마의 젖을 빨 듯 말씀이 생명의 양식이 될 수 있어야 합니다. 행동의 변화가 없는 머릿속 지식만으로는 생기 넘치는 그리스도인의 삶을 영위할 수 없습니다. 그러므로 착하고 신실한 하나님의 사람은 무엇보다 먼저 하나님의 말씀을 받아들이는 자세부터 바꾸어야 할 것입니다. 그러한 삶의 본보기로 의사로서 아프리카의 첫 선교사가 된 리빙스턴(David Livingstone, 1813-73)의 생은 늘 새로운 감동을 줍니다.

스코틀랜드의 어느 시골교회에서 아프리카의 의료사업을 위해 헌금을 할 때입니다. 헌금 쟁반이 자기 앞에 돌아오자 한 소년이 그 쟁반을 깔고 앉았고 어리둥절했던 교인들은 화를 냈습니다. 그러자 그 소년은 반짝이는 눈으로 "저는 바칠 돈이 없습니다. 그러나 제 자신을 아프리카를 위해 몽땅 바치겠습니다"라고 말했는데, 바로 이 소년이 훗날 약속대로 아프리카의 첫 의사 선교사가 되었던 리빙스턴입니다. 그런데 자신의 약속을 신실하게 지키며 선교하던 리빙스턴의 이야기는 이것으로 끝나지 않습니다. 그는 일생을 신실한 의사 선교사로 봉사했는데 그의 말년의 모습을 보면 그가 얼마나 진실하며 착한 하나님의 종이었는지 알 수 있습니다.

1873년 60세가 된 리빙스턴이 병들어 쇠약하던 때입니다. 스탠리(Henry Stanley)를 중심으로 영국의 아프리카 탐험대가 아프리카 밀림 속에서 실종되어 소식이 끊겼던 리빙스턴을 찾아 여러 곳을 헤매다 마침 한 시골 마을에서 그를 발견했습니다. 30여 년 동안 아프리카 오지에서 토인들과 생활하며 병자들을 돌보던 그는 병들고 쇠약해져 목숨이 위태로울 정도였으며, 이에 스탠리는 영국으로 귀국을 권했습니다. 그러나 리빙스턴은 계속 아프리카에 머물겠다고 말했고 바로 그해에 세상을 떠나고 맙니다.

그해 3월 19일, 리빙스턴은 죽기 전에 쓴 마지막 일기에서 "오늘은 나의 생일입니다. 나의 예수여! 나의 왕이여! 다시 나를 바칩니다. 자비하신 나의 아버지 나를 받아 주소서. 독생자를 나에게 주셨는데 이 못난 것 아무것도 아니지만 전체를 다 바칩니다. 받아 사용하여 주소서. 아멘!"이라고 기도합니다. 이는 그가 어떤 자세로 일생을 살았는지를 잘 보여주며, 그의 시신은 무릎을 꿇고 기도하는 모습 그대로 발견되었습니다. 오늘날 스코틀랜드 에든버러 공원광장에는 이처럼 하나님의 사랑에 아멘으로 응답하며 살았던 그의 동상이 세워져 있으며 민족 영웅의 한 사람으로 추앙받고 있습니다. 착하고 신실한 하나님의 종의 모습을 여실히 보여준 그의 묘비명은 그 곳을 찾는 순례자들에게 많은 감동을 줍니다.

당신이 오시기 전에는
우리가 어둠 가운데 살았는데,
당신이 가신 후
우리는 빛 가운데 삽니다

하나님의 '착하고 신실한 종'이란 남보다 재능을 많이 타고났거나 맡은 직임이 높은 사람, 혹은 큰 성공을 거둔 사람을 말하는 것이 아니라 오히려 크건 작건 간에 하나님이 각자에게 맡겨준 달란트, 즉 재능과 직임, 소명을 이웃과 세상을 위해 최선을 다해 지혜롭게 사용한 사람을 뜻합니다. 우리가 그러한 사람이 되기를 원한다면 감리교를 창설한 요한 웨슬리(John Wesley, 1703-91)가 복음운동을 전개하며 '하나님 나라를 위해 나는 무엇을 할 수 있을까?'(what can I do for king-dom?)라는 질문에 스스로 대답한 말은 아직도 생생한 귀감이 될 것입니다.

그대가 할 수 있는 모든 선을 행하라(Do all the good you can).
그대가 할 수 있는 모든 수단으로(By all the means you can).
그대가 할 수 있는 모든 방법으로(In all the ways you can).
그대가 할 수 있는 모든 곳에서(In all the places you can).

그대가 할 수 있는 모든 때에(At all the times you can).

그대가 할 수 있는 모든 사람에게(To all the people you can).

그대가 할 수 있는 그날까지(As long as ever you can).

이처럼 아름답고 훌륭한 삶을 살아 어느 날 주님으로부터 '착하고 신실한 종'이라 칭송을 듣는다면 이보다 더한 생이 어디 있겠습니까? 예수 믿고 신앙으로 산다는 모든 이들이 이런 풍성한 생을 살 수 있기를 기원합니다. 또한 비록 이런 신앙을 미처 가지지 못한 그 누구라도 이제부터 '신앙은 삶을 가치 있게 만든다'(Faith makes life worth living)는 진리를 터득하고 이런 신앙을 가지는 자가 되기를 기원합니다.

회개는 정직한 마음의 회복

하나님! 내 속에 정한 마음을 창조하시고 내 안에 정직한 영을 새롭게 하소서
(시편 51:10).

회개의 의미

회개는 사전적인 정의로는 '마음을 돌려 먹음'이라 할 수 있고, 종교적인 의미로는 '과거의 죄악을 회개하여 올바른 신앙에로 마음을 돌이키는 종교적 신앙체험'이라 할 수 있습니다.

주 여호와의 말씀이니라. 이스라엘 족속아 내가 너희 각 사람이 행한 대로 심판할지라. 너희는 돌이켜 회개하고 모든 죄에서 떠날지어다. 그러한즉 그것이 너희에게 죄악의 걸림돌이 되지 아니하리라.
너희는 너희가 범한 모든 죄악을 버리고 마음과 영을 새롭게 할지어다. 이스라엘족속아 너희가 어찌하여 죽고자 하느냐.
주 여호와의 말씀이니라. 죽을 자가 죽는 것도 내가 기뻐하지 아니하노니 너희는 스스로 돌이키고 살지니라.

위의 에스겔서 18:30-32절은 온 이스라엘 족속이 강도와 살인,

우상숭배, 강간, 학대 등 하나님의 백성답지 못한 온갖 죄들을 범하면서 하나님의 법을 어기고 있을 때 하나님이 그들에게 하신 말씀입니다. 이 말씀에 의하면 이스라엘 족속이 과거에 범한 죄악과 그로 인해 당면하게 된 죽음이라는 문제에 부딪쳤을 때 하나님이 빠져나올 방법을 제시하시는데, 그 방법이 바로 "돌이킴"이었지요. 특히 여기서 "돌이키라"는 말씀을 두 번씩이나 강조한 것으로 보면 그 말의 중요성을 알 수 있습니다.

'돌이키다'의 히브리어 '슈브'는 구약성경 전체에서 1146번이나 나옵니다. 이 사실은 비록 이스라엘 족속이 끊임없이 하나님을 떠나 죄 가운데서 살고 있으나 그들을 향한 하나님의 다 함 없는 사랑—다시 돌아와 관계를 회복하자는 애절한 사랑—을 명백하게 드러냅니다. 그러므로 구약이 지니고 있는 회개의 의미는 "떠나간 지점으로 다시 돌아오다"입니다.

왜 인간에게 회개가 필요한가?

하나님 형상으로 창조된 인간은 하나님에게 초점을 맞추고 살아야 함에도 불구하고 그 초점을 상실한 채 방황하고 있습니다. 그러므로 인간은 초점을 다시 하나님에게로 맞추어야 하며 이러한 초점의 재조정이 바로 회개입니다.

인간은 하나님이 부여하신 자유의지를 오용하여 하나님에게 불순종하거나 하나님의 존재를 의심하며, 자연과 역사와 양심을 통하여 알려진 하나님의 뜻을 거부하고 더 나아가 하나님 대신 자신을 절대자로 만들었습니다. 이것이 바로 죄인데, 그것은 소극적으로는 하나님의 법을 어기는 것이고 적극적으로는 하나님을 자신과 바꾸는 것입니다. 이것을 우리는 '교만'이란 말로 표현할 수 있습니다. 그렇다면 교만해진 인간의 모습은 구체적으로 어떤 것일까요?

교만함으로 하나님에게서 고립된 인간은 내적 공허와 죽음의 공포를 스스로 극복할 수 없어 결국 우상을 섬기게 됩니다. 어떤 이들은 돌이나 나무, 쇠붙이로 만들어진 우상을, 또 어떤 이들은 좀 더 정교한 우상, 즉 국가나 이데올로기, 돈이나 쾌락 등을 섬기지요. 인간관계에 있어서도 자신의 이윤추구를 위한 수단으로만 타인을 대하거나 그럴듯한 궤변으로 진실 대신 거짓을 내뱉고, 약자들을 돕는 대신 상처를 주거나 서슴지 않고 짓밟습니다. 또한 교만한 인간은 자신을 자연의 지배자로 착각하며 자연을 하나님의 영광과 타인의 유익을 위하여 아끼고 가꾸는 대신 자신의 이기적인 목적만을 위하여 사용하기도 합니다. 오늘날의 생태계 파괴, 기후 온난화로 인한 대홍수 등의 자연재해는 바로 그러한 인간의 교만함에 의한 결과일 것입니다.

참된 회개란 정직성의 회복

지혜의 왕 솔로몬은 나이가 들어 죽음을 바라보게 되었을 때 하나님 앞에 나아가 이렇게 소원을 빌었습니다. "주여, 제가 평생 소원해 온 것으로 아직 이루지 못한 일이 있습니다. 제가 죽기 전에 그 소원을 이루게 해 주십시오." 그리고 "허탄함과 거짓말을 제게서 멀리하게 해 주십시오"라고도 간구했습니다.

허탄한 마음, 허황된 마음이란 어떤 마음입니까? 아무것도 모르면서 아는 척하는 것, 가진 것도 없으면서 있는 척 하는 것, 된 것도 없으면서 된 척 하는 것, 아무것도 아닌데 굉장한 듯 꾸며대는 것, 이것이 허탄한 마음이요, 허황된 마음입니다. 우리는 늘 허황된 마음으로 살면서 정작 하나님 앞에 나아가서는 거짓말을 안 하게 해달라고 기도합니다.

회개란 정직성의 회복을 의미합니다. 거짓됨의 반성입니다. 시편 51편을 통하여 다윗은 하나님 앞에 회개하고 있습니다. 신학자 틸리히에 따르면 회개를 뜻하는 히브리어 '슈브'(shubh)는 특히 사회적이며 정치적인 상황에서 자신의 길을 전환하는 것을 말합니다. 곧 불의에서 정의로, 비인간성에서 인간성으로, 우상에서 신에게로의 전향입니다. 헬라어 '메타노이아'도 같은 뜻을 포함하지만, 인간의 심정과 관련해서 순간에서 영원으로, 또는 자신으로부터 신에게로의 전향을 의미하며, 라틴어 '콘벌시오'(conversion)는 공간적 이미지를 지적 내용과 합일시키는 의미가 있다고 합니다. 틸리히는 이와 같은 어원 이해를 근거로 해서 두 가지 사실에 집중합니다. 즉, 회심 사건에서 부정되는 것과 긍정되는 것이 그것인데, 전자는 실존적 소외에 구속당하는 것이고 후자는 영적 현존으로 인하여 새로운 존재로 거듭나는 것입니다. 전자는 '회개'를 통해서, 후자는 '믿음'을 통해서 일어난다고 합니다.

다윗의 일곱 편의 참회록 가운데 가장 대표적인 것이 바로 시편 51편으로, 이 시의 주제는 '죄의 용서'입니다. 이는 이스라엘 종교의 중심부에 자리 잡은 신앙의 내용이자 예수님을 통하여 이루어지는 하나님의 구속의 복음의 진수이기도 하지요. 그런데 다윗의 깊은 회개에는 두 가지 특징이 있습니다. 첫째로, 그는 하나님과의 직접적인 만남을 통해 회개합니다. 혼자서 후회하거나 다른 사람에게 가서 잘못했다고 빈 것이 아닙니다. 오로지 하나님 앞에서 "내가 죄인입니다. 사람들이 뭐라고 하든 상관없습니다"라고 회개를 하는 것입니다.

둘째로, 그는 자신의 잘못에 대해 남을 원망하지 않습니다. 자기 잘못의 책임을, 그 원인을 결코 사회나 환경에 떠넘기지 않았던 것이지요. 밧세바를 취하는 엄청난 죄를 짓고 하나님 앞에 나아가 그것을 자복하는 다윗은 그 많은 시편, 그 많은 회개 중에 단 한 번도 밧세바를 나무라지 않습니다. 이것이 다윗의 회개에 나타난 특징입니다.

그런데 우리는 회개를 하다가도 자신의 잘못을 남의 탓으로 돌리기 일쑤입니다. 이것은 회개가 아닙니다. 다윗은 누구를 탓하지도 원망하지도 않았습니다. 뿐만 아니라 그는 "어머니가 죄 중에서 나를 잉태하였나이다"(5절)라며 하나님께 자신의 깊은 죄를 회개했습니다. 이 말은 히브리어의 뜻으로 보면 결코 어머니가 부정한 관계에서 자기를 나았다는 말이 아니라 '날 때부터 죄인'이라는 뜻입니다. 어렸을 때부터 죄인이므로 오늘의 사건이 우연한 사건이거나 돌발적인 사건은 아니라는 것이지요. 자신은 본질적으로 죄인이요, 이러한 죄가 누적되어 오늘의 사건이 나타나게 되었다고 진정으로 회개하는 것입니다. 구체적인 사건은 중요하지 않습니다. 하나님 앞에 나는 본질적으로 죄인임을 말하는 것, 이것이 회개입니다.

　　죄는 또 다른 죄를 낳기 마련이고 스스로의 힘으로는 거듭 죄에 빠질 수밖에 없기에 다윗은 "하나님이여, 내 속에 정한 마음을 창조하시고 내 안에 정직한 영을 새롭게 하소서"(10절)라고 간구하고 있는 것입니다. 따라서 다윗의 이 고백은 오직 하나님께 의지해서만 새로이 정직한 삶을 살아갈 수 있다는 의미를 담고 있습니다. 특히 다윗은 죄 가운데 가장 큰 것이 성실을 잃어버리는 죄라는 것을 알고 있었습니다. 그가 하나님 앞에 정직함의 회복을 소원했던 것은 바로 이 때문입니다. 모든 죄를 회개하면서 더불어 정직성을 회복시켜달라고 간구하는 것은, 그래야만 앞으로 남은 시간을 바로 살 수 있겠다고 생각했기 때문이지요.

　　성경에는 '다윗'이라는 이름이 무려 8백 번이나 나오며 사람의 이름 가운데 가장 많이 나오는 이름이 바로 다윗입니다. 하나님께서는 다윗을 극진히 사랑하셨습니다. 이는 하나님께서 다윗에게 붙여주신 별명으로 알 수 있는데, '내 종 다윗', '정직한 사람 다윗'이 하나님께서 다윗에게 붙여주신 별명이었습니다.

소년시절의 다윗은 참으로 정직했습니다. 하나님 앞에 진실했고 사람 앞에 정직했기에 그에게는 무서울 것이 없었으며 담대하고 항상 평화로웠지요. 한편 목자로서 양을 칠 때는 맹수가 어린양을 물고 가자 달려들어 맹수를 죽이고 되찾아 오는 용기를 보여주었고, 특히 널리 알려진 골리앗 대장과의 싸움에서는 "이스라엘 군대의 하나님의 이름으로 네게 나아가노라"(삼상 17:45)라고 용감하게 소리치며 물매돌을 던지기도 했습니다. 이 모든 용기는 그의 정직함에서 비롯된 것입니다. 정직하고 진실하다면 하나님께서 항상 도와주실 것으로 믿었기에 다윗은 늘 자신만만하였던 것입니다.

그러던 다윗이 왕이 되자 못할 말과 못할 짓을 많이 저지르게 됩니다. 소년시절의 정직함은 모두 사라져 말과 행위가 정치적으로 변하고, 오직 보좌를 지키기 위해 거짓말과 위선을 부끄럼 없이 행하는 형편없는 인간으로 전락하지요. 이처럼 정직을 상실하면 존재를 상실하고 인격의 파탄이 오는 것입니다. 허깨비가 살아가는 것일 뿐, 지혜와 용기는 물론 행복과 평화도 있을 수 없습니다. 모름지기 존재의식이란 정직함에 뿌리를 두고 있음을 알아야 합니다.

또한 정직이란 하나님 앞에 있는 것입니다. 사람들의 평가나 평판, 인간의 규범을 논할 것이 아닙니다. 남이 뭐라 하든 상관없습니다. 하나님 앞에 정직하고 그분께서만 아시면 됩니다. 하나님께서 나의 진실을 아신다면 나에게는 부끄러움이나 두려움이 있을 수 없습니다. 하나님께서 나의 진심을 아신다는 것보다 더 큰 의지가 없는 것입니다. 나아가 정직함이란 하나님에게 자기 자신의 운명을 맡기는 것이며, 정직함으로 인한 결과는 하나님께서 책임을 지십니다. 우리는 이것을 명심해야 합니다. 다소 손해를 보더라도 정직함을 택하는 것이 바로 그리스도인의 자세입니다. 이익을 보거나 출세를 위해 정직성을 버리는 순간 우리는 모든 것을 잃고 비참한 사람이 되고 맙니다. 모름지기 정직과 진실이 삶의 최우선임을 우리는 깊이 깨달아야 할 것입니다.

미국의 작가 마크 트웨인(Mark Twain)은 '정직이 신발을 신는 동안 거짓말은 세계를 반 바퀴 돈다'고 말합니다. 정직하긴 해야 하겠는데 오늘이 아니라 내일 정직하겠다고 미루는 것입니다. 그러나 정직은 내일로 미룰 수 있는 것이 아닙니다. 정직은 수단이 될 수 없습니다. 정직함의 결과는 하나님께서 보증하시며 정직함으로 손해 보는 것이 있다면 하나님께서 채워주십니다. 이제 더는 변명도 말고 누구를 원망도 맙시다. 잃었던 정직에 관심을 가지는 것, 이것이 최우선입니다. 모든 것의 근본이 여기에 있습니다.

다윗은 지금 하나님 앞에 참회의 기도를 드리고 있습니다. 의인이 되려는 것도 아니요, 왕위를 유지하려는 것도 아니요, 오래 살고 건강하기를 바라는 것도 아닙니다. "하나님이여, 내 속에 정한 마음을 창조하시고 내 안에 정직한 영을 새롭게 하소서." 이것이 그가 드렸던 기도이자 우리가 드려야할 기도입니다.

내 원대로 마시고 아버지의 원대로 하소서
― 성서적 기도에 대하여

기도와 신앙

한 젊은 제자가 기도실에서 밤을 새우고 나오는 스승에게 묻습니다. "저는 먼저 하나님의 만 가지 은총과 그 크신 영광을 감사하고 찬양했고, 제 자신의 죄를 낱낱이 고백하고 자비를 구했고, 동료들 하나하나를 위해서 기도했고, 제가 아는 사람들 모두를 위해 기도하며, 필요한 것을 주시고 돌보아 주시기를 빌었습니다. 교회와 나라와 민족, 온 세계와 인류를 위해 기도했고, 특히 가난한 이들과 병든 이들을 위해 기도했습니다. 그리고 마지막으로 온 피조물을 위해 기도했습니다. 그런데 기도를 다 마쳤는데도 3시간이 지나지 않았습니다. 그런데 어떻게 스승님은 밤새 기도하실 수가 있습니까? 밤새 하나님께 무슨 말씀을 하신 것입니까?"스승은 물끄러미 제자를 바라보다가 미소를 띠며 말합니다. "아무 말도 하지 않았네."

또 다른 제자가 40일간의 금식기도에 들어간 스승을 보살피느라고 스승의 기도실 앞에 서있었습니다. 그런데 갑자기 스승이 피골이 상접한 모습으로 방문을 열고나옵니다. 제자는 놀라 스승에게 급한 목소리로 조그맣게 속삭였지요. "스승님! 오늘은 39일째입니다. 하루가 더 지나야 40일인데요." 스승은 몸도 제대로 가누기 힘든 상태에서 한쪽 무릎을 꿇고 머리를 깊이 조아린 뒤 제자에게 말합니다. "내가 어찌 감히 40일을 기도하겠느냐! 40일은 유혹이야."

이상은 기도에 관한 오래된 두 편의 이야기로, 기도가 무엇인지, 기도의 자세가 어떠해야 하는지를 깨우치는 일화입니다. 그러나 통성과 강청 기도에만 매달리는 한국교회에는 말을 쏟아놓고 소원을 비는 것을 넘어서야 참된 기도의 자리에 들어갈 수 있다는 이러한 가르침이 낯설고 생소할 것이며, 특히나 두 번째 이야기는 40일 금식기도를 영적 차원으로 도약하는 관문처럼 여기는, 그래서 40일 금식기도를 마쳤다는 것이 신앙의 훈장처럼 자랑거리가 되어버린 우리 교계의 세태를 질타하는 듯합니다. 사실 교회의 역사를 살펴보면 교회가 점차 제도화되고 권력화하면서 본래의 순수성을 잃게 되는 시기가 있었는데, 이를 기도의 관점에서 보면 공동체와 생명을 도외시하고 사랑을 외면한 이기적인 기도나 기복적인 기도, 탐욕과 경쟁심에서 나오는 기도가 많았던 시기입니다. 달리 말하자면 내면세계의 생명의 근원이라 할 영성이 메말랐던 시기라고도 할 수 있지요. 그런데 오늘의 한국교회가 바로 그런 상황에 놓여있습니다. 그러므로 한국교회가 다시 올바른 신앙의 길로 가고자 한다면 우선 영성이 달라져야 하며, 영성이 달라지려면 영성의 핵인 기도가 달라져야 합니다. 지극히 이기적, 탐욕적이고 자아집착적인 '요청의 기도'가 아니라 하나님과의 사귐을 통해 자아를 변화시키는 기도, 즉 '사귐의 기도'로 바꾸어야 한다는 말이지요. 사귐의 기도란 기도를 '요청'으로 보지 말고 '사귐'으로 보자는 말이며, 하나님과 영적으로 사귀는 것이 기도라는 뜻입니다. 예수님과 바울은 물론이고 어거스틴, 프란치스코, 루터, 웨슬리, 토마스 머튼, 헨리 나우웬 등 그리스도교 역사상 위대한 지도자들 모두가 기도를 '하나님과의 사귐'이라고 말합니다.

종교생활에서 기도는 본질적인 요소로서 신학적으로는 하나님을 향한 인간의 삶 전체를 기도로 보기도 합니다. 기도의 가장 기본적인 형태로서는 먼저 '탄원기도'를 생각할 수 있을 것입니다. 탄원기도를 하는 사람들은 다음과 같이 둘로 나누어 볼 수 있는데, 하나는 세상살이에 필요한 물질이나 수단을 위한 기도이고 또 하나는 하나님의 형상을 회복하는 일과 하나님 나라를 이루는 일에 대한 기도입니다. 다시 말하자면 하나는 '소유'를 위해 기도하는 사람이고 다른 하나는 '존재'를 위해 기도하는 사람이라 할 수 있는 것이지요. 그렇기에 그 사람의 기도를 알면, 즉 어떻게 기도하는지, 무엇을 기도하는지를 알면 그 사람의 신앙의 내용과 신앙인다움을 알 수 있습니다. 다시 말해 기도는 신앙을 재는 바로미터가 될 수도 있다는 것이지요. 기도가 멈춘 신앙은 죽은 신앙이라 여겨지며 특히 그리스도교에서는 더욱 그러합니다. 예를 들어 사도행전은 "그들이 사도의 가르침을 받아 서로 교제하고 떡을 떼며 오로지 기도하기를 힘쓰니라"(행 2:42)는 말씀을 통해 초대 교회의 특징이 함께 떡을 나누며 열심히 기도하는 것이었음을 전해주며, 또한 바울은 옥중에서 신도들에게 보낸 서신을 통해 "항상 깨어 있으면서 감사하는 마음으로 꾸준히 기도하십시오"(골 4:2. 공동번역)라고 권면하기도 했습니다.

성서적 기도

성서는 기도의 책이자 하나님의 백성들이 어떤 기도를 올리며 살았는가에 대한 기록이며 증언입니다. 즉 누가 하나님의 뜻을 찾으며 기도했고 또한 그런 사람들의 삶은 어떠하였던가를 보여주고 있지요. 반대로 말하면 어떤 사람들이 제 뜻만 내세우며 자기가 하고 싶은 기도만 하고 살았고 어떤 삶을 이어갔던가를 드러내준다고 할 수 있습니다. 그래서 성서는 신자들의 신앙과 삶에 대한 기도의 기준이 될 수 있으며, 우리는 원형적(archetype)인 기도를 성서에서 찾습니다.

성서에 나타난 원형적인 기도는 하나님의 뜻을 찾고 예수의 가르침을 우선적으로 따르며, 고난 받는 이웃을 사랑하며 살고자 하는 사람들의 기도입니다. 이에 반하여 하나님을 믿고 예수를 따른다면서도 자신의 욕망을 앞세워 탄원하는 기도는 이기적 기도나 타성에 젖은 상투적(stereotype)인 기도입니다. 그러나 사실상 기도는 어떤 동기나 어떤 목적으로 시작한다 해도 그 궁극적인 귀결은 하나님과 일치를 이루는데 맞춰져야 하며, 하나님이 내 안에, 내가 하나님 안에 존재하는 현존(presence)을 경험하는 것이어야 합니다. 그러므로 기도의 표현은 먼저 믿음의 바탕이 올바르게 다듬어진 결과라고 할 수 있습니다.

예로부터 믿음의 선배들은 이러한 성서적 기도의 모형을 지니고 살았는데, 믿음의 조상 아브라함은 소돔을 위하여 목숨을 걸고 50명, 40명, 30명, 20명, 10명을 내세우며 중보의 기도를 하였습니다. 또한 모세는 하나님께 죄지은 이스라엘 백성을 위하여 자기의 이름을 생명책에서 지우실지언정 그들의 죄를 용서해 달라고 기도하였으며, 느헤미야는 식음을 전폐하고 피폐해진 시온의 회복을 위하여 죽을 각오로 기도하였고, 바울은 자신이 그리스도의 사랑에서 끊기어 나갈 각오로 동족의 구원을 위하여 기도하였습니다. 마리아는 가난하고 억눌린 사람들의 해방과 구원을 위하여 기도하셨지요. 오늘의 그리스도인들은 이 성서적 기도의 모형을 친히 삶으로 보여주신 분들의 후예라는 것을 깊이 명심해야 합니다.

이와 같은 성서적 기도의 핵심은 바울의 신앙과 신학의 핵심인 갈라디아서 2장 20절에서 찾을 수 있습니다. "나는 그리스도와 함께 십자가에 못 박혔습니다. 이제 사는 것은 내가 아닙니다. 그리스도께서 내 안에 사는 것입니다." 성서적 기도는 내 마음의 표현이 아니라 예수의 마음을 내 속에 지니고 그 마음을 표현하는 것, 즉 하나님을 향한 예수의 믿음을 간직하고 그 믿음을 기도로 표현하는 것이라고 할 수 있습니다. 그렇다면 우리는 어떻게 기도해야 할까요?

첫째, 하나님은 우리의 기도를 들으시고 우리를 위해 무엇인가를 해주시는 것이 아니라 스스로 할 수 있도록 도와주시는 분입니다. 그러므로 우리는 스스로 일어설 수 있도록 하나님께서 우리에게 지혜와 용기를 주시고 장애를 돌파해 나갈 수 있도록 도와달라고 기도해야 합니다.

둘째, 기도는 하나님께 무엇을 달라고 요구하는 것이 아니라 하나님의 뜻이 무엇인지를 듣는 행위입니다. 그러므로 우리는 예수님이 겟세마네 동산에서 "아버지여 내 원대로 마시고 아버지의 원대로 하소서"라고 하신 것처럼 하나님의 뜻을 듣기 위한 기도를 해야 합니다.

셋째, 기도는 곧 행동(action)이며 실천입니다. 달리 말하자면 삶 속에서 삶으로 드리는 것이 기도이기에 기도는 노동이고 노동은 곧 기도라고 할 수도 있습니다. 그러므로 우리는 말이 아니라 삶을 통해 기도를 드려야 합니다.

넷째, 기도는 도피가 아니라 정복입니다. 그렇기에 기도는 험한 세상에서 실패한 후에 세상에서 물러나 골방에 앉아 울고 있는 모습이 아니라 오히려 세상에 맞서 정면으로 돌파하는 모습이어야 합니다. 에베소서 6장은 기도하는 사람이 갖추어야 할 영적 무장에 대해 기록하였습니다.

> 하나님의 전신 갑주를 취하라… 진리로 너희 허리띠를 띠고 의의 호심경을 붙이고 평안의 복음이 준비한 것으로 신을 신고… 구원의 투구와 성령의 검 곧 하나님의 말씀을 가지라(엡 6:13-17).

다음으로 우리는 무엇을 위해 기도해야할까요? 무엇보다도 하나님 형상의 회복을 위해 기도해야 합니다. 그리고 그리스도의 마음을 품고 의를 위해 핍박 받는 자, 평화를 위해 일하는 자를 위해 기도해야 합니다. 진리에 대한 확신과 용기로 복음의 증인이 될 수 있도록 기도해야 하며, 그래서 마지막 하나님 앞에 서는 그때도 믿음의 승리자로 서기 위해 기도해야 합니다.

효과적인 기도는 하나님의 뜻에 순종하는 기도입니다(마 26:39). 예수님 이름으로 기도한다는 것(마 18:20)은 바로 그와 같은 조건을 받아 드리는 것입니다. 동일한 근거에서 믿음(마 21:22, 히 11:6)과 의로움(요 9:31, 약 4:3, 5)도 기도 응답의 요건으로 언급되고 있습니다. 우리는 생동하는 신앙인으로 진정한 기도의 정신을 몸으로 익혀 실천하고 생활화해야 합니다. 우리 모두 살아있는 기도를 드리는 살아있는 성도, 기도의 사람이 되어야 합니다.

그리스도인들은 지금 교회력으로 사순절 기간을 보내고 있습니다. 이 절기에 예수님이 겟세마네 동산에서 올린 기도에 대해 묵상하는 것은 의미 있는 일입니다. 예수께서 드리신 기도, 하나님을 그냥 '아버지'라고 부르던 기도, 하나님과의 깊은 사귐 가운데서 자기의 말을 멈추고 그분의 뜻을 헤아리던 그 기도로 돌아가야 합니다.

성서와 그리스도 신앙

성서란 무엇인가?

연구자들에 따르면 성서가 문서화되어 오늘의 모습으로 된 것은 BC. 8-9세기에서 AD. 1세기말까지라고 합니다. 그러니 문서화된 이후와 우리와의 시간적 거리만도 2천 년에서 3천 년이 되는 셈이지요. 성서는 한 권의 책이 아니라 그 자체로서 독립된 여러 책들이 한데 묶어진 것으로. 그중에 구약이 39권이며 신약이 27권입니다. 구약은 이스라엘 민족의 역사와 직결된 경전이며, 신약은 세계사와 직결된 그리스도 중심의 경전입니다.

그 이름이 '성서'(Holy Bible)이기 때문에 이것을 다른 것과 구별된 거룩한 내용만 실려 있을 것이라는 전제를 가지고 읽다가는 크게 실망합니다. 왜냐하면 그 안에는 여러 민족의 건국신화나 민담 또는 야사 등에서 볼 수 있는 것과 같은 잡다한 것이 무수하게 섞여 있기 때문이지요. 한마디로 인간의 역사에서 일어나는 온갖 이야기가 다 실려 있지요. 절망의 애가가 있는가 하면 환희의 개가도 있으며, 연대기(역사)가 있고 예술, 종교, 철학 등이 뒤섞여 있습니다. 기록의 양식으로 보면 시가, 시문, 산문, 소설 등으로 다채로우며, 격언과 같은 지혜의 단편, 축복, 예언, 법, 기도, 설교 등이 포함되어 있습니다.

그렇다면 지구의 한구석, 한 민족 안에서 일어난 일을 기록한 이 책이 어째서 국경을 넘어 온 세계의 모든 언어로 번역되어 읽히는 '영원한 베스트셀러'가 되었을까요?

성서는 어떤 한 민족공동체 또는 그에 속한 개개인의 삶의 기록으로서 그들이 삶의 한복판에서 경험한 것들을 증언한 것이지요. 그 기록 속에서 그들은 자신들의 삶을 솔직하게 이야기하면서 자기들을 초월하는 어떤 힘을 의식하고 신앙화하였습니다. 편의상 성서는 경전으로서의 양식에 맞춰 창세기부터 시작했으나 역사적으로 보면 원래 출애굽을 기점으로 삼고 있습니다. 출애굽 사건은 예배의식의 형식으로 되어있으며, 이 같은 내용을 후손들에게 전승한 것임을 다음에서 볼 수 있습니다. "앞으로 너희 후손들이 묻거든… 이렇게 대답하라! 우리는 이집트에서 파라오의 종노릇을 한 일이 있었다. 그런데 야훼께서 강한 손으로 이집트를 내려치시고 우리를 거기에서 이끌어 내셨다"(신명기 6:20-24). 이와 같은 내용의 고백이 사무엘상 12장 8절, 시편 136장 1-26절, 여호수아 24장 2-13절 등에 계속 반복되는데, 이것들은 모두 출애굽기의 내용을 요약한 것입니다. 그런데 여기서 특히 주목할 것은 저들이 이집트에서 노예였다는 고백입니다. 이집트의 람세스 2세(Raamses II, B.C. 1290-1223)와 람세스 4세(Raamses IV) 때의 자료에 따르면, 그때의 저들은 '히브리'라고 불렸습니다. 그들은 주로 성을 건축할 돌을 실어 나르는 강제노동에 동원되었다고 합니다(출 1:11). 심원 안병무 박사는 이들이 바로 지금 시대의 민중이었으며, 성서는 그들 민중의 해방을 주제로 삼고 있다고 봅니다.*

---

* 안병무, 『성서와 해석』, 제4장 성서에서 보여주는 역사의 주체, 33-34.

구약성서 속의 하나님

에리히 프롬(Erich S. Fromm)의 저서 『너희도 신처럼 되리라』는 정신분석학과 사회심리학에 대한 비판적 이해를 바탕으로 구약성서와 후기 유대교 전승 속에서 '하나님'과 '인간'에 대한 개념이 어떻게 변화해왔는가를 밝힙니다. 현대의 그리스도인들이 그리스도교 역사 속에서 끊임없이 편견에 시달리며 평가절하 되어온 구약을 새롭게 읽도록 자극하지요. 한편으로 이 책은 '맘몬'의 우상에 사로잡힌 21세기 한국의 그리스도인들이 '역사하는 이름 없는 하나님'을 새롭게 만나고 자유로운 인간으로서 그 분을 본받는 올바른 신앙으로 귀의할 수 있도록 디딤돌이 되어줍니다.

근본적 휴머니즘의 관점에서 구약에 나타난 '하나님에 대한 이해'의 발전과정을 추적하는 이 책은 초기단계의 '하나님' 개념을 부족장이나 왕과 같은 절대적 지배자로 묘사하며, 창조 이야기에서는 이미 인간이 하나님의 절대적인 힘에 도전할 가능성이 담겨있다고 봅니다. 아담과 하와의 불복종 행위를 인간이 신으로부터 독립하기 시작한 인류 역사의 기원이자 인간이 추구할 자유의 근원으로 생각하는 것이지요. 그런데 이러한 절대적 지배자로서의 하나님 개념은 '홍수 이야기'에서 중대한 변화를 일으킵니다. 즉 인간의 사악함 때문에 지상의 모든 생명체를 없애기로 결심한 하나님은 노아의 가족과 동물들을 살려주기로 마음을 바꾸신 후 노아와 '무지개 언약'을 맺었는데, 언약이란 당사자 모두에게 동등한 구속력을 갖는 것이기에 결국 그러한 행위는 절대적 지배자로서의 하나님 개념이 인간과 동반자의 개념으로 변화하게 된 것을 의미합니다.

이러한 변화는 하나님이 아브라함과 언약을 맺는 이야기(창 12-17장)에서도 찾아볼 수 있습니다. 프롬은 "복의 근원이 될 것이라"(창

12:3)라는 말씀을 하나님의 축복이 이제 아브라함을 넘어 전 인류로 확대된 것으로 파악하며, 그 속에서 하나님에 대한 발전된 이해를 보여주는 '보편적 구세주에 관한 표현'을 발견합니다. 이는 소돔과 고모라의 멸망과 관련해(창 17:7-10) 아브라함이 하나님에게 의인을 악인과 함께 공멸시키는 부당함을 지적하며 "정의와 사랑의 규범"을 지키라고 요구하는 장면에서 확인할 수 있습니다.

프롬은 인간의 역사를 발전과 진화의 과정으로 이해하며, 일차적 유대관계(혈연, 지연)를 끊고 떠나는 새로운 출발을 강조합니다. 아담이 에덴동산을 떠남으로써 시작된 인간의 역사는 아브라함이 고향을 떠나고 이스라엘 민족이 이집트를 떠나는 역사로 이어지며 발전한다는 것이지요. 그는 특히 이스라엘 민족의 이집트로부터의 해방을 민족의 해방이 아니라 인간의 해방으로 이해하며 이스라엘 민족에게 가장 중요한 역사적 사건으로 간주합니다.

프롬에 의하면 구약에서 예언자 개념은 특별한데, 예언자는 "진리의 계시자"인 동시에 "정치활동과 사회정의에 관심이 많은 정치지도자"이기도 합니다. 왜냐하면 예언자는 "항상 정치 사회적 차원에서 영성의 체험"을 "하나님의 역사 안에서 계시"하기 때문입니다. 또한 프롬은 메시아 시대를 "인간이 완전한 인간으로 거듭나는 시기"로서 잃었던 "과거의 황금기"(에덴동산)를 다시 찾는 "미래의 황금기"라고 봅니다. 특히 예언자가 그리는 메시아 시대에서 가장 중요한 것은 평화이며, 이것은 인간이 먼저 소외를 극복하고 서로가 '하나임'을 깨닫는데서 시작된다고 말하지요. 그러므로 프롬에게 평화는 단순히 "전쟁이 없는 상태"가 아니라 인간과 인간 그리고 인간과 자연 사이의 "조화와 화합이며 분리와 소외의 극복"을 뜻합니다.

예수 그리스도는 누구인가?

이제 우리의 신앙 대상인 그리스도에 대하여 생각하여 보겠습니다. 인류의 역사 연대는 예수 그리스도 이전과 이후로 나누어지며, 위대한 사람들은 모두다 예수 그리스도의 역사적 사실을 놀랍게 생각하였습니다. 세인트헬레나 섬에서 고독한 생애를 마친 나폴레옹은 예수 그리스도의 신비로운 능력에 경탄하였고, 근대인의 우상이었던 괴테도 예수님 앞에 무릎을 꿇었습니다. 괴테는 "그리스도의 인격에서 뿜어져 나오는 숭고한 것에는 언제나 신성함이 깃들어 있었습니다. 어떤 사람이 묻기를 당신은 진심으로 그를 경배하느냐고 한다면 나는 그렇다고 말할 수밖에 없습니다"라고 말했습니다. 심지어는 신의 죽음을 선언하고 자기 자신을 초인으로 자처하던 철학자 니체까지도 예수 그리스도의 단명을 안타까워했지요.

그렇다면 과연 예수 그리스도는 누구이며 무엇을 하려고 했을까요? 근대 신학은 이 문제를 해결하기 위해 '예수전(傳) 연구'에 몰두하였습니다. 예수전 연구가 가장 성행했던 시기는 19세기로, 슈바이처의 말과 같이 당시의 예수전 연구는 마치 야곱이 얍복강 언덕에서 천사와 더불어 씨름하듯이(창 32:24 이하) 예수와 더불어 씨름하였습니다. 그러나 예수님이 누구인가를 질문하고 연구한 것은 대제사장 가야바나 근세의 신학자들만이 아니라 예수님 자신부터가 같은 질문을 했던 것입니다. 빌립보에서 예수께서 제자들에 "너희는 나를 누구라 하느냐?"고 질문하시자 시몬 베드로는 "주는 그리스도시요 살아계신 하나님의 아들이시니이다"(마 16:16)라고 대답하여 예수가 그리스도요 하나님의 아들임을 고백하였습니다. 역대의 교회들은 바로 이 베드로의 고백을 계승하고 있는 것입니다.

예수라는 말은 구약성서의 여호수아의 이름을 희랍어로 옮긴 것입니다. 따라서 예수님 당시에는 같은 이름을 가진 이가 많았을 것이나 '그리스도'라 일컬음을 받은 예수는 나사렛 예수 한 분 밖에는 없었습니다. 그리스도라는 말은 원래 메시아라는 히브리어를 희랍어로 옮긴 것으로 신약성서의 기자들은 그것을 하나님의 아들(막 1:1), 혹은 구세주의 뜻으로도 사용하였습니다(벧후 2:20, 눅 1:49). 여기에서 우리가 알 수 있는 것은 성서에 있어서는 하나님과 예수 그리스도가 같은 구세주로 인정되고 있으며, 예수 그리스도가 곧 하나님이라는 것입니다.

물론 예수 그리스도는 실제의 역사적인 인물이었습니다. 그는 2천년 전 로마제국이 자신의 향락과 사치를 위하여 온 천하 백성들을 착취하고 있을 때에 팔레스타인 땅 베들레헴 마을의 말구유 위에서 탄생하셨고, 국사범의 누명을 쓰고 골고다 산상에서 십자가의 극형을 당하여 30년의 짧은 생애를 마치신 분입니다. 그래서 예수 그리스도의 생애에 대해서는 역사과학적인 방법이 적용되며, 앞서 말한 예수전 연구도 학문적인 근거 속에서 이루어진 것입니다. 예수 그리스도의 역사적 생애에 대하여는 4복음서뿐만 아니라 그리스도인이 아닌 유대의 역사가 요세푸스(Jesephus, 37?~100?)도 서술한 바 있고, 기원 120년경에 활약한 로마의 역사가 타키투스(Tacitus)도 그가 본디오 빌라도에게 고난 받으신 사실을 전하고 있습니다.

이렇게 예수 그리스도는 역사적 인물이면서도 역사의 테두리를 벗어난 분이십니다. 따라서 그가 누구인지에 대한 답은 학문적 연구의 경계를 넘어 경건한 신앙고백에서 기대할 수밖에 없습니다. 역사적 인물인 예수 그리스도를 영원한 존재자로 믿게 하는 것은 그의 부활의 역사적 사실 때문입니다. "그리스도께서 다시 사신 것이 없으면 너희의 믿음도 헛되고 너희가 여전히 죄 가운데 있을 것이다"(고전 15:17)라고 한 사도 바울의 말과 같이 그리스도교 신앙의 근거는 예수 그리스도의 부활에 있고 그리스도교는 부활의 종교라고 일컬어집니다. 그래서 신약성서는 예수 그리스도의 역사적 부활을 체험한 증인들의 기록인 것입니다. 이 부활의 빛에 비추어 볼 때만이 예수 그리스도의 생애와 그 십자가의 의미를 올바로 깨달을 수 있습니다. 그리고 예수 그리스도를 하나의 인격으로 믿게 하는 것도 그의 부활입니다. 우리 그리스도인에게 있어서 예수는 그리스도요 거룩하신 하나님의 아들이며, 그래서 역대의 그리스도 교회는 예수 그리스도를 참 하나님이요, 참 사람이라고 고백하였던 것입니다.

참 하나님, 참 사람

세상에는 그리스도교의 윤리적 교훈을 예수라는 역사적 존재와 결부시켜 생각하지 않는 이들도 있습니다. 인도 독립운동의 지도자인 마하트마 간디(M. Gandhi)가 그런 사람 중의 하나인데 그는 "나는 역사적 예수에 대하여 아무런 흥미가 없고, 설사 예수라는 인물이 생존한 일이 없다고 판명되고 복음서에 기록된 바가 제자들의 상징적 기록이라고 하더라도 나는 개의치 않을 것입니다. 왜냐하면 그렇더라도 산상수훈은 나에게 있어서 변함없는 진리가 될 터이기 때문입니다"라고 말했습니다. 간디뿐 아니라 현대인은 대체로 그리스도교 윤리를 매개로 그리스도교 신앙에 접근하려 합니다. 그래서 예수전을 쓴 르낭(Ernest Renan)이나 교리사의 대가인 하르낙은 그리스도교의 본질이 그 윤리사상에 있다고 보았고, 톨스토이 같은 이도 산상수훈을 실천하기에 진력하였습니다. 그러나 그리스도교에 있어서 소중한 것은 예수 그리스도의 윤리적 교훈보다는 그것을 몸소 실천하신 그의 생애와 십자가 죽음인 것입니다.

신약성서에 그려진 인간 예수의 초상화는 그 모습이 퍽이나 자연스럽습니다. 그는 자신의 보통 이웃들처럼 기쁜 일에 웃고 슬픈 일에 울기도 하며 탄식을 하거나 때로는 목 놓아 통곡도 하시는 등(히 5:7). 희로애락의 감정표현이 풍부하였습니다. 그런데 보통사람과 다른 인간 예수의 한 가지 특이한 점은 그에게 죄의식이 없었다는 것입니다. 히브리서의 기자는 "그는 모든 일에 우리와 한결같이 시험을 받은 자로되 죄는 없으셨다"(히 4:15)라고 말합니다. 하늘 천사는 하나님께 순종치 않다가 사탄으로 타락하였고, 아담과 하와도 하나님처럼 되려다가 낙원에서 추방되고 말았습니다. 그러나 예수께서는 태어나서부터 십자가 죽음에 이르기까지 하나님께 순종하셨습니다(빌 2:6 이하). 그래서 그는 죄 없는 사람이 되신 것입니다.

예수님은 숭고한 도덕과 수정같이 맑은 양심을 가진 분이었습니다. 뿐만 아니라 예수님은 "내 아버지께서 모든 것을 내게 주셨다"(마 11:27)고 하시며 사람들의 죄에 대하여 용서를 선언하셨으며, 그러한 신적 권위를 가지고 제자들을 소명(召命)하셨습니다. 그리고 자기 자신의 뜻이 바로 하나님의 뜻이라고 언명함과 동시에 자기가 일하는 곳에 하나님의 나라가 임한다고 선포하셨지요(눅 9:1-10). 그러나 예수 그리스도의 신적 품성에 대하여는 요한복음에서 보다 더 분명하게 찾을 수 있습니다(요 7:16). 예수님은 "내 교훈은 내 것이 아니라 나를 보내신 이의 것이니라"(요 14:10)라는 말씀을 통해 자기 자신을 하나님의 아들로 자처하신 것입니다.

성서의 증언대로 하면 예수 그리스도는 우리 중에 강생하신 하나님의 아들이요, 사람이 되신 하나님입니다. 그래서 니케아 회의(325년)에서는 그를 사람이 되신 하나님(enmaned God)이라고 규정하였고, 또한 칼케돈 회의(451년)에서는 예수 그리스도는 참 하나님이요, 참 사람(vere dues vere homo)이라고 고백하였습니다. 그리고 중세기의 토마스 아퀴나스와 역대 교회는 그를 "내 주, 내 하나님"이라고 고백합니다.

프랑스의 철학가이자 신학자인 파스칼은 "우리는 예수 그리스도를 떠나서는 하나님을 알 수도 없으려니와 우리 자신도 알 수 없다"라고 하였습니다. 그리스도교적인 이해에 따르면 예수 그리스도를 아는 일이 곧 하나님을 아는 일이요, 그를 아는 데에서 사람이 무엇인가를 알게 된다는 것이지요. 극적으로 말하자면 우리 인간에게는 대우주의 발견보다도 예수 그리스도의 발견이 더욱 소중하다고 할 수 있습니다.

스코틀랜드에 외아들을 어떤 어머니가 있었는데 그 아들이 성장하여 큰 실업가가 되었습니다. 아들은 어머니를 봉양하기 위해 집을 마련해드리고 먹을 것과 입으실 것을 봉양해드렸지요. 그런데 어쩐 일인지 어머니는 기뻐하는 눈치가 없고, 오히려 날이 갈수록 슬퍼하는 기색이 더하여 갔습니다. 그 모습을 본 친구들은 그 아들에게 핀잔을 주었지요. 그래서 그는 어느 날 어머니를 찾아가 여쭈어 보았습니다. 모든 것이 넉넉한데 어머니께서는 어찌하여 그렇게 슬퍼하시느냐고. 그러자 어머니는 다음과 같이 대답했습니다.

너는 나에게 좋은 집을 구해 주었다. 그러나 너는 나와 더불어 같은 집에 살지 않는다. 너는 나에게 먹을 것을 많이 주었다. 그러나 너는 나와 더불어 식사를 같이 하는 일이 별로 없다. 내가 가장 바라는 것은 너와 함께 하는 것이란다.

참 사랑이신 하나님은 예수 그리스도를 통해 우리에게 자기 자신을 사랑의 대상으로 주심으로써 당신과 우리 자신을 알게 하신 것입니다.

성서와 성령의 역사, 구원에 대한 성서적 이해

칼빈은 성서가 반드시 성령의 증거로 확증되어야 한다고 하였습니다. 개혁교회의 신앙과 신학의 독특한 강조점이 여기서 나타납니다. 성서의 말씀은 성령으로 하나님의 말씀이 되고, 성령은 하나님의 말씀에 의해서 다른 영들과 구별된다는 것입니다. 성서의 정경화는 서기 97년에 얌니아 회의에서 유대 랍비들에 의해 구약성경 39권이 채택된 후 300여 년이 지나 카르타고 회의에서 신약성경 27권이 결정되는 과정을 거쳤습니다. 거기에 외경 7권이 추가되었지요. 로마교회는 성경의 권위가 교회에 있다고 주장하지만 이와 달리 칼빈과 개혁교회는 성령이 그 전체 과정을 주관했다고 말합니다.

우리는 3천 년 전에 하나님께서 족장들과 예언자들, 사도들에게 말씀하셨던 것처럼, 오늘에는 성령을 통해서 우리에게 말씀해 주신다는 사실을 믿어야 합니다. 시간과 공간을 넘어 오늘 우리에게 하나님의 말씀이 되기 위해서는 성령의 내적 증거, 곧 성령이 역사해야 하며 그 성령의 감화와 감동을 받아야 합니다.

이제 마지막으로 중요한 "구원에 대한 성서적 이해"를 정리해 보자면, 우선 하나님의 구원에 대한 구약성서적 이해의 표상은 첫째, 땅과 많은 후손을 얻고, 하나님의 샬롬 안에서 살게 되는 것. 둘째, 출애굽의 해방과 하나님의 백성으로 다시 태어나는 것. 셋째, 하나님을 섬기며 하나님의 정의를 세우는 것. 넷째, 메시아의 오심과 메시아 왕국이 이루어지는 새 하늘과 새 땅의 창조로 나타납니다. 한편 구원에 대한 신약성서적 이해의 표상은 첫째, 하나님의 나라가 이 땅 위에 세워지는 것. 둘째, 죄와 용서, 하나님의 칭의, 하나님과 만물의 화해, 그리스도 안에서 만물이 통일 되는 것. 셋째, 영원한 생명이 있는 빛의 세계가 이루어지는 것으로 나타나지요. 그러므로 결론적으로 보자면 성서의 구원관의 핵심은 메시아적인 구원관이고, 동시에 정의를 세우는 구원관이며, 그것은 역사와 인격을 통하여 온전히 구현되어야 한다는 것입니다.

그러므로 성서의 육화인 교회는 육신의 죽음을 넘어 영원한 생명과 전인적 구원을 갈망하는 하나님의 백성들의 거룩한 공동체여야 합니다. 세계는 교회를 통하여 구원을 듣고, 믿고, 확신해야 합니다. 그리고 그리스도의 삶을 따라 살았던 이들의 죽음은 끝이 아니라 새로운 구원의 시작을 여는 것입니다. 구원은 세계 한 복판의 사건에 관한 그리스도교의 지혜 전승이며, 우리는 그 구원 잔치에 초대받은 하나님의 자녀들입니다.

성서 속의 지혜와 유대인 이야기

　잠언 1:20-33절에서는 여성으로 의인화된 지혜가 마치 선지자처럼 사람들이 행해야 할 것들을 선포합니다. 지혜로운 자의 가르침을 따르면 보상이 주어질 것이나 그렇지 않으면 심판이 있을 것이라고 말이지요.

　이러한 지혜를 찬양하는 시(詩)의 절정(絶頂)은 잠언 8:22-31에 나타납니다. 지혜는 유능한 스승으로서 어느 곳에서나 사람들을 불러 모았으며 달란트와 은사를 지니고 있습니다. 또한 하나님의 창조를 도왔으며 모든 이들이 자기의 말에 주의를 기울여 주기를 간절히 원하지요. 이 구절은 신약의 누가복음 11:49에서 하나님의 지혜에 대해 설명하는 부분과 일치합니다. 거기에서 지혜는 하나님의 창조 대리자로 묘사되는데, 지혜는 태초에 하나님과 함께 있었고 창조의 사역 속에서 기뻐한 하나님의 자녀였다고 말해집니다. 이 잠언의 구절은 신약의 골로새서 1:15-23에서 그리스도의 인격과 사역을 노래한 초기 그리스도인들의 찬송과도 일치하며, 그 내용은 창조에 있어서 그리스도의 역할을 찬미하고 그의 구속을 찬양하는 것입니다. 바울은 이 말씀을 그리스도가 으뜸임을 논증하는 자료로 사용하였는데, 이는 골로새에 있는 반대자들(영지주의자)이 그리스도의 최고 우위성을 의심했기 때문입니다. 이 구절에 사용된 언어는 유대문학에서 발견되는, 태초부터 있었던 하나님의 지혜를 묘사한 표현들을 생각나게 합니다.*

또한 잠언은 "지혜가 있어야 집이 일어나고 이해(슬기)가 있어야 집이 든든하며, 지식이 있어야 온갖 귀하고 아름다운 보화가 방마다 가득 찬다"(잠 24:3-4)고 말합니다. 이처럼 우리가 능력을 갖추고 잘 살기 위해서는 지혜와 이해와 지식이 모두 필요하듯이, 국가에 있어서도 그 백성들이 이 세 가지를 함께 가지게 될 때 그 나라는 건강하고 부강하게 됩니다. 하지만 아무리 이른 새벽부터 밤늦게까지 일하며 힘들게 살지라도 지혜롭지 못하고 어리석게 산다면 모든 노고가 헛되고 비참하게 끝나는 것을 봅니다. 그러므로 행복하게 살기 위해서는 힘이나 재주, 노력도 중요하지만 무엇보다 지혜롭게 살 줄 알아야 합니다.

성서 주석가인 매튜 헨리(Mathew Henry)는 사람이 지혜로울 수 있는 세 가지 방법을 말했는데, 그 첫 번째는 기회를 놓치지 말라는 것이며, 두 번째는 늘 배우는 자세를 가지라는 것이고, 마지막 세 번째는 인내를 가지라는 것입니다. 사실 우리가 지혜를 얻기 위해서는 늘 겸허히 배우는 자세와 어떤 기회든 놓치지 않을 수 있는 인내와 끈기가 꼭 필요합니다. 유대인들의 정신적 지주의 역할을 해왔던 책인 탈무드는 잘난 사람만이 아니라 못난 사람으로부터도 우리가 배울 점이 있으며, 성공만이 아니라 실패에서도 가르침을 얻을 수 있다며 거지와 같은 마음과 자세로 배우고 또 배우라고 하였습니다. 또한 그와 더불어 잊어서는 안 될 것은 인내와 수련이라는 것을 강조합니다. 하루아침에 이루어지는 귀한 성취란 없습니다. 그런 성취를 위해서는 인내의 시간이 반드시 필요합니다. 바울이 사랑을 정의하면서 제일 먼저 "오래 참고"로 시작하여, "모든 것을 견디느니라"(고전 13장)는 말로 끝맺은 까닭도 바로 여기에 있습니다.

---

* 버나드 W. 엔더슨, 『구약성서의 이해』 참조.

우리는 신앙공동체인 교회의 일원으로 살아가면서 더 좋은 믿음의 공동체를 이루기를 원합니다. 그러기 위해서는 겸손한 자세로 진리를 배우고 수련을 통해 인내심을 길러야하며 잠언과 같은 지혜의 말씀을 항상 마음에 새겨야 할 것입니다. 그런데 이스라엘의 선지자들에 의하면 참된 지혜는 야훼의 주권을 인정하는 사람, 거룩한 분을 경외하며 살아가는 사람에게만 온다고 합니다. 그러므로 야훼에 대한 신앙은 지혜의 '시작'이며 출발점이라 할 수 있습니다.

지혜로운 유대인들

끊임없이 배우고 새로운 것을 추구하며 남은 생을 더 보람되게 살려고 노력하는 사람들을 보면 기분이 좋아집니다. 어느 현자의 말과 같이 새로운 것을 배우기에 너무 늙은 자는 없으며 열린 정신으로 적극적으로 변화에 대처하는 사람은 나이에 구애받지 않습니다. 인생의 어떤 단계에서든 마음만 먹으면 새로운 관심사를 발굴하고 성격도 습관도 변화시키며 더 나은 생을 추구할 수 있습니다. 인간을 만물의 영장이라 일컫는 이유는 여기에 있지요. 이러한 적극적 배움의 사례로서 오랜 세월 나라를 잃고 떠돌던 유대인들의 삶의 지혜를 찾아보기로 합니다.

미국 인구의 2%밖에 안 되는 유대인들은 미국 전체의 학계와 정치, 경제계 그리고 언론, 문학, 예술계 종사자들의 30%를 차지하며 노벨상 수상자들의 20%가 유대인입니다. 그뿐만 아니라 세계를 둘로 나눌 만큼 역사와 사회에 지대한 영향을 끼친 칼 마르크스, 열길 물속은 알아도 한 길 사람의 마음은 모른다던 인간의 심리를 꿰뚫으며 인간심리학을 발달케 한 프로이드, 천 년에 한번 나올 수 있다는 현대과학의 아버지 아인슈타인도 모두 유대인이지요. 또한 남성들만이 아니라 문화와 정치, 언론, 영화계에는 위대한 유대계 여성들이 즐비하며, 뉴욕항의 리버티 섬에 서있는 자유의 여신상에 새겨진 유명한 글귀인 "고단하고 가난한, 자유로이 숨 쉬고자 하는 군중이여, 내게로 오라, 집 없이 유랑하며 세파에 시달리는 군상들을 나에게 보내라. 내가 황금의 문 너머로 나의 횃불을 드노니"를 쓴 시인 엠마 라자루스(Emma Lazarus) 역시도 유대인 여성입니다.

그렇다면 이들 유대인들의 특출함은 과연 어디에서 연유한 것일까요? 그들은 하나님의 선민이기에 그런 것이 당연하다는 생각은 옳지 않습니다. 왜냐하면 이스라엘 민족은 2천 년 전 바로 그 오만한 선민의식 때문에 하나님과 예수로부터 지탄을 받았었기 때문입니다. 그렇다고 반대로 저들이 억압을 받고 고난을 당했기 때문이라고도 할 수 없습니다. 세상에는 그런 고난을 당하며 살았던 백성이 저들만이 아니기 때문입니다. 그러므로 유대인들의 특출함의 연유는 그들이 어려서부터 성경의 율법과 탈무드를 배우며 터득한 신앙과 지혜를 실생활에 적용하며 살았던 때문이라는 것이 아마도 가장 올바른 대답이 아닐까 합니다.

우리 역시도 그들처럼 지혜로움을 통해서 우리의 삶을 더욱 가치있게 만들어 가야겠습니다.

바울의 매임과 시간관

바울은 로마의 감옥에 갇혀있으면서도 자신의 처지에 대해 큰 관심이 없었습니다. 오히려 자기의 목숨을 초개처럼 여기며 "살든지 죽든지 내 몸에서 그리스도가 존귀하게 되게 하려 함이라"(빌 1:20)고 말했을 뿐입니다. 이는 세상의 계산으로 한 말이 아닙니다. 바울은 이 순간에는 살아있으나 그 어느 순간에 즉시 죽을 수도 있다는 것을 잘 알고 있었습니다. 그렇다면 그런 위기의 순간에도 두려워하거나 낙심하지 않고 담대하고 평온할 수 있었던 까닭은 무엇일까요? 이는 바울이 땅과 하늘의 시간, 살아있을 때와 죽었을 때의 시간을 달리 보거나 구별하지 않고 동질(同質)의 시간으로 이해했기 때문이었습니다.

이런 바울의 시간관은 그에게 다음과 같은 세 가지의 변화를 이끌어냈습니다. 우선 첫째로는 자기중심적 사고를 타인 중심적 사고로 변하게 했습니다. 즉 감옥에 갇혀 고초를 겪으면서 어서 세상을 떠나 그리스도와 함께 하기를 바랄만도 했지만 육신으로 이 땅에 사는 것이 "너희를 위하여 더 유익하기에" 남아 있기를 소원합니다. 즉, 그리스도의 사랑이 바울로 하여금 자기 자신에 대한 사랑보다 다른 사람들에 대한 사랑을 더 소중하게 여기도록 만든 것입니다.

그리스도교 역사를 돌아보면 믿음의 선배들이나 순교자들은 다른 사람들을 위해 자신의 목숨을 기쁘게 내어놓았습니다. 하와이 몰로카이 섬에서 나환자들을 위해 봉사하던 벨기에의 성 다미엔(St. Damien) 신부가 바로 그런 사람입니다. 다미엔 신부가 활동하던 19세기말에는 나병이 천벌(天罰)로 여겨질 정도로 불치병이었습니다. 다미엔은 1884년 이 섬에 들어 온지 11년째 되던 해 자신마저 나병에 전염되었지만 오히려 그것을 기쁘게 생각했습니다. 자신이 봉사하던 환자들과 똑같은 병을 앓게 되었기 때문이지요, 아니 오히려 행여 병에서 나을까 염려까지 했을 정도입니다. 그는 소속 교구에 보낸 편지에서 "나는 이제야 나환자가 되었습니다. 내 희망의 빛이 마침내 실현되었습니다. 이 땅에서 뵈옵는 일은 생각할 수 없을지 모르나 천국에서 뵙겠습니다"라고 썼습니다. 사실 환자자신은 물론 정부당국도 문둥병을 불치병으로 생각했기에 환자들을 강제로 몰로카이 섬에 분리수용했으며 그들의 상태는 비참했습니다. 섬에는 상주하는 정식 간호사나 상담사, 사제, 심지어는 무덤을 팔 노동자조차도 없었습니다. 다미엔은 이 모든 역할을 홀로 담당하며 당국의 분리정책과도 싸워야 했습니다. 그러한 다미엔의 노력은 수용소 환경과 환자들에 대한 정부의 인도적 처우 개선에 상당한 진전을 보았고 마침내는 외부인들의 방문 허용과 필요할 때 가족들이 머물 수 있는 권리를 당국으로부터 허락 받았습니다. 실로 다미엔의 나환자들에 대한 관심과 노력은 이처럼 지극하였는데, 이는 그리스도의 거룩한 희생정신과 헌신이 아니라면 상상도 못할 봉사입니다. 다미엔은 몰로카이 섬 선교 16년만인 1889년 4월에 49세의 젊은 나이로 세상을 떠났습니다. 그에겐 이 땅에서 나환자가 되어 저들을 돌보는 시간이나 죽어 하나님 앞에 서게 되는 시간이 다를 수 없었습니다.

다음 두 번째로는, 바울의 시간관이 그의 삶의 자세를 변하게 한 것입니다. 다메섹 도상에서의 체험 이전에 그의 일상적 관심은 산헤드린 의회에서 그의 동료들의 인정과 존경을 받는 것이었지만 회심 이후엔 그리스도의 복음과 하나님의 뜻이 그의 생애를 통해 이 땅에서 이루어지게 하는 것으로 관심의 초점이 바뀌었습니다. 마하트마 간디는 그리스도인은 아니었으나 성서의 가르침이나 특히 산상수훈 같은 예수의 교훈에 감동했습니다. 그리스도교에 대한 그의 애정 어린 조언을 들어보면, 그리스도교에 있어 가장 큰 장애물은 그 가르침을 실제로 실행하는 사람들이 적은 것이라고 했습니다. 그의 말대로 그리스도교 신자들이 모두 복음에 합당하게 생활할 수만 있다면 이 세계는 엄청난 변화를 가져올 것입니다. 이 때문에 초대교회에서 그리스도의 복음 메시지를 전파하던 사도 요한은 각 교회의 장점과 단점들을 지적하며 "귀 있는 자는 성령이 교회들에게 하시는 말씀을 들으라"고 말하면서 회개와 실천을 촉구했습니다. 바울이 옥중에서도 빌립보교회의 소식을 듣고 기뻐한 것은 무엇보다도 교회의 신자들이 복음의 가르침대로 산다는 것이었습니다.

이제 마지막으로 세 번째의 변화는 바울이 땅과 하늘의 시간을 같은 것으로 믿고 이 땅에서의 시련을 예수 그리스도를 따를 특권을 얻는 기회로 확신했다는 것입니다. 바울은 그리스도를 만남으로써 세상을 보는 관점이 변했으며, 성령의 감동과 감화로 모든 사물들을 새로운 시각으로 보면서 어떤 시련이나 고난도 축복으로 여겼습니다. 빌립보 교인들도 그리스도를 믿는 특권을 가졌기에 그를 위한 고난도 기쁘게 받을 수 있기를 바랐지요. 바울은 어떤 악조건에서도 이를 겁내지 아니하고 한마음 한뜻으로 굳게 서서 노력할 때에 믿음이 더욱 성숙해지는 체험을 하였기에 빌립보 교인들에게 그의 말을 강권할 수 있었습니다.

바울은 시련을 특권의 기회로 만들고 우리의 눈을 예수께로 향하게 합니다. 그리고 예수가 원하는 일을 행하면서 우리 땅의 시간도 하늘의 시간으로 변하게 되기를 기원합니다. 사실 하늘과 땅의 시간이

다르지 않다는 것을 깨달은 바울이기에 "사는 것도 그리스도요 그를 위해 죽는 것도 유익하다"고 고백한 것입니다. 이는 진실로 예수 그리스도의 진리를 깨닫고 그 뜻을 체험하며 생사(生死)의 경지를 초월한 사도의 고백입니다.

주님은 우리가 자기 자신을 사랑하는 만큼 이웃들에 대해서도 진정 염려하고 사랑하라고 하십니다. 그러나 이는 바울과 같은 신앙체험을 가지며 땅과 하늘의 시간이 똑같음을 이해할 때만이 가능하며 그리스도인들의 소명적(召命的) 사역은 이러한 경지에까지 이르러야 할 것입니다.

임마누엘의 복된 소식

임마누엘의 표적

출애굽 전승에 의하면 모세는 애굽의 바로 왕 앞에서 여러 표적 (semeia)들을 행하였습니다. 예수님 역시 표적을 행하셨다는 기록이 신약성서에 실려 있지요. 표적의 목적은 예언자를 통해 선포된 야훼 말씀의 진실성과 권능을 가시적으로 드러내고 이를 극적으로 확증하는데 있습니다. 예를 들자면 이사야가 3년 동안 옷을 벗고 맨발로 활동함으로써 애굽과 구스 사람들이 그와 같은 상태로 앗수르에 끌려갈 것을 상징적으로 보여준 사건이 그와 같은 것입니다(사 20장). 이러한 표적을 행할 수 있는 능력은 인간사의 영역에서 하나님의 활동을 생생하게 느끼는 이스라엘 신앙의 특성을 보여주는 것입니다. 하나님은 역사의 무대에서 멀리 떨어져 계신 것이 아니라 '우리와 함께' 계십니다. 따라서 예언자의 메시지를 통해 하나님의 말씀을 들을 수 있을 뿐만 아니라 예언자가 가리켜 보이거나 실행하는 표적들을 통해 하나님의 행동을 볼 수 있습니다.

선지자 이사야를 통해 약속된 표적은 임마누엘(Immanuel)이라 불린 아기의 탄생인데, 임마누엘은 히브리어로 '하나님이 우리와 함께 계신다'는 뜻입니다. 이 말은 아기가 이미 잉태됐거나 곧 잉태될 것이며 가까운 미래에 아기가 태어날 것을 전제하는 것으로 신약시대에는 임마누엘이라는 이름이 주어진 예수 그리스도를 통해 이 예언이 성취되었다고 믿게 되었습니다.

성탄의 신비한 이야기들

마태복음 1, 2장이 전하는 성탄의 이야기는 신비합니다. 역사가들의 증언에 따르면, 마리아가 잉태했다는 소식을 천사에게 들었을 때는 10대의 소녀였다고 합니다. 마리아는 요셉과 약혼하고도 함께 잠자리를 한다거나 다른 남자를 만난 적이 없는 정숙하고 순진한 소녀였습니다. 당시의 율법으로는 부정한 약혼녀를 돌로 쳐 죽일 수도 있었으나 약혼녀의 잉태를 안 요셉은 의로운 청년이었기에 조용히 파혼으로 끝내려 했습니다. 바로 그때 천사가 나타나 그녀의 수태는 성령으로 잉태한 것이라며 마리아를 아내로 맞으라고 합니다. 또한 아들을 낳으면 그 이름을 '예수'로 지을 것을 명했지요. 그 이름의 뜻은 '자기 백성을 죄에서 구원할 것이다'인데, 이는 7백 년 전에 이사야가 동정녀의 몸에서 아들을 낳을 것이요 그 이름을 '임마누엘'이라 부를 것이라 하신 말씀(사 7:14) 그대로 이루어진 것입니다. 천사의 지시대로 요셉은 마리아를 아내로 맞았고, 아들을 낳자 이름을 '예수'라고 지었습니다.

성탄의 신비는 이 예수의 탄생을 동방박사들이 먼저 알고 머나먼 동방에서 그의 별을 보고 따라와 당시 로마의 분봉왕(分封王, tetrarch)이었던 헤롯에게 그 정확한 탄생의 장소를 묻는 데서도 나타납니다. 이에 놀란 왕은 대사제들과 율법학자들을 불러 모아 예수가 나실 곳을 물었습니다. 그들은 이구동성으로 유다 베들레헴이라며, 7백 년 전 예루살렘에서 활동하던 미가 선지자의 다음과 같은 예언을 인용합니다.

유다의 땅 베들레헴아 너는 결코 유다의 땅에서 가장 작은 고을이 아니다. 네 백성 이스라엘의 목자가 될 영도자가 너에게서 나리라(미가 5:2).

이때 헤롯은 그들을 베들레헴으로 보내며 아기를 찾거든 자기에게도 알려 달라고 하지요. 이제 다시 나타난 별이 박사들을 인도했고, 그들은 마침내 마리아와 함께 있는 아기를 보게 됩니다. 아기 예수를 만난 박사들은 대단히 기뻐하면서 엎드려 경배한 후 자신들이 가지고 온 황금과 유향(乳香)과 몰약(沒藥)을 예물로 드렸습니다. 그들이 드린 예물 중 '황금'은 불변하는 것의 상징이며 예수 그리스도의 영원한 왕권을 의미합니다. 또한 '유향'은 예수의 완전한 희생 제사를 상징하며 그가 제물인 동시에 제사장이라는 것을 보여주는 표적이며, 시체의 부패를 방지하는데 쓰이는 '몰약'은 십자가의 수난 후 죽임을 당하신 예수가 썩지 아니하고 부활하심을 상징합니다.

예수가 예언된 베들레헴에서 처녀의 몸에서 탄생하고 천사의 호위와 별의 안내를 받은 것과 헤롯왕의 유아 살해를 모면한 것 등이 모두 다 신비하지만, 그 모든 것들 중에 가장 독특한 사건은 하나님의 아들이신 그리스도가 이 세상에 다시 인간의 아들로 태어나셨다는 사실입니다. 말구유에서 탄생한 그 아기가 바로 하나님의 독생자라는 사건은 가장 신비한 사건이자 기적 중의 기적입니다.

예수의 탄생일인 크리스마스는 하나님이 영원에서 지상의 시간으로 걸어 나오신, 즉 스스로 이 어린 아기를 통해 자신의 모습을 드러내신 날입니다. 이 사건을 신학적인 용어로는 성육신(成肉身, Incarnation)이라고 하지요. 그런데 이 신비한 성탄이 뜻하는 것은 무엇일까요? 전 세계의 많은 지식인들이 존경하는 일본의 기독교 사상가인 우찌무라 간조는 "성탄일은 하나님의 사랑을 실천하는 기념일"이라며, 주전 7백년 전 이사야가 예언했던 '한 아기'에 대한 예언의 말씀을 읽었습니다.

이는 한 아기가 우리에게 났고 한 아들을 우리에게 주신 바 되었는데 그의 어깨에는 정사를 메었고 그의 이름은 기묘자라, 모사라, 전능하신 하나님이라, 영존하시는 아버지라, 평강의 왕이라 할 것임이라. 그 정사와 평강의 더함이 무궁하며 또 다윗의 왕좌와 그의 나라에 군림하여 그 나라를 굳게 세우고 지금 이후로 영원히 정의와 공의로 그것을 보존하실 것이라 만군의 여호와의 열심이 이를 이루시리라(사 9:6-7).

이 말씀은 기쁨이 넘치는 소망의 시로 바뀌는 전환점의 역할을 합니다. 여기에서 '메시아'라는 단어는 사용되지 않았습니다. 그러나 주제는 분명히 다윗의 계승자에 관한 것으로, 이 계승자는 특별히 하나님께서 다윗과 맺은 영원한 언약을 따라 그의 백성들에게 자유를 주고 평화로 다스릴 왕인 것입니다. 일부 학자들은 이 시가 유다 왕들의 즉위식에서 사용된 것이라고 생각하지만 그리스도인들은 전통적으로 이 시를 그리스도의 탄생과 연관 짓습니다.

이 예언에서 말한 자가 요셉의 아들로 태어난 갈릴리 나사렛 예수요, 그는 세상 사람의 생각을 넘는 지혜와 영원한 하나님과 같은 품성을 지녔습니다. 그는 진실로 전능하신 하나님이요 평화의 왕입니다. 우찌무라 간조는 그의 탄생을 두고 물이 대양을 덮듯이 공의가 온 땅을 덮고, 그 기쁨은 아침과 더불어 오며 마침내 모든 눈물을 씻겨주실 것이라고 고백했습니다. 온 우주가 구유의 아기를 보호했듯이 우리에게도 이 베들레헴의 아기를 지켜야 한다는 새로운 과제가 주어집니다. 왜냐하면 역사적으로 인간 세상의 권력들이 아기 예수를 죽여 왔기 때문입니다. 자유를 미워하는 자는 다 그를 죽이는 자들입니다. 포악한 군주는 검으로, 곡학아세하는 학자는 학(學)으로, 탐욕의 부자는 부(富)로 몇 번이고 그 아기를 죽이려 했습니다. 그러니 우리 믿음의 사람들은 아기 예수를 수호하여야 합니다. 그가 넘어지면 자유가 없기에 문인은 붓으로, 부자는 부(富)로, 지자는 지(知)로, 용사는 용(勇)으로 이 아기를 지켜야 합니다. 그러나 성경에서는 그가 탄생하던 그날만이 아니라 지금도 세계도처에서 아기의 생명을 노리는 자들이 있다고 했습니다(마 2:20 참조).

임마누엘은 복음(福音)

하나님과 사람의 관계를 맺는 길에는 두 가지가 있습니다. 하나는 사람이 하나님께 나아가는 길이고, 다른 하나는 하나님께서 사람에게로 오시는 길입니다. 평생 동안 이 문제만을 연구한 것으로 유명한 니그렌 이라는 신학자가 있습니다. 그는 『아가페와 에로스』(Agape and Eros)라는 유명한 책의 저자이기도 합니다. 니그렌은 이 책 한 권으로 세계 10대 신학자의 하나로 꼽히기도 하는데 그는 신앙의 길을 두 가지로 나눕니다. 하나는 도덕적인 생활과 고행(苦行) 등의 방법을 통해 인간이 하나님께 다가가는 길로 니그렌은 이를 에로스(Eros)라고 했으며, 다른 하나는 인간에게 다가오시는 하나님을 우리가 무조건 영접하는 것으로 이를 아가페(Agape)라고 명명했습니다.

은혜란 하나님께서 몸소 인간의 모습으로 우리에게 찾아오셨다는 것입니다. 여기에 아가페가 있고 참사랑의 본질이 있습니다. 위에서 언급했듯이 이를 신학용어로 '성육신'(Incarnation)이라고 하는데 "말씀이 육신이 되어 우리 가운데 거하신다"라는 뜻입니다. 찾아오시는 하나님은 임마누엘입니다. 하나님께서 하늘 보좌를 떠났다는 뜻은 엄청난 희생입니다. 하나님이 사람 되어 아기의 모습으로 우리 가운데 오신 것입니다. 이것이 참 진리요 크리스마스의 참뜻이며 기쁜 소식, 즉 복음(福音)입니다.

임마누엘, 즉 하나님이 우리와 함께 계시다는 이 말의 뜻은 무엇일까요? 크리스마스의 의미가 여기에 있고, 오늘 우리가 살아 갈 생명의 길이 여기에 있는 것입니다. 임마누엘, 그는 창조자요, 구원자요, 섭리자요, 보호자입니다. 그 하나님은 우리와 끝까지 인격적 관계를 맺으시려 하십니다. 이것이 임마누엘의 복음입니다. 거기에 자유가 있고 사랑이 있고 믿음과 소망이 있습니다. 하나님은 구원의 하나님입니다. 계시하시고, 가르치시고, 훈련하시고, 선지자의 입을 통해 말씀하시고, 때로는 직접 인도하시며, 우리가 오늘 당하는 사건 하나하나를 통해서 끊임없이 우리를 깨닫게 하십니다.

성서의 하나님은 찾아오시는 하나님이요, 치료하시는 하나님, 구속해 주시는 하나님입니다. 하나님의 구원의 능력과 지혜가 바로 거기에 드러나 있습니다.

고난의 시대에 새로운 길을 찾아

이사야가 살던 시대는 이스라엘 민족의 역사에 있어서 참으로 고난의 시대이자 어둠과 혼돈의 시대였습니다. 이사야가 메시아의 출현을 예언을 하던 때는 아시리아제국의 군대가 그야말로 폭풍처럼 몰아쳐오는 풍전등화 같은 위기의 시기입니다. 이스라엘의 역사는 아시리아의 침공으로부터 흔들리기 시작하여 마침내 바빌론에게 패망한 후 끝없는 절망과 고통의 나락으로 떨어지고 맙니다. 끝없는 전쟁과 재난으로 백성들의 삶은 피폐해졌고, 결국 수많은 백성들이 바빌론에 포로로 끌려가 70년간 시련을 겪게 되었지요. 이렇게 위태롭고 어두운 시대에 이사야는 이스라엘 민족과 인류의 새 희망을 가져올 한 아기의 탄생을 예언한 것입니다. 이사야는 이 아기를 여러 가지 이름, 즉 '기묘자'(奇妙者, Wonderful) 또는 '모사', '전능하신 하나님', '영존하시는 아버지' 또는 '권자에 앉으신 이' 등으로 불렀으며, 하나님께서 그런 분을 보내셨다고 말합니다. 그런데 여기서 참으로 사람들을 당혹스럽게 한 것은 그분이 완숙한 어른이나 혈기왕성한 청년이 아니라 강보에 쌓인 갓난아기라는 것입니다. 바로 여기에 성탄의 역설과 신비가 있습니다. 그런데 성서에서 말하는 이 아기는 무엇을 상징하며, 아기 예수가 보여줄 새로운 길은 과연 어떤 것일까요?

우리 인류를 위해 태어난 아기는 세상 권력의 폭력과 억압에 맞서 그들의 거짓과 음모를 대낮같이 밝히는 새로운 지혜요 정의로운 힘이자 진정한 권위입니다. 이 아기 예수가 가져올 평화의 길은 세상의 거대 제국들이 무력을 통해 강제해온 거짓 평화의 길과는 확연히 다릅니다. 이 아기는 기묘자요, 전능하신 하나님이요 영존하시는 아버지이며 평강의 왕이기 때문입니다(사 9:6).

부활의 역사적 증인들

예수의 부활 소식

부활절 이야기는 갈릴리 여인들이 예수의 무덤을 이른 새벽에 찾은 것으로부터 시작합니다. 여인들은 예수가 죽은 지 3일째 되던 날에 그의 몸에 성유를 바르고자 했습니다. 그런데 어찌된 일인지 무덤은 비어 있었습니다. 그 때문에 그들이 근심할 때에 한 남자(또는 두 명의 남자, 아니면 천사들)가 홀연히 나타나 그들이 찾고 있는 나사렛 예수는 죽은 이들 가운데 있지 않다고 말합니다.

그는 여기 계시지 않고 살아나셨느니라(눅 24:6).

여인들이 무덤에서 돌아와 사도들에게 고했으나 그들은 믿지 않았습니다. "저희 말이 허탄한 듯이 들려 믿지 아니 했다"(눅 24:11). 그러나 사도들, 특히 그중에서도 의심이 많았던 도마는 예수가 그들 가운데 나타나 자신이 귀신이 아니라 완전한 사람이며 새로운 생명으로 다시 일어섰다는 사실을 보여줬을 때, 여인들의 말을 믿을 수밖에 없었습니다. 요한복음 20장 27절에 따르면 "네 손가락을 이리 내밀어 내 손을 보고 네 손을 내밀어 내 옆구리에 넣어보라." 그리고 누가복음

24장 42절에 따르면, 예수는 자신이 진실로 살과 피를 가지고 있다는 사실을 보여주기 위해 그들 앞에서 구운 생선과 떡, 벌집을 먹어 보이셨습니다.*

누가복음 24장에 보도된 이 모든 사건들은 일요일 하루 동안에 일어난 일들로, 여기서 중요한 것은 이 '빈 무덤 이야기'와 동시에 예수가 살아나셨다는 '출현 이야기'가 이어진다는 점입니다. 예수의 부활을 목도한 저들은 큰 기쁨으로 예루살렘에 돌아가 성전에서 예배하며 하나님을 찬송했고, 예수는 저들에게 "너희는 이 모든 일의 증인이라" (눅 24:48)고 말씀하셨습니다.

갈릴리, 부활의 땅

갈릴리의 역사는 예수의 활동과 불가분의 관계에 있습니다. 예수는 갈릴리 나사렛에서 성장했으며 그의 공생애 활동 대부분이 이곳에서 이루어졌고, 심지어는 유다를 제외한 나머지 11명의 제자들도 갈릴리 출신이었지요. 갈릴리는 좋은 기후 조건으로 인해 토지도 비옥하고 농산물이 풍족했지만 대부분의 주민들은 오히려 극심한 빈곤에 시달렸습니다. 그들 대부분이 부재지주에 의해 착취당하며 노예처럼 살아야했던 소작농이었기 때문입니다. 지주들은 대부분 예루살렘의 왕족이나 대사제등 종교적 귀족이거나 권력자 가문들로, 최초의 복음서인 마가에 의하면 갈릴리는 예루살렘과 늘 적대관계에 있었습니다. 예루살렘에 침입한 갈릴리의 젤롯 당원들이 대사제 아나니아와 헤롯의 궁전을 불태우고 채무 장부를 보관하는 서고를 불 지른 것은 갈릴리 사람들의 한(恨)이 무엇이었던가를 잘 보여줍니다.

---

* 스티븐 케이브, 『불멸에 관하여』(*Immortality*), 2015, 122-157에 '벌집'이 첨가되고 있다

예루살렘의 지배층들은 갈릴리 사람들을 멸시하면서도 늘 그들을 두려워했습니다. 이는 그들이 더 이상 잃을 것이 없는 최하층의 빈민인 암하레츠, 즉 땅의 백성들로서 끊임없이 예루살렘의 지주나 지배층에 대해 봉기를 일으켰기 때문입니다. 예수가 이처럼 불의에 대한 저항의 역사가 면면히 흐르는 갈릴리에서 활동한 것은 "어둠 속에 앉은 백성"과 "죽음의 그늘진 땅에 사는 사람들"을 해방하고 구원하여 빛 속에 살게 하려는 것이었습니다(마 4:12-16). 그러므로 우리는 갈릴리를 약속의 땅, 부활의 땅이라고 부를 수 있을 것입니다.

예수의 십자가와 부활

로마제국의 형법상 최고 형벌은 십자가형이었으며, 예수가 이러한 십자가형을 받은 것은 정치범으로 고소되었기 때문입니다. 예수는 로마제국에게는 식민지의 독립운동 세력으로 보였고, 헤롯 정권에게는 반정부적인 제롯 당의 일원으로 여겨졌으며, 기성 종교 세력들에게는 이단적 종파의 지도자로 보였습니다. 예수는 바로 그들 불의한 세력에 맞서 하나님의 공의와 평화를 실현하고 민중의 자유와 해방을 위해 싸우다가 십자가에서 돌아가신 것입니다.

십자가는 그리스도인들의 구원을 넘어 온누리의 평화와 정의 실현을 상징하는 역사적 사건입니다. 십자가 사건으로 끝났던 예수의 예루살렘 행진은 최후의 승리를 향한 싸움으로서 죽음을 통해 죽음의 세력을 물리친 거룩한 사건입니다. 그러므로 십자가 사건과 부활은 하나의 사건이자 종말적 하나님 나라의 완성이며, 지금 이 순간에도 벌어지고 있는 현재진행형의 사건입니다. 그러므로 그것은 역사의 무대에서 단 일회적(once for all) 사건으로 끝날 사건이 아니라 시·공간을 뛰어넘은 모든 역사의 현장에서 죽음의 세력을 물리치는 살아있는 생명의 사건으로 됩니다.

하나님의 '아멘'이 예수 그리스도의 부활입니다. 예수의 부활은 폭압적 로마제국과 헤롯 정권의 불의와 위선적인 종교 세력에 대한 하나님의 거룩한 심판이자 정의와 진리의 승리인 것입니다.

이처럼 부활은 고난의 십자가에서 죽임을 당한 자들의 죽음을 거부하고 되살리는 생명 회복의 사건입니다. 예수의 부활 소식은 십자가의 슬픔과 절망을 무효화하는 것이요 새롭게 승화하는 사건이 되었습니다. 부활 소식을 접한 예수의 제자들은 도망쳐 숨어버리고 예수를 부인하던 자신들의 부끄러운 자태를 탄식하며 옷깃을 여미고 죽음의 현장인 예루살렘으로 모입니다. 그들은 과거의 삶을 뉘우치며 새로운 희망의 지평선을 바라보게 되었고 이전에 느낄 수 없었던 하나님의 거룩한 불을 경험하고 새 사람으로 거듭났습니다. 또한 십자가의 비극이 부활의 희망으로 바뀌었음을 전하는 역사적 증인이 되었으며, 그들의 생명의 영, 거룩한 영의 강림 경험은 부활하신 주님의 육신인 교회공동체를 이루게 되었습니다.

부활의 증인, 교회 공동체

우리는 이미 십자가와 부활이 생명살림의 사건임을 확인하였습니다. 이 예수의 십자가와 부활의 사건은 계속하여 일어나는 역사적 진행형의 성격을 가집니다.

알버트 슈바이처는 그의 『예수전』에서 예수의 죽음과 부활을 이렇게 묘사했습니다.

예수라는 한 젊은이가 굴러오는 역사의 바퀴를 단신으로 막아섰다. 그런데 역사의 거대한 수레바퀴는 그대로 굴러 이 젊은이를 압살하고 말았다. 그런데 이상한 일이 벌어졌다. 살해된 그의 시신에 그 바퀴가 그대로 붙어 돌아갔는데, 그것이 점점 커지고 커져서 마침내 굴러가던 바퀴를 정지시켰을 뿐 아니라, 그것을 반대 방향으로 전환시켰다.

슈바이처는 이처럼 예수의 부활 사건이 내포한 역사적 진실을 정확하게 꿰뚫어 보았습니다. 예루살렘에서 일어난 이 조그마한 사건을 발단으로 마침내 로마가 굴복하고 역사의 방향을 다른 데로 돌린 것은 기적과 같은 일입니다.

17세기 네덜란드의 유명한 화가 렘브란트는 그의 비싼 그림 값 덕분에 남부럽지 않게 살았으나 사랑하는 아내가 갑자기 죽자 그의 행복은 한순간에 사라졌습니다. 그러나 오래도록 실의에 빠져 그림을 그리는 일마저 중단했던 그는 마침내 부활한 예수를 만나 죽음이 삶의 종착역이 아님을 깨닫게 되고 〈야경〉(Night Watch)이라는 명작을 그리게 됩니다. 이 그림에 감명을 받은 사람들이 그림 값을 물어보면 렘브란트는 "이 그림은 아내의 죽음을 통해 참 생명이 무엇인가를 체험하면서 그린 것이기에 값으로 평할 수 없다"고 대답했습니다.

이런 부활신앙의 체험을 통해 그가 그렸던 또 하나의 그림이 '엠마오 도상'입니다. 이것은 엠마오로 가던 두 제자에게 나타난 부활하신 주님을 그린 것으로, 그림 속의 대화하는 제자들이나 배경이 되는 나무들의 모습까지도 부활의 약동을 느끼게 합니다. 렘브란트는 이 그림을 그리기 위해 무려 18종류의 번역 성경을 읽었으며, 그림을 완성한 후에 "나는 위대한 생명의 비밀을 깨달으며 이 그림을 그렸다"라고 고백했습니다. 행복하게 살 때는 예수를 만나지 못했으나 아내가 세상을 떠나는 불행을 겪으며 인생의 허무함과 좌절감에 빠져있을 때 부활의 주님을 만난 것입니다. 이처럼 우리들이 이 땅에 살며 실의와 좌절 속에 빠져 있을 때, 부활의 주님은 우리의 엠마오까지 찾아오십니다.

오늘날에도 여전히 수많은 렘브란트가 희망을 잃고 방황하는 가운데 엠마오로 향하고 있으며, 부활의 주님은 그런 이들과 함께 하기 위해 엠마오 도상에서 기다리고 계십니다. 엠마오로 향하던 두 제자가 부활한 예수를 만나 그의 말씀을 듣고 깨달으면서 부활한 예수의 증인이 되었듯이, 우리도 그를 만나 부활의 산 증인으로 살 수 있게 되기를 바랍니다.

2부

주의 나라가
임하소서
: 소망

장공 김재준 목사님과의 만남

1.

내가 장공 김재준 목사님을 만난 것은 심산계곡의 요양지(전남 담양 군과 전북 순창군 군계지점 계곡, 일명 '가막골'. 6·25 후 빨치산 본부였던 곳)에 서였다. 그때 나는 광주 제중병원(현 기독병원)에서 폐결핵 치료를 받 고 요양을 이곳에서 하던 중이었다. 여성숙 선생님(제중병원 의사)의 배 려와 지도하에 병원 교우들에 의해 수년간 운영한 매점의 이익금으로 마련된 요양원이었다. 1961년 봄, 김재준 목사님이 이 요양원에 오셨 다. 아마 일주간을 지내셨는데 아침 산책과 명상과 독서 등으로 보내 셨다. 그때 여성숙 선생님이 요양원 이름을 부탁드렸는데 평심원(平心 園)이라 지어 주셨고 친히 현판에 쓰셔서 달아 주시기까지 했다. 평심 원은 김 목사님께서 지어지신 이름이다(김재준, 『범용기 1권』). 식사 후 에는 부담 없이 많은 이야기를 해 주셨다. 일본 청산학원 유학 시절의 이야기, 즉 청산학원 학풍은 매우 자유로워서 개인의 자유는 물론이 고 학문과 사상의 자유가 보장되었다고 하셨다. 고학하실 때에 굶기 도 많이 하셨고 어떤 때는 쌀을 물에 담갔다가 한 줌씩 생식을 하면서 10여 일을 먹었노라고 회상하셨다. 그때에 정신과 총기는 더욱 맑았 고 좋았다고 하셨다. 때로는 기숙사에서 아무 것이나 닥치는 대로 막

노동도 하셨고, 책을 읽고 무엇인가를 쓰기도 했다고 하셨다. 미국 프리스톤 신학에서는 보수신학의 메첸(G. Machen) 교수의 책들을 모조리 읽으며 근본주의 신학사상을 순례했던 이야기도 하셨다. 웨스턴 신학에서 신학 연구를 본격적으로 하셨다고 감회 어린 이야기를 흥미 있고 부담 없이 해 주셨다. 듣는 자는 이종헌 목사(당시 한신대 1학년을 중퇴하고 요양 중)와 나 둘이었다.

사실 당시 나는 당시 제중병원 도서실에서 「십자군」지를 읽었고 김재준 목사님을 마음으로 동경하고 있었다. 「십자군」지는 내게 있어서 신앙의 새로운 차원을 열어 준 것이다. 김 목사님의 논문이며 수필식의 글들을 읽으면서 많은 것을 새롭게 배웠다. 당시 나는 신학을 공부할 뜻을 가지고 준비하고 있었다. 어느 날 저녁, 여성숙 선생님도 동석하셨는데 나는 김재준 목사님께 나의 신학수업에 대하여 말씀을 조심히 드렸다. 그때 김 목사님은 몸이 회복되면 한신대에 와서 공부하라는 말씀이었다. 그때 나에게는 그 말씀이 새로운 기(氣)가 통하는 명령 같이 들렸던 것을 고백한다. 나는 한신대에 가야겠는데 어디서 추천서를 얻지 못했다. 그러던 중 김천배 선생님(당시 광주 YMCA 총무) 한테서 추천서를 받아 가지고 한신대에 갔다. 그 뒤로 나는 한신대에 입학되었고 김재준 목사님을 가까이서 다시 뵈올 수 있었다.

2.

한신대에 입학하여 일 년간은 나의 건강을 시험도 해가면서 또한 멀리 지켜보시는 듯 했다. 나는 가끔씩 김 목사님 집을 방문하곤 하였다. 어느날 방문했을 때『하늘과 땅의 해후(邂逅)』라는 책을 주셨다. 이전에 「십자군」과 「사상계」 등에서 읽었던 내용도 있었지만 내게 대부분 새로운 내용으로 열심히 읽고 생각하며 김 목사님을 더욱 존경하게 되었다.

나의 신앙 형성 과정은 세 단계를 거쳐 왔던 것이라 생각된다. 처음은 군복무를 계기로 하여 심령부흥회나 사경회 등에 열심히 참여하여 배우고 받은 신앙 양식(樣式)이었다. 그때 성경을 열심히 빨간 줄을 치면서 읽었고, 열심히 새벽시간에 교회에서 기도하였다. 그런 중에 신앙의 확신이 생겼고 성장하여 갔다. 다음 단계는 병원과 요양생활을 하면서 독서를 얼마쯤 할 수 있었다. 문학전집이며 신앙서적 성자들의 전기와 인물전기가 크게 배움이 되었고, 내적인 신앙 자세 확립에 도움이 되었다. 은둔자들의 신앙 양식(Style)은 은근히 동경되었고 진실해 보였고, 독신과 청빈생활이 그렇게도 매력적이던 때가 있었고 존경했다. 당시 제중병원과 그 주변에는 은둔형의 신앙인들이 넘나들었고 때로 나는 그 분들과 만나 대화도 하며 지켜보았다. 성서 공부에 열심이며 오로지 신앙만의 삶을 강조했던 무교회 신앙 그룹도 있었다. 전남과 광주 주변 지역에는 은둔자들과 기인(奇人)들이 많이 일어났다. 그분들은 어울리는 보통 신앙인이 아닌 특별한 데가 있는 것이다. 평범한 사람들로 특별한 부름을 받고 삶을 살아간 분들이다. 그분들은 나름대로 자유인이고 아무 것에도 매이지 않는 듯한 초탈한 분들이다. 아무나 쉽게 따를 수 없는 외곬의 길을 가는 분들이라 하겠다.

어쨌든 이 분들의 신앙적 삶의 스타일을 겪어가면서 처음 단계의 신앙적 자세가 무색해지는 것 같고 무너졌다고 하겠다.

그 당시에 성 프랜시스와 성자들의 전기를 읽으며 신앙의 모범과 청빈, 겸비, 진실, 사랑 등이 그리스도교의 중요 강령임을 확인했으며 오늘까지도 이점에 변함이 없는 것이다

셋째 단계가 한신대에서 신학수업을 받으며 새로이 정립되어 갔다. 김재준 목사님은 나의 신앙과 삶의 방향을 새롭게 인도해 주신 스승님임을 고백한다. 감히 그 어른의 그림자도 밟을 수 없고 따라갈 수

도 없는 나에게 그의 고매한 인격과 학문의 글들을 읽고 배우며 영향
받게 해 주시는 것 하나님의 인도로 믿고 감사하는 것이다. 오래 전
언젠가의 나의 편지에 대한 답신으로 주신 글월에 "… 남달리 이 목사
를 많이 생각하고 있으며, 우리 사이를 20여 년 이상 교통하게 하시는
것은 하나님의 섭리와 인도"라고 운운하셨음을 기억한다. 그토록 크
신 스승님, 큰일을 분망하게 하시는 중에서도 편지나 카드에 대한 답
장을 놓치는 일이 없으셨다. 정성껏 필요한 격려 말씀으로 적어 보내
주셨다. 나는 실제로 김재준 목사님을 꿈 가운데서도 가끔 뵈옵고 생
생하게 무엇인가 하시는 모습이며, 때로는 말씀하시는 모습을 잊을
수가 없다. 그런 날들은 내게 좋은 날이고 기쁘고 행복한 날들이다.
때로 '내가 너무 철없이 김 목사님께 접근해 가는 것은 아닌가, 또는
김 목사님께 사로잡힌 것이나 아닐까?'라는 생각도 했다. 그렇지만 김
목사님은 가깝게 계셔서 지도해 주시기도 하시지만, 멀리서 모르는
척 하시기도 하신다. 뵙고 무슨 말씀을 드리면 아무 말씀 아니 하시고
듣고 계신다. 그러다가 마지막 한 마디쯤 하실 때도 있다. 그 한 마디
의 말씀이 적중되고 마음의 결심과 용기를 일으켜 준다. 연로하신 중
에 계실 때 찾아뵈었을 때는 상당히 자상하고 많은 이야기들을 들려주
신다. 김재준 목사님의 자애 깊은 사랑과 돌봄을 잊을 수가 없고 사모
님 또한 꼭 김 목사님을 따라서 그때그때 배려해 주셨다.

   3.

   대학원을 마치고 김재준 목사님의 「제3일」지를 창간하는데 상당
기간을 편집과 보급판로를 마련하는 일에 참여하였다. 그 당시는 가
족처럼 대해 주셨다. 「제3일」지는 「십자군」지와 다른 의미와 성격으
로 사회참여하시는 그의 삶을 나타내는 것이다. 「십자군」지에서 보수

신앙과 교권주의자들의 무지와 시대착오적인데 항거하여 진리를 증언하시는 모습을 책을 통해서 배웠다면, 「제3일」지에서는 오늘의 의를 위한 고난과 억압과 역사참여의 사명과 진실한 투쟁, 어둠의 현실에 묵시적 미래를 바라보면서 희망의 메시지를 전하시는 노투사인 김재준 목사님을 지켜보았다.

김 목사님은 「제3일」 창간사에서 "오늘도 내일도 나는 내 길을 간다! 이것이 예수의 삶이었다. 사람들은 자기들이 가는 길대로 가지 않는다고 그를 잡았다. 그래서 첫날에 그를 십자가에 못 박아 죽였다. 다음날에는 무덤 속에 가두고 봉인했다. 그러나 인간들이 자기악의 한계점에서 '됐다!'하고 개가를 부를 때 하나님은 '아니다!'하고 무덤을 헤친다. 예수에게는 이 '제3일'이 있었다. 그의 TODADDMS 다시 살아 무덤을 헤치고 영원에 작열한다. 제3일, 그것은 오늘의 역사에서 의인이 가진 특권. 역사의 희망은 이 '제3일'에서 동튼다. 이 날이 없이 기독교는 없다. 이날이 없이 새 역사도 없다"고 피력하셨다.

창간 당시 「제3일」의 동인모임이 한 달에 한 번 모여 편집 방향을 의논하곤 했다. 당시 기독교 방송국에 상무로 일하신 박형규 목사, 이화대학교의 현영학, 서광선 교수, 고려대학교의 이문영 교수, 가끔 오재식 선생 등이 주로 참여하셔서 글을 써주셨다. 어느 날 박형규 목사님이 김 목사님께 지금도 어렵고 여건도 어려운데 어떻게 「제3일」지를 계속 발간해 가시겠습니까? 걱정스런 표정으로 물었다. 장공 선생님은 들리는 듯 마는 듯한 말로 "시작하면 다 되는 것이지 뭐, 여건이 별 것이냐 하나님이 주실 것이다"라 하시던 말씀을 옆에서 들었다. 김 목사님께서 1974년인가에 캐나다로 본의 아닌 망명길에 오기까지 계속 발간했다.

나는 서울 금호동 가난한 지역 천은교회 목회를 했고 교회시무 9년만에 영국 셀리오크(Selly Oak) 대학에서 일 년간 유학할 수 있었다.

영국 유학기간에도 캐나다에서 속간하신 「제3일」지를 보내주셔서 받아 읽었다. 나는 해외에 나온 김에 미국 쪽에 가서 학업을 좀 더 계속하고 싶은 유혹이 일었다. 그래서 여러 곳에 연락을 하던 중에 김 목사님께서도 문안을 겸해서 근황을 알려 드렸다. 김 목사님은 다음의 내용으로 답신을 보내주셨다. "목사는 평생 학도 노릇을 해야 하는 것이다. 영어도 읽을 수 있고 보는 눈도 띠었으니 이제부터 목회에 충실하면서 중단 없이 학생 노릇을 해야 한다는 내용이었다. 기본적인 고전과 현대 신학과 역사 발전에 대한 신간서적 등을 구입하여 조금씩이라도 중단 없이 읽으며 생각하노라면 학문도 성격도 풀이 자라듯 자랄 것"이라는 말씀이다(김재준, 『범용기 3권』). 나는 귀국한 후에도 말씀을 마음에 새기고 목회사역에 전념하고 있다.

4.

김재준 목사님은 성서의 생동하고 자유하는 복음 진리를 위축시키고 왜곡시키는 모든 교리와 교권적 권위에 항거하여 교회개혁의 선두에 서신 개혁자였다. 그의 교회 개혁운동은 루터의 종교개혁과 그 본질상 다름이 없다고 하겠다. '1950년대의 「십자군」지는 이런 그의 교회 개혁운동에 뜻을 같이하고 봉화를 든 동지들의 교회개혁 의지에 대한 표출'이었다. 기장(基長)의 역사적 의의는 단순히 교파 설립이나 교회 분열로 보지 않고 교회 개혁운동으로 보고 해석해야 할 과제를 남겼다. 신학적인 의미에서나 국내·외적인 세계 교회의 흐름에서 볼 때 정당한 해석이라고 본다. 김재준 목사님은 한국교회는 세계 교회의 신학적 주류에 병진함으로써 교회 신학의 주류에 동참해야 한다는 역사적 통찰을 하셨다. 그는 선교사들의 유산인 근본주의 교리, 교파주의 관념, 또는 서구 기독교 국가주의를 단연 배격해야 함을 직시하였다. 그리고 생동하고 해방적이며 자유의 복음을 이 땅의 역사 속에 심고 실현하려는 개혁의지를 가지셨던 개혁자였다.

김재준 목사님은 "그리스도를 본받아"(The Imitation of Christ), 진리와 겸손, 충성과 사랑, 청빈과 진리 순례자로서의 사명적 삶을 본보여 주신 스승님이시다. '예수를 믿으면'이란 것은 지성지애(至聖至愛)하신 인격의 그리스도, 그분을 내가 만나서 그를 이해하고 사랑하고 신뢰하고 그에게 순종하는 인격인 Commitment를 의미함이라고 했다. 김 목사님은 20대부터 소유의 정상 이해에 대하여 고민했노라고 했다. 그는 80 평생을 무소유로 지냈고 지금도 그러한 것은 하나님의 축복이라고 여겼다. 거기에서 온전한 자유를 소유했다고 했다. 아시시(Assisi)의 성 프란시스를 그의 수호 성자로 모셨다. 김 목사님이 "우리는 세계 교회와 병진함과 동시에 전적인 그리스도가 인간생활 전 부문에 주가 되게 하기 위하여"하신 것은 '역사적'이란 의미도 있지만, '그리스도를 본받아' 역사적인 존재로 그리스도 앞에 서 있는 실존의 자의식이며 고백이기도 했을 것이다.

5.

김재준 목사님은 역사의 현장에서 그리스도의 진리를 증거하시는 데 이 땅에서 그의 삶의 마감까지 일관하여 충성하셨다. 그의 신앙성격은 예언자적인 신앙 성격을 언제나 풍겨주셨다. 예언자들의 목숨을 건 항거정신이 그의 심오하고 예리한 지성에 불타올랐다. 그분이 전개시킨 신앙적 삶과 신학적 사상은 우리 민족과 역사의 핵심문제들과 깊이 연관되어 표현되어 갔다. 김 목사님은 '기독교 2000년에서 참인간인 그리스도의 모습을 모색하며 역사 속에서 바른 그리스도 이해와 한국의 새 역사를 위하여 그리스도 정신을 받아 가는 새 시대의 기독교를 모색하는 진지한 그리스도 인상 추구에의 과제를 주고 있다(「사상계」, 1964. 02). 김 목사님이 역사 참여에의 발걸음을 본격적으로 내디딘 것은 1965년의 굴욕적 한일국교 정상화에 반기를 들었던 때부터였다고 생각한다. 그 의미는 범 교회적 반대운동에 핵심 내용을 제공했던 것이다. 그 이후로 그는 한국 민족사의 한복판에서 신앙과 신학으로 무장한 동지들을 모아 「제3일」을 출간하셨다. 흑암의 무덤에 머물러 있는 것 같은 당시의 현실에서 민주주의를 위한 부활, 나아가서 우리 민족의 변혁운동을 전개하기 위한 예언자적, 개혁자적 의지에서 비롯된 삶이었다.

그렇게 보면, 김재준 목사님이 개혁자적인 삶과 신앙의 동력은 단순히 교회를 위한 것만은 아니었다. 그의 신앙적 체험과 높고 심오한 지성과 완성된 높은 인격에서 풍기는 영향력과 감화력은 우리 민족과 사회에 하나님 나라를 실현하는데 쓰시도록 하신 하나님의 섭리와 인도가 계셨다고 확신한다. 김 목사님은 기장교회의 선두적인 역사참여가 한국교회는 물론이고 한국 민족을 위하여 결정적으로 중요한 의미를 갖는다고 믿으셨다. 그는 우리 민족사의 저변의 흐름을 그리스도의 진리로 비추어 볼 수 있는 혜안을 가지신 분이었기에 우리 민족의 살 길은 민주화운동에 있을 것이라고 소신에 마지막까지 신실했을 것이다. 김 목사님은 우리에게 그리스도인의 지성과 자유로운 삶을 몸과 정신, 인격으로 구현하여 주신 분이다. 그의 깊은 신앙체험의 표현과 개혁정신의지 그리고 민주화와 인간존엄에 대한 열정과 사랑 등을 우리 기장인들에게 특별히 역사적 유산으로 길이 계승 발전시켜야 할 과제로 남기셨다.

장공 김재준 목사 서거 28주기
성묘예배 기도문
2015-01-27

만유의 주재이신 하나님!

하나님의 신실하신 종, 장공 김재준 목사님 서거 28주기 추모예배를 올해는 이에 뜻을 함께하는 분들이 묘소를 찾아 성묘예배로 드립니다. 장공 선생님의 삶의 울림과 향기는 한국교회와 사회 현실 속에 그윽하게 남아 있어서 많은 세월이 흘렀지만 오늘 우리들에게 더욱 흠모하는 마음을 갖게 해 주시니 감사합니다. 어두운 한반도 땅에 하나님의 사람, 장공 선생님을 보내주시어 큰 목자로 쓰시어 대변혁의 역사를 한국교회와 사회에 이루게 하신 하나님의 섭리에 깊이 머리 숙여 감사드립니다.

어둠의 땅에 선교사들을 보내셔서 다방면에 계몽을 시켜 역사의 여명을 열게 하였으나, 그들의 유산인 보수적 근본주의와 성서 문자주의적 해석이며 역사의 수구세력의 온상이 되게 한 과오를 갖게도 하였습니다. 무지와 어둠 속에서 신음하며 아파했던 세월이었습니다.

회상하면 장공 선생님은 해방적 자유의 복음을 이 땅의 역사 속에 심고 실현하려는 개혁자적 신앙과 의지를 가졌던 분입니다. 젊은 날 성령의 뜨거움을 체험하고, 성 프란치스코의 청빈과 겸허에 잡혔고,

진리 추구의 순례적 삶을 사셨습니다. 그의 신앙적 성격은 예언자적이었고 우리 민족의 살길은 민주주의의 실현에 있다고 그 소신에 끝까지 신실하셨습니다. '장공'이라는 호가 보여주듯이 사심 없고 막힘없는 우주적 사랑의 공동체적인 삶을 실현하셨던 것을 오늘 우리 후학들은 깊은 삶의 자리에서 장공 선생님을 흠모하면서 하나님께 감사와 영광을 돌립니다.

역사를 주관하시는 주님!

광복 70년의 새해를 맞았습니다. 회고하면 해방 당시 큰 희망과 꿈에 부풀었는데, 국토와 민족은 분단되고, 동족상잔의 전쟁을 치르며, 한국교회까지 분열의 아픔을 겪었습니다. 현재 한반도는 첨예화된 국제적 냉전을 계속하고 있습니다. 세계 패권을 쥔 미국에 의존하면서 전시작전권까지 내맡긴 채 한반도를 세계 최고의 첨예한 군사적 대결지로 만들고 있습니다. 남북관계는 겉과 속이 다른 헛바퀴를 돌며 큰 위기를 맞고 있습니다. 자본의 영향력은 갈수록 막강해지고 가진 자와 못 가진 자 간에 사회 양극화는 심해져 1대 99로 나뉜 위기를 맞고 있습니다. 아울러 역사의 수레바퀴를 거꾸로 돌리려는 위정자들로 인해 민주주의의 위기를 맞고 있는 현실입니다.

이러한 때에 장공 선생님의 자리, 지금 여기 계신다면 어떻게 뭐라고 말씀하시며 역사 방향제시를 하실까를 회자 하게 되는 이유입니다. 장공 선생님의 역사 변혁의 예언자적 혜안과 비전이 그리워지는 것입니다. 역사의 주님, 굽어 살피셔서 새 변화의 역사가 일어나게 하옵소서.

새롭게 하시는 성령님!

오늘 우리의 기도를 들어 응답하옵소서. 다시 장공 선생님을 화두로 참회의 기도를 드립니다. 장공 선생님은 언제나 한결 같은 인격자이셨고 삶의 그윽한 향기를 날리고 많은 주옥같은 가르침을 글로 남기셨고, 삶을 사랑하되 자연만물까지 사랑하셨습니다. 지위가 높거나 떵떵거리는 이들 앞에 반뜻 하셨고 당당하시며 '예'와 '아니오'를 명확히 하셨습니다. 지위가 낮은 자에게는 겸손, 진실하셨습니다. 불평등한 세상을 염려하시고 정의와 사랑을 가르쳤습니다. 부귀 위주의 풍토와 부르조와적 삶의 습성을 경고하셨고, 청빈한 삶을 젊어서부터 삶의 마감 때까지 본보여 주셨습니다. 그의 삶과 신학사상이 일치하는 고백적, 성육적, 자기비움의 삶을 사신 놀랍고 존경스런 모두의 스승님이셨습니다. 때로는 가난한 학생들 위해 등록금과 생활비 용돈을 주시고, 사례금의 3분의 1만을 사모님께 생활비를 내놓으므로 가족은 어렵게 지내기도 하였습니다. 아픔과 고난 받는 자들 양심과 자기소신에 신실하다가 억울하게 된 이들에게 고난의 의미와 삶의 방향제시, 새 역사를 열게 하는데 일깨우고 위로, 격려의 사명을 「제3일」지를 통해 하시며, 제4일의 위대한 Misio Dei, 하나님 선교를 전망하셨습니다. 정의. 평화. 생명을 유산으로 남겨주시며 모순의 분단시대를 사는 민족의 아픔을 풀어주실 대안과 평화통일의 모퉁이돌이 되셨습니다.

지금 오늘 우리의 현실을 보면서, 못 깨닫고 우둔하고 방황하는 우리 후학들과 교회 큰 책임을 맡은 목회자와 지도자들부터 진정한 참회를 하며 가슴을 치고 하나님과 세상 앞에 참회하는 교회로 새로워지게 하옵소서. 자기도 믿지 않고 삶도 살지 않으면서 거짓과 위선으로 외치는 바리새적 교리와 사두개적 교권과 헤롯의 권세 앞에 빌붙어 안주하는 이 땅의 교회들이여 깊은 어둔 잠에서 깨어나게 성령님 역사하여 주옵소서. 금번에 출간한『장공 김재준의 삶과 신학』이 큰 울림과 메아리로 한국교회와 사회에 변혁의 씨앗으로 작용되게 하옵소서. 이 모든 일에 뜻을 함께하는 이들에게 삼위 하나님의 위로와 지혜와 능력을 더해 주시고 하나님 영광을 드러내게 하옵소서.

오늘 성묘예배에 각 순서마다 장공의 삶의 그윽한 향기를 나타내게 하시고 말씀 증언에서 특별히 영감과 격려의 메시지로 감동을 일으키게 하옵소서. 끝으로 특별히 기장교회를 깨우쳐 주시고 정의·평화·생명의 목회를 민중과 온 백성, 남북을 초월하여 상생의 목회를 하는 성숙한 교단으로 세워 주옵소서. 광복 70년 새해에는 남북 화해와 협력으로 통일된 조국을 꼭 이루게 하옵소서. 정의·평화·생명의 주, 예수님의 이름으로 기도하옵나이다. 아멘.

장공의 삶과 신학의 자주성
장공 김재준 목사 서거 29주기 추모예배

요한복음 14:6, 골로새서 3:1-4

시작하며: 장공의 삶의 이야기

장공 김재준 목사 29주기 추모 성묘 예배에 즈음하여, 동북아와 한국 사회의 격동기에 한국교회는 '자기개혁'의 차가운 요청을 받고 있는 때입니다. 장공의 진리 추구의 삶, 그의 신학의 자주성이 이 시대에 호명되어야 하는 때입니다. 장공은 주변강국들의 한반도 세력권 각축을 벌이던 때, 조선왕조가 몰락해가고, 일본에 의해 나라가 점령당하는 민족 비극의 때, 1901년 함북 유학자의 가문에서 태어나 한 세기를 자주적 신앙인, 신학자, 진리 증언자로 살았던 분입니다. 3.1운동이 일어난 다음해 1920년에 뜨거운 신앙체험을 통해 '나와 너(하나님)'의 인격적 만남을 갖고, 새벽기도, 성경읽기, 신앙서적 읽고 쓰면서 몸과 마음으로 체험 신앙인이 되었습니다. 그 무렵 성 프랜시스에 매료되어 만우, 장공의 특별한 우정을 나누며 신앙순례를 계속하였습니다.

장공은 3.1운동 이후 고조되는 민족운동에 자극을 받고 함북 산골 아버지 집에서 떠나 새로운 미지의 신앙과 신학의 길로, 마치 신앙의 조상 아브라함처럼 고향을 떠났다고 장공의 탈출 순례기의 의미를 붙일 수 있습니다. 그 이후 장공의 삶과 신학의 순례기는 장대한 마치 신앙의 조상들처럼 본보기로 진리 추구와 증언자로서 신앙세계를 전개하여 줍니다. 장공은 사변적 머리와 논리만의 신학자가 아닌 삶과 혼이 녹아 든 마음이 뜨거운 진리 추구자, 교회와 시대를 껴안고 삶과 믿음의 체험적 깨달음에서 글쓰기로 많은 가르침을 주신 특별한 자유인 신학적 자주성을 본보여 주었습니다. 이러한 장공의 신앙적 삶은 신앙과 신학의 자주성을 유산으로 남겼습니다. 우리는 장공을 이 땅에 보내주신 하나님께 감사드립니다.

장공의 교회와 민족적 자주성

장공이 그 당시 관찰하였던 시대적 상황은 무엇이었습니까? 일제의 군국주의적 식민지배 통치는 조선교회와 민족적 자주성을 없애는 것이라고 보았습니다. 선교사들의 미국 근본주의적 정통신학 주입과 교역자 교육 수준을 조선 국민보다 조금 높게, 선교사보다는 낮게 잡은 것은 한국교회의 예속을 심화시키고 민족적 자주성을 배제하는 것이라고 보았습니다. 이런 근본주의 신앙은 민족의 역사적 현실에 대한 책임적인 성숙한 자주성을 불가능하게 할 것이기 때문입니다. 즉 민족사의 운명과 현실로부터 한국교회를 분리하여 민족사의 중심에서 이탈하게 합니다. 개인구원과 타계적 신앙에 몰두하게 함으로 한국교회를 탈역사적 비민족적 신앙에 빠지게 할 위험이 있기 때문이었습니다.

장공은 당시의 교권주의와 형식주의, 감정적 열광주의에 싸인 한국교회와 신학적 현실을 정신적인 식민지 상태로 관찰하였고, 한국교회의 자주적인 해방을 위한 신학교육의 필요성을 가지게 되었습니다.

1940년 4월 조선 사람의 손으로 조선신학교가 시작된 것은 교회와 민족적 자주성의 자각을 갖게 한 것입니다. 장공의 신앙적 신학적 삶은 언제나 한국교회와 민족적 자주성을 회복하고자 하는 그것이었습니다.

회고해 보면, 처음부터 한국기독교는 한국 민족의 역사 속에 깊이 들어 왔습니다. 당시 인구의 2%도 안 되는 그리스도인들이 3.1운동을 실질적으로 주도하였습니다. 초기 한국 기독교는 나라가 어려움에 직면하였을 때, 한국역사의 중심과 전면에 서서 자주적이고 책임적으로 역사와 민족을 이끌었습니다. 이러한 3.1운동의 영향으로 임시정부가 수립되고 3.1운동의 정신과 전통을 이어받아 4.19혁명과 민주화 운동이 있었고 통일운동으로 이어지고 있습니다. 장공은 역사의 한복판에서 신앙을 살았고, 역사를 자주적. 책임적으로 형성하는 신학을 추구하였습니다.

장공은 고대민족사에 관심과 해석을 함에 있어서도 돋보였습니다. 수메르 문명의 발상지인 우르 지역을 포괄하는 광대한 민족의 뿌리, 고조선의 위대한 정치 종교 문화, 부여족과 고구려의 웅대한 기개, 삼국시대의 자주적 기상을 강조합니다. 그러나 통일신라시대부터 민족적 자주의식을 상실하고 사대주의에 빠졌다고 관찰하였습니다. 장공은 한국 민족의 구원의 역사를 전개함에 있어서 '예수상'을 한국역사에 아로새기는 일이라고 합니다. 정치, 경제, 문화 등 각 방면에서 한국역사 자체가 예수 그리스도의 형상으로 변화함으로써 한국 민족의 자주성이 실현된다고 보았습니다.

종교개혁은 진행형

장공은 종교개혁이 계속되어야 할 당위성을 말씀합니다. 교회 자체는 항상 개혁하는 존재입니다. 16세기 종교개혁의 전통을 이어받은 개신교가 부르주아적 기독교를 형성한 데 반하여 현대는 프롤레타리아 근로자 계급이 시대의 주역으로 등장하였습니다. 한국교회의 성격과 체질은 부르주아적이지만 교인 대다수는 민중입니다. 그리고 보다 많은 민중이 교회 밖에 있습니다. 한국교회는 민중, 근로대중 편에 선 교회로 개혁되어야 합니다. 2017년은 종교개혁 500주년이 되는 해임을 기억하고 거기에 걸 맞는 교회개혁을 승계하여야 하는 역사적 의미와 과제가 있습니다.

회고하면, 장공은 현대적인 성서해석 방법론을 최초로 한국에 소개 하였습니다. 장공은 성서적 진리를 교리적 족쇄에서 구해 내고, 교회를 교권의 전횡에서 구해 낸 진정한 의미에서 한국의 종교개혁자 이었습니다. 당시 한국교회의 무지와 몽매, 왜곡된 교리주의, 교권주의자들의 농성장으로부터 구하여 낸 것은 장공의 자주적 용기와 개혁자적 정신이었습니다.

오늘의 교회는 어떠합니까? 한국교회는 분열 이후 60여 년 동안 바리새적 율법주의와 사두개적 교권주의에다 헤롯당의 정치 지원에 안주하고 농성하면서 맘몬 왕의 노릇을 하는 자본주의 경제 성장 원리에 기초한 '교회 성장 신화'를 내세우면서 자기 몸 불리기에 여념이 없습니다. 그러나 그런 성장 추세도 멈추고, 사회적 비판에 휩싸이고 있습니다. 한국기독교 2세기에 민족 자주성과 역사의식이 사그라져가고 있습니다. 장공의 유산, 예수의 역사적인 삶을 통해 보여준 새 복음 이해와 개혁적인 진리와 정의, 사랑과 심판의 말씀을 바르게 선포하여야 할 때입니다.

특히 남북관계 개선에 대하여 장공의 진언을 들어야 합니다. 남북한 정부는 민족자주와 정신에 기초한 통일국가 형성을 위하여 과거를 반성, 청산하고 성실하게 대화와 교류에 임하여야 합니다. 북한을 소외시키는 외교전략 보다는 포용하고 용서와 화해의 역사를 이루어가야 합니다. 장공은 남북통일 전망에 대해서는 미국과 중국이 민주적으로 합작하는 날에는 가능하게 될 것이라고 보았습니다. 아마도 미국이 자유, 평등, 민권과 인권의 나라로서 메시아 왕국의 비전을 역사 안에 실현하려는 기독교 정신을 발휘하여야 할 것이라고 서거 반 년 전(1986. 7. 19)에 전한 유언 같은 예언적 말씀을 했습니다(『장공전집 18』, 458이하).

마치며: 성서 본문 이해

골로새서의 말씀은 내 생명이 주안에 "감추어져 있다"고 영어로 has been hidden 현재완료형을 사용하고 있습니다. 그리고 "그리스도와 함께"라는 말씀이 세 번 나옵니다. 그리스도와 함께 다시 살리심을 받았고, 우리 생명이 그리스도와 함께 하나님 안에 감추어져 있으며, 그리스도와 함께 나타날 바로 그 영광의 날을 바란다고 했습니다. 주안에 감추어진 신비롭고 경이로운 생명을 확인하며, 생명 위주로 영원한 생명을 가져 옵니다. 생명의 주, 그리스도는 만유시요, 만유 안에 계십니다.

예수님은 요한복음의 고별담화에서 아버지와의 연합 그리고 하나님과 예수와 그 제자들과의 연합에 대하여 말씀합니다. 예수께서는 자기 대신 안내자이며 보혜사 성령을 보내실 것을 약속하셨고, 성령은 그들 가운데 예수 사역을 계속하게 합니다. "내가 곧 길이요 진리요 생명이다"(요 14:6)는 말씀을 깊이 새겨야 합니다. 예수님은 우리에게 존재의 근거인 하나님의 심장 속으로 인도하는 길입니다. 예수님은 우리에게 신학적 및 인간적 성실성을 지니고 우리 삶을 살 수 있게 하는 진리입니다. 예수님은 우리에게 인생의 의미가 무엇인가를 알게 하신 생명입니다. 그래서 우리는 예수님을 주님이라 부르며 그리스도라 부르며 우리에게 하나님을 보여 준 분이라고 증언합니다.

　죽음 이후는 그러므로 창조주 자신이 긍휼·자비 때문에 우리를 다시 만드시는 것, 재창조와 새 창조를 자신의 통치영역(자신의 집: 우주宇宙) 안에서 이루시는 것입니다. 끝없는 안식 가운데 있는 장공 김재준 목사님의 29주기에 평화와 위로의 하나님의 은총의 손길을 기다리며, 유가족들과 여기 둘러선 성도들께 위로와 은혜가 가득하기를 바랍니다.

장공 김재준의 삶, 사회참여 신학과 윤리

들어가는 말

금년은 1885년 한국 개신교가 전래된 지 130년이 되었다. 장공의 삶을 조명하며 그가 한국 개신교사 및 사회사 속에서 갖는 의미를 조명해 보고자 한다. 20세기를 보내고 새로운 세기를 맞아 동북아와 한국 사회의 격동기에 한국교회는 양적으로 크게 신장하였으나 교회 정체성의 내적 질적으로는 한국 사회로부터 차가운 비판 속에 '자기개혁'의 요청을 받으며 '새로운 전환기'에 직면해 있다. 한국교회와 한국 사회는 무엇보다 진리 호흡이 그리워지는 때이다. 장공의 청빈과 진리 추구의 삶, 성육신 신앙과 예언자적 역사 참여의식, 그리스도 사랑의 공동체 실현을 위한 그의 신학과 윤리가 이 시대에 호명되어야 한다.

장공의 삶과 시대상황

장공 김재준(1901-1987)은 조선조 500년 말기, 주변 3대 강국들의 한반도 세력권 각축을 벌이던 때부터 근 한 세기 동안 한국교회와 사회 속에서 진리 증언자로 사셨다. 장공은 함북 회령 군청 재무부 직세과의 첫 직장생활 3년 후 웅기 금융조합에서 지내며 민족의식을 키웠다. 3.1운동에 가담해 6개월 옥살이를 한 송창근의 자극을 받고 새 시대의 일꾼으로 불림을 받았다. 결국 장공은 3.1운동의 충격 속에서 기독교신앙을 수용한다. 만우 송창근은 장공의 삶에서 결정적인 길 안내자였다. 장공은 일본 청산학원에서 3년을 신학을 공부하며 '자유 정신'을 경험한다. 미국 프린스톤신학교에서 보수주의 신학 순례를 거쳐 웨스턴신학교로 옮겨 구약성서를 전공하여 우수한 성적으로 졸업하며 히브리어 상까지 받았다. 장공은 신학석사 학위를 받고 미국 경제공황이 심각하던 1931년 귀국했다. 이러한 장공의 준비과정을 통하여 본다면 사실 장공의 사상과 영성은 '살아계신 그리스도'를 향한 삶에서 집약된다고 할 수 있다. 그런데 후에 장공은 자기를 보수주의적 자유주의자라고 언급한 적도 있다.

귀국 후에 평양 숭인상업학교에서 교목 겸 성경교사로 일하다 신사참배 문제로 사임하고, 간도 용정의 은진중학교 교목으로 재직했으며, 마침내 조선신학원의 설립에 참여하는 것으로 시작한 장공의 신학교육자로서의 삶은 1961년 군사정권의 등장과 함께 학장직에서 물러나는 때까지 계속되었다. 그 후 장공의 삶은 신학계와 교계의 울타리를 넘어 사회, 민주적 정치, 인권 및 민족의 통일 등 삶의 현장에서 읽게 된다. 이렇게 보면 장공의 역사 참여의 실천은 60세 이후라고 할 수 있을 것이다. 물론 그 실천 저변에는 성서적, 신학적 성찰이 확실하게 자리 잡고 있었다.

장공은 1962년부터 대한일보 논설위원으로 '신문윤리위원' 등으로 활동하며 강연과 설교하며 제자들의 목회하는 교회를 찾아 순방한다. 장공이 신학자에서 사회운동의 기수로 변신하게 되는 계기는 1965년 한일국교정상화 논의 때부터이다. '굴욕적인 한일국교 정상화' 반대투쟁의 선봉에 선다. 1969년 박정희 정권의 3선 개헌 반대 범국민 투쟁 위원회 위원장으로 투쟁에 앞장선다. 1970년 9월에 가까운

동지들과 함께「제3일」지를 창간한다. 그는 '장기적 국민 민주화 계몽운동에 장기적으로 봉사'하기 위한 것이었다.「제3일」은 예수의 부활을 상징하는 것으로서 당시 암담하던 무덤 같던 한국 민주주의의 현실이 다시 부활하기를 기대하는 뜻에서 붙인 이름이었다. 장공은 캐나다에서 10여 년 동안 살며, 북미주 '국민연합' 의장으로 민주화운동에 헌신적 활동을 하다가 1983년 귀국, 그 정신적 지도자이셨다.

장공의 삶과 신학사상 요약

장공은 분명 신학자였지만 그의 신학을 체계적으로 집대성하지 못했다. 장공은 "나는 일제시대에도 중·고등학교 교사로서 교목 비슷한 일을 6년이나 했고, 1940-1961년까지 약 22년간 지금의 한국신학대학에서 신학을 가르친 만큼 사람들이 학의 전당으로서의 체계화한 신학을 기대하는 것은 무리는 아닐 것 같다. 그러나 나 자신은 '학'을 위한 '학'의 사람으로서 '학'을 해본 적이 없다. 허긴 미국서 신학공부라고 할 때에는 요구대로 논문을 낼 수밖에 없어서 부지런히 각주를 달았지만, 그건 억지 춘양이었다"고 술회한다. 우리 모두의 스승의 겸손한 자기고백을 보는 듯하여 마음에 감동을 일으킨다. 그럼에도 그는 신학자로서 살면서 기독교장로회의 탄생의 주역으로 국내·외 민주화운동의 대부로 활동하였던바 그의 삶과 사상적인 세계를 몇 가지로 요약한다.

장공은 인간적으로 강직하고 청렴결백한 성품의 소유자였다. 그는 자유정신의 신봉자였다. 장공은 열렬한 진리의 증언자였고, 진리의 탐구자였다.

보수와 진보 어느 하나에도 자기 발을 붙이지 않는 진보적 보수주의, 보수적 진보주의 사상을 글귀마다 펴나가는 폭넓은 진리의 탐구자, 이런 진리와 자유에서도 높고 깊고 폭넓은 대화를 주고받을 수 있는 사람, 그의 생활과 사상이 높고 푸르고 깊은 창공 같아, 사람들이 그를 장공선생이라 부른다(1971년 『장공전집』 출판위원장 김정준 〈간행사〉).

장공의 성서연구 성서 해설

장공은 성서학 연구에 현대적인 성서해석학 방법론을 최초로 한국에 소개했다. 구약성서 5경의 구성요소인 J.E.D.P 문서들의 존재를 밝히고 신약성서의 자료설, 즉 Q 등에 대한 현대 성서연구의 결과를 소개하였다. 장공은 「십자군」에 발표한 논문에서 '축자영감설과 성서 문자 무오설'에 대하여 잘못을 낱낱이 밝히고 있다. 당시 한국교회의 정통주의자들, 근본주의자들이 성서를 교회의 교리체계에 근거한 '축자영감설'의 고정된 틀에 가둠으로써 성서를 교리와 교회의 시녀로 삼았는데, 그것을 장공은 경계하였다. 장로교회가 금과옥조로 생각한 웨스터민스터 신앙고백서가 비록 교회의 삶의 하나의 준거가 될 수 있다 해도 그것이 성서의 진리와 권위에 선행할 수 없다는 것이 종교개혁 전통이고 장공의 생각이었다. 사실상 축자영감설을 성서 자체의 진리에 선행시키는 것은 성서의 권위를 높이는 것이 아니라 성서를 바벨론의 포로로 만든다는 것이 장공의 생각이다. 장공은 성서연구 방법을 택해 해석하는 그의 입지를 밝혀보자면 "하나님의 구속사"의 입장에서 성서를 해석하였다. 신약성서에 이르러 구원 역사란 예수 그리스도라는 한 인격 안에 하나님 자신의 성육하심을 본다. 그분이 하나님 나라의 표징이고 인간 역사의 주님으로 좌정한다. 이 사건은 역사 밖에서 온 것이면서도 역사 안에서 이루어진 어디까지나 '역사적 사건'이다.

장공은 당시 한국교회 정통주의자들의 바리새적 교리주의, 사두개적 교권주의와 대항할 때 계시된 하나님의 말씀인 성서와 하나님의 내재적 양심이 그를 교권주의자들의 온갖 위협과 추방에서 지켜준 방패요 산성이 되었다. 이런 점에서 장공은 성서적 진리를 교리적 족쇄에서 구해내고, 그리스도의 교회를 교권의 전횡에서 구해낸 진정한 의미에서 한국의 종교개혁자였다. 당시 한국교회의 무지와 몽매, 왜곡된 교리주의, 교권주의자들의 농성장으로부터 구하여 낸 것은 장공의 용기 있는 개혁자적 정신이었다고 평가해야 한다.

장공의 사회참여 신학과 윤리

장공전집 2권은 기독교윤리에 관한 내용들이 주제로 두 부분으로 되어있다. 첫 부분은 '신앙과 생활'이고 둘째 부분은 '자유혼'이라는 주제로 논문을 모았다. 이 글들을 통하여 그리스도인으로서의 삶, 즉 윤리적 생활을 집중적으로 다루고 있는데, 해방 공간에서부터 1970년대에 이르는 다양하고 방대한 신학세계를 보게 한다. 즉 그리스도인들의 책임적 자아로 사회참여와 사명을 가질 것을 논하고 있다.

장공의 삶과 신학은 그의 윤리사상의 내용으로 선명하게 드러난다. 그는 해방 공간과 한국전쟁 사이에서 신학 논쟁과 교권 투쟁 가운데 있을 때 돈 있고 힘 있던 선교사들이나 막강한 동맹세력인 정통파들에게 가지 않았고, 군사정권 때 장공은 YMCA 지하 다방에서 민주화와 인권을 사랑하는 친구들과 함께 앞으로의 투쟁을 논의하고 있었다. 그는 성서에서 외로운 투쟁을 전개했던 예언자들의 시간과 장소, 십자가에 죽기까지 복종했던 예수 그리스도의 장소와 시간을 자기의 것으로 만들면서 살아왔다.

장공의 윤리사상을 이해함에 있어서 실천적 준거로서 '참여'(Participation)라는 개념에 주목해야 한다. 그는 이 참여의 신학적 근거를 하나님의 '성육신'(Incarnation)에서 본다. 그리스도교적 참여는 하나님의 구원사에 동참하는 것이며 죄악의 인간사를 새롭게 창조하고자 하나님의 동역자가 되는 것을 의미한다. 참여란 일면 부정하는 것(십자가)과 동시에 하나님과의 새로운 역사를 긍정하는 것(부활)을 의미한다. 따라서 그리스도인이 역사에 대하는 태도란 언제든지 구속사적 입장과 성경 안에서 이 현실의 역사를 비판하며 동시에 그 역사로 하여금 구원의 목표를 지향하게 해야 한다. 즉 역사 참여자로서 그리스도인들은 현실에 대한 비판자인 동시에 변혁자인 것이다.

장공의 윤리사상의 내용들

장공의 윤리사상 특히 사회윤리사상 몇 가지는 다음과 같다. 1) 국가와 민족 문제: "기독교의 건국이념 – 국가 구성의 최고의 이상과 그 현실성"이란 글을 선린형제단 집회에서 발표하였다. 그는 국가에 의한 민족주의 악용도, 교회에 의한 민족주의 오용도 거부하고 진정한 민족주의, 즉 에큐메니칼, 세계적 차원에서의 민족주의 정신에 기초한 박애주의를 제시하고 있다. 2) 정치와 종교문제, 3) 저항권 문제, 4) 평화의 이해 등을 다루고 있다. 특히 남북관계 개선에 대한 진언을 들어보자. 남북한 정부는 민족자주와 독립에 기초한 통일국가 형성을 위해서 과거를 청산(반성)하고 성실하게 대화와 교류에 임해야 한다. 거시적 입장에서 안보를 평화로 보던 왜곡된 이데올로기를 청산하고 개혁교회 전통에 서서 화해의 말씀에 근거해서 평화를 이해하며 그리스도의 평화는 용서와 화해에 뿌리를 둔 평화이다.

결론

장공의 삶과 신학 및 윤리사상을 마감하며 서남동의 글로 대신하
고자 한다.

장공은 80여 년 동안 한국교회 보수, 근본주의 풍토 속에서 신학연
구의 자유를 도입하신 일, 한신대학교를 시작해 교역자를 양성하신
일, 그의 신앙 양심과 신학사상 때문에 '기장'이 생기고, 육성하신 일,
경동교회 설립하여 예언자적 설교 강단을 키우신 일, 월간 「십자군」,
「제3일」을 발행하신 일, 몸소 인권운동과 민주화 투쟁에서 나라를
사랑하신 일이 김재준 목사님이 하신 일입니다(김재준, 『범용기』 후기).

한 나그네의 회고록
혜인 국희종 선생 16주기 추모예배

창세기 47:5-12

〈탈무드〉 이야기

히브리 인들의 〈탈무드〉에 나오는 유명한 이야기입니다. 어느 때에 다윗 왕이 전쟁에서 큰 승리를 거두고 개선합니다. 벅찬 감격으로 환호성을 들으면서 다윗 왕은 큰 기쁨으로 돌아옵니다. 그런데 그는 하나님의 사람이기에 마음속에 생각하는 바가 있었습니다. "아, 내가 지금 교만해지고 있구나." 이 승리를 자랑하고 싶고 또 모든 사람에게 알리고 싶은 것입니다. 자꾸만 자랑하고 싶고 높아지려는 마음을 느끼면서 그는 생각했습니다. "교만하면 안 되지, 겸손해야지, 암 겸손해야 되고말고." 겸손은 정말 힘듭니다. 다윗이 그렇게 느꼈어요. 그래서 그는 아주 훌륭한 반지를 만드는 보석상을 불러서 "내게 반지를 하나 만들어다오. 보석으로 큰 반지를 만드는데, 그 보석에다가 보기만 해도 겸손한 마음을 가지도록 그런 문구를 새겨서 만들어오라"고 했습니다. 반지 만드는 건 어렵지 않지만 무엇이라고 써야 될지 모르겠어요. 박사들을 불러서 의논해 봤지만 적당한 문구를 찾지 못합니다. 어느 나이 많은 박사 한 사람이 "그건 우리가 못합니다. 저 어린애로 지금 뛰놀고 있는 솔로몬에게 가서 물어보면 뭔가 해답이 나올 겁니다." 그랬어요. 그래서 밖에서 뛰어 놀고 있는 솔로몬을 불러서 "지금 아버지가 이런 일로 고민하고 있다. 거기다가 뭐라고 쓰면 볼 때마다 겸손해 질 수 있겠느냐?" 묻습니다. 솔로몬이 빙그레 웃으면서 하는 말입니다. "이것 역시 곧 지나가리라"라고 쓰세요. 그렇습니다. 모든 것은 지나간다 ─ 그야말로 지혜입니다. 영광도 지나가고, 분노도 지나가고, 화려함도 지나가고, 젊음도 지나가고, 모든 것이 잠시 잠깐이면 지나갑니다. 그러니 자랑할 것이 못 된다 그런 말이겠지요? 역시 솔로몬은 지혜의 사람이었습니다.

나그네 같은 인생

베드로전서 2장 11절에 보면 사도 베드로는 이렇게 말씀합니다. "사랑하는 자들아 거류민과 나그네 같은 너희를 권하노니 영혼을 거슬러 싸우는 육체의 정욕을 제어하라." 인생을 나그네와 행인이라고 했고, 야고보도 같은 말씀을 했습니다. 이것은 히브리인들의 인생철학입니다. 나그네와 행인은 지나가는 사람들입니다. 잠깐 지나가는 사람들입니다.

오늘 성경 본문을 보면 바로 왕이 요셉에게 은총을 베풀어서 그 가족들을 전부 애굽으로 모셔오라고 합니다. 그래서 70명이나 되는 많은 사람이 이주를 해서 애굽으로 왔습니다. 그 대표되는 야곱은 요셉의 아버지입니다. 야곱이 바로 왕을 만났을 때, 바로 왕은 야곱을 향해서 "당신 나이가 얼마요?" 하고 물었습니다. 그때에 그가 일생을 회고하면서 아주 의미심장한 말을 합니다. "내 나그네 세월이 130년입니다. 그런데 한마디로 요약하면 험악한 세월을 살았습니다." 이것이 야곱의 회고담입니다.

야곱은 축복을 받은 사람입니다. 창세기 28장 15절은 보면 "내가 너와 함께 있어 네가 어디로 가든지 너를 지키며 너를 이끌어 이 땅으로 돌아오게 할지라 내가 네게 허락한 것을 다 이루기까지 너를 떠나지 아니 하리라." 벧엘에서 하나님께서 약속해 주셨습니다. 그가 고향을 떠날 때 하나님께서 직접 말씀해 주십니다. "내가 너와 함께 하리라. 다시 돌아오게 하리라." 이런 귀한 축복의 약속을 받고 그는 고향을 떠납니다. 그리고 이렇게 살아서 100년을 살아갑니다. 그런데 그 야곱의 생을 가만히 돌아보면, 하나님의 축복받은 사람의 그 증거가 확실히 있습니다. 어디에 가나 막힌 듯하면서도 길이 열립니다. 끝난 것 같은데도 또 새로운 길이 열립니다. 고향을 떠나 헤매는 나그네였습니다만 그는 큰 가정을 이루기도 했습니다.

야곱, 외삼촌 라반의 집에서 인생 회고

야곱이 외삼촌 라반의 집에서 대략 20년가량 살게 됩니다(창 31:41). 그 동안 재산이 불어나고 열한 아들과 한 딸의 아버지가 됩니다. 야곱과 그 외삼촌 라반 두 사람은 서로 같은 부류에 속하는 사람입니다. 야망이 있고, 욕심이 많으며, 정력적이면서, 상대방을 이기려고 매우 애를 쓰고 있습니다. 야곱은 고향으로 돌아갑니다(창 29:1-14). 창세기 31장 41절에 의하면 "내가 외삼촌의 집에 있는 이 20년 동안 외삼촌의 두 딸을 위하여 14년, 외삼촌의 양떼를 위하여 6년을 외삼촌에게 봉사하였거니와 외삼촌께서 내 품삯을 10번이나 바꾸셨으며"라고 20년을 회고하였습니다.

야곱이 외삼촌 라반의 집에 있을 때에 라반은 하나님을 섬기지 않은 사람입니다만 몇 번 같은 말을 합니다. "너는 복의 근원이다. 하나님이 너 때문에 우리 집에 복을 주신 것을 내가 아노라." 그렇게 신중한 말을 합니다. 여러분, 이 얼마나 참 굉장한 말입니까? 하나님께서 너 때문에 우리 집에 복을 주셨습니다. 특별히 우리 민족도 그런 말을 많이 하지 않습니까? 며느리가 잘 들어와서 복을 받는다고, 어떤 때는 아이가 하나 태어나면 이 아이 때문에 복을 받는다고 합니다.

복의 근원, 생각해 보시기 바랍니다. 이 사람 때문에 복을 받습니다. 이 야곱 때문에 온 집이, 심지어 짐승까지도 복을 받는 것입니다. 이것을 복의 근원이라고 합니다. 하나님께서 함께 하셨고 하나님께서 늘 인도 하셨습니다. 그런데, 이 야곱의 일생을 보면, 그는 원래 간사한 사람입니다. 야곱의 그 이름 자체가 간사하다는 뜻입니다. 그는 간사한 사람인데 이렇게 복을 받고, 복을 받으면서도 사람 되어가는 그의 삶의 과정은 어렵습니다. 많은 시련 속에서 조금씩 변해가는 것을 볼 수 있는데, 이 사람은 욕심이 많았습니다. 야곱은 수단과 방법을 가리지 않고 아버지와 형을 속이고 하나님의 축복을 가로 챘습니다. 그만큼 그는 복에 대하여 정열이 있는 사람입니다. 아버지와 형님을 속인 것이 몇 시간 후에 다 폭로 되었습니다. 그런데 놀라운 것이 있습니다. 아버지를 속이고 형을 속여서 복을 받더니 야곱은 다시 자식들에게 속습니다. 아들 요셉이 죽지 않았고 형들이 애굽 상인에게 팔았습니다. 그런데 죽었다고 했거든요. 야곱은 아들 요셉이 죽은 줄 알고 "내 아들 요셉아…" 울면서 살기를 130년! 이 아들 때문에 통곡하며 130년을 살았습니다.

그리고 뒤에 알고 보니 애굽에 가서 살아 있어요. 총리대신이 되었어요. 얼마나 기가 막히고 놀라웠겠어요? 그 130년 동안 슬프게 살아온 그 생을 얼마나 후회했겠느냐는 것입니다. 그러나 할 말이 없는 것은 아버지와 형님을 속였더니 내 아들들이 나를 속였어요. 이것이 하나님의 공의입니다.

또한 야곱은 많은 재산을 가지면 되고 또 큰 가족을 이루면 된다고 생각했습니다만 형님을 만나러 올 때에 너무 답답해서 가족과 재산을 다 얍복강으로 건너보내고, 홀로 남아 밤을 새웁니다. 홀로 남아서 얼마나 처절합니까? 열 두 아들도, 그 여럿의 부인도, 그 많은 재산도 위로가 되질 않습니다. 다 앞서 건너보내고, 홀로 남아서 하나님 앞에 기도합니다. 그것이 그 유명한 얍복강 가에서 이름 모를 사람과의 씨름이었고, 허벅지관절(환도뼈)이 어긋났습니다. 브니엘 사건 — "내가 하나님과 및 사람들과 겨루어 이겼음이라. 하나님과 대면하여 보았으나 내 생명이 보전되었다 함이라"(창 32:28-30). 야곱이 브니엘의 아침은 비록 허벅다리로 절었으나 "새 이름 이스라엘"이 된 것입니다. 비로소 새로운 깨달음에 이른 야곱이 되었습니다.

야곱이 라반을 떠나며 맺은 언약

창세기 31장 43-55절에 보면 야곱과 라반의 언약이 나옵니다. 그들은 돌을 가져다가 기둥으로 세움으로써 언약을 맺고 있습니다. 야곱과 라반은 각각 그 후손들이 사용하는 언어로 그 돌의 이름을 짓고 있습니다. 그들은 또 이곳을 하나님이 두 사람 모두를 '살피시기를' 바란다는 뜻으로 '미스바'(창 31:49)라고 부르면서 그들이 약속한 언약을 서로 지킬 것을 다짐하고 있습니다.

야곱은 라반의 집을 떠나서 독립해서 다시 고향으로 돌아옵니다. 그런데 하나님과 약속한 곳은 벧엘입니다. 벧엘로 가야 하겠는데 이 사람이 벧엘로 가지 않고 좌회전해서 세겜으로 갔습니다. 이것은 잘못된 것입니다. 하나님과 약속된 곳은 벧엘입니다. 하나님께서 "여기서 네가 나를 섬기리라. 이제 자유로운 몸이 됐을 때 왜 벧엘로 돌아오지 않고 세겜에 머물렀느냐?" 하십니다. 세겜에 7년 동안 있었습니다.

큰 부자가 됐습니다만 큰 올무에 걸려서 그는 많은 피해를 봅니다. 딸이 죽고, 여러 가지로 어려운 일이 있습니다. 재산 다 빼앗깁니다. 그리고 빈털터리가 됐을 때 비로소 창세기 35장 2-3절에 말합니다. "너희 중의 이방신상을 버리고 자신을 정결케 하고 의복을 바꾸라 우리가 일어나 벧엘로 돌아가자"라고 합니다. 이상한 것은 그가 라헬을 열심히 사랑했습니다만 라헬은 우상(드라빔, '가족신', 창 31:19)을 섬겼습니다. 열심히 사랑했으나 그 사랑은 라헬을 하나님의 사람으로 만들지 못했습니다. 그리고 마지막에 그는 벧엘로 돌아가자, 다 데리고 벧엘로 돌아갑니다. 아주 빈 몸이 되어서 돌아갑니다.

여러분, 여기서 우리가 확실히 깨달아야 할 부분이 있습니다. 야곱은 확실히 정열의 사람이고, 열정의 사람이었습니다. 세간을 모으려고 애썼고, 사랑도 해 봤고, 다했습니다만 문자 그대로 험악한 세월을 살았습니다. 아무것도 없고, 생각 하건데 하나님의 강권적 은총만 있었습니다. 야곱이 아버지 어머니를 떠날 때에도 하나님께서 함께 하셨고, 하란에 거할 때에도 함께 하셨고, 세겜에서 죽을 수밖에 없는 처지에서 몰살당하게 됐는데도 역시 하나님께서 그를 이끌어 다시 벧엘로 돌아오게 하십니다. 일생을 회고해보니, 자신은 하나님 앞에 잘 못했고, 하나님께서는 자신에게 후한 분이셨습니다. 은혜를 베푸셨습니다. 내가 모르는 축복을 내리셨습니다. 야곱은 위에서와 같이 그의 긴 삶의 여정을 회고하고 있는 것입니다.

혜인 국희종 선생의 삶과 신앙 순례

이제부터 혜인 님의 삶에 대하여 회상해 보겠는데 편의상 몇 부문으로 나누어 말씀 드립니다.

1) 혜인 님의 회심 전·후의 삶 스케치

혜인 님은 의사의 가문에서 어려서부터 신앙생활을 하였습니다. 그런데 피난생활 동안에 한 때 성서도 읽지 않고 기도도 잊은 채, 마음 한 구석에 불안과 앞날에 대한 두려움 등도 있어서 하나님의 은혜를 망각하고 있었던 때가 있었다고 회상하고 있습니다.

1953년 7월 27일 휴전협정이 성립되고 그 후 진해에서 해군 의관 시절에 피난민이 세운 천막교회(성결교회)에서 마음을 가다듬고 다시 태어나는 경험을 하여 그리스도를 믿는 자로서 살게 되었습니다. 로마서 7장을 읽고 격렬한 심적 갈등, 좌절 자신에 대한 절망 속에서 자신의 의를 내세울 수 없다는 죄인임을 자각했을 때 그리스도의 십자가를 우러러 죄 사함 받는 감사와 기쁨이 충만한 경천동지(하늘이 놀라고 땅이 진동한다는)의 대변혁, 대 은혜를 경험했다고 진술합니다(『국회종 선생의 삶과 신앙 1』, 93쪽 참조). 사람마다 반드시 다시 태어나야 합니다만 혜인 님은 위와 같이 회심을 경험한 것입니다.

2) 그 후 혜인 님은 나환자 집결지인 애양원에서 얼마의 기간 동안 의사로서 의료진료 치료의 역을 하며 방황 유랑하는 환자들을 돌보며 지냈습니다. 애양원이 세상에 크게 알려진 이유는 환자교회 담임목사였던 손양원 씨가 6.25전쟁 때 부산으로 피난하지 않고 "목자는 양떼를 버리지 않는다"는 예수님 교훈을 실천하다가 순교함으로서 입니다. 손양원 목사는 두 아들을 여순반란사건 때 좌익 학생에게 피살되고, 반란진압 후 가해 학생을 양자로 삼아 신앙으로 인도했습니다(『사랑의 원자탄』에 수록됨).

1960년 7월 하순, 광주동부교회 백영흠 목사의 안내로 전북 순창군 복흥면 답동에 김준 선생이 시작한 '농민의숙'(중등과정)과 조림과 농촌계몽 활동을 답사를 하고, 복흥면 정산리에 들어가기로 결심을 했습니다.

3) 복흥지역 의료선교 활동

1960년 9월 8일, 그동안 기도와 준비, 필요한 살림도구와 의료기구들을 트럭에 싣고 모친과 함께 복흥에 도착해 혜인의원을 열고 의료활동을 시작하였습니다. 정산리에 작은 3평 여 초가를 빌려, 주간에는 진료에 종사하고, 저녁에는 근처 어린이를 모아 좁은 방에서 30명 가까운 어린이들에게 성서 강화와 찬송가를 가르쳤습니다. 주일이면 조반을 일찍 끝내고 동행 어린이 7.8명과 함께 6km거리 답동 형제모임에 참여하고 오곤 했습니다.

1961년 여름 비탈밭 1,140평을 사들이고 그 아래쪽 땅에 한옥(초가) 4칸을 세우고 준공, 그로부터 10년 후 완성된 한옥의 절반은 진료실과 숙소, 반은 집회소로 사용되었습니다. 혜인 님은 독립전도자로서 하나님의 뜻에 따를 뿐으로 주안에서 생활하며 기도와 사귐 갖기를 원하며 복흥 지역에 음성 환자 촌 설립을 염원하기도 했지만 이루지는 못했다고 회고합니다. 복흥 지역에서의 전도활동은 주일이면 성서집회, 특히 소년소녀들의 주일학교 모임은 실로 성황을 이루었고, 집회소는 집회 때마다 입추의 여지가 없을 정도로 붐볐습니다. "살아계신 주의 영이 강하게 역사해 주신 것으로 여겨집니다"라고 기술하고 있습니다(『국희종 선생의 삶과 신앙 1』, 112참조).

4) 혜인 님의 무교회 신앙

1961년부터 일본 야나이하라 선생과의 만남이 있었고, 「가신」지를 만 3년간 탐독하였고, 그 때에 혜인 님은 무교회적 평신도의 독립신앙의 영향을 받고 그리스도만을 신뢰하고 성서의 진리 위에 서는 순진한 신앙으로 한평생 지냈으면 하는 결의를 가졌다고 신앙고백을 합니다. 『야나이하라 선생 저작집』 29권을 받았고, 그 외에 여러 무교회 성서연구자들의 영향을 받고 복음의 독립전도자로서 일생을 일관하신 주님의 충성된 종이십니다. 복흥 집회소는 1985년 여름, 조립식 건물로 집회소 32평, 사택 18평을 세웠습니다. 그리하여 1986, 1988, 1990년 3번의 하계 전국 무교회 성서집회를 개최했습니다.

필자가 혜인 님을 만난 것은 아마도 1961년쯤에 '가막골 평심원'에서였습니다. 그때 평심원은 광주제중병원(현 광주기독병원)에서 결핵 치료 후 요양을 필요로 한 이들이 모여와 지내던 곳입니다. 나는 그때부터 복흥에 왕래하면서 혜인 님을 도와 주일학교 청소년들과 어른들 모임인 복음집회를 인도하기도 했습니다. 그것이 계속 이어져왔고, 내가 서울에서 목회를 할 때에도 신앙 인연과 복흥 출신의 교우들과의 왕래로 이어 왔었습니다. 회상하면 이 모두가 하나님의 크신 은혜로 인도함 받은 것이라고 여기고 감사하고 있습니다. 주님께만 이 모든 영광을 돌리고 싶습니다.

마감하는 이야기

한 수도사가 한평생 수도생활을 하다가 천국 문에 도달했는데, 베드로가 "자, 일생 살아온 것을 한번 돌아보아라" 해서 천국 문에서 지난 생을 돌아보니 태어나서부터 오늘까지 온 길이 마치 영화를 보듯이 보입니다. 자세히 보니 발자국이 보였습니다. 그런데 발자국이 한 사람의 것이 아니고 두 사람의 발자국입니다. "나는 혼자서 살았는데 어떻게 발자국이 둘입니까?" "주님께서 너와 함께 하셨기 때문이다." 가만히 보니까 가끔 발자국이 하나밖에 없어요. 그래서 "저기는 어떻게 한 사람의 발자국밖에 없습니까? 그때는 내가 홀로 있었습니까?" "아니다. 네가 너무 힘들어하여 주님께서 너를 업고 다니셨느니라."

여러분, 나 혼자서 산 것이라고 생각하십니까? 거기에도 주님께서 함께 하셨습니다. 내가 실수할 때, 내가 주의 뜻을 떠날 때, 야곱처럼 정신없이 해 맬 때에도 하나님께서는 그곳에 계셨습니다. 그리고 인도하셨습니다. 당신의 품으로 인도하셨습니다. 여러분, 이것을 잊지 말아야 합니다. 하나님께서 약속하신 벧엘, 하나님의 집으로 계속 인도하셨어요. 우리가 지난 삶을 돌아보면 야곱처럼 험악한 세월을 살았습니다. 그러나 하나님의 은총은 계속 나와 함께 하였습니다. 그리고 아버지 집에 거하게 하셨습니다. 그런 간증이 있어야 하겠습니다. 우리 주 하나님과 동행하며 앞으로의 여생 살아가는 은혜가 함께하기를 바랍니다.

신앙의 조상들의 중간 정착지, 막벨라 동굴

혜인 국희종 선생 18주기

창세기 50:4-14

아브라함의 신앙

아브라함의 신앙 계승은 그의 혈통관계보다도 그의 신앙을 이어받는다는 것을 중요시하며 이는 종교사의 큰 공헌입니다. 아브라함의 신앙은 과연 어떤 것인가 그 내용을 깊이 숙고해야 합니다. 아브라함의 신앙은 크게 다음의 세 가지로 요약하여 그 중대 의미를 갖습니다.

1) 아브라함은 고향과 친척 그리고 땅과 우상 문화를 떠나라는 하나님의 부르심의 명령에 순종하였습니다. 여기에는 위험과 모험이 따르는 미지의 세계를 향한 탈출이었습니다. "주께서 나와 함께 하신다"는 의뢰로써, 아브라함의 갈 곳을 모르고 고향을 떠나 생소한 먼 여로(旅路)를 떠날 때의 심경이 시편 23편 속에 담겨 있습니다. 또 히브리서 11장의 "믿음(신앙)은 바라는 것들의 실상이요, 보지 못하는 것들의 증거니"(11:1). 이를 알기 쉽게 의역하면 신앙이란, 바라는 것들을 확신하고, 보이지 않는 사실을 확인하는 일이라고 신앙의 정의(定意)

를 내립니다. 믿음으로 아브라함은 부르심을 받았을 때 장래 기업으로 받을 땅에 나갔습니다. 우리는 이를 아브라함의 탈출(脫出)의 신앙이라 일컫습니다.

2) 탈출 당시 아브라함은 75세, 아내 사래는 65세였으니 자식을 얻기에는 어려운 시기였으나 "여호와의 말씀이 그에게 임하여 네 몸에서 난 자가 네 후사가 되리라 하늘을 우러러 뭇별을 셀 수 있는 보라, 또 그에게 이르시되 네 자손이 이와 같으리라"(창 15:4-5). 아브라함은 이 사실을 믿으며 기다린 끝에 드디어 100세, 그의 아내 사라(사래)가 90세에 약속의 아들 이삭을 얻었는데 이는 "아브라함이 여호와를 믿으니 여호와께서 이를 그의 의(義)로 여기시고"(창 15:6, 롬 4:18 참조) 믿음으로 의롭다함을 받았다는 신앙의 승리인 것입니다.

3) 공포와 전율의 제단에 이삭을 바치는 아브라함입니다. 창세기 22장은 "그의 아들 이삭을 결박하여"(22:9) 유대인들은 이 이야기를 "아케다"(이삭을 결박함)라고 부릅니다. 그리스도인들은 이삭의 결박당함 속에서 예수님의 '결박'과 '십자가상에서의 도살당함'을 봅니다. 창세기 22장은 아브라함 신앙의 여정 상 최악의 위기였고 동시에 최고 순도(順道)를 보여줍니다. 우리는 여기서 성서적 신앙 안에는 가장 불확실하고 가장 모순적인 요구 앞에서도 하나님만을 전적으로 의뢰하고 허공 속에 자신을 내던지는 것 같은 모험의 요소가 들어 있음을 봅니다. 아브라함은 부름을 받고 후손의 약속을 25년의 기다림 끝에 얻은 이삭을 통해 절정의 성취를 이룬 듯이 보입니다. 그러나 본문은 이삭 탄생 자체가 후손 약속의 절정이 아니라 번제단에서 쪼개진 이삭, 즉 독자 이삭을 아끼지 않고 제단에 바친 아브라함의 순종이야말로 후손 약속의 궁극적 성취임을 보여줍니다.

우리의 아버지이신 하나님은 그 외아들의 생명을 우리들을 위해서 내어주시는 분이심을 확증하는 것입니다. 그리고 이상의 세 가지의 사건은 신약성서에서 바울의 신앙 의인론의 바탕이 되는 결정적 전거(典據)가 되었습니다.

창세기에 의하면 아브라함은 아내 사라를 장사(葬事)하기 위해 막벨라 동굴을 준비하고 거기에 안장(安葬)을 비롯하여 그 자신과 아들 이삭과 리브가, 야곱과 레아 그리고 요셉의 유골(遺骨)을 그곳에 안장(安葬)하였습니다. 오늘 추모의 메시지는 '신앙의 조상들의 중간 정착지, 막벨라 동굴'입니다.

신앙의 조상들의 가나안 땅에 대한 애착심(愛着心)

임종(臨終)을 앞둔 147세의 야곱은 자신의 유골(遺骨)을 애굽이 아닌 막벨라 동굴에 묻어줄 것을 요청함으로써 자신의 영적 나침반을 가나안땅을 향하여 고정시킵니다(창 47:27-31). 애굽에 거한지 17년이 지난 후(130세에 애굽으로 이주) 야곱은 요셉에게 엄숙한 맹세를 시킴으로써 자신을 선영(先塋)에 묻어 달라고 요청합니다. 번영을 이룬 이방 땅에 묻지 말고 약속의 땅에 묻어달라는 아버지의 요청으로 요셉은 자신의 손을 아버지 야곱의 환도뼈 아래 넣어 맹세합니다. 야곱이 약속의 땅에 대한 믿음이 얼마나 간절하였는지 잘 보여주는 대목입니다(창 47:29).

그리고 야곱은 자신을 막벨라 동굴에 묻어달라고 요청함으로써 요셉에게 가나안땅에 대한 주인의식을 각인시킵니다(창 48:21-22). 아울러 야곱은 요셉에게 번영과 출세의 땅 애굽에 묻히지 말고 열조의 약속이 걸려있는 땅으로 돌아갈 것을 명령합니다. 이스라엘이 '하나님이 너희와 함께 계시사 너희를 인도하여 너희 조상의 땅으로 돌아가게 하실 것'을 예언하고 요청합니다(출 12장, 요셉의 해골을 메고 가는 출애굽 세대). 여기서 처음으로 야곱이 칼과 활로 아모리 족속의 빼앗은 땅을 언급합니다(창 48:22). 야곱은 요셉에게 다른 형들보다 한몫을 더 주었으며, 이로써 장로로 대우하였음을 일깨우며 가나안땅으로 돌아갈 것을 당부합니다.

열두 아들에 대한 유언적 성격의 축복을 마친 야곱은 열두 아들에게 자신을 막벨라 동굴, 아브라함과 사라, 이삭과 리브가, 레아가 묻혀 있는 곳에 함께 묻어달라고 요청합니다(창 49:29-30). 그의 소원은 그가 약속의 땅에서 번성하게 될 큰 민족 공동체의 출현을 얼마나 간절하게 기다리고 있었는지 보여줍니다.

본향 가는 나그네의 중간 정착지, 막벨라 동굴

야곱의 죽음과 더불어 창세기는 대단원의 막을 내립니다. 야곱의 죽음을 애도하는 애굽인들의 지극한 공경과 예우(禮遇, 거의 국장國葬급의 장례)를 보면, 애굽에서 차지하는 요셉의 비중이 어느 정도인지 알 수 있습니다(창 50:1-6). 야곱의 시신은 방부처리하고 그의 죽음으로 인한 애굽인은 70일 동안 애곡합니다. 그러나 야곱이 가나안땅에 묻힘으로써 하나님의 구원 역사가 애굽에서가 아니라 약속의 땅 가나안에서 이뤄질 것임이 암시됩니다. 야곱은 죽어가면서도 요셉에게 그가 비록 이방 땅에서 번영하였으나 약속의 땅을 잊지 말라고 가르치는 셈입니다. 야곱의 장례를 주도하는 요셉을 돕기 위하여 파견된 애굽의 많은 장례요원들이 요단강 건너편 아닷 타작마당에 이르러 얼마나 크게 호곡(號哭)하고 애통하였는지(창 50:7-14) 가나안 그 땅 이름을 아벨미스라임이라 불렀습니다. 이는 애굽인의 곡함을 뜻합니다.

창세기의 열매라 할 수 있는 요셉도 110세의 나이로 숨을 거둡니다. 요셉은 후손의 4대까지 애굽에서 낳고 양육합니다. 형제들에게 남긴 요셉의 기도는 아버지 야곱의 요청과 방불(彷佛)합니다. 그는 '하나님이 형님들을 권고하셔서 이 땅에서 인도하여 내사 아브라함과 이삭과 야곱에게 맹세하게 하신 땅에 이르게 하실' 것을 예언합니다. 요셉은 형들에게 자신의 유골을 가나안땅에 묻어달라고 요청하며 맹세를 받아냅니다(창 50:22-26, 출 13:19).

창세기의 마무리는 죽음의 이야기입니다. 이로써 창세기는 인류의 희망은 죽음을 회피하는 것이 아니라 하나님의 약속은 죽음 너머에 있는 새로운 부활임을 깨닫게 합니다. 야곱과 요셉은 죽지만 약속은 사라지지 않고 살아 있습니다. 약속을 믿는 신앙 안에서 후손과 조상은 하나가 되며, 인류의 역사는 하나님의 약속에 의하여 지탱됩니다. 하나님의 약속은 인류를 향한 하나님의 겸손하신 자기 속박이며 자기제한입니다. 혼탁한 죄와 고난과 죽음의 탁류에서도 하나님의 약속은 막힘없이 흘러갑니다. 창세기는 죽음의 현실성을 받아들이고 죽음 그 너머를 내다봅니다.

하나님께서 아브라함에게 주신 약속들은 태양처럼 빛날 것이며 온 인류를 복되게 할 아브라함의 '그' 후손이 오실 때까지 살아 있을 것입니다. 인생은 짧고 하나님의 약속은 깁니다. 창세기는 아브라함의 후손들이 이룩한 위대한 민족(창 12:1-3, 출 19:5-6)의 형성을 바라보며 막을 내립니다. 애굽에 이주한 70명의 야곱 자손은 이제 하늘의 별만큼 허다하게 번성할 것입니다. 하나님은 창세기의 족장 약속을 근거로 애굽의 노예로 살던 히브리 백성들을 '나의 백성'이라고 부르시며 그들을 젖과 꿀이 흐르는 땅으로 인도할 것이라고 선포하십니다.

복흥 땅을 밟은 혜인 선생

혜인 선생이 복흥 땅을 밟고 그의 젊음을 예수님의 하나님 나라 복음을 전한 일에 대하여는 분명히 오랜 신앙의 유산으로 기억되어야할 역사적 사건입니다. 꿈이 많은 젊은 시절에, 그가 의사(醫師)의 신분으로 무의촌에 자원하여 복흥에 들어와 혜인의원을 개원하고 의사로써의 역량을 발휘하였습니다. 그러나 그는 단순한 한 의사로서만이 아니었습니다. 그의 내면 중심에는 예수의 영과 사랑과 겸비, 인내와 평화의 열기가 타오르고 있었던 것입니다. 그는 먼저 치료받던 환우들을 대상으로 약하고 어려운 이웃들을 섬기며 겸손히 사랑의 행위를 실천 하였습니다.

회고하면, 1950년대 중반부터 1970년대까지의 우리나라 생활상은 가난했고, 병든 자들과 도움의 대상이 너무나 많은 어려운 시기였고, 특히 복흥 지역은 더욱 예외가 아니었습니다. 그런데 그분이 어떻게 그 많은 삶의 길 중에서 예수님의 뜨거운 이웃사랑에 붙잡혀 복흥 지역에 오셨는지에 대하여는 매우 신비스러울 정도입니다. 하나님의 부르심의 명령이 아닐까 싶습니다. 그의 음악적인 소양은 어린이찬송을 비롯한 찬송을 음악적으로 멜로디에 맞추어 힘 있고 재미있게 은혜롭게 부르며 인도하였습니다. 많은 사람들로부터 사랑을 받았습니다.

새벽기도회 후에는 가끔씩 신앙적 대화를 하였고, 함께 지내던 식구들과 함께 근처 개천까지 걸어가서 세수(洗手)하고 오곤 하였습니다. 요즘의 아침 걷기운동일 것입니다. 그의 일상은 환자 진료와 치료였고, 환우들에게 마감 당부는 '예수님 믿으세요!'입니다.

복흥땅 정산리에 기다리던 성령 역사하심이 나타났고 서로 간에 사랑과 정직, 섬김과 평화의 물결이 넘쳐흘렀습니다. 사도행전의 처음 교회의 현상을 분명히 연상할 수 있는 것으로 회상합니다. 여기 참여하신 당시의 교우들이 60, 70대가 되었는데 여러분이 모두 이 역사적인 사건에 대한 증인들입니다.

혜인 선생은 가정생활과 자녀교육을 위하여 광주에서 보냈습니다만, 복흥을 잊지 않으시고 항상 복흥! 복흥! 하셨던 것을 대화 중에도 자주 하셨던 것을 회상합니다. 아브라함이 구입한바 막벨라 동굴이 신앙의 조상들의 영원한 고향의 중간 정차지였듯이 결국 혜인 선생은 1999년 하나님의 부르심을 받고, 그가 생전에 그토록 아끼고 바쳤던 복흥땅(막벨라 동굴과 같은 의미가 있음)에 묻혀 있으며 후진들로 하여금 추모하게 합니다. 하나님의 특별하신 은혜가 가족들과 후진의 신앙인들 '천우공동신앙인'들에게 그리고 모든 교우들에게 그 신앙 정신이 계승되기를 바라며 기도드립니다.

마음을 비우는 '어른'
오영환 선생 미수에 즈음하여

'어른'이란 말의 의미

'어른'이라는 낱말에는 몇 가지 뜻이 있습니다. '다 큰사람'이라는 뜻과 '윗사람' 혹은 대접할만한 사람을 높여서 이르는 장자(長者)이고, '결혼한 사람' 그리고 '남의 아버지를 높여서' 이르는 말입니다. 그리고 어른이라면 사리를 분별하고 인격적으로 신뢰를 받고 자기의 일에 책임을 질 수 있는 사람 등입니다. 그런데 우리 민족의 사고방식이나 생활 태도를 유심히 관찰해 보면 우리의 전통적 통념이라 할지 '어른' 되어지기를 무척이나 갈망하는 듯합니다. 어린아이들의 놀음을 할 때에도 의젓하게 앉아서 수염을 쓰다듬는 흉내를 내며, 윗사람이 되기를 좋아합니다. 반드시 위엄 있는 인물이 되어 다른 사람들이 그 앞에 엎드려 절하는 윗사람이 되고자 합니다. 사회적 지위가 낮고 권력도 돈도 없는 어른은 어른이 아닙니다. 이러한 어른관(觀)이 우리에게는 어려서부터 우리의 뇌리에 박혀 있습니다. 그리하여 누구나 어른이 되려고 합니다. 관공서 공무원, 국회의원, 출세하는 것, 심지어 섬김을 본보여야 할 종교기관까지 윗자리에 올라앉기를 하려고 야단들입니다. 그러나 정말로 어른이 된다는 것, 어른의 기본적인 요소는 무엇인가를 깊이 유념해 보아야 합니다.

다 큰사람 대인(大人)은 권력, 자리, 돈 모으기에 수단방법 가리지 않는 소인(小人)들의 아첨이나 잔재주 따위에 마음을 기울이는 그런 반사회적인 어른이 아니라, 널리 사회와 역사를 꿰뚫어보고 인생의 의미를 깊이 헤아리는 학덕과 인격을 갖춘 책임적인 어른을 뜻합니다. 그리고 남의 대접을 받기 보다는 남을 대접하고 의좋은 형제애와 관계유지 책임감과 신뢰의 유대관계를 가질 수 있어야 합니다.

예수의 삶을 본받고 따르는 성도들은 '마음을 비우라'는 단순한 가르침을 지키며 사는 사람들입니다. 마음을 비우라는 말의 직설적 표현은 '욕심을 버리라'는 말입니다. 고대 희랍사상에 사람이 배가 부르면 교만해지고 교만해지면 난폭해진다는 얘기가 있습니다. 난폭해진 사람들의 정신이 군국주의인데, 군국주의는 칼을 하나님으로 믿는 정신구조입니다. 그런데 칼을 쓰는 자는 반드시 망한다는 것이 역사적 교훈입니다. 다른 무엇보다도 한반도 남북은 핵무기경쟁과 상호자극의 군사훈련을 중단하고 피는 물보다 진하다는 동족애, 형제애를 되찾아야 합니다. 그래야 한반도 남북이 하나 되는 하나님이 준비하시는 선물을 받게 될 것입니다.

다석 유영모 선생과 성자 이현필의 만남

오늘 우리는 정신적 지주, 한국적인 신앙의 길을 독보적으로 걸으신 유영모 선생과 성자 이현필의 만남을 그리워하며 호명해 보고 싶은 시대에 살고 있습니다. 다석(多夕) 유영모는 1890년 3월 13일생이고 1981년 2월 3일 18시 30분 사망할 때까지 90년 10개월 21일을 살았습니다. 동양철학을 꿰뚫고 진리 찾아 순례하는 유영모는 독보적 은둔의 성자 이현필을 사랑하여 한평생을 교제하였고, 동광원 수양회

강사로 자진하여 수십 년을 봉사하였습니다. 1946년 봄 광주YMCA에서 유영모. 현동완의 공개강연이 열리게 되었고, 현동완의 소개로 이현필과 처음 만나, 이현필이 세상을 떠난 1964년까지 한결같이 존경의 의(義)를 지켰고 진리와 도의(道義)의 정(情)을 나누었습니다.

해마다 찾아오는 유영모의 강의에 이현필은 매우 만족해하였습니다. 특히 유영모의 동정 순결사상에 전적으로 동의하였습니다. 어느 날 유영모의 강의를 듣고 난 이현필은 평하기를 "한마디 한마디가 피투성이다"고 할 정도로 전폭적이었고, 유영모의 참 인격과 참 말씀에 이끌리어 존경으로 받들었고, 유영모 또한 이현필을 참사람으로 존경했다고 합니다.

유영모의 중요한 실천의 삶은 오늘 우리에게 매우 의미 깊은 영향을 줄 것이라 생각합니다. 그는 자기의 산 날수를 계산하였고, 하루에 일식주의를 하였습니다. 그는 식사가 곧 예배라고 하였습니다. "밥은 정신을 깨우는 약으로 먹는다. 그러나 욕심으로 먹으면 독을 먹는 것이나 마찬가지다. 날마다 먹는 밥은 다른 생명체가 제 생명을 '나'에게 바쳐진 것이다. '나'를 살리기 위해 드려진 희생제물이다. 그러나 밥은 '나'에게 머물지 않고 '나'를 넘어서 '나' 속에 계신 하나님께 드리는 것이며 '내'가 먹는 것이 아니라 하나님이 먹는 것이다. 따라서 밥 먹는다는 것은 예배. 내가 먹는다고 생각하는 사람은 제물을 도적질하는 것이다"고 하였습니다.

유영모는 일식(一食)과 더불어 언제나 걸어다니는 일인(一仁), 언제나 정좌하여 말씀을 깊이 생각하고 기도하는 일좌(一坐)를 일생 실천하며 살았습니다. 이러한 삶을 하루 속에서 실천하며 사는 것이 곧 영생이라 하였습니다. 영생이란 오래 사는데 있는 것이 아니라 하루 속에서 하나님의 은혜로 일식(一食), 일인(一仁), 일좌(一坐)의 삶을 온전히 사는데 있다는 것입니다. 그래서 그는 날마다 산 날수를 셈하며 하루하루를 알차게 살았는데 그런 하루살이가 곧 영생이라 하였습니다.

오영환 선생의 '하나님 머슴' 이야기

필자는, 아마도 그전에도 몇 번 뵈었으나 잊고 지내다가 오영환 선생을 만난 것은 귀국하여 복흥의 천우회(天友會) 교우들과 일심회(一心會)에서 매월 첫 주일에 함께 예배를 드리면서 부터이니까 근 5년여 쯤 되는 듯합니다. 별로 말 수가 많지 않으셔서 문안인사와 간단히 신앙에 대한 이야기들을 주고받았으나 어딘지 모르게 신뢰가 되고 마음에 가까운 분 오래 전부터 알았던 분처럼 친근감이 갔습니다. 오영환 선생의 이전의 삶의 전력을 자세히 모르지만 분명히 그분은 하나님의 신실한 종으로 평생을 구도자와 같은 삶을 살아오신 것 같이 여겨집니다. 미수(米壽)를 맞이한다 해서 주위의 아끼시는 분들이 축하하는 책자를 계획하고 준비 중이라 하면서 내게도 기회를 주시기에 몇 자 적으며, 이 준비모임에 참여하게 된 것을 하나님 주신 좋은 기회라 사료되어 기쁘게 여기며 감사드립니다.

사람이란 말수가 적다해도 마음 속 중심에는 다 나름대로 깊은 숨겨둔 비밀, 지난 삶의 로맨스가 있고, 미래를 꿈 구어 보는 비전(vision), 사명(mission)같은 게 있는 것입니다. 「성서한국」 2015년 9·10월호에서 발견한 오영환 선생의 글을 인용합니다. "어릴 때 조부로 부터 들었다는 '중국고사'입니다. 어느 날 허유(許由)가 길가 개울에서 두 귀를 번갈아 가면서 열심히 닦고 있더랍니다. 그 옆을 지나가던 사람이 하도 이상해서 "노인장 왜 귀를 그리 열심히 닦고 계시오?"라고 물으니, 노인이 대답하길 글쎄, "나라에서 나더러 정승을 하라고 하니, 이 말을 들은 내 귀가 더러워서 이리 닦고 있소" 하더랍니다. 오늘날 우리들의 정치판과도 비교해 볼만 합니다. 그 옛날에도 백성들이 보기에 나라에서 하는 일이 시답지 않고, 나라의 녹을 먹고 입신양명, 부귀영화를 누리는 벼슬아치들의 행태가 영 못 마땅하여, 결국 정치가 사람 살리는 일은 안 한다고 생각하였던 것 같습니다. 부귀영화를 취하기보다는 못 배우고 힘없어도 심정을 잘 키워 사람답게 사는 것을 중시하는 삶의 단면을 보았다 하겠습니다. 그래서인지 나는 어릴 적부터, 입신양명의 야욕에 연연하기 보다는 스스로에게 당당하고 자신 있는 삶을 살아야겠다고 생각하였습니다."

이러한 오영환 선생의 글이야말로 마치 그의 신앙 고백적인 진심 어린 훈계의 덕담같이 여겨집니다. 또 다른 한 곳은 「성서한국」 2016년 3·4월호의 "하나님의 머슴"에서 구도자로서 그의 신앙론을 대하는 듯한 글입니다. 하나님의 머슴에 대하여 그의 삶의 편력을 소개하고 있는데 바른 신앙인으로서의 자의식을 느껴 볼 수 있습니다. 그는 그의 삶의 편력을 다음과 같이 기술하고 있습니다. "1964년부터 1990년까지 낙농업을 양주에서 했습니다. 농사짓는 일도 현재까지 하고 있습니다. 이와 같이 저의 지나간 삶을 돌아볼 때, 저는 한 번도 나를 내세우려고 생각한 적이 없습니다. 내가 잘 살아야겠다는 생각도 해본 적이 없습니다. 그랬다고 호강도 못했습니다. 외국은 고사하고 국내 관광도 못해 보았습니다. 머슴소리 하고 있지만, 돌아보면 저의 일생이 큰 머슴이었습니다. 하나님의 머슴이 되었기를 바랄 뿐입니다. 이제 생의 마무리만 잘하고 가게 해 달라는 것이 오늘의 저의 기도입니다. 주위에서 글을 쓰라고 독촉을 해서 쓰고 보면 제 이야기나 늘어 놓게 되어 부끄러울 뿐입니다."

오영환 선생은 지금도 80세이신 안식구를 간병하느라 붙들려 있다며 "너 머슴 살러 간다고 했는데, 어디 여기서 진짜 머슴 살아 보아라! 다른 곳을 찾을 것 없이 지금 있는 곳에서 머슴 살아 보아라!" 하나님이 지금 자기에게 하시는 말씀으로 듣고 살고 있다는 그의 깨어있는 신앙의 '자의식'을 하고 있습니다.

미수(米壽)를 맞으시는 오영환 선생님! 우리는 그의 소박하고 단순한 삶과 그의 마음 중심에 하나님과 동행하는 진정한 '어른'다운 분을 대하며, 이 시대에 함께 신앙의 삶을 살아간다는 생각을 하니 마음에 위로가 되며 힘이 됩니다. 미수 생신을 축하드리며 주님 주시는 은총 속에서 앞으로 여생 강건하시고, 든든한 버팀목으로 신앙의 동지들과 함께 이 땅의 혼란과 남북 위기의 아픔을 나누어지시는 삶을 보내시기를 기원합니다.

신학적 목회자이신
전경연 박사님에 대한 회상
2014년, 10주기 추모의 글

　　전경연 박사님을 회상하면, 당시 1950년대와 60년대에 신약성서 연구 분야에 선구자적 역할을 하셨고, 장로교의 뿌리와 개혁교회 신학 전통의 위치에 서서, 근본주의적이고 교권다툼으로 어려운 한국교계에 신학적으로 크게 공헌하신 분들 중의 한 분으로 회상됩니다. 내가 한신대에 들어가 만났던 당시에 전 박사님 서재 책상 위에는 칼빈의 초상화가 놓여 있었고, 그의『칼빈의 생애와 그 신학사상』(1959년판)은 장공 선생님의 「십자군」지에 5년여 동안에 연재하셨던 내용들과 그 외에 칼빈의 논문들을 묶은 책입니다. 그 책 첫 장에 '칼빈의 초상화'와 "인간의 개조는 창조보다 곤란하다"는 칼빈의 짧은 글이 매우 인상적이었습니다. 전 박사님은 장로교 개혁교회 신학 전통에 서서 칼 바르트 계통의 신학을 한국교계에 계몽적으로 소개해 주셨다고 생각합니다. 그의 저서『바르트의 교의학 개요』와『복음주의 신학총서』들도 번역 저술해 주셨습니다.

　　우선, 전 박사님의 신약성서 분야의 유명한 책『신약성서신학서설』은 한국에서는 처음 신약성서 분야의 신학 노작이 아니었을까 싶습니다. 정말 신약성서를 신학적으로 잘 정리해 한국교계에 소개해 주셨습니다. 그 뒤로 계속해서 『로마서 연구』, 『고린도서신의 신학논제』를 비롯한 여러 주석서 등과 몰트만의 『희망의 신학』도 번역해 출간하셨습니다.

이러한 높은 수준의 귀중한 저서들을 읽으며 배우게 되면서 한신대에 이렇게 훌륭한 신학자가 계신 것에 우리 후학들로서는 자랑스럽고 긍지를 갖게 하였습니다. 정말로 전 박사님은 다작의 저서들과 꼭 필요하고 중요한 분야의 글들로 당시 어려웠던 한국교계를 가르치고 계몽시킨 신약성서 분야에 크게 공헌을 하신 분이었다고 회상합니다. 이상의 전 박사님에 대한 신학자로서의 면모에 대한 기술은 부족한 나의 아는 바로는 부분적으로 밖에 소개되지 않았을 것이라고 생각합니다.

둘째로, 전 박사님은 신학 교수님으로, 목회자로서의 진면모를 우리 후학들에게 본보여 주셨습니다. 주지하는 바와 같이 전 박사님은 몸소 '경서교회'와 '성북교회'를 개척하셨고, 친히 목회를 하시며 교회의 기반을 든든히 놓으셨습니다. 그리고 후에는 '대청교회'(강남구)에 부지를 기증하셨고, 한신대 신대원에 장학금 1억 원을 기증하셨다고 합니다. 회고하면 분명히 한 신학자로써 전공분야 신학을 하는데도 힘들 것인데, 목회자로써도 신실한 역량을 발휘해 우리 후학들에게 귀감이 되셨습니다. 필자인 내가 바른 판단을 하고 있는 것인지 모르지만 분명한 것은 전 박사님은 '신학적 목회'를 하셨다고 감히 정의할 수 있지 않을까 싶습니다. 목회 스타일에 여러 방법이 있겠지만, '신학적 목회'를 하는 것이 우리 후학들의 바른 목회 원리와 방향을 따르는 것이 아닐까 싶어지기 때문입니다. 아마도 전 박사님은 전형적 신학적 목회의 목회자의 모습을 본보여 주셨다고 회상합니다.

셋째로, 전 박사님은 그의 삶을 통해 단순 소박하심과 청빈 절제의 미덕을 우리 후학들에게 본보여 주셨습니다. 이는 그의 삶으로 인격적 신앙으로 목회자의 진면목을 보여 준 것이라 생각합니다. 당시 한신대 교내에는 교수님들의 사택과 학생들의 기숙사가 각 동마다 10여 명씩 함께 어울려 생활할 수 있어서, 마치 어떤 신앙공동체 생활을 연상케 하였습니다. 헌데 당시 교수님들의 사택과 학생 기숙사 각 동에서는 저녁 늦게까지 공부하는 방들도 있었는데, 전 박사님은 연구(공부)를 가장 늦은 시각까지 하는데, 전기요금은 가장 적게 나온다는 말이 학생들 간에 화제가 된 적이 있었습니다. 아무튼 전 박사님은 그만큼 절제의 미덕을 생활화하였습니다.

이러한 전 박사님의 삶, 가정생활의 이면에는 김봉화 사모님의 충실하고 빈틈없으신 내조의 힘이 작용했을 것이라고 회상합니다. 아마도 모르긴 해도 〈복음주의신학총서〉는 거의 자비로 출판하셨을 것입니다. 생활면에서는 김봉화 사모님의 내조의 공이 지대하였을 것이라고 생각합니다. 두 분 내외분은 내면적으로는 매우 강직한 소신이 명확하셨지만, 밖으로는 언제나 겸허와 신실, 청빈의 삶의 자세, 때로는 수줍은 모습도 볼 수 있었습니다. 정말로 목회자의 진면목을 생활화하신 존경스런 어른들이었습니다. 특히 아드님들도 목회의 길을 걷고 있다는 소식을 듣고 훌륭하다고 생각했습니다.

넷째, 남은 이야기를 좀 더 회상하고 싶습니다. 어떻게 되어서인지 신학교 기숙사에서 몇 학생들과 함께 주일이면 가까운 교회인―당시 걸어서 10-15분 정도 거리였는데― 성북교회에 출석하게 되었습니다. 처음 얼마 동안은 장공 선생님 국민주택 집에서 성북교회 예배를 드렸습니다. 그러다가 교회 부지를 구하고, 교회건축을 하였습니다. 처음, 의자 좌석은 널판자로 만든 것이었습니다. 성북교회 개척은 시작할 때는 작은 것이었으나, 목회자로써 전 박사님 내외분의 헌신적 섬김과 장공 선생님 가족들, 박봉랑 박사님 내외분, 이우정 교수님, 양정신 교수님들을 비롯하여 주위에서 뜻있고 여러 좋은 교우님들이 점차로 모이면서 교회가 이룩되어 가는 모습을 보았습니다. 한 때 우리 몇 학생들은 어린이부 주일학교에 참여해 봉사도 하였습니다.

전 박사님의 설교는 신학적인 메시지가 많이 포함된 중요한 신앙의 삶에 지침이 되는 설교를 되도록 쉬운 언어로 친절히 이해시켜 주시며 하셨던 것으로 회상됩니다. 알게 모르게 우리 후학들은 신학적 목회의 길을 가는데 도움을 받았을 것으로 생각합니다. 또한 한신대 교수님들의 훌륭하고 당시 일급의 신학자들과의 인격적인 접촉, 깨달음, 만남의 영향을 감사하게 회상하고 있습니다. 당시 전 박사님은 신약성서 분야의 최고의 신학자이면서 교회를 둘씩이나 개척하시고 목회하시며, 아무나 감히 할 수 없는 확신과 목회의 뼈대랄 수 있는 신학의 스승이었습니다. 필자는 개인적으로 부족했지만, 어떻게 한신대 3학년 때쯤『로마서 연구』를 선물로 받고 기뻐한 적이 있고 열심히 읽으며 배웠습니다.

그런데 당시 1965년도 한·일 간에 국교정상화 문제로 시국이 어려웠을 때 전 박사님은 한신대에서 교수직을 잃었고, 박봉랑 교수님은 건국대학교로 이미 가셨습니다. 그래서 나는 두 분의 강의를 들을 수 없었음을 아쉽게 여기고 있습니다. 그때 마침 안병무 박사님이 한신대로 오셔서 신약성서 신학 강의를 들을 수 있었습니다. 나는 연세대 연신원에 진학하였고, 당시 연신원 원장이신 김정준 박사님에게서 구약성서 신학을 배웠고, 서남동 교수님으로부터 몰트만의『희망의 신학』을 한국어 번역이 나오기 전에 영문으로 읽으며 강의를 받았습니다. 신약성서 신학은 문상희 교수님으로 부터 강의를 받았고「부활 전승연구」라는 졸업논문을 썼습니다. 그 후로는 설 세배 때에는 몇 분 교수님댁을 찾았으며, 가끔씩 전 박사님을 찾아뵙고 목회 근황을 알려 드리며 새로 나온 저서들 특히 〈복음주의신학총서〉들과 신약성서 분야의 책들을 계속 읽으며 공부했습니다.

필자는 그 후로 미국 뉴욕 주 중부지역에서 미국장로교(PCUSA) 소속 한인교회에서 다문화 가정 목회를 하고 있을 때였는데, 전 박사님의 하나님의 부름을 받으셨다는 소식을 「기장회보」를 통해서 알았습니다. 지금 와서 생각해 보니 기라성 같은 훌륭했던 한신대 여러 교수님들의 이런 저런 모습과 생각들이 그리워지며 모두가 다 존경스럽고, 어떤 때는 위엄스러워 감히 접근이나 말도 잘 표현 못했을 때도 있었지만, 졸업을 앞두고 파티를 한 적이 있었습니다. 그 때에 교수님들께서 우리 졸업예정자들에게 특별히 마음을 열고 평소 때 보다 더 친절히 사제 간의 정겹고 사랑스런 대화와 인격 접촉을 하면서 장래 진로에 대한 이야기도 나누었던 추억들이 마치 어제 그제 일이었던 것 같이 스쳐 갑니다. 전경연 박사님의 10주기에 즈음하여 존경하며 특히 '신학적 목회'를 본보여 주신 어른으로 회상하며 추모합니다.

한국장로교 신학 형성의 공로자
박봉랑 박사님

시작의 말

박봉랑 박사님은 보기 드문 진정한 신학자, 목사요 교수이셨습니다. 그의 신학 하는 삶의 자세와 끈질긴 신학 하는 열정 그리고 신학적 형성과 과제수행에 사명적 삶으로 본보여 주셨습니다. '박봉랑 박사 15주기 기념 추모집' 발간에 즈음하여, 당시 한국교회 교리 논쟁과 교단 분열 사건에 제시한 성서 영감론과 한국교회에 끼친 신학사적 의미와 그가 지향했던 에큐메니칼 교회상 정립을 위한 교회의 책임소재에 대한 자의식도 크셨음을 회상합니다(이하 박 박사로 호칭). 박 박사는 한국장로교, 기독교장로회 신학 형성의 공로자입니다. 그는 한신대학교(당시 한국신학대학)의 조직신학 교수이셨고 때로는 설교하는 목사로 살았습니다. 더욱 중요한 것은 신학 하는 삶에 충실한 실천하는 신학자이셨습니다.

칼 바르트의 성서 영감론과 관련하여

1947-1953년까지 6년 동안 한국장로교회는 큰 사건이 된 교리논

쟁과 분열의 아픔을 겪습니다. 이것은 신학사적 의미에서 16세기의 '종교개혁'에 해당하는 '신학의 해방' 사건의 현대적 모형이었습니다. 그것은 한국장로교의 근본주의 신학으로부터 개혁교회 본래의 신학으로의 혁신의 진통이었습니다. 따라서 그것은 정통주의와 자유주의를 다같이 배격하고 다시 종교개혁의 원리로 돌아가려고 했던 현대의 칼빈의 종교개혁적 신앙의 부활을 지향했던 것이라 할 수 있습니다.

당시 박 박사는 젊은 교수 신학도로서 이런 한국교회의 상황을 자세히 지켜보면서 반드시 신학적으로 이 사건을 정리하여 보겠다는 결의를 다졌습니다. 그는 한국장로교 안에서 일어난 사건의 주원인이 성서 영감론에 있다고 생각하고 이를 정리하여 발표하였습니다. 그의 주장에 의하면 "한국교회의 분쟁사건은 실로 신학의 율법주의적, 교권주의적, 정통주의적 사고방식의 바벨론 포로로 부터의 에소더스 사건에 비할 수 있다"고 하였습니다(박봉랑, 『신학의 해방』, 70). 회고하면 미국 메이첸의 근본주의 영향은 당시 주류교권 세력인 평양신학교 계열의 정통보수주의적 서북지방 장로교였습니다. 이들은 바르트 등의 신정통주의 신학을 자유주의 신학으로 둔갑시켜 매도하는 신학적 굴절상황을 연출시킨 기형적 신학을 고착화시켰다고 설명해 볼 수 있습니다.

박 박사는 「칼 바르트의 성서 영감론」으로 1958년 6월 하버드대에서 신학박사(Th.D) 학위를 받았습니다. 박 박사는 칼 바르트의 신학에 근거하고 있는데, 특히 바르트의 성서 영감론을 역사적으로 종교개혁자들과 칼빈의 성서 영감에 뿌리를 두고 그의 신학을 전개하여 나갔습니다. 개혁교회적 전통의 특징을 표현하는 몇 가지 중심원리를 찾아 한국기독교장로회의 신학적 형성에 안내와 봉사를 하셨습니다.

박 박사는 해방정국, 국토분단과 6.25전쟁의 비극, 국토폐허, 수백만 사상자, 일천만 피난행렬의 과정 등을 놀라움과 부끄러움으로 회

고합니다. 한국교회는 교회 안과 밖의 비난과 스캔들 가운데서 분열
했으니 어이할 것인가! 그는 칼빈 신학의 현대적 부활, 장로교신학의
현대적 혁신으로 칼 바르트의 성서 영감론을 한국교회 전체에 대한 신
학적 대답으로서 제시한 것입니다(『신학의 해방』, 36-37).

또한 박 박사는 "하나의 거룩한 에큐메니칼 교회"의 비전을 제시하
고 있습니다(『신학의 해방』, 360-363). '한국장로교의 연합'은 통일의 염
원, 새 세기에 한국교회에 주어진 지상의 과제입니다. 한국교회는 하
나의 거룩한 에큐메니칼 교회로 나아가야 합니다. 어려운 상황에서
우리교단의 신학적 형성과 나아갈 교회의 비전, 에큐메니칼 교회상의
방향을 제시해 주신 박 박사님을 회상하며 자랑스럽고 감사해야 할 일
입니다. 박 박사님의 이러한 한국장로교회에 끼친 신학적 과업에 대
하여 부족한 필자로서는 감히 취급할 수 없지만, 이어지는 본회퍼의
신학과 삶 그리고 몰트만의 '희망의 신학'과 관련하여 간단하게 해설
을 조금 더 하고자 합니다.

본회퍼의 신학과 삶과 관련하여

한 인간, 한 인물의 인격과 사상의 이해란 그의 삶과 긴밀히 관련
되어지는 것입니다. 오늘날의 전문화가 다양한 시대에 한 인격 안에
서 높은 지성인 신학자이며 직업인 목사인 동시에 실천자 행동의 사람
으로 나타나는 일은 쉬운 일이 아닙니다. 평범한 사람일 경우, 셋 가운
데 하나가 제대로 되는 것만도 어렵습니다. 그런데 주지하는 바와 같
이 본회퍼가 오늘날 우리에게 의미를 가지는 것은 단순한 신학자로서
나, 목사로서 또는 행동가로서의 한 사람이 아니고 이 셋이 한 인격
안에 결합되어 있는 '한 사람'이었다는 것입니다.

본 회퍼, 그는 대학의 교수였을 뿐만 아니라 대학의 교목으로, 교

회의 목회자로, 또는 '고백교회'의 항거운동과 에큐메니칼 운동의 참여자로서 충실한 목사였습니다. 그는 신학자와 목사로서만이 아니라 그의 삶의 마지막 몇 해는 그가 쓴 글들을 따라서 행동으로 산 행동자가 되었습니다.

그의 삶과 행동과 신학적 영향은 히틀러 나치 독일의 관련 속에서만 이해될 수 있습니다. 그는 아깝게도 39세의 젊음에 세계 제2차대전이 끝날 무렵 사형을 당했습니다. 순교 신학자 본회퍼는 하나님 말씀에 철저한 복종과 애타는 이웃사랑 때문에 '반항과 복종' 사이에서 스스로 '반역자'의 최후를 맞아야 했던 현대판 예레미야가 되었습니다. 오늘날의 탐욕과 거짓으로 가득 찬 세상살이 속에서 본회퍼가 더 그리워지는 것은 예수 그리스도의 교회의 현존과 그리스도인 실존으로 역사의 증인 노릇을 한 때문입니다.

1970년대 한국의 정치 사회 상황은 시퍼런 유신헌법으로 소용돌이치고 있었습니다. 박 박사는『기독교의 비종교화 ― 본회퍼연구』의 노작을 출판하면서 "나는 이 책을 고난 받는 우리 교회와 겨레 앞에 바칩니다"라고 헌정하였습니다. 당시 그는 그가 날마다 서야 할 곳은 '설교단'이나 신자들의 '가정'이 아니고, '강의실'과 '서재'였으나 그의 관심은 항상 교회일선에서 수고하는 목회자들과 교회였다고 고백하고 있습니다. 실제로 박 박사는 민주화투쟁의 전면에 나타나지 않았지만 강의실과 서재에서 본회퍼 신학과 삶을 한국교회에 이식 접목시키는데 중대한 역할을 하였다는 것을 반드시 기억해야 합니다. 우리 후학들은 박 박사님이야말로 참으로 한국교회의 어려운 상황에서 온 갖 힘을 다하여 본 회퍼의 신학과 삶을 한국교회에 이식, 접목시키는데 기여한 공로자! 잊을 수 없는 매우 귀한 신학자 목사 교수였음을 기억해야 한다고 생각합니다.

몰트만의 '희망의 신학'에 관련하여

1970년 9월에 장공 김재준 목사님의 「제3일」지가 창간되었을 때, 나는 편집과 판로개척에 얼마 동안 참여한 바가 있었습니다. 박 박사님은 「제3일」지 초창기에 신학적인 해설과 강단의 글들을 매번 기고하셔서 그 글들을 접할 수 있었습니다. 민주화를 위한 투쟁과 과업에 참여하신 분들과 뜻을 함께 하셨습니다. 창간호에는 "희망의 신학을 향하여"라는 신학 해설에서 1960년대에 '신 죽음의 신학', '세속화 신학'이 등장하던 때에 '희망의 신학'으로 1970년대를 맞이하게 되어 상징적 신학적 언어가 바뀌었다고 하며, '신의 죽음', '현재', '세속화'가 아니고 '희망', '미래', '혁명과 새로움!'이 되었다고 소개했습니다.

박 박사는 이 '희망의 신학' 해설에서 적어도 다음의 특수한 점을 지적해 주었습니다. 1) 예수의 부활의 사실성이 강조되었고 미래의 '오심'의 새로움입니다. 이 현대 과학의 홍수 속에서 부활의 실재와 그리스도의 재림(파루시아)와 만물의 갱신, 새 하늘과 새 땅의 출연 — 새 역사의 완성과 하나님 나라의 내림을 인류의 궁극적인 소망으로 내세운 것인데 참으로 놀랄 만합니다. 2) 현대 기술사회에서 '교회의 자리'를 찾아 준 점입니다. 세상과 유리되어 개인영혼의 위안과 종교적 향락의 자리로서의 교회, 조직화, 제도화한 기계적인 교회의 삶은 '제2의 바벨론 포로'라고 단정합니다. 교회는 그것에서 부터 '끌고 나오는'(Exodus)사명을 지니고 있습니다. 약속된 가나안으로 끌고 나아가는 사명을 강조합니다. 교회는 또한 그릇된 이념 아래서 '유토피어니즘'의 착각에서 강력한 증언자가 되어야 합니다. 역사의 미래는 십자가에서 죽고 부활하신 예수 그리스도의 미래와 약속된 하나님 나라 성취에서 완성됩니다(「제3일」, 1970년 창간호). 그는 「제3일」지에 그 외에도 「부활과 정치신학」(1971, 4), 「생태학과 신학」(1971, 5) 그리고 여러 편의 강단 등을 기고해 주었습니다.

박 박사님에 대한 회상과 추모

나는 박 박사님을 항상 친근히 여기며 만나 뵈었고 그의 신학 하는 삶을 존경하면서 가까이서 지켜보았다고 할 수 있습니다. 성북교회에서 경건히 예배하는 내외분을, 언제나 상냥하고 친절하고 온유 겸손하신 선생님으로 회상됩니다. 집을 방문했을 때는 책으로 가득 찬 서재 같은 방에서 앉아서 사용하는 책상에서 책을 펴고 번역내지 글을 쓰고 계셨습니다. 당시 모두의 생활이 어려웠지만 박 박사님 내외분도 예외가 아니었다고 여겨집니다. 지금에 와서 박 박사님의 5권의 방대한 책들을 펼쳐보며 읽어보니 진실로 알곡의 신학자가 그분 말고 누구겠느냐는 감격, 감사함과 존경스러워질 뿐입니다.

그의 아드님들, 한 분은 미국에서 교민 위한 목회사역에 종사하고 있고, 박남현 목사는 행화정교회를 건축하고 참신하고 중견자로 목회사역에 정진하고 있습니다. 아버지의 서재의 책들을 보관하고 유지를 지켜가는 모습이 자랑스러워 보입니다.

1965년경인가 싶은데 박 박사님은 건국대학교로 옮겨가셨고 귀한 선생님이 떠나시는 것이 안타깝고 아쉬웠던 기억이 회상됩니다. 1999년에 나는 미국에 나가 미국장로교 소속교단에 목회를 하는 중에 박 박사님의 서거 소식을 「기장회보」에서 접하였습니다. 존경스럽고 하늘처럼 높이 보이기만 했던 스승님이라 회상하며 진심한 마음을 담아 추모합니다.

순교자 추모 기도
서울지구 원로 목사회

만유의 주 하나님!

이 땅에 그리스도의 복음이 전파 된지 130여 년이 지나는 동안 우리 민족사에 많은 변화에도, 한국 그리스도인들은 하나님 나라 복음을 선포함으로 이 민족의 참 소망이던 해방과 독립을 이루려고 애써오게 하신 하나님의 은혜와 사랑에 찬양과 감사를 드립니다.

오늘 여기 모인 우리 원로들은 평생 주님 몸 된 교회 위해 살다가 정년을 맞았고, 금번 6월에 순교자들을 추모하며 기도합니다. 우리 원로들에게 거룩한 은총을 내리시고, 앞으로 여생 삶의 바른 의미를 갖고 민족과 교회 위해서 충성된 주의 종 된 삶을 살아가게 하옵소서.

역사의 주님께!

우리 민족사의 지난날을 회고하며 순교자들과 순민, 순국하신 분들을 위하여 기도드립니다. 일제 식민지 하의 한국교회는 하나님 나라 운동과 계몽운동으로 당시 노예 된 민족의 아픔에 동참하며 민족해방운동을 하였습니다. 1907년 억울한 민족의 아픔을 회개하며 하나님의 역사개입의 도우심을 간구하였을 때 성령강림의 경험을 하며 뜻 있는 자들을 교회에 모여들게 하였습니다. 1919년 3.1운동에 한국 그리스도인들은 앞장서 참여하였으며, 일제의 말살정책에 저항하였고, 국가주의를 종교화한 일제의 신사참배 강요에 항거하여 순교의 피를 흘렸습니다. 순교자들을 위로하시고 그들의 피가 밑거름으로 작용하게 하옵소서.

역사의 주님!

초대교회 순교자들의 피가 교회의 밑거름이 되어 폭력의 대 로마 제국을 예수님의 하나님 나라, 정의와 진리, 사랑과 평화의 나라를 이룩하게 하신 역사를 기억하오니 이 한반도 땅에서도 새로운 역사가 이루어지게 하옵소서.

70년 전 1945년 8.15해방과 함께 남북분단의 아픈 역사와, 6.25 전쟁 동안 남한의 인사들과 그리스도인들이 납치되어 참혹하게 처형되기도 하였습니다. 무명의 순교자들과 순민과 순국하신 선열들의 그 고귀한 정신을 잊을 수 없습니다. 한편 공산주의 동조자들은 이념전쟁의 제물이 되거나 부역자라는 명목으로 사회에서 매장 당했습니다.

위로와 새롭게 하시는 성령님!

그렇게 많은 희생을 내고도 남북한의 두 체제는 민족 당사자끼리 상호 상생의 원칙과 협력, 평화보다는 적대적인 군비경쟁을 가속화시키는 안타까운 아픈 현 상황을 보내고 있습니다. 우리 민족을 불쌍히 여기시고 남북관계 개선의 새로운 전환점을 이루게 하옵소서. 6월 이 뜻 깊은 민족참회의 달을 맞아, 먼저 한국교회부터 민족의 죄를 깨달고 깊이 참회함으로 우리 모두가 민족적 순결을 회복하게 하옵소서. 분단의 비극적 아픔을 넘어 숭고한 순교자의 길을 가신 주님의 종들을 밑거름 삼아 정의와 평화, 숭고함을 회복하는 은혜를 베풀어 주옵소서.

에스겔 골짜기에 불었던 하나님의 영이 분단의 한반도에서 신음하는 한민족에게 평화 통일의 영으로 불어주시고 새 역사를 이루어 주옵소서. 여기 모인 우리 원로들과 본 교단 성도들, 한국교회와 모두가 하늘의 씨앗이 되어 이 한반도의 흙 속에 묻혀서 죽고 다시 부활하여 역사의 생명을 이어가게 하옵소서. 일제 식민지와 분단의 아픈 민족사 속에서 희생된 순교자들과 영령들을 위로하시고, 이 땅 위에 평화 통일로 새 역사를 이루어 주옵소서.

평화의 주 예수님의 이름으로 기도 드립니다. 아멘.

성령, 생명을 살리는 동력
2016년 성령강림절에

시작하며: 성령, 생명을 살리는 동력

사도행전에서 성령을 주로 '성령'이라고 언급되며(39회), 때로는 '영'(11회) 또는 '주님의 영'(2회)으로 불립니다. 성령은 '아버지의 약속'으로 주어집니다(행 1:4, 눅 24:49). 무엇보다도 사도행전 2장 33절에서, "하나님의 오른손으로 예수를 높이시매 그가 약속하신 성령을 아버지께 받아서 너희 보고 듣는 이것을 부어주셨느니라." 메시아의 역할과 위치는 그에게 성령으로 기름 부은 하나님으로부터 주어진 것입니다(행 10:38, 눅 1:35, 4:18).

성령의 역할이 오히려 능력을 행사하는 하나의 힘으로 나타나기 때문에, 성령은 사도행전에서 인격적 모습보다는 활동하는 능력으로 기능합니다. 구약성서에서 영을 표현하는 언어 '루아흐'(ruach)는 378회 나오고, 즉 '바람', '숨', '영'으로 사용합니다. 이렇게 자주 나오는 '루아흐'는 자연, 사람, 하나님과 관련하여 나타납니다. 이 '루아흐'는 어떤 역할을 하였을까요? 하나님의 창조활동과 생명의 보존운동을 합니다. 하나님의 구원 역사의 한 기관입니다. '루아흐'가 이스라엘 민족의 지도자들이나 사사들에게 임할 때 큰 힘을 발휘하게 되었습니다. 예언자들에게 임할 때는 예언의 카리스마(은사)가 됩니다. 율법을 깨우치는 지혜가 루아흐의 활동입니다. 루아흐는 인간의 의지에 따라 좌우되는 것이 아니고 하나님의 사역자의 성격을 띠고 있습니다.

신약성서에서 성령은 '프뉴마', 바람이고 회개와 역사와 세례의 역사를 일으킵니다. 성령은 예수를 그리스도와 주님으로 고백하게 합니다(행 2:38). 한스 큉은 성령에 대하여 말하기를 "성령은 여러 가지 면에서 교회의 존립의 기초요 생명원리이며 활동 능력이다. 교회는 하나님의 능력과 권능에서 오는 성령에 의하여 충족되고 생활하며 유지되고 인도된다"고 했습니다. 교회는 성령의 피조물입니다. 교회는 성령이 활동하고 있는 성전이요 건물입니다. 교회는 성령의 전입니다(고전 3:16-17, 엡 2:17-22). 본래 성령은 바람과 같은 속성이 있는데, 바람은 자기가 원하는 때, 원하는 곳에서, 원하는 데로 분다는 것입니다. 성령은 하나님과 예수 그리스도의 영으로 성부와 성자의 뜻을 받들어 교회를 직접 세워갑니다.

따라서 2017년 성령강림절기에 우리의 관심은 한국교회와 사회에서 무엇이 일어나고 있으며, 그에 대하여 성령강림의 의미와 이해, 우리에게 말씀하시는 역사의 과제를 바르게 깨닫고 실현하는 것입니다. 오늘 말씀의 제목은 '성령, 생명을 살리는 동력'입니다.

어떻게 무엇이, 예수 그리스도의 영이며 능력인가?

성령강림절에 내려온 성령은 예수 그리스도의 영이요, 그의 정신이 살아 움직여 말씀을 되살아나게 했습니다. 사도행전에 기록된 초대교회 공동체의 모든 사역과 행동의 밑바탕에는 성령이 중요한 자리를 차지하고 있습니다. 예수님 공생애로 시작되는 하나님 나라 운동이 '세례/기도/성령의 강림'(눅 3:21-22)의 순서로 이루어졌는데, 초대교회도 오순절의 성령강림과 함께 시작합니다(행 1:5, 2:1-13). 초대교회 공동체의 사도들과 성도들은 그들에게 부여된 사명을 완수하기 위해서 성령의 능력을 제공받았고, 그 이후 부여된 사명을 담대하게 수행했습니다. 초대교회는 언제나 성령을 따라 행동했습니다. 오순절 성령강림을 경험한 초대교회는 성령의 권능을 받고 예루살렘을 시작하여 온 유대와 사마리아 그리고 땅 끝인 로마까지 복음을 전달하는 중요한 동력으로 작용했습니다. 이방인 선교로 일컫는 만민 구원의 행진은 예루살렘 성전 경내를 넘어 세상을 모두 포괄하도록 힘차게 달려 나갔습니다.

사도행전에서 성령은 능력을 합의하는 '뒤나미스'는 헬레니즘 시대에는 모든 생명과 존재를 작동시키는 우주의 원리를 지시하는 용어로 쓰였는데, 하나님의 본질인 그분의 능력이 언제나 성도들과 함께 하신다는 공식적인 지표로 쓰였습니다. 즉 하나님의 본질이 능력이므로, 성령을 수여 받는 것은 성도들이 능력을 발휘할 수 있게 하려는 역동적 장치가 됩니다. 그러나 성령이 능력으로 임할 때 나타나는 모습은 매우 다양하고 활동적입니다. 그렇다고 뒤나미스가 수퍼맨이나 핵폭탄의 파워와 같다는 말은 아닙니다. 대신, 성령은 생명을 살려내고 관리하며, 사마리아의 백성들이 고통당하는 한(恨)을 풀어주고 그리고 절망적 탄식을 내뱉으며 신음하는 인간 고통의 자리를 직접 찾아가 해결하게 돕습니다. 성령은 성도들에게 지속적으로 하나님의 능력 안에 머물 수 있도록 도우며, 세계 만민이 궁극적 구원의 자리에 참여하도록 선도하는 새 언약의 징표라는 것입니다.

그러나 세상은 세속화의 물결과 함께 하나님이 인간에게 준 도덕률마저 그 기준이 흔들려 무너질 정도입니다. 그리스도인 또한 기복과 물량, 자기 욕구 충족을 하나님의 뜻이나 예수의 가르침보다도 더 중히 여깁니다. 그러나 성령강림절은 이런 역사 속에서 신음하는 참된 하나님의 사람들을 다시 일깨우며 새롭게 하나님의 뜻대로 살도록 독려합니다. 바로 이런 역사가 성령강림절의 다른 의미입니다. 오늘 도덕적으로 피폐하고 물질만능주의 사회 속에서 성령 충만한 인간과 세상풍조의 변화는 절대적으로 요청됩니다.

성령 받은 성숙한 그리스도인들에게 나타나는 가장 큰 특징은 자기중심적이 아니라 주님의 뜻을 따라 이웃과 세상으로 향하는 것입니다. 그리스도인은 자기중심의 삶으로부터 그리스도에게로, 하나님께로 옮겨져 갑니다. 즉 그가 사랑하고 염려하는 중심의 축이 자기가 아니라 이웃과 세상으로 옮겨졌다는 말입니다. 따라서 성령 받은 그리스도인은 신령한 은혜를 받았기에 아픈 역사의 현실을 외면한 채 비역사적이며 초현실적인 인간이 될 수 없습니다. 이상한 괴성을 내며 방언을 하는 것에서 영적인 것을 찾을 수 없습니다. 오래 전, 한 사이비 이단 집단이 성령이 내려오는 증거라며 검은 하늘에서 불꽃같은 빛들이 위에서 땅으로 내려오는 큰 사진을 자랑하는 것을 본 일이 있습니다. 그러나 성령 충만은 결코 그런 괴성이나 사진이 찍히는 물리적인 것이 아닙니다. 이러한 현상을 한국교회가 혹시라도 선호한다면 큰 약점이고 거짓인 것입니다. 성령의 은사를 받을수록 예수님의 역사적 생애와 그리스도의 정신과 생이 뚜렷해지고, 역사의 구체적인 현장에서 바로 그 시대 그 장소의 십자가를 껴안고 구원을 위해 최선을 다하는 것임을 명심해야 합니다.

존 맥캐이(John A. McKay) 박사는 프리스턴신학교 총장이던 시절에 이따금 교실 강단에서 "생기 없는 장로교인보다 고함을 지르면서라도 열광적인 펜테코스탈(Pentecostal)한 신자들이 차라리 낫다"는 말을 자주 했다고 합니다. 왜냐하면 생기 없고 다 죽은듯한 점잖은 장로교인을 죽은 상태에서 일으키는 것보다 한 페테코스탈한 그리스도인을 조용히 달래는 것이 훨씬 쉽기 때문이라는 것입니다. 아마도 의식화된 교회도 이 같은 편잔의 대상이 될까 염려스럽습니다. 복음이라는 기쁜 소식(Good News)을 듣고 감사, 감격하며 사는 것이 그리스도인입니다. 따라서 그리스도인은 함께 모여 예배드리고 성도의 교제를 나누며 힘을 얻어 세상에 나아가 힘차게 복음 전하는 열정과 사회정의를 위해 때로는 투쟁하며 진리 증언자로 살아야 하는 것이기도 합니다.

성서와 그리스도교 수천 년의 역사를 통해 배울 수 있는 것은 변두리 인생 같은 고난의 역사를 꼭 부정적으로만 치부할 것이 못됩니다. 가난을 잘못 받으면 비굴하되 긍정적으로 받으면 위대한 능력의 자원이 되어 대성케 합니다. 버려진 변두리 생 같은 애굽에서 히브리 노예들도, 로마제국 치하 지중해 변두리를 헤매던 초대 그리스도인들도 저들이 그 시련과 박해를 '하나님과 함께'라는 신앙, 희망, 사랑을 갖고 긍정적으로 살았기에 서구 문명을 일으키는 주역이 된 것입니다. 성령의 은총과 감화 감동으로 하나님의 뜻과 경륜을 깨달아 새 힘을 얻은 우리 그리스도인들도 당면한 난관, 사회적 모순들 속에서도 결코 낙심하거나 좌절이 아니라 저 가나안의 새 꿈과 비전을 바라보면서 기쁨과 새 희망을 가져야 합니다. 분단 시대의 아픔(십자가)의 쇠사슬을 끊고 반드시 통일(부활)의 꿈과 비전을 갖고 평화행진을 꾸준히 계속하는 그리스도인들이어야 합니다.

오순절 성령강림사건은 확실히 성령 충만의 체험이었으나 현실을 외면한 비역사적이거나 탈 세상적인 신비한 것이 아니라 역사적이었다는 점이 대단히 중요합니다. 초대 그리스도인들의 성령 체험은 저 피안의 세계가 아니라 예수님의 십자가와 부활의 증언자로써 눈물과 한(恨)으로 찬 고난의 세계에서 이기적인 자아를 극복하고 이타적이며, 이 땅에 하나님 나라를 이룩하기 위한 역사에 동참한 것입니다.

1907년 성령강림의 의미와 이해

한국교회는 지난 2007년에 평양에서 성령운동이 일어난 지 100주년이 되는 매우 뜻깊은 해로 기념한 바 있습니다. 성령강림, 성령충만, 성령의 부으심, 성령의 하강 등으로 표현되는 1907년의 성령운동의 그 종교적-사회적 의미를 길선주 목사의 성령운동을 통해서 재조명하고자 합니다. "1907년 성령강림 사건은 교인들의 회개운동을 통해서 신앙을 강화했고, 그것은 항일의식을 조직화하고 민족운동을 이끄는 원동력이 되었습니다"(이만열, 『한국기독교수용사연구』, 525-526). 오히려 1907년 성령운동 전후에 일어난 교회의 애국적 행동들, 즉 1905년 을사늑약이 체결되었을 때, 길선주 목사의 국가를 위한 기도회 제안, 105인사건(1912년), 3.1운동(1919년), 물산장려운동(1920년)에서 교회가 주도적 역할을 한 역사적 사실들을 고려할 때 과연 한국교회가 선교사들의 의도대로 비정치화 되었거나 혹은 1907년 성령운동의 결과로 비정치화 되었다고 할 수 없습니다(류장현, 『한국교회 신앙운동의 통섭』, 26).

1907년 성령운동을 통해서 하나님을 체험한 교인들이 적극적으로 독립운동에 뛰어들었습니다. 즉 예수 그리스도를 잘 믿는 사람이 나라도 사랑하며 민족 고난에 참여한다는 경천애인(敬天愛人)의 신앙을 1907년 이후에도 일관되게 견지하였습니다. 12년 후 1919년 3.1운동 때에 역사참여적 신앙으로 나타났습니다. 그 결과 교회는 민족과 민중의 고난에 동참하는 애국적인 민족 종교로 사람들에게 각인되었고, 교인들은 애국자로 백성들의 칭송을 받게 되었습니다.

1907년 성령운동의 주역이었던 길선주 목사의 행각을 살펴보겠습니다. 그는 오랜 구도생활을 하다가 이길함 선교사의 설교에 크게 감동을 받아 신앙생활을 시작하여 1897년 8월 15일에 세례를 받았고, 그 이듬해 널다리골교회의 영수가 되었으며, 1901년 장로가 되었습니다. 그 후 그는 1907년 평양신학교를 졸업하고 한국인 최초의 7인 목사 가운데 한 사람이 되었습니다. 당시에 그는 '조선의 바울'로 불리었으며 목회자요 교육자요 독립운동가였습니다. 그는 하나님 체험, 사회적 복음 이해와 종말신앙을 바탕으로 사회개혁 운동, 민족교회 형성과 민족해방운동을 전개했습니다. 즉 그는 1907년 성령운동을 개인의 내적 변화를 통한 교회갱신과 사회개혁은 물론 민족해방운동으로 발전시켰으며, 예수 그리스도의 임박한 재림을 강조하면서 고난당하는 민중을 위로하고 민중에게 새로운 사회에 대한 종말론적 희망을 선포했습니다(류장현, 『한국교회 신앙운동의 통섭』, 33-34).

길선주 목사는 그의 하나님 체험에 근거한 종말신앙과 사회적 복음 이해를 통해서 교회갱신과 사회개혁과 민족해방운동을 전개했습니다. 그의 종말신앙은 결코 민족 현실을 외면하는 타계적인 신앙이 아니었습니다. 그것은 일제의 통치에 대한 심판의 메시지였으며 일제의 혹독한 식민지통치 하에서 고통당하는 민중에게 새로운 사회가 도래한다는 희망의 메시지였습니다. 실로 1907년 성령운동은 36년 동안 일제의 식민통치를 견디어 나갈 에너지를 공급해 준 축복의 사건이었습니다. 이러한 1907년 성령운동은 21세기 한국교회가 나아갈 방향을 제시합니다. 그것은 회개를 통한 성령 체험과 그 능력으로 교회와 사회를 개혁하고 민족통일에 헌신하는 것입니다.

참으로 길선주 목사는 민족교회 형성의 선구자였습니다. 그의 정신은 1930년대에 최태영의 기독교 조선복음교회 운동, 김교신의 무교회주의 운동과 김재준의 교회와 신학운동을 통하여 계승되었습니다(류장현, 『한국교회 신앙운동의 통섭』, 40).

성령의 신학적 이해를 위한 역사적 고찰

교회사에서 대표적인 신학자들의 성령 이해에 대한 고찰을 간단하게 스케치해 보겠습니다.

성 어거스틴은 '성령이 아버지와 아들의 끈'이라고 간주했습니다. 즉 그는 성령을 아버지와 아들만이 아니라, 신자들까지를 함께 묶는 끈으로 보았으며, 모두를 하나로 묶을 때 성령은 그 소임을 한다고 보았습니다. 종교개혁자들은 어떻게 성령을 이해하였을까요? 루터는 옛사람이 율법에 의해서 죽고 복음에 의해 살게 되는 일을 성령의 역사라고 했습니다. 루터가 사도행전 2장의 오순절에 관해 해석한 요지를 따르면, 성령의 사역은 하나님이 그의 뜻을 그리스도를 통해 이 땅에서 이루려 할 때 가장 효과 있게 성사되게 하는 동력입니다. 성령은 신자의 마음을 움직이고, 하나님 앞에서 기뻐하게 하며, 사랑으로 충만하며, 그의 이웃 동료들을 환희에 차도록 섬기게 합니다. 마음을 변하게 하며, 새롭게 하며, 예수 그리스도를 계시하고 선포함으로써 이를 성취합니다.

성령에 대한 칼빈의 가르침은 좀 더 적극적이고 포괄적입니다. 칼빈은 성령이 그리스도인의 신앙과 회개에 큰 사역을 담당한다고 말합니다. 신앙을 시작하고 성장케 하는 것이 성령이요, 이는 마치 태양이 모든 물체에 비치는 것과 같습니다. 칼빈은 '회개는 하나님께 우리의 삶을 진심으로 전환하는 것'이라며, 성령만이 이런 회개를 가능케 한다고 말합니다. 칼빈에 따르면, 성령의 성화에 의해서 우리에게 새로운 영적 본성이 주어지며 죽음과 부활로부터 중생(거듭남)을 받게 됩니다. 여기에서 우리는 '성화와 중생'의 원인은 성부로부터, 그 실체는 그리스도로부터, 그 결실은 성령으로부터 특별히 받게 됩니다(『기독교 강요』 IV 15:6). 그리스도가 영적으로 임재하되, 그 임재를 가능케 하는 것이 성령의 능력이라고 칼빈은 증언합니다.

현대 신학자들은 성령의 이해를 어떻게 하였을까, 간단히 살펴보겠습니다.

에밀 부르너에 따르면, 성령은 하나님이 우리 안에 임재 하는 존재 양태입니다. 성령의 가장 중요한 일은 그리스도를 우리 안에 존재케 하는 일이라고, 즉 그리스도는 살아있는 인격적 존재로 우리가 알 수 있도록 증거합니다. 무엇보다도 성령은 그리스도에 관한 말씀을 우리를 위한 그리스도의 말씀이 되게 합니다. 진정한 사람이 되는 것도 성령의 사역으로 가능합니다. 따라서 성령은 그리스도를 우리에게 증거할 뿐 아니라, 우리로 하여금 새로운 삶을 창조하고 섭리와 행동의 능력까지를 창조합니다(부르너, 『교의학 3권』).

칼 바르트의 출발점은 예수 그리스도 안에 있는 신의 신비스런 자아 '계시'입니다. 바르트에게 있어선, 아들, 아버지, 영의 순서가 중요합니다. 예수 그리스도 안에서 계시된 것이 중심이고 제1위입니다. 삼위일체의 제2위의 신성은 아버지의 신성이요, 제3위는 영의 신성입니다. 바르트는 이점을 그의 『교의학』 1/1권에서 잘 보여줍니다. 따라서 그에게 성 금요일, 부활, 오순절은 중요한 의미를 갖습니다. 이는 예수 그리스도에 의해서 일어난 사건으로서, 아버지와 성령을 통해서 우리와 만나고 관계를 가진다는 것을 나타내며, 그것이 삼위일체의 참모습입니다.

폴 틸리히(Paul Tillich)는 그의 『조직신학』 III권 IV, '생명의 영' 에서 오순절의 이야기는 "역사적이며 전설적이며 신화적인 요소들이 복합된 것"(combines historical, legendary & mythological elements)이라 봅니다. 그리고 이를 가능성의 빛으로 구별하는 것을 역사적 연구의 과제로 넘깁니다. 오순절 성령사건에서 우리가 추구할 중요한 점은 여러 요소들로 된 성령에 관한 이야기에서 그 '상징적 의미'(symbolic meaning)를 찾는 것이 무엇보다도 중요하다고 보며, 다음 몇 가지 요소로 구별합니다.

1) 영적 공동체(Spiritual Community)의 창조적인 황홀한 성격(ecstatic character)입니다. 오순절 사건은 제자들이 그 동안 듣고 배우며 기다리던 주의 말씀과 약속들이 황홀하게 어울려 체험된 간증이야기입니다. 그들의 신앙과 사랑이 하나가 되고 미처 깨닫지 못했던 하나님의 영과 은혜가 제자들의 혼신을 뒤흔들 만큼 황홀하게 휘 잡은 사건입니다. 이러한 황홀한 체험 없이는 영적 공동체가 존재할 수 없습니다.

2) 오순절 이야기는 '새로운 존재'(the New Being)가 되게 하는 예수가 십자가 위에서 살해됨으로 거의 멸절 위기에 있던 한 신앙을 창조한 사건입니다. 갈릴리로 잠적한 제자들에게 영적 현현이 그들을 붙잡고 그들의 신앙을 다시 세워준 뒤에 새 신앙공동체로 나타났습니다. 오순절사건에서 의심이 극복되고 확신을 갖게 되자, 비로소 이런 신앙의 확신 없이는 영적 공동체는 있을 수 없음을 깨달았습니다.

3) 상호봉사, 특히 나그네와 가난한 자들의 필요를 채운 사랑의 창조입니다. 오순절 이야기에서 사랑이 창조한 봉사의 빛으로부터, 우리는 사랑에 스스로 복종하는 자세 없이는 영적 공동체는 존재할 수 없다고 말해야 합니다.

4) 일치성의 창조입니다. 영적 공동체는 각각 다른 개인들, 국가들과 전통들을 성찬과 예배에 모으면서 연합하는 효과를 갖습니다. 제자들이 황홀한 각국 언어 사용은 바벨탑에서 공통 언어 사용의 붕괴로 인류가 여러 종족으로 갈리던 사건이 언어 이해로 다시 복귀되는 상징성을 갖습니다. 이런 빛으로 모든 인류의 소외된 족속들이 궁극적으로 재결합 없이는 영적 공동체는 없다고 할 수 있습니다.

5) 오순절 이야기 속의 요소는 성령 임재로 붙들린 자들의 선교적 열의에 찬 보편성의 창조입니다. 오순절 사건으로 모든 종족의 담을

넘는 선교가 가능했고, 신앙공동체가 새로운 존재가 되어 새 역사를 펼칠 수 있게 되었습니다.

이를 종합하여 우리는 신적 영은 그리스도라는 예수의 영이요, 그리스도는 모든 영적 주장이 복종할 기준이 된다고 보는 것입니다. 그러므로 오순절 성령강림의 의미를 잘 터득하며, 그런 영적 공동체가 오늘 이 땅에서 다시 펼쳐질 수 있게 하는 것이 우리 교회와 성도들의 몫이고 과제라 할 수 있습니다.

성 어거스틴, 종교개혁자 루터와 칼빈, 신정통주의 신학의 부르너, 바르트, 틸릭히 등의 성령에 대한 사상 이해를 살펴보았습니다. 이는 성령에 관한 개신교 전통에 흐르는 최소한의 신학사상을 살펴본 것입니다.

나가며: 오늘의 성령 탄식, 희망사항

기독교적 사랑인 '아가페'를 '의애'(義愛)라고 풀이한 김교신은 사랑이 의롭기 위해서는 역사와 복음을 냉철히 해석할 수 있는 의식이 있어야 함을 강조하였습니다. 헨리 키신저(Henry Kissinger)가 미국 국무장관 재직 중에 유엔 연설에서 남긴 말입니다. "미국은 세계로부터 도망칠 수도 없고 세계를 지배할 수도 없다. 그와 같이 지구상의 어느 나라도 이 세계로부터 도망치거나 남을 지배할 수는 없다." 이제는 지구촌이 서로 어울려 살고 도우며 살고 힘을 모아 평화를 이룩할 때입니다. 오늘 우리가 주지하듯이 한반도의 정세는 가히 위기상황입니다. 한반도의 핵 위협과 분단 비극을 종식시키는 현실적이고 합리적 길은 중국 외무부 장관 왕의(王毅)가 제안한 '핵무기 포기와 평화협정의 동시병행론'인데, 그것을 가로막고 불가능하게 만드는 것은 한반도를 둘러싼 이해 당사국들의 소위 국가주의 때문입니다. 특히 미국과 일본의 국가주의 때문입니다. 그러므로 참 그리스도인은 참 종교, 참 정치의 실현을 희망하면서 '권력화된 거짓종교' 및 '종교화된 거짓정치'와 대결, 프로테스트, 비폭력 저항을 할 수 밖에 없습니다. 그것이 오늘 우리가 사람답게, 그리스도인답게, 성령 체험한 사람답게 사는 것 아니겠습니까!? 성령의 탄식소리를 들으며 평화의 통일을 희망하며, 하나님 은총을 기원합니다.

에스겔 골짜기에 불었던 하나님의 영은
한반도 평화통일의 영

2015년 성령강림절

에스겔 37:1-14, 사도행전 2:1-4, 42-47

평화 염원 이야기

15개의 나라 세계 여성평화운동가들 30명, '위민 크로스 디엠제트'(Women Cross DMZ)가 평화 염원 안고, '평화와 여성'의 이름으로 지난 5월 24일 12시쯤 북쪽에서 비무장지대를 지나 경의선 육로를 통해 걸어서 남쪽 땅을 밟았습니다. 이들이 애초 바란 대로 판문점을 통해 걸어서 넘어온 것은 아니지만, 남북 사이에 군사적 긴장이 고조되는 가운데 국제여성평화운동가들이 군사분계선을 '돌파'한 것은 역사적 의미가 큽니다. 전쟁이나 분쟁이 일어날 경우 가장 고통을 겪을 수밖에 없는 여성들이 남북을 잇는 물꼬를 튼 것은 다른 어떤 집단이나 개인이 한 것 보다 상징성과 그 파급의 힘이 큽니다. 이들의 상상력과 용기에 박수를 보냅니다. 5박 6일의 방북기간 동안 기자의 말을 인용하자면, "5일간 북한 통역가와 가장 많이 한 일은 같이 웃는 것이었다." 긴 시간 동안 분단되어 있으면서 서로 두려워 할 수 있지만, 우리는 사랑해야 합니다. 마음을 열고 남북이 서로 형제자매로 받았으면 좋겠습니다.

'DMZ 통과' 참여 노벨 평화상 수상자 리마 보위(44세, 아프리카 라이베리아 출신)는 5월 25일 오후 서울시청에서 열린 '2015년 국제여성평화회의'에서 '화해. 협력을 위한 남북대화에 나서라고 박근혜 정부에 주문했습니다. 무기로는 평화를 가져올 수 없다고 강조했습니다. 이어 어떤 다른 나라도 남북한에 평화를 가져올 수 없습니다. 한국은 미국에 의존하고 북한은 러시아에 의지하지만, 미국, 러시아는 평화를 가져오지 않습니다'라고 말했습니다.

보수단체들이 '위민 크로스 디엠제트'를 '종북 세력'이라고 비난하는데 대해 리마 보위는 "우리는 어떤 정권도 옹호하지 않는다"고 반박했습니다. 그는 "북한에서 우리는 김일성, 김정일 동상에 절하지 않았다. 이것 자체가 북한 사람들이 자신들의 숭배에 대해 생각해 보도록 도전한 것이라 생각한다. 북한 사람들이 외부와 교류를 지속한다면 10년 뒤에 북한은 매우 달라질 것"이라고 말했습니다. 그리고 "내년 DMZ 도보 통과 제시도… 남에서 북으로", '위민 크로스 DMZ' 연례화 추진과 내년에는 판문점을 걸어서 통과하게 되기를 바란다는 의사도 밝혔습니다.

에스겔의 역사적 배경 이야기

이스라엘인들이 오랜 바빌론 포로생활에 지쳐 자기들의 신 야훼마저 의심하고 낙심하며 희망을 잃고 살 때였습니다. 하나님이 에스겔을 뼈들이 가득한 골짜기로 인도하여 "이 뼈들이 살겠느냐"(겔 37:3)고 묻습니다. 이어 하나님의 말씀을 뼈들에게 대언하라며 하나님의 영이 뼈들에게 들어갈 때 그들이 살 것이라는 것입니다. 에스겔이 하나님의 명대로 대언하자 뼈들이 소리를 내고 움직이며 서로 연결되고 가죽이 생겼으나 생기는 없었습니다. 이에 하나님이 그 영의 기운을 불어넣을 때 그들이 곧 살아나 큰 군대를 이루었습니다. 하나님은 이 뼈들이 바로 이스라엘 족속이라며 소망 없이 멸절되는 족속 같았으나, 무덤을 열고 거기서 나와 고국으로 귀환케 하시기에 자신이 역사의 주 하나님이심을 알라고 했습니다(겔 37:1-14).

에스겔은 여호야긴 왕이 포로로 잡혀 온지 5년째 되던 해에 아주 특이한 환상을 본 뒤 예언자로서의 소명을 받게 됩니다. 그날 그는 "하늘이 열리는 것을 보며, 나는 하나님의 환상을 보았다"(겔 1:1)고 말합니다. 에스겔은 예언을 구두로 선포하기도 하였지만 무언극과 같은 상징성 짙은 행위로도 예언활동을 하던 특이한 모습을 보여줍니다. 이를테면 예루살렘이 위기에 처하자 에스겔은 그 도성을 에워싼 그림을 그려서 유다 백성들에게 경고하기도 하였고(겔 4:1), 말씀이 기록된 두루마리를 받아먹는 연극적 효과를 보여주는 예언활동을 하기도 하였습니다. 또한 자신의 머리카락과 수염을 날카로운 칼로 깎아서 저울에 달아 1/3은 도성 안에서 불사르고, 1/3은 도성 네 장소에서 칼로 치고, 나머지 1/3은 바람에 날려서 예루살렘의 수난을 예고하는(겔 5:1-2) 등 예언자로서 유난히도 독특한 행적을 여러 차례 보여 주었습니다.

그런데 이스라엘의 곤경은 하나님의 기회가 됩니다. 예언자는 하나님께서 그의 백성을 무덤에서 부활시키고, 그들을 고향으로 돌려보내며, 그들의 생명력 없는 육체에 하나님의 영을 불어넣어 새로운 삶을 시작할 수 있게 하겠다고 약속하셨음을 예언합니다. 이것은 포로로부터 구원하는 것을 의미합니다. 하나님의 기적은 실제로 일어났습니다. 죽음에서 삶으로! 하나님은 이스라엘(에브라임)과 유다가 서로 화해의 포옹을 함으로써 그리고 그들을 다스릴 '왕'에게 기름 부으심으로 이스라엘이 한민족이 되도록 하셨습니다. 이스라엘이 일치되는 것은 옛날부터 전해오는 계약의 완성이 됩니다. "나는 그들의 하나님이 되고, 그들은 나의 백성으로 삼으리라"(겔 37:23).

에스겔은 하나님께서 그 민족이 계약 백성이기에 그 깊은 죄악된 인간 본성을 완전히 바꿔 놓으려고 하신다고 주장했습니다. 새로운 삶의 형태가 시작되기 위해서, 이스라엘의 마음(정신, 의지)은 바뀌어야만 했으며, 백성들의 깊은 곳으로부터 변화가 일어나야만 했습니다 (겔 36:26-27 참조). 그때에 이스라엘은 하나님의 음성에 순종하게 될 것이며, 하나님과 이스라엘 사이에 "영원한 계약"(겔 37:26)이 세워지게 됩니다. 에스겔 36장과 예레미야의 "새로운 계약"(렘 31:31-34)이라는 예언은 매우 근사해 보이기 때문에 일부 학자들은 에스겔이 예레미야의 예언을 들었을 것이라고 생각하기도 합니다(버나드 W. 앤더슨, 『구약성서 이해』, 524-527).

에스겔은 그의 거룩한 백성을 거룩한 땅으로 회복시키시는 하나님의 은혜로운 행위를 선포합니다. 새로운 계약의 시대에 하나님은 그들과 함께 그들의 한가운데 계시면서, 그 거룩한 땅을 "축복의 소나기"로 적셔 주실 것이며, 평화롭고 안전한 가운데 그 수가 부쩍부쩍 늘어나게 해 주실 것입니다(겔 34:26). 이스라엘이 회복된 것에 대한 모습은 제사장 에스겔의 환상가운데서 분명하게 드러납니다. "내가 그들과 화평의 언약을 세워서 영원한 언약이 되게 하고 또 그들을 견고하고 번성하게 하며 내 성소를 그 가운데에 세워서 영원히 이르게 하리니"(겔 37:26)라고 합니다. 성전을 중심으로 함은 하나님의 백성으로 한 새로운 나라를 말하는 것입니다.

에스겔서의 역사적 배경에 대한 오늘의 교회와 한반도에서의 평화 문제는 어떤 대응을 해야 합니까? 에스겔이 본 죽은 뼈들은 마치 오늘날 그리스도인들과 교회들 그리고 한반도 평화문제 등에 생기를 잃고 두려움과 초췌한 방황 가운데 있는 우리자신들의 모습이 아닐까 합니다. 불의와 세속의 욕망의 바람이 세차게 불어 닥치는 분단의 한반도에서 그 힘이 소진한 삶의 갈등과 고뇌에 쓰러진 꼴이 아닐까 싶습니다. 주도권 다툼과 맘몬 신에 홀려 정직과 양심, 속사람 진심에서 솟아나는 꼴이란 볼 수 없는 메마르고 생기 없는 죽음의 골짜기와 같은 한반도입니다. 거기에 세상적인 안목으로 무슨 희망과 생기, 민족의 하나 됨의 숭고한 비전이 어디 있겠습니까? 그러나 살아 역사하시는 하나님은 그들에게 그의 영을 불어넣어 소생케 하고 생명을 주어 남과 북의 하나 되게 하시는 새 역사를 이루게 하십니다. 오늘날 한반도 우리 민족에게도 하나님의 영기만 주신다면 평화통일의 새 나라와 남북의 새 생명의 새 역사가 용솟음칠 것입니다. '에스겔 골짜기에 불었던 하나님의 영은 한반도 평화통일의 영'이라는 주제의 말씀을 함께 생각해 보며, 성령의 새 지혜와 능력을 기다리며 성령강림절을 보내기 바랍니다.

펜타코스트(Pentacost)의 성령강림

먼저 하나님의 영의 기운이 메말라 시들어가는 우리의 심혼에 불러오기를 열망하며 간절히 기도해야 합니다. 우리는 메마른 뼈들이 가득한 골짜기 같은 자신들의 처지를 하나님께 고백하고 하나님의 영기를 부어주시기를 간구해야 합니다. 강력한 세속풍랑에 뭇 영혼들이 쓰러지고 물질문명에 휩싸여가는 것을 보면서 하나님의 새로운 기운 없이는 하루도 제대로 살아갈 수 없음을 고백해야 합니다. 한국교회의 경우 교인들은 많으나 진리의 바른 터득은 없어 세상에 그 빛을 발하지 못하고 세상의 소금 노릇을 못한다면 잎만 무성한 나무같이 될까

두렵습니다.

지금 우리 교회들은 펜타코스트의 성령강림절을 보내고 있습니다. 최초의 교회가 지상에 탄생한 날이요, 사도행전 2장은 본래의 교회 모습을 잘 전해 줍니다. 이는 모든 땅 위의 교회의 모본이요, 항상 교회는 그 본을 본받아야 합니다. 또한 지상의 어디에 어느 교회든, 초대교회와 같은 자세를 가질 때 그 교회는 살아나고 생기 넘치는 산 신앙의 공동체가 된다는 하나님의 약속이기도 합니다. 죽은 뼈들과 같은 교회도 하나님의 영기를 받게 될 때, 새 생명으로 소생하며 하나님의 뜻을 이 땅에 이루게 됩니다.

이제 우리는 사도행전이 전하는 초대교회를 좀 더 광범하게 깊이 있게 되새기며 유념해 봐야 합니다. 1) 하나님의 영을 충만하게 받은 신도들로 생기가 넘쳤습니다. 2) 그들은 사도의 가르침을 받아 서로 교제하며 함께 먹고 기도하며 하나님을 경배했습니다. 3) 사도들로 이적기사가 많이 나타나고 믿는 자들이 물건을 서로 통용하며 필요에 따라 함께 나누어 썼습니다. 4) 날마다 마음을 같이 하며 성전에 모이기를 힘쓰고, 집에서 떡을 떼며 기쁨과 순수한 마음으로 하나님을 찬양했습니다. 5) 온 백성에게 칭송을 받기에 구원받는 사람을 날마다 더하게 했습니다(행 2:1-4, 42-47). 이상의 사건들은 초대교회에서만 나타난 사도시대의 특징이었던 사실도 있으나, 지상의 교회는 언제나 초대교회를 그 이상으로 목표하며 살고 있습니다. 한국교회도 최소한 초대교회의 모습을 되찾으려는 정성과 노력이 절실하다고 믿는 것입니다. 우리 그리스도인들은 순수하고 거짓 없는 신앙으로 기도하며 이웃과 더불어 사랑의 공동체를 이루어 갈 때 펜타코스트의 성령강림을 체험하게 될 것입니다.

한국교회 성령강림과 얽힌 이야기

한국교회는 1903년 원산에서 선교사들의 성경공부와 기도회 가운데서 성령강림 경험을 하였고, 1904년 개성지방 사경회에서도 마찬가지 현상을 경험하였습니다. 한국교회는 1907년 평양에서 성령운동의 100주년 되는 뜻깊은 기념행사를 2007년에 행한 바 있습니다. 100년 전에 있었던 성령운동의 의미를 되새기며, 현재의 교회 현실을 반성하고, 선교 2세기를 향한 올바른 교회의 미래를 전망해 보려는 것입니다. 교회의 관심은 단지 연대기적 의미만이 아니라 교회 성장의 정체라는 위기의식과 세속화된 교회 변화와 개혁의 요구가 맞물려 더욱 고조되었습니다.

1) 성령운동에 대한 정의와 평가는 한국교회 출발점을 회상하며 현재 상태를 반성하고 미래전망이라는 중요한 과제가 있습니다. 일반적으로 1907년 성령 체험을 통한 회개와 중생에 근거한 '부흥운동' 혹은 '평양 대 부흥 운동'으로써 '비정치적인 순수한 영적 운동'으로 정의합니다. 그러한 평가에는 상반된 입장이 대립되어 있습니다. 대부분은 1907년 성령운동을 회개운동, 기도운동, 전도운동, 말씀운동, 한국적 그리스도교 신앙의 형성과 토착화운동, 에큐메니칼운동, 내적 변화를 통한 교회갱신과 사회개혁운동으로 평가합니다. 그러나 이러한 긍정적 평가와는 다르게 1907년 성령운동이 몰 역사적 신앙의 강조, 교회의 비정치화, 탈지성화, 성령의 도구화와 교회주의를 가져왔다고 비판하는 면도 있습니다(『신학연구』 52, 94-95; 류장현, 『한국교회 신앙운동의 통섭』, 12-45 참조).

2) 대부분의 주한 선교사들은 비정치화를 강조하였음에도, 당시 한국교회가 민족운동의 중심에 있었다는 사실에 유의해야 합니다. 선교사들이 교인들의 애국운동, 특히 반미감정을 순화시키기 위한 노력

으로 영적 각성에 관심을 가졌고, 심지어 그런 의도에서 계획적으로 부흥회를 준비하였습니다. 그럼에도 한국교회는 일제의 침략에 맞서 정치적 투쟁을 했다는 사실이 중요합니다.

오히려 1907년 성령운동을 통해서 하나님을 체험한 교인들이 적극적으로 독립운동에 뛰어 들었다는 사실입니다. 예를 들면, 1907년 성령운동을 통해서 급성장한 교회의 내적인 영적 역량은 12년 후 1919년 3.1운동 때에 역사참여적 신앙으로 나타났습니다. 그 당시 총 인구의 1.5%에 지나지 않았던 기독교인(약 20만 성도)이 3.1운동 전체 피검자의 17.6%를 차지했으며, 특히 피검된 교역자는 244명으로 천도교나 불교의 두 배나 되었습니다. 그 결과 교회는 민족과 민중의 고난에 동참하는 애국적인 민족종교로 사람들에게 각인 되었고, 교인들은 애국자로 백성들의 칭송을 받게 되었습니다(『신학연구』 52, 105-107, 참조).

3) 성령운동의 역사적 상황: 1907년 성령운동의 의미를 정확히 이해하기 위해서는 당시의 역사적 상황이 성령운동에 어떤 영향을 주었는가를 알아야 합니다. 그것은 '청일전쟁'(1894-1895)과 '노일전쟁'(1904-1905)에서 승리한 일제가 1905년 11월 '을사늑약'을 체결하여 민족의 주권 상실의 위기가 고조되었고, 500여 년 동안 통치 이데올로기로 작용한 유교적 가치관과 봉건적 사회질서가 붕기되어 민족적 절망감과 정신적 혼돈이 심화되는 암울한 시기에 일어났으며 1907년 7월 고종황제의 퇴위, 그 해 8월에 군대해산 및 보안법과 신문지법을 통한 언론통제, 1910년 치욕적인 한일합방, 1911년 105인 사건, 1919년 1월 22일 고종황제 서거와 1919년 3월 1일 독립운동이 일어난 격동의 시기에 발전했습니다.

이러한 역사적 상황에서 한국민들은 민족주권의 상실과 경제적 빈곤으로 이중적인 고통을 당하고 있었습니다. 암울한 현실을 극복하기 위하여 낡은 세계의 붕괴와 새로운 사회의 도래를 꿈꾸는 종말론적 희망을 갈망했습니다. 특히 개혁파 인사들은 정치적 한계를 느꼈을 때 교회를 찾아서 구국운동의 새로운 방향을 모색했으며 많은 지사들과 지식인들은 기독교에 입교하여 그들의 통렬한 감정을 승화시키고 민족의 새로운 소망을 찾았습니다(이만열, 『한국기독교의 역사 II』, 48-51 참조).

4) 성령운동의 재조명: 1907년 성령운동은 1876년 "새 하늘과 새 땅의 희망"으로 한국 민중에 의해서 받은 복음이 어떻게 한국인의 영성에 뿌리내리게 되었고, 성령 체험을 통해 내적 변화를 체험한 교인들이 어떻게 사회개혁과 민족해방운동에 참여했는가를 밝힐 때 올바로 파악할 수 있습니다.

이미 밝힌 대로, 1907년 성령운동은 비정치적인 순수한 영적 각성 운동은 아니었습니다. 당시 일제의 침략에 의해 민족의 주권이 상실되는 암담한 현실에서 이 민족의 고난이 자신의 죄 때문이라는 집단적 회개운동이었고, 성령의 중생체험을 교회개혁, 사회변혁과 민족해방 운동으로 승화시킨 종교적-사회적 운동의 출발점이 되었습니다. 그것은 초월적 신앙과 역사적 상황의 결합, 즉 복음과 한국 역사의 내적 결합이었습니다. 이러한 1907년 성령운동은 새 천년 한국교회가 나아갈 방향을 제시한 것이라 할 수 있습니다. 이제 한국 그리스도인들은 하나님 앞과 민족 앞에 참회하고 새 사람으로 변화하고, 교회개혁과 민주사회 건설 그리고 평화적 민족통일에 헌신하는 책임적 실체여야 합니다.

본 회퍼의 평화사상과 한반도 평화통일

금년은 본 회퍼가 나치정권의 처형으로 순교한지 70주년이 되고 한반도 광복과 분단 70주년이 되는 해입니다. 본 회퍼는 20세기 후반

세계 교회에 큰 영향을 주었고 한국 민주화와 정의와 자유와 평화를 위해 투쟁하는 이들의 정신적 지주가 되었습니다. 그는 그리스도의 평화가 무엇인가와 평화 위해 어떻게 살고 죽어야 하는가? 그리고 평화 위해 교회는 무엇을 해야 하는가를 보여 주었습니다.

본 회퍼가 그리스도교 평화에 관심을 갖는데 영향을 준 두 사람이 있습니다. 한 사람은 프랑스인 쟝 라세르인데 본 회퍼에게 평화에 대하여 눈을 뜨게 해 준 사람입니다. 본 회퍼가 1930년-31년 뉴욕 유니온 신학교에서 쟝 라세르를 만났는데 그 때 그리스도교 평화주의에 대하여 소개하여 주었습니다. 본 회퍼는 산상설교에 나타난 평화사상을 깨닫게 됩니다. 예수의 가르침 중에서 보복 금지, 비폭력, 원수 사랑으로부터 그리스도교 평화를 깨닫고 배웁니다. 당시 독일 루터교회는 이런 평화를 생각하지 못하였습니다. 본 회퍼는 이 때 평화는 민족적 배경을 초월해야 할 필요성을 인식하였습니다.

다른 한 사람은 인도의 간디인데 본 회퍼는 간디의 비폭력 방법을 높이 평가하고, "폭력을 필요로 하지 않는 저항의 형식"에 감명을 받았습니다. 사실 본 회퍼는 인도를 방문하고 간디를 만나기로 간디의 허락을 받았으나 그 계획은 이루어지지 않았습니다. 본 회퍼는 간디가 예수의 산상설교의 가르침을 실천하고 있다고 보았습니다. 본 회퍼는 그의 평화 설교에서 "우리는 동쪽에 있는 이교도로부터 수치를 당하지 않으면 안 되는가?" 여기서 이교도는 힌두교도인 간디를 지칭한 말인데, 간디가 그리스도인보다 잘 실천했기에 수치스럽다는 표현을 한 것입니다. 본 회퍼의 평화사상은 1930년대 강연과 설교, 그의 저서 『나를 따르라』, 『윤리학』을 비롯한 그의 저서에 나타나 있습니다.

1) 본 회퍼의 평화사상은 성서에 기초한 것인데 산상설교와 구약과 복음서 바울 서신에 나타난 평화에 관한 말씀을 토대로 말한 것인

데 이는 그리스도론적이며 교회론적입니다. 그리스도는 평화입니다. 평화는 그리스도안에 하나님의 계명에 순종하도록 부르심을 받습니다. 평화 위해 일하는 것이 하나님 자녀 된 마땅한 의무와 책임입니다. 본 회퍼는 전 세계가 연합하여 평화를 만드는 것은 교회의 역할이라고 하였습니다. 교회는 민족적, 정치적, 사회적, 인종적인 모든 경계를 초월합니다. 본 회퍼의 평화는 무기와 군비화장, 안전보장의 방법을 통해서가 아니라 기도와 비폭력적 방법을 통해서 이룰 것을 말하고 있습니다. 본 회퍼는 진리와 정의가 실천되는 곳에 평화가 실현된다고 보았습니다. 평화실현의 길은 십자가를 지는 제자의 길을 가는 것이고, 하나님과 이웃 앞에서 평화를 행하는 책임을 다하는 것입니다.

1930년대 초에 평화주의를 주장하였던 본 회퍼가 1940년대 초에 히틀러 암살단에 가담한 것은 평화주의를 포기한 것이 아니라 구체적인 신의 계명에 순종한 것을 의미합니다. 본 회퍼는 "히틀러는 전쟁을 의미한다"고 말했고, 본 회퍼의 신학과 평화사상은 그의 삶 속에서 전기와 후기의 단절이 아니라, "일치 속의 다양한 모습의 결단"이었습니다. 교회의 정치적 책임을 강조하는 본 회퍼의 모습은 다음과 같이 극명히 잘 표현되었습니다. 교회가 할 일은 "바퀴 아래 깔린 희생자에게 붕대를 감아주는 것뿐만 아니라 바퀴자체를 멈추게 하는 것이다." 본 회퍼는 당시 미친 운전사인 히틀러를 제거하려고 하였던 것입니다. 스코틀랜드 신앙고백에는 폭정에 저항할 의무를 말하고 있는데 본 회퍼는 이것을 실천한 것입니다.

2) 본 회퍼와 한반도 평화통일: 한국과 본 회퍼, 한국교회와 본 회퍼는 어떤 관계입니까? 본 회퍼의 저서와 그에 관한 책들이 많이 소개되어 있습니다. 한반도 평화통일을 위해 본 회퍼의 평화사상에서 무엇을 배울 수 있습니까? 통일신학은 평화신학에 근거해야 합니다. 통

일은 평화적 방법으로 하는 평화통일이 되어야 하고 통일은 평화를 실천하는 과정입니다. 한반도의 평화통일은 한 민족의 염원이요 이뤄야 할 역사적 과제입니다. 아니 역사와 시대적 사명입니다. 예수님은 우리에게 "평화를 만드는 자들"(Peacemakers)이 되라고 하십니다(마 5:9).

평화통일을 위해 한국교회는 무엇을 할 것입니까? 먼저 교회는 평화 통일을 위해 분단으로 인한 분단 체제 속에서 증오와 적개심을 품고 대결해 왔던 잘못을 반성하여야 합니다. 역사적 잘못을 바르게 인식하고 참회하여야 합니다. 남북한은 화해하고 협력하며 불신의 장벽을 무너뜨리고 신뢰구축을 통하여 통일환경을 조성하도록 노력해야 합니다. 로마서 12장 18절 "할 수 있거든 너희로서는 모든 사람과 더불어 화목 하라"는 말씀을 실천해야 할 것입니다.

평화통일의 목표는 정의로운 평화공동체이므로 남한 사회가 정의롭고 민주적인 사회가 되도록 해야 합니다. 교회 자체부터 민주화 되어야 합니다. 한국교회는 통일 되었을 때를 위한 선교전략을 세워야 합니다. 독일교회가 독일 통일에 큰 기여를 하였듯이 한국교회도 한반도 통일을 위해 구체적인 노력을 해야 합니다. 동·서독교회들은 화해를 위한 노력과 통일을 위한 운동을 하였습니다. 라이프치히의 성 니콜라이 교회와 동 베를린의 겟세마네교회가 민주화와 변혁을 위한 전초기지 역할을 하였습니다. 서독 교회는 동독 교회에게 재정적 지원을 하였습니다. 동·서독 교회는 분단된 사회와 국가를 연결하여 주는 교량 역할을 하였습니다. 한국교회는 분단된 한반도의 남과 북을 화해시키는 교량 역할을 해야 할 것입니다. 한국교회는 민족적 과제이며 미완의 해방을 완성시키는 일인 평화통일을 위한 일에 민족적 책임을 다하여야 할 것입니다.

마감하면서

에스겔 골짜기에 나타난 하나님의 영은 예수 그리스도의 영이며 평화통일의 영입니다. 하나님의 영은 지혜와 생명의 영이요, 정의와 심판의 영입니다. 이 예수 그리스도의 영, 성령은 이제 만민에게 주어져야 할 영입니다. 이 성령은 능력과 해방의 영으로 구박이 있는 곳에 풀어주는 영이요, 불의가 성행한 곳에서 정의를 실현시키는 영이요, 거짓이 있는 곳에서 사랑과 용서의 꽃을 피우는 영이요, 어둠과 실의에 주저앉아 있는 자에게 희망과 창조적 능력을 부여하는 영입니다. 분단으로 남과 북의 소통이 끊어진 한반도 우리 민족이 진정으로 형제자매로서 하나가 되는 평화통일도 성령의 역사로 이룩하십니다. 강대국에 의존하여 실상 남북 동족끼리는 원수가 되어가는 어리석음으로부터 벗어나는 하나 됨의 민족적 결단을 해야 합니다. 나아가 평화통일 문제, 복지나라 건설, 자연생태계 회복, 이주자들(떠돌이) 문제, 양성평등의 문제, 장애인 문제 등의 올바른 해결을 위한 지혜와 능력, 이 모든 과제를 위한 선교비전을 깨우쳐 주십니다.

성령을 받은 자는 책임 질 줄 아는 자요, 정직하고 성실한 자요, 불의와 거짓과 세상적인 모든 것에 예속되지 않은 자유인입니다. 그는 창조적 능력을 이어받은 만물과 역사와 운명의 주인입니다. 그는 창조의 수고를 할 줄 알며 안식의 기쁨을 즐길 수 있는 자유인, 곧 그리스도의 현존을 사는 자입니다. 오순절 성령강림의 은혜가 충만하고 초대교회와 같은 그리스도인다운 삶의 은혜가 가득하기를 바랍니다.

자랑스런 신앙의 조상과 효도
2015년 5월 가정의 달

사도행전 10:1-23, 에베소서 6:1-4

시작하는 이야기

금년 5월에는 어린이주일(3일)과 어린이날(5일)이 있고, 8일에는 어버이날과 주일(10일)과 스승의 날(15일) 그리고 성년의 날(18일)과 부부의 날(21일)이 있고 성령강림주일(24일)이 있는 행사로 분주한 달입니다. 그런데 미국에서는 5월 둘째 주일을 어머니 날로 지키며, 6월 셋째 주일을 아버지 날로 각각 지킵니다. 우리나라는 1974년부터 어머니뿐만 아니라 아버지도 함께 효도하는 의미에서 '어버이날'(Parent's Day)이라고 명하고 지키고 있습니다.

미국 '아버지 날'의 기원과 의미는 다음과 같은 기원이 있습니다. '아버지 날'의 기원은 미국 남북전쟁에서 돌아온 스마트(William Smart) 씨에게로 거슬러 올라갑니다. 전쟁이 끝나 집에 돌아 왔을 때 아내는 죽고 6명의 아이들만 남겨진 비참한 가정을 맞게 되었습니다. 그러나 스마트는 낙심하거나 좌절하지 않고 21년간 6명의 자녀들이 훌륭하게 양육되고 교육받도록 모든 심혈을 기울였습니다. 장하게 자란 아이들을 본 이웃들은 이런 아버지를 칭송하기 시작했고 마침내 자랑스런 아버지의 귀감이 됐습니다. 그의 희생과 사랑을 기억하며 마련한 것이 '아버지날'입니다. 따라서 아버지날은 아버지나 남편의 대우를 기대하기에 앞서, 내 자신이 얼마나 훌륭한 아버지인지, 오늘의 귀감이 되는 가정인지를 자문하는 날이기도 합니다.

우리나라의 5월은 그 외에도 잊을 수 없는 날들로 수놓아 있습니다. 5월을 맞아 가정의 기본이 되는 '자랑스런 신앙의 조상과 효도'에 대한 말씀을 나누어 보도록 하겠습니다.

백부장 고넬료의 이야기

사도행전 10장에 팔레스타인 가이사랴에 고넬료라는 로마 주둔군 백부장의 이야기가 나옵니다. 비록 점령군 이방의 지휘관이었으나 그는 많은 다른 로마군 지휘관들과는 달리 하나님을 두려워하며 온 가족이 다 신앙을 가진 경건한 사람으로 소개됩니다. 점령지 피지배의 유대인들에게 자선을 베풀며 늘 하나님께 기도하기를 게을리하지 않았습니다. 하나님은 그런 이방 지휘관을 귀히 보시고 하나님의 특별한 계시를 보이셨습니다. 성령의 은총으로 초대교회사에서 잊을 수 없는 하나님의 사람으로 역사하게 했다는 기록입니다. 그의 "기도와 자선 행위가 하나님 앞에 상달되어, 하나님께서 기억하고" 욥바라는 곳에 있는 베드로를 초청하게 됩니다. 그리고 고넬료는 가족, 친척, 이웃의 친지들까지 초청하여 베드로를 통해 하나님의 말씀을 들으려고 준비하며 기다리고 있었습니다.

도착한 베드로는 하나님은 어느 민족이나 구별하지 않으시며, 그분을 두려워하고 의를 행하는 사람들에겐 예수 그리스도를 통해 평화를 주심을 깨달았다고 고백합니다. 그는 "만민의 주님"이요 억눌린 자들을 고쳐주며 그를 믿는 자는 누구든지 죄 사함을 받는다고 증언했습니다. 이런 증언을 듣던 고넬료 등이 성령으로 충만하자 그리스도의 이름으로 세례를 주며, 국경과 종족을 넘는 하나님의 역사가 가이사랴에서 일어난 것입니다. 로마 지휘관 고넬료의 가정이 하나님을 두려워할 때 하나님은 저들을 기억하셨습니다. 예수님의 수제자 베드로까지 불러 하나님의 말씀을 듣고 성령의 충만한 가정이 되게 한 것입니다. 가장이 된 아버지와 남편된 자들의 신앙을 보기 어려운 오늘날 부럽고 축복된 자랑스런 그리스도인 가정인 것입니다.

이방나라에서 점령지의 지휘관이던 고넬료 정도면 그 당시의 기호가 되는 야외극장, 사람과 사자의 결투장, 경마나 사냥 등 소일거리가 많았습니다. 당시의 유행과는 달리 고넬료는 하나님을 두려워하는 신앙을 중심으로 그의 온 가족과 함께 피지배인을 위한 자선과 기도회, 선교를 우선시하며 살았다는 사도행전의 역사적 기록은 오늘 우리의 마음을 사로잡는 감동적이고 자랑스런 이야기입니다. 고넬료가 베드로를 청하여 하나님의 말씀을 듣고 성령의 감동을 받으며 보람되게 살았듯이 오늘 우리 가장들도 하나님 말씀을 바로 가르침 받고 올바르게 이해하며, 후손들의 훌륭한 조상이 되어야 합니다.

자랑스런 건국의 조상들

종족들과 나라들의 역사를 보면, 종족의 먼 장래를 바라보지 못하며 자신의 이익이나 욕심, 안일한 날들밖에 모르는 조상들은 후손들의 존경을 얻지 못할 뿐 아니라 부끄러운 조상들이었다는 핀잔을 면치 못할 것입니다. 그러나 비록 고되고 힘들지라도 종족과 나라의 대계를 세우고 민족의 행복과 자유번영을 위한 기초를 현명하게 다지는 조상들은 세월이 갈수록 후손들의 존경과 기림을 받는 것을 보게 됩니다. 북미와 남미, 서구와 동구, 그 밖의 새롭게 시작되는 세계의 여러

나라들이 자기나라의 헌법이나 정치체제, 사회제도, 그 밖의 생활습관이나 풍속에 이르기까지 조상들의 신앙과 지혜가 크게 차이가 나는 것을 보게 됩니다. 훌륭한 조상을 가진 나라나 후손들은 조상의 덕을 입고, 못난 조상을 가진 후손들은 부끄러움을 당하며 오늘날까지 가난하고 어렵게 살고 있는 것입니다.

미국 사우스 다코다주의 러쉬모어 산정에는 4명의 대통령들의 얼굴이 화강암 벽에 조각되어 있습니다. 워싱턴, 제퍼슨, 루즈벨트와 링컨의 얼굴들입니다. 이 조각상은 이집트의 피라미드보다 더 큰 것으로 워싱턴의 머리만도 18미터이며, 그 전체높이는 142미터나 됩니다. 그런데 이들의 공통점은 저들이 하나같이 하나님의 말씀인 성경을 그들의 생활 이념으로 삼은 것입니다.

초대 대통령 워싱턴은 취임식에서 "성경이 아니면 세계를 다스릴 수 없다"면서 성경에 손을 얹고 선서했습니다. 제퍼슨(T. Jefferson)은 미국 독립선언서의 작성자로서 "미합중국은 성경을 반석으로 삼아 서 있다"고 강조했습니다. 링컨은 가난하여 초등학교도 졸업을 못했으나 언제나 성경을 옆에 두고 부지런히 읽고 그 말씀대로 살려고 힘썼습니다. 대통령이 된 뒤에도 성경을 집무실 책상에 두고 읽었으며 성경은 하나님이 준 가장 좋은 선물이라고 했습니다. 신실한 그리스도인 부모 밑에서 성장하여 대통령이 된 루즈벨트(T. Roosevelt)는 "어떤 방면에서 활동하는 사람이든지 그가 자기의 생을 참되게 살기를 원한다면 나는 그에게 이 성경을 연구하라고 권하겠다"고 했습니다. 실로 하나님의 말씀은 살아 역사하는 힘이 있어, 누구든지 이 말씀을 바로 듣고 이해하며 실천하는 사람은 그들의 생이 변하여 보람된 삶을 살게 합니다. 성경은 사람을 역사에 공헌하게 하는 위력이 있음을 체험하며 간증하게 합니다.

바울과 디모데는 신앙의 부자관계

바울은 가끔 자신과 자신의 개종자들과의 관계를, 마음을 쓰는 아버지의 관계로 표현합니다(고전 4:14, 고후 6:13, 갈 4:19, 살전 2:11, 몬 10). 바울은 그의 1차 선교여행 동안에 디모데를 개종시켰는지도 모릅니다(행 14:8-20). 그리고 2차 선교여행 동안에 디모데를 함께 사역하라고 불렀습니다(행 16:1-3). 디모데는 청년으로 이후 바울의 선교여행에 줄곧 동행합니다. 바울은 교회에 보내는 아홉 통의 편지에서 그를 "동역자"라고 일곱 번이나 언급합니다. 디모데는 그의 어머니가 유대인이었기 때문에(행 16:1) 유대인으로 인정받았습니다. 그러나 아버지가 이방인이며 할례 받지 않았다는 사실을 유대인들이 알고 있었기에 바울이 그에게 할례를 행하여 유대인들이 그를 온전히 용납하도록 하였습니다.

바울은 현재의 악한 세대(갈 1:4)와 하나님께서 자신의 통치를 확립하실 앞으로 올 세대를 비교, 대조합니다. 바울은 이 두 세대를 에베소서 1장 21절에서 "이 세상과 오는 세상"이라 부릅니다. 바울의 글을 보면 데마가 바울을 버렸을 뿐만 아니라 기독교신앙도 동시에 떠났음을 시사합니다. 그러한 당시 시대적 상황 속에서 바울은 디모데에게 간곡하게 선교의 명령을 내리고 있는 것입니다.

"하나님 앞과 살아있는 자와 죽은 자를 심판하실 그리스도 예수 앞에서 그가 나타나실 것과 그의 나라를 두고 엄히 명하노니"(딤후 4:1), "너는 말씀을 전파하라 때를 얻든지 못 얻든지 항상 힘쓰라 범사에 오래 참음과 가르침으로 경책하며 경계하며 권하라"고 합니다. 디모데후서의 주제는 '인내'입니다. 디모데는 모든 고난과 반대에 직면하여도, 예수 그리스도를 충실하게 계속 증언하고, 복음과 구약성경의 참된 가르침을 견지하고(딤후 3:15) 교사와 전도자로서 의무를 다하라는 권고와 격려를 받습니다. 디모데는 특별히 "망령되고 헛된 말"에 휩쓸리게 되는 위험에 대한 경고를 받습니다(딤후 2:16). 끝으로 디모데는 바울의 삶과 목적의 모범, 즉 그의 믿음, 오래 참음, 사랑, 박해에서 오는 고난을 상기하라는 충고를 받습니다. "때가 이르리니 사람이 바른 교훈을 받지 아니하며 귀가 가려워서 자기의 사욕을 따를 스승을 많이 두고 또 그 귀를 진리에서 돌이켜 허탄한 이야기를 따르리라"(딤후 4:3-4)하신 말씀은 오늘의 이 세대를 보고 또한 이 땅의 교인이나 교회양상을 보면서 뼈가 저리도록 실감하게 됩니다. 하나님을 배반하고 자기와 돈을 사랑하며 진리보다는 쾌락을 더 사랑하는 시대는 언제나 있어 왔으나 오늘의 양상은 어느 시대 보다 더 심하여 하나님도 진리도 외면하고 자기와 돈과 쾌락이 판을 치는 그 상황이 극한에 이른 듯합니다.

오늘 우리 한국 교회와 그리스도인들은 "하나님과 세상 앞에 참회하는 교회"(욥 42:6, 행 20:28, 마 6:24)로서 새로운 자각과 새로 태어남을 경험하고 새로운 선교, 사회와 역사참여를 통한 예언자적 역할과 사명에 충실해야 합니다. 더 나아가서는 '에큐메니칼 운동', '하나님의 선교'(Missio Dei)가 되어야 할 것입니다.

세월호여! 따뜻한 불씨가 되소서!

세월호 참사 1주기를 맞은 지난 4월 16일 저녁 서울시청 앞 서울광장에서 정부가 내놓은 세월호 선체인양 공식선포를 촉구하는 '4.16 약속의 밤' 추모제가 열렸습니다. 유가족 230명 포함 5만여 명이 모인 추모제에서 참석자들은 정부의 미온적 태도를 질타하였습니다. 세월호 참사 1주기를 보내며, 아직도 세월호가 왜 침몰했는지, 학생들 구조를 왜 하지 않았는지, 그 책임은 누구에게 있는지 어느 것 하나 밝혀진 게 없기 때문입니다. 바라기는 세월호와 같은 불행이 다시 일어나지 않도록 철저한 진상규명과 앞으로 남은 9명도 가족의 품에 돌아오도록 세월호의 온전한 인양을 바랍니다. 세월호 이후에는 자본의 탐욕과 정경유착, 종교의 타락이 빚어낸 참극이 다시는 일어나서는 안 됩니다. 전반적인 변화를 이끌어내는 주체로 거듭나야 합니다. 유가족들과 뜻있는 이들의 마음이 정치적 허무주의에 빠져드는 현 상황에서 새로운 변화를 몰고 올 따뜻한 불씨가 되기를 소망합니다.

우리는 단지 1천억 원짜리 배 한 척을 복원하고자 하는 것이 아닙니다. 우리의 요구는 세월호 침몰 앞 뒤 전 과정을 거울같이 드러내는 진실의 인양입니다. 이를 위해 사회정의를 인양하고자 하는 것입니다. 이는 내다버린 죽음을 생명이게 하고자 하는 성스러운 행위입니다. 한낱 돈만으로는 가늠할 수 없는 공동체에 대한 최소의 믿음과 기대가 더는 증발하지 않기 위한 몸부림이고 투쟁입니다. 지금 이 땅의 우리는 우리자신을 구원하고자 하는 간절함이 있습니다. 인양이라는 말의 참뜻이 이것입니다. 그 인양의 동력이 바로 대중의 기억이고 곧 역사입니다. 세월호 이후 보수, 진보의 벽을 깨고, 깊은 성찰과 논의를 통해 우리사회가 진실과 화해의 길로 나가야 합니다. 세월호, 따뜻한 불씨가 되기를 기다립니다.

효도의 지혜(wisdom of filial piety)에 대하여

에베소서 6장 1-4절 말씀은 부모자녀관계를 되새기게 합니다. "자녀들아 주안에서 너희 부모에게 순종하라 이것이 옳으니라 네 아버지와 어머니를 공경하라 이것이 약속이 있는 첫 계명이니 이로써 네가 잘되고 땅에서 장수하리라 또 아비들아 너희 자녀를 노엽게 하지 말고 오직 주의 교훈과 훈계로 양육하라"고 합니다. 이것은 옛 복음이요 영원한 복음이요 오늘의 복음입니다. 장수하지 못합니까? 원인은 효도하지 않았기 때문입니다. 효의 가정에 장수가 있습니다. 부모님의 소중한 지혜와 교훈과 그 귀한 덕의 유산을 소중히 여길 때 거기에 축복이 있고 생명이 있고 부귀도 영화도 장수도 있습니다. 효 하겠다는 마음은 간절하면서도 때로는 효도의 지혜가 없습니다.

모든 어버이들은 자녀 사랑을 하되 노엽게 하지 말고 주의 교훈과 훈계로 할 것입니다. 사랑에는 세 가지가 있습니다. 하나는 '만약에' 하는 사랑입니다. 만일에 이렇게 해주면 나는 이렇게 하겠다 — 조건적입니다. 둘째는 '때문에' 하는 사랑이 있습니다. 신세를 많이 지고 나서 사랑하는 유의 사랑입니다. 세 번째는 '그럼에도 불구하고' 하는 사랑입니다. 탕자의 아버지가 탕자를 사랑합니다. 그 자식이 이미 아버지를 등졌고 집을 나갔습니다마는 아버지는 한결 같은 마음으로 그를 사랑합니다. 부모의 사랑이 차원 높은 것은 바로 이 때문입니다. '만약에, 때문에'가 아니고 아무 조건도 없습니다. 오직 하나, 내 자식이기 때문에 사랑하는 것입니다. '그럼에도 불구하고' 사랑합니다. 이 사랑을 우리가 슬프게 해 드려서는 안 될 것입니다. 깊이 간직하고 자녀와 부모관계의 효도의 지혜를 다해야 할 것입니다.

제가 1999년 9월부터 2001년 5월까지 프린스턴 신학교에서 청강을 하며 도서관에서 지낸 바가 있습니다. 그 기간에 만나 뵌 분이 있는데, 명예교수로 계시는 샘 마펫 목사님입니다. 그는 교회사학자로 큰 저서도 남겼지만 참 효도의 본을 보여준 분이라 생각됩니다. 그의 아버지가 사무엘 마펫 선교사로 평양에서 사역을 많이 하였습니다. 그런데 그 아들 샘 마펫도 미국에서 공부를 많이 하고 대학교수가 되고 대학총장 물망까지 올라간 유명한 학자인데, 다 버리고 한국에 나와서 선교사로 일하겠다고 합니다. 왜요? 그는 아버지 마펫 선교사가 시무하던 평양에서 태어났거든요. 아버지가 한국을 사랑했고, 한국 민족을 위해서 한평생 살았기 때문에 자식인 자기도 여기에 와서 그렇게 살다가 가겠노라 해서 40년 동안을 선교사로 일한 분입니다. 아버지의 유지를 이어받아서 입니다. 그러기 전에는 그 아버지의 아들이 아니라고 하는 것입니다. 얼마나 소중한 효자입니까. 깊이 생각해야 합니다. 그리고 효가 사람에게 참 용기를 줍니다. 여러분, 부모의 뜻을 소중하게 여기는 바로 그 마음이 부모를 기쁘게 하는 것입니다. 만약 부모님이 돌아 가셨습니까? 이제 하나님 나라에서 여러분을 지켜보고 있을 것입니다. 그 부모님을 기쁘게 해 드리기 위해서는 오늘 성실하고 진실하고 정직하게 살아가야 합니다.

결론의 이야기

이제 결론의 부분에 와서, 신앙의 아버지상을 보여 준 분의 이야기 하나와 효도의 지혜를 발휘하도록 돕는 두 신앙인의 이야기를 하겠습니다.

1) 세계 2차 대전의 두 주역을 대조하여, 신앙의 가정의 배경이 얼마나 중요한가를 예로 들어 보겠습니다. 불신 가정 출신 히틀러(Adolf Hitler)와 가난한 신앙의 가정 출신 아이젠하워(D. W. Eisenhower)입니다. 먼저, 히틀러는 술주정뱅이의 아들이고 히틀러 역시 불량배들과 어울려 군대생활 7년에, 정치활동에 가담, 감옥, 정권 잡고, 유럽을 전쟁으로 몰아넣은 전쟁광이 되고, 6백만 명이 넘는 유대인 학살, 전제군주로, 그러나 연합군의 승리로, 그는 베를린의 한 병거에서 자살로 막을 내려, 참으로 악마보다도 더 무서운 죄악을 저지르고 저승으로 도망해 버린 것입니다.

그러나 아이젠하워는 가난한 농부의 집안, 어려서부터 신앙교육을 받은 하나님 믿는 평화로운 가정 출신, 웨스트포인트 육사 생도 때 풋

불선수, 신앙 인격자로 친절과 겸허, 주변의 호감과 신뢰를 받고, 마침내 유럽군 총사령관으로 독일과의 전쟁을 승리로 이끄는 사랑 받는 장군이 되었습니다. 미국 34대 대통령 역임, 1969년 80세로 별세, 히틀러와는 너무나 대조적입니다.

아무리 시대가 변하고 적그리스도적인 시대적 삶의 상황이 전개된다 해도, 우리는 어떤 가정을 택할 것입니까? 여호수아가 방황하는 이스라엘을 향해 "너는 섬길 자를 오늘 택하라 오직 나와 내 집은 여호와를 섬기겠노라"(수 24:15)고 선언 했습니다. 오늘 우리 그리스도인들은 하나님을 택해 자기 가정과 이 시대의 구원자가 될 것을 권고하는 것입니다. 그리고 자랑스런 신앙의 아버지가 되기를 바랍니다.

2) 이제 효도의 지혜를 촉발시키는 두 사람의 이야기를 예로 들어보겠습니다. 여러분! 어떻게 부모님을 기쁘게 해 드릴 수 있습니까? 악성 베토벤은 17세에 어머니를 여의였습니다. 11년 후에 그는 청각장애자가 됩니다. 음악을 하는 사람이 귀머거리가 되었으니 어떻게 음악을 합니까? 그는 비관하고 유서를 써놓고 자살하려고 합니다. 그런데 바로 그 순간, 어머니의 얼굴이 불쑥 떠오릅니다. 기도하시는 어머니의 모습이 눈앞에 확 다가옵니다. 그는 그 자리에서 "어머니 죄송합니다"하며 통곡을 하고 회개하고 유서를 찢었습니다. 청각장애자로서 작곡을 합니다. 자신이 작곡한 것을 자신은 들어 보지 못하면서 오늘 우리가 듣는바 그 많은 훌륭한 음악을 창작해 낸 것입니다. 참 놀랍고 숭고하기까지 한 기이한 이야기입니다.

또 하나의 신앙의 어머니가 아들을 신앙으로 인도하려는 지극한 정성을 발휘한 이야기입니다. 록펠러의 어머니는 다음과 같은 10가지 유언을 남겼답니다. 1) 하나님을 친 아버지로 섬겨라. 2) 목사님을 하나님 다음으로 섬겨라. 3) 주일예배는 본 교회에서 지켜라. 4) 오른쪽 주머니는 항상 십일조 주머니로 하라. 5) 아무도 원수를 만들지 말라.

6) 아침에 목표를 세우고 기도하라. 7) 잠자리에 들기 전 하루를 반성하고 기도하라. 8) 아침에는 꼭 하나님말씀을 읽으라. 9) 남을 도울 수 있으면 힘껏 도우라. 10) 예배시간에는 항상 앞에 앉으라. 이상의 유언에는 순수한 한 어머니의 간곡함과 직설적인 권면이 담겨 있습니다.

여러분! 부모님이 계시다면, 그를 어떻게 기쁘게 해 드릴 것입니까? 부모님이 돌아 가셨으면 이제 어떻게 해야 효자 되는 것입니까? 우선 부모님을 기쁘게 하는 거기에 마음을 둡시다. 그를 기쁘게 하시기 바랍니다. 그리할 때 효가 가풍에 이어질 때 후손들이 복 될 것입니다. 주 예수를 믿고 구원에 이르게 됩니다. 그러나 복은 효를 통해서 받는 것입니다. 약속된 축복입니다. 잃어버린 효를 다시 찾아서 이 땅에 하나님의 축복이 나타나게 되기를 바랍니다. 가정의 달에 북한 땅의 온 가정을 포함해서 우리 온 땅 위의 가정들에게 하나님의 은총이 함께하시기를 바랍니다.

내 백성을 위로하라

2014년 강림절

이사야 40:1-11

시작하는 말: 역사적 배경

제2이사야 책의 배경은 주전 6세기 중반경 페르샤제국 고레스왕의 등장과 급격한 역사적 변동이 일어난 때였습니다. 고레스왕은 다른 고대의 정복자들과 달리 그는 매우 자비롭고 인간미가 있는 인물이었습니다. 그는 앗시리아와 바빌론의 피정복민들을 이주시켜서 외국에 정착시킨 정책을 폐지하였으며, 포로들을 고향으로 돌려보내기도 하였습니다. 그는 인류역사상 가장 의식 있는 지도자 중의 한 사람으로 불릴만 했습니다.

이사야 40장부터 55장까지를 '위로의 신학'이라 하여 제2이사야로 구분하여 부릅니다. 제2이사야는 처음부터 끝까지 위로와 격려의 말로 일관되어 있습니다. 제2의 출애굽운동을 기대하면서 고향에로의 복귀라는 역사적 임무를 일깨워 줍니다. 사죄와 해방에서 그는 새로운 출애굽을 상상합니다. 여호와의 영도 하에 환국하는 그의 백성과 광야를 통한 여호와의 대로를 준비하며 노래합니다.

제2이사야는 바빌론 포로말기(540 B.C.)에 예언활동을 시작한 것으로, 포로민들을 위한 목회자로서 처음부터 동족을 위로하고 격려하여 조상들이 출애굽 하였듯이 바빌론 탈출의 새 역사를 열어야 한다고 강조하였습니다. 이스라엘은 애굽의 굴레에서 해방시켰다는 이스라엘의 고대 신앙고백처럼, 여호와께서 '능력의 손과 펴신 팔'을 다시 한번 드러내실 것입니다. 제2이사야, 무명의 예언자는 모세를 통한 이스라엘 구원의 출애굽 전승과 시온산(다윗)의 선택이라는 다윗 왕조의 전승인, 이스라엘의 주된 두 신학적인 전승을 하나로 융합시키고 하나님 나라의 복음을 선포했습니다.

위로하라 내 백성을 위로하라

너희의 하나님이 이르시되 너희는 위로하라 내 백성을 위로하라 너희는 예루살렘의 마음에 닿도록 말하며 그것에게 외치라 그 노역의 때가 끝났고 그 죄악이 사함을 받았느니라 그의 모든 죄로 말미암아 여호와의 손에서 벌을 배나 받았느니라(사 40:1-2).

위 말씀이야말로 기다리다가 지쳐있는 이스라엘 공동체에 이 얼마나 기쁜 소식입니까. 1945년 8월 15일 일본이 연합군에게 항복했다는 소식을 들었을 때의 기쁨에 상응합니다. 그러나 이와 같은 기쁜 소식을 전하는 시인은 결코 백성들의 죄를 경시하지 않습니다. 조상 때부터 지은 그들의 죄를 낱낱이 고발합니다(사 42:18-25, 43:22-28). 그러나 그의 강조점은 거기에 있지 않습니다. 여호와의 손에서 죄값을 곱절이나 받았고, 이제는 그 복역기간이 끝나서 풀려나게 됐다는 것입니다. 그뿐만이 아닙니다. 이제 앞으로 될 일을 위해서 두려워하지 말라고 격려합니다. 이제부터 여호와가 그들의 하나님이 되어주신다는 것입니다. 그러면서 그 하나님이야말로 영원하신 하나님, 땅끝까지 창조하신 분, 힘이 솟구쳐 피로를 모르시고 슬기가 무궁하신 분, 그를 믿고 의지하는 자에게는 뛰어도 달음박질하여도 고단하지 않은 힘을 주시는 분이라고 말합니다(사 40:28-31). 그가 이제 이스라엘과 영원한 계약을 맺을 것이랍니다(사 3:3 이하). 얼마나 신나는 소식입니까.

그러나 여호와가 이스라엘백성과 맺는 새 계약은 단지 이스라엘만을 위한 것이 아닙니다. 이 새 계약은 이스라엘로 하여금 만방을 여호와께로 이끌어 오는 그의 종이 되게 하는 계약입니다.

이 말씀을 오늘 우리의 현실에서 어떻게 받아들여야 합니까? 지난 세월 우리는 일제의 억박 통치하에서 36년간을 보냈습니다. 또 8.15 해방이란 것도 우리의 의도와 아무 상관없이 남북분단은 현실화 되었고 그 비극을 아직도 겪고 있습니다. 둘로 나누인 채 골육상쟁의 6.25 전쟁을 겪어야 했습니다. 내년이면 70년이 되는 지구상 유일한 분단국으로 동족 서로의 가슴에 총칼을 겨누고 대량 살상 최신무기를 만들며 사들이고 세계 최대의 미국 전술 핵폭탄 기지 한 가운데 있습니다. 주권국가 국민으로서 자존심 상하게도 한·미 방위조약 관련해서 '전시작전권' 환수 시기를 정부가 쉽게 연기해 버리는 이유는 무엇입니까? 이러한 상황에서 8.15해방을 제1의 출애굽으로 상정하고, 분단의 벽을 깨뜨리고 평화통일을 제2의 출애굽으로 희망해 볼 수 있을 것입니다. 이러한 현실 속에서 남과 북의 백성들은 무명의 예언자 제2이사야의 선포를 어떻게 받아들여야 합니까? 하나님, 우리 민족을 긍휼히 보시고 주님의 크신 위로와 한반도의 복역의 때가 찼으니 평화와 통일을 이루어 주옵소서.

고난의 종, 여호와의 종은 누구인가?

제2이사야는 포로민들이 해야 할 바가 무엇인가를 말해줍니다. 고난을 체험하여 고난의 의미를 넓고 깊게 알고 있는 포로민들이야말로 하나님의 참 증인이 될 수 있다는 것입니다. 여기 증인이란 뜻은 세계 만방에 하나님이 창조주시며 구원과 사랑과 평화와 영광과 심판을 할 수 있는 유일하고 전능한 분임을 증거하는 증인이란 것입니다. 시련을 당해 본 사람이 시련의 의미를 알고, 고난을 당해 본 사람만이 고난의 깊은 뜻을 알 수 있습니다. 고난을 겪어 본 사람, 고난을 통하여 희망의 삶을 얻은 사람만이, 고난당하는 사람들에게 위로와 희망을 전해줄 수 있습니다. 왜냐하면 그의 증언은 삶의 경험을 통해서 얻은 진실이기 때문입니다.

그런데 하나님의 백성은 왜 그렇게 고난을 받아야 했습니까? 그 지긋지긋한 고난의 현실은 무엇을 의미하는 것입니까? 이것은 역대 예언자들의 숙제였습니다. 죄의 벌이다, 더 좋은 것을 위한 훈련이다, 하나의 신비다 하는 여러 가지 해석들이 있었습니다. 그러나 대속(代贖)을 위한 고난이란 단정은 제2이사야에서 비로소 밝혀진 진리입니다. '고난의 종의 노래'는 구약의 복음서이며 그 절망에서 빛나는 구원의 봉화(烽火)였습니다.

이 '고난의 종의 노래'는 네 개의 독립된 노래로 나타나 있습니다. 1) '그는 만방에서 공의를 나타낼 것이라'(42:1-4). 2) '여호와께서 나를 태중에서 부르셨다'(49:1-6). 3) '그가 아침마다 나를 깨우치신다'(50:4-9). 4) '그는 슬퍼하며, 애통해하는 사람이었다. 고난의 사람'(52:13-53:12).

마지막 시(詩)는 그리스도인들에게 가장 잘 알려진 구절입니다. 왜냐하면 그 구절은 예수 그리스도의 고난을 묘사하는 것으로 적절하기 때문입니다. 기독교적인 관점에서 볼 때 이것은 바로 예언의 가장 깊은 의미이며 예언의 성취라고 할 수 있습니다. 이 고난의 종은 하나님의 영을 받은 사람으로서 고요히 소리 없이 천하에 공의를 베풀 사람이었습니다. 페르샤의 고레스왕도 '하나님의 종'이라 하였으나, 그는 군사적으로 정복하는 회리바람 같이 요란한 존재였습니다. 그러나 이 고요한 정복은 스스로의 고난을 통하여 달성한다는 것입니다.

그는 멸시를 받아 사람들에게 버림받았으며 간고를 많이 겪었으며 질고를 아는 자라 마치 사람들이 그에게서 얼굴을 가리는 것같이 멸시를 당하였고 우리도 그를 귀히 여기지 아니하였도다(53:3).

그러나 그의 고난은 스스로의 죄과 때문이 아니었습니다.

그가 찔림은 우리의 허물 때문이요 그가 상함은 우리의 죄악 때문이라 그가 징계를 받으므로 우리는 평화를 누리고 그가 채찍에 맞으므로 우리는 나음을 받았도다(53:5).

그는 마침내 입을 열지 않고 잠잠히 죽음에 나아갔습니다. 세인은 그를 멸절 속에 던졌고 그 무덤이 악인과 함께 되었으나, 그 몸이 속죄제물로 하나님께 가납된 때, 그는 영원한 존귀에 오를 것이라 하였습니다(53:7-12).

이 '여호와의 종'이 이스라엘로서의 종, 이스라엘 민족을 인격화한 것이냐 또는 어떤 특정한 개인의 출현을 예언한 것이냐 하는 것은 끊임없는 논쟁거리로 되어 있습니다. 이스라엘이 여호와의 종이라고 선포되는 경우, 종의 역할은 여호와의 선택된 백성으로 그 임무가 주어져 있습니다. "나의 종 이스라엘아, 나의 택한 야곱아, 나의 벗 아브라함의 자손아"(41:8-10). 이 구절들은 이스라엘의 사명은 곧 종의 사명이라는 느낌을 줍니다.

또한 "나"라는 1인칭 화자는 개인으로 나타납니다. 그리고 이런 느낌은 고통을 겪는 사람이라는 이사야 53장의 구체적이고 개인적인 묘사에서 더욱 강해집니다. 이 '고난의 종의 노래'가 그리스도라는 한 개인에게 응하여졌다고 보는 것입니다. 그러할 때에 그리스도는 이스라엘 전 역사(全歷史), 아니 전 우주의 경륜이 지향하고 걸어온 유일한 초점입니다("성서해설", 『장공전집 3』, 108).

이스라엘 조상들 가운데 아브라함과 사라, 그 외의 경우를 살펴보아도 그들은 분명히 개인으로 서술되지만 그들에 관한 많은 본문들은 그들의 생애가 전 공동체를 대표하는 것으로 기술하고 있습니다. 개인과 공동체는 구분되지 않은 채 심리적인 통일성을 가지고 혼합되어 있는 것입니다(버나드 W. 앤더슨, 『구약성서이해』, 585).

여호와의 길을 예비하라

"사막에서 우리 하나님의 대로를 평탄케 하라"고 하십니다. 우리에게 오시는 그 이를 맞이하기 위하여 우리도 그 '새길'을 마주 뚫어야 한다고 제2이사야는 말합니다. 그 길은 세상의 군사력에 의한 정복의 길, 불의한 폭력의 채찍으로 노예를 괴롭히며 뚫는 길이 아니라, 평화의 임금이 오시는 길, 평화를 소망하는 이들이 즐거이 노래 부르며 기쁨에 벅차서 신명을 내어 새로 만든 길입니다. 그래서 불의의 길이 아니라 정의의 길이며, 전쟁과 살육의 길이 아니라 평화와 구원의 길이며, 거짓의 길이 아니라 진리의 길이고 해방과 자유의 길입니다. 그러기에 우리는 사막에 정의의 길을 내고, 벌판에 평화와 통일의 길을 훤히 닦아야 하며, 부패한 쓰레기의 골짜기를 깨끗하고 좋은 새 흙으로 메꾸어야 합니다. 그래야 하나님께서 우리 앞에 그 영광된 모습을 드러내실 때 우리는 비로소 그 영화를 볼 수 있게 되리라고 무명의 예언자는 여호와의 말씀을 받아 외칩니다.

이것은 포로생활로 절망하고 있는 이스라엘 백성에게 하나님께서 구원자로 오실 때 신분이 높은 사람이나 신분이 낮은 사람이나 모두 그 앞에 무릎 꿇게 하라는 의미를 담고 있습니다. 인간 안에 도사리고 있는 울퉁불퉁한 것, 구부러진 것, 죄악이나 정욕, 악한사상이나 이데올로기, 우상숭배나 음란한 것, 세상적인 모든 것들을 제거하라는 것입니다.

나는 누구인가?

그런데 우리가 여호와의 영광을 뵙기 전에 먼저 그 분을 만나야 하는 우리자신의 정체가 무엇인가를 분명히 깨달아야 합니다. '나는 누구인가' 하는 자기정체성(identity)의 확실한 규명 없이는 나를 일깨우시고 새롭게 하여 함께 일 할 목적으로 내게 오시는 하나님과의 만남은 의미가 없기 때문입니다. 그러므로 우리는 내가 무엇이며, 어떤 존재이기에 여호와 하나님이 내게 절대적으로 필요하신 분인가? 나의 하나님이 되셔야 하는가에 대하여 먼저 깨달아야 합니다. 이것이 진정한 만남의 기초입니다.

그러나 우리의 정체성은 인간자신의 생각이나 규명에 의해 그 실체를 명확하게 드러낸 적이 없습니다. 인류역사가 이 땅에서 시작된 이래 많은 사람들이 '인간이 무엇이냐'라는 명제를 가지고 몸부림치며 해답을 얻으려고 애써 왔지만 드러난 그만큼 오히려 불확실하고 모호한 존재인 채로 남아 있습니다. 누가 '이것이다!'라고 말하면, 다른 쪽에서 '아니다 저것이다'라고 말합니다. 그러나 인간은 무엇인가에 대한 해답을, 여호와께서 말하는 자의 소리여 '외치라!'고 명령하십니다.

이르되 "내가 무엇이라 외치리이까"(40:6)하고 묻습니다. 그러자 인간을 창조하신 하나님의 명확한 대답이 나왔습니다. 그것은 놀라운 대답이었습니다. "모든 육체는 풀이요 그의 모든 아름다움은 들의 꽃과 같으니 풀은 마르고 꽃이 시듦은 여호와의 기운이 그 위에 붊이라 이 백성은 실로 풀이로다"(40:6-7).

하나님, 우리 인간이 한낱 풀포기 같은 존재란 말씀입니까. 우리가 그처럼 과시하고 싶은 우리의 영광과 영화가 들에 핀 꽃과 같단 말씀입니까. 우리는 경악할 수밖에 없습니다. 인간은 제한적인 존재이고, 인간은 죄의 존재이고, 죽을 수밖에 없는 존재이고, 인간은 스스로 구원할 수 없는 존재입니다. 이것이 종교의 한계입니다. 종교 창시자들은 모두 인간을 구원하러 왔다지만 사실 그들마저도 구원받아야 할 대상입니다. 죄인이 어떻게 죄인을 구원할 수 있으며, 유한한 존재가 어떻게 무한한 존재가 될 수 있겠습니까. 인간이 어떻게 신이 될 수 있습니까. 인간의 아름다움은 구원을 기다리는 것입니다.

역사하시는 하나님의 말씀

풀은 마르고 꽃은 시드나 우리 하나님의 말씀은 영원히 서리라 하라(사 40:8).

이것이 인간론의 클라이맥스입니다. 인간은 연약한 존재이지만 하나님의 말씀은 영원합니다. 말씀이 무엇입니까? 하나님 말씀은 곧 하나님 자신입니다. 하나님 말씀이 영원하다는 것은 '하나님의 능력이 영원하다', '하나님의 존재가 영원하다'는 뜻입니다. 태초에 말씀이 하나님과 함께 계셨는데 이 말씀이 곧 하나님입니다(요 1:1). 말씀이 육신 되어 우리 가운데 거하시매 그 영광이 아버지의 독생자의 영광이요 은혜와 진리가 충만하였습니다(요 1:14). 하나님이 성육하신 예수 그리스도이신데 그는 영원합니다. 히브리서는 하나님의 말씀이 능력 그 자체라고 말합니다.

> 하나님의 말씀은 살아있고 활력이 있어 좌우에 날 선 어떤 검보다도 예리하여 혼과 영과 및 관절과 골수를 찔러 쪼개기까지 하며 또 마음의 생각과 뜻을 판단하나니(히 4:12).

하나님의 말씀은 인간의 영과 혼과 육을 통째로 다스립니다. 이러한 하나님의 말씀이 우리 삶 가운데 충만해야 할 것입니다. 인간의 유한성을 깨달으십시오. 인간의 연약함을 깨달으십시오. 개혁할 수 있다는, 역사를 바꿀 수 있다는 오만한 생각을 버리십시오. 하나님의 말씀이 역사를 만들어 갑니다. 하나님의 말씀이 인간을 개혁할 수 있습니다. 하나님의 말씀만이 영원히 섭니다. 이런 고백과 선포가 우리 안에서 이루어질 때 인생이 새로워집니다.

인류의 역사는 두 가지로 나눌 수 있습니다. 바로 인간의 역사인 '일반역사'와 하나님의 역사인 '구원의 역사'가 그것입니다. 인간은 역사를 만들기 위해 미움과 시기 질투, 명예와 욕망 그리고 전쟁과 폭력, 테러, 서로 증오합니다. 이럴 수밖에 없는 것은 인간이 역사를 만들어 가려고 하기 때문입니다. 그러나 하나님의 구원의 역사는 정의와 진리, 사랑과 화해, 자유와 평화의 역사를 이루어 가는 곧 하나님 나라운동입니다.

우리 민족의 화해와 통일은 하나님의 손과 그의 역사에 있음을 믿고, 이 땅의 그리스도인들은 선교의 과제를 최우선으로 자각하고 선포해야 합니다. 남북화해는 주변 강대국에 의존할 성질의 것이 아닙니다. 남북 당사자 간의 신뢰와 인간애, 상생의 원칙과 민족자주성을 회복하여 교류하며 도우며 한반도 평화를 실현해 가야 합니다. 우리는 주권국가의 자주민이고 충분히 그렇게 할 수 있을 만큼 성숙하였습니다. 냉전체제를 풀고 평화체제로 전환하고 핵전쟁의 위협을 제거하고 온 인류와 세계의 생존과 평화를 물려주는 세계사적 인류사적 사명도 동시에 가져야 합니다. 역사를 주관하시는 하나님의 주권과 통치를 믿고, 더 이상의 전쟁연습을 중지하고, 그 칼을 쳐서 보습을 만들고 창을 쳐서 낫을 만드는 하나님 평화(샬롬)를 우리 한반도에서 시작하는 것입니다. 하나님은 우리 민족과 함께 하시고 평화통일 과업을 이룩하도록 도우실 것입니다.

'역지사지'라는 말이 있습니다. 상대편의 처지에서 생각하고 느끼고 행동한다는 것인데 인격적 성숙의 경지에 이를 때 가능합니다. 언더스탠드(understand)라는 영어 단어가 의미하듯이, 상대편 자리에 내려가 아래에 설 때 이해가 가능합니다. 역지사지는 상대방에 관한 정보지식만으로는 안됩니다. 열린 감성과 소통의 의지, 타자 존재성과 차이의 존중, 생명의 연대성 자각 그리고 인간의 본능적 이기심에 대한 연민의 마음까지 총동원될 때 발현되는 능력이라 하겠습니다.

오래 전에 감명 깊게 읽은 책이 한 권 있습니다. A. J. 크로닌의 『천국의 열쇠』라는 책인데 잘 알려져 있고 성직에 봉사하는 이들에게 많이 읽혀졌습니다. 크로닌은 스콧트랜드 출신의 의사로 『성채』, 『인생의 도상에서』 등 베스트셀러 작가입니다. 『천국의 열쇠』라는 책의 주인공 프란시스 치셤 신부와 그의 친구 안셀모 밀리 주교의 대조적인 면이 상세히 부각되어 있는 책입니다. 프란시스 신부의 삶은 인내, 용기, 청빈으로 일관된 삶이었으며, 그는 하나님과 이웃에 대한 뜨거운 사랑을 가득 안고 일 했습니다. 그러나 교회조직은 그것을 인정하지 않고 그의 행적을 이단시하고 배척합니다. 그러나 진정한 인간으로서의 길은 성실한 마음으로 양심의 명령대로 살려고 노력한 사람의 것이며 그러한 사람을 하나님은 결코 버리지 않는다는 것을 작가는 강력하게 시사하고 있습니다.

프란시스 신부와 대조적으로 안셀모는 출세지상주의자로 능란한 처세술을 통해 교회의 지도자가 됩니다. 그러나 그와 같은 현실주의자에게 천국의 문은 결코 열리지 않는다는 것을 작가는 암시합니다. 대조적인 두 모습의 지도자상 내지 그리스도인 인간상을 보면서 우리 자신의 삶 속에서, 우리의 주위에서 진정 프란시스를 만나고 싶어지는 충동을 갖게 됩니다.

목자 같은 하나님

제2이사야 본문에서 새롭게 발견되는 말씀이 또 있습니다. "그는 목자같이 양떼를 먹이시며 어린양을 그 팔로 모아 품에 안으시며 젖먹이는 암컷들을 온순히 인도하시리로다"(40:11). 하나님은 목자와 같이 양떼를 먹이십니다. 양떼를 푸른 초장으로 인도하시는 분입니다. 하나님은 어린양을 팔로 모아 품에 안으십니다. 어린양 병든 양을 꼭 안아 인도하십니다. 하나님은 젖먹이는 암컷을 인도하십니다. 하나님은 공평하지만, 어떤 때는 약자에게 은혜를 더 베푸십니다. 병든 자에게 사랑과 관심을 더 베푸십니다. 하나님은 우리에게 인간의 연약성을 고백하라고 말씀합니다. 연약한 것은 부끄러운 것이 아닙니다.

환자들의 위로와 소망에 대하여 생각해 봅니다. 신자들이 병들었을 때 네 가지 반응이 나타납니다. 첫째, 회개하게 됩니다. (최근에 지은 죄, 과거에 지은 죄를 생각하고 회개한다. 심지어는 자신이 기억하지 못한 죄까지도 용서해 달라고 기도하게 된다.) 둘째, 병의 의미를 생각합니다. (이번 이 병의 교훈은 무엇인가? 하나님이 내게 무엇을 원하시는가? 왜 나에게 이러한 좌절과 병을 주시는가?) 셋째, 죽음에 대해 생각해 봅니다. (이러다가 죽을 수도 있겠구나. 죽음이란 먼데 떨어져 있는 것이 아니라 언제나 가까운데 있구나. 삶과 죽음은 종이 한 장 차이구나.) 넷째, 하나님께 영광 돌릴 길을 생각합니다. (이왕 아플 바에야 이 병으로 인하여 하나님께 영광 돌릴 길은 없을까? 신자와 불신자의 어디가 다른가?)

그러기에 병을 잘 앓으면 인간이 크게 성숙하고 잘 못 앓으면 영육 간에 큰 손해를 보게 됩니다. 잠언에 "형통한 날에는 기뻐하고 곤고한 날에는 생각하라"(7:14). 그러므로 지금은 인생을 생각할 때입니다. 병석에 누워있을 때는 육체적으로는 비생산적 시기지만 영적으로는 창조적인 기간입니다. 병석은 인생의 좋은 학교, 사색에 좋은 도장입니다.

히스기야 왕은 병으로 죽게 되었을 때 필사적으로 하나님께 기도하여 15년 동안 생명을 연장 받았습니다(왕하 20:1-11). 그 후 그의 깨달음을 다음과 같이 말했습니다. "내가 종신토록 조심하여 행하리이다"(사 38:15). 죽을 고비를 한번 지나고 나서는 건강하다고 몸을 마음대로 쓰지 않게 되었습니다. 권력이 있다고 함부로 남용하지 않게 되었습니다. 돈이 있다고 마음대로 쓰지 않게 되었습니다. 생명, 건강, 재산, 직위, 명예, 그것은 우리가 창조한 것이 아닌 주어진 것, 잠시 맡겨진 것입니다.

맺는 말: 고난을 통한 승리

제2이사야의 시(詩) 전체에 흐르는 주제는 이스라엘의 찬양입니다. 이런 찬양은 40-55장에 이르는 제2이사야의 글의 핵심을 이루고 있습니다. 하나님은 이스라엘의 "내 길은 여호와께 숨겨졌으며 내 송사는 내 하나님에게서 벗어난다"(사 40:27)는 호소를 무시하지 않으십니다. 오히려 하나님의 백성들을 억압에서 벗어나 왕의 대로(大路)를 따라서 새로운 삶이 주는 영광스러운 자유를 향하여갈 수 있도록 초청됩니다. 제2이사야의 중심 주제는 포로민의 구원에 관한 역사적 사건을 계기로 민족주의를 넘어서게 됩니다. 무명의 예언자는 이스라엘을 증거로 삼아 여호와의 나라가 땅 끝까지 이르게 될 것이라는 기쁜 소식을 선포합니다. 하나님이 주신 사명을 감당하는 그 종의 고귀함은 곧 이스라엘의 고귀함이 됩니다.

제2이사야는 이스라엘이 고난을 통하여 많이 성숙되었음을 단언합니다. 이스라엘은 여호와께서 자기들을 '고난의 길'(via dolorosa)을 걷도록 선택하였다는 사실과 그 고난 끝에는 보상과 영광이 있을 것을 믿었습니다. 여호와께서 하나님 나라를 세우는 것은 이 종의 고난을 통한 것입니다. 만방들은 이스라엘과 함께 전령이 외치는 "너희 하나님께서 통치하신다" 즉 "여호와는 왕이시다"라는 기쁜 소식을 듣게 될 것입니다(52:7).

신약과 교회사에서 그리스도인들은 예수의 사명을 제2이사야의 고난 받는 종의 시(詩)에 비추어 이해했습니다. 그리고 또한 종의 소명이 예수에게서 실현되었다고 믿었습니다. 그는 진정한 이스라엘인이었습니다. 그에게서 이스라엘이 한 사람으로 축소된 것입니다. 그의 대속적인 희생으로 말미암아 새로운 이스라엘인들이 그의 주변에 모이게 되었습니다. 그리고 하나님 나라의 문이 모든 나라들에 활짝 열렸습니다. 이스라엘의 역사는 그에게 초점이 맞춰진 것이며, 그 안에서 성취된 것입니다.

앞으로 전개되는 이 세계는 민중의 세계로 역사의 무대가 바뀝니다. 미래역사는 민중의 무대로 되면서 그리스도교는 창조적 소수자가 된 사명감으로 열심히 주어진 본분에 신실하게 살아야 합니다. 이 창조적 소수가 진정 창조적이 되기 위해서는 무엇보다도 '예수 이미지

(image)'를 파악하고 민중에게 보여주며 민중과 그리스도가 일체감으로 하나 되어 인간 구원 운동에 매진하는 것입니다.

하나님을 정점으로 개인과 사회를 저변의 두 점으로 한, 삼각형적 생명체로서의 생활신앙인 것입니다. 하향적인 권위주의가 아닌, 정의와 진리, 신실(faithfulness)함으로 교류하는 아가페적 사랑의 선교이어야 합니다. 오늘 우리는 '민주주의의 위기, 중산층과 서민경제의 위기, 남북관계의 위기'라는 3대 위기를 겪고 있습니다. 우리는 예수와 함께 생명과 평화 위해 일하고 이 백성을 위로하라는 사명을 받았습니다. 내 백성을 위로하라.

2014년 강림절에 하나님의 위로의 은총이 온누리에 함께하소서.

오순절과 우리의 신앙

요엘 2:28-32, 사도행전 2:37-47

오순절과 성령강림

오순절은 연대적인 의미에서 보나 근본적인 의미에서 보나 엄밀한 의미에서 볼 때 그리스도교의 탄생일입니다. 사도행전의 주인공도 베드로나 바울이 아니라 성령 자신입니다. 그러므로 사도행전은 '성령행전'이라고 할 수 있습니다. 또 사도행전은 28장 31절에서 끝난 것이 아니라 그 속편은 지금도 계속되고 있습니다. 사도행전은 미완성의 책이라고 할 수 있습니다. 이 사도행전의 속편의 저자는 바로 오늘을 성령과 함께 살아가는 우리 그리스도인들이라고 할 수 있습니다.

사도행전 2장 17절 이하에 보면 성령의 은사는 특정한 곳, 특정인에게만 주어지는 것이 아니라는 것을 알 수 있습니다. "누구든지 주의 이름을 부르는 자는 구원을 받으리라(21절)"의 말씀대로 누구든지 예수 그리스도를 자기의 구주로 신뢰하는 순간 그는 성령의 은사를 받는 것입니다. 오순절에 여러 가지 사건들이 발생했으나 그 중심적이고 영구적인 사건은 "저들이 다 성령의 충만함을 받았다"(2:4)는 사실입니다. 이것은 오늘 우리 중에서도 발생할 수 있는 것입니다.

성령의 충만함을 받는 것은 첫째로, 그리스도인 생활의 순결성의 비결입니다. 둘째로는, 그리스도인 생활의 능력의 비결입니다. 성령의 충만한 생활이란 엄격하고 고정적이고 정체된 그런 생활이 아닙니다. 그것은 열심 있고 역동적이고 진보적인 생활입니다. 바울은 갈라디아서 5장에서 성령의 열매로서 사랑, 희락, 화평, 인내, 자비, 양선, 충성, 온유, 절제 등 아홉 가지를 들고 있습니다. 그러나 실상은 하나뿐입니다. 즉 그것은 '사랑'입니다. 희락은 행복을 얻는 사랑입니다. 화평은 안정 가운데 있는 사랑입니다. 인내는 기다림 중에 있는 사랑입니다. 자비는 응답 속에 있는 사랑입니다. 양선은 공손한 태도 속에 있는 사랑입니다. 충성은 신뢰 가운데 있는 사랑입니다. 절제는 억제 가운데 있는 사랑입니다. 그러므로 우리가 사랑만 가지면 성령의 모든 열매를 다 가질 수 있습니다. 사랑이 없이는 아무것도 아닙니다.

성령에 대한 새 이해와 그 배경

"창조주 성령이여 오시옵소서!" 개혁교회는 이 구호를 거듭 외우며 그를 기다려 왔습니다. 20세기 중엽 세계 제2차 대전이 끝나고 폐허와 혼돈, 허무를 되씹고 방황하는 인류를 향하여 신학자 칼 바르트는 창조주 성령강림을 무(無)에서 창조에 못지않다고 다음과 같이 말한 적이 있습니다. "그리스도인이 있다는 사실과 성령으로 이런 자유를 얻은 사람이 있다는 사실은 예수 그리스도가 성령과 동정녀 마리아에게서 탄생했다는 사실보다, 또는 세계가 무에서 창조되었다는 사실보다 결코 적은 기적이 아니다"고 했습니다.

이미 언급했듯이 오순절 성령강림절은 신약성서의 처음 교회가 탄생한 날입니다. 이 날은 그리스도의 교회가 탄생한 날이면서, 제자들 개개인의 신생의 날이므로 온 교회가 새로운 감격으로 맞아야 할 날입니다. 그리스도의 탄생과 십자가와 부활이 일회적(once for all) 사건인 것처럼 오순절 성령강림도 일회적 사건입니다.

오순절 성령강림은 구약성서 요엘의 예언의 성취입니다. 요엘은 성령의 예언자로 기원전 400년경 사람입니다. 이 시기는 고대 근동에서 페르시아가 지배하던 시기였습니다. 이스라엘 역사의 포로 후기에 예루살렘 중심의 유대는 팔레스틴의 여러 작은 나라들 사이에서 에스라와 느헤미야를 통하여 다윗적인 신정국가 수립을 모색하고 있었습니다. 요엘은 이러한 시기에 예루살렘의 무역 경쟁국들인 두로, 에돔 그리고 블레셋을 원수들로 규정하고 종말론적인 "야웨의 날" 하나님께서 그들을 물리치고 이스라엘 국가의 회복과 구원을 묵시적으로 예언하고 있습니다. 이 예언은 요엘의 야웨에 대한 굳건한 신앙으로써 위기를 극복하도록 선포된 위로와 격려의 메시지였습니다. 요엘은 동족이 외적의 침입과 억압에 시달려 실의에 빠질 위험에서 국가적 재난이 종식되고 땅이 풍성한 곡식과 열매를 생산하는 새로운 시기가 도래할 것이라고 위로의 메시지를 선포했습니다.

새로운 구원의 시기는 성령의 충만한 강림이 누구에게든지 임하며, 주의 이름을 부르는 자들은 누구든지 구원을 받게 되는 은혜의 때가 될 것입니다. 성령의 충만한 강림으로 약속된 마지막 심판과 구원의 메시지를 처음 교회는 예수 그리스도에 대한 종말론적인 신앙으로 발전시켰던 것입니다.

그리스도인들은 장래에 어느 때가 되면 야웨는 이 세상의 모든 육체에게 성령을 물 붓듯이 부어 줄 것인데, 자녀들은 장래 일을 말할 것이며, 노인들은 꿈을 꾸고 젊은이들은 환상을 보게 될 것이라는 요엘의 이 본문을 처음 교회의 오순절 성령강림 사건에 대한 예언으로 받아들이고, 베드로는 이 본문을 예언의 성취로 해석하고 있습니다 (행 2:16-21).

새 천년(New Millennium)의 징조와 성령

오늘 우리는 어떤 상황에서 살고 있습니까? 새 천년(New Millennium)을 맞이하여 과학자들은 인간 게놈 프로젝트의 완성으로, 불치의 질병들을 모두 정복되고, 사람들은 앞으로 150년을 살게 될 것으로 전망하고 있습니다. 실제로 한국은 2020년대에는 100세 시대에 진입할 것으로 예상되고 있습니다. 100세 시대는 사망자가 가장 많은 나이가 90세라는 것입니다.

아날로그로부터 디지털로의 변화는 또한 아주 가까운 장래에 가정과 사회에서 엄청난 변화를 예고하고 있습니다. 그럼에도 지구 곳곳에서는 자연적 재앙들로 수많은 사람들이 고통과 죽임을 당하고 있습니다. 세계에서 가장 안전하게 건설되었다는 일본의 후쿠시마 원전 폭발사고는 선진국들이 자랑하는 최첨단 과학기술의 취약성과 인류 문명의 비합리성을 또다시 입증한 사건으로서, 환경단체들과 여성단체들이 요구하듯이 핵발전소의 단계적 폐기를 촉구하고 있습니다. "원전 르네상스"시대를 구가하는 데에 제동을 건 것입니다. 또한 지구는 기상이변으로 몸살을 앓고 있으며, 지구 온난화로 인한 자연 생태계의 파괴를 그 원인으로 지적되기도 합니다. 세계 곳곳에서는 아직도 인종적, 종교적, 경제적 갈등으로 인한 분쟁과 전쟁이 무기 개발에 박차를 가하며 세계평화를 저해하고 있습니다.

흥미로운 것은 이와 같은 사건들이 요엘서의 주제를 이루고 있는 "야웨의 날"이라는 점입니다. 요엘은 하나님의 선택 받은 백성들의 부정과 세계 여러 나라들의 불의로 인하여 이 세상은 종말을 맞게 될 것을 경고했습니다. 하나님은 이날 유대백성들의 불의와 세계 곳곳에서 자행된 음란(3:3), 보복(3:4), 탈취(3:5), 인신매매(3:6) 행위들에 대해 반드시 심판하실 것입니다.

이런 하나님의 심판은 하나님이 우주와 역사의 주인 되심을 알게 하려는 것입니다. 또한 세계 모든 백성은 정직한 마음으로 잘못을 회개하고 구원받게 하려는 것입니다(2:32).다시 말하면 우리로 하여금 하나님을 바로 알고, 하나님과 바른 관계를 맺게 하려는 것입니다. 하나님은 이를 위하여 세계 만민에게 하나님의 영, 성령을 부어 주실 것을 약속했습니다(2:28-29).

성령은 살아계신 하나님의 능력이며 하나님 자체입니다. 성령은 삶을 부여해 주시는 하나님의 능력(life-giving power)입니다. 하나님은 흙으로 사람을 지으시고 그 코에 숨을 불어 넣어 숨 쉬는 존재가 되게 했습니다(창 2:7). 부활하신 예수 그리스도는 제자들을 향하여 숨을 내쉬며 "성령을 받으라"(요 20:22)고 하셨습니다. 예수께서는 성령으로서 부활의 능력을 믿는 모든 사람에게 새로운 삶을 부여해 주셨습니다.

성령은 나약하고 절망하며 불신앙적인 제자들을 일깨우고 새로운 사명을 주었을 뿐 아니라, 그들을 주님의 온전한 제자가 되도록 해 주셨습니다. 성령은 곧 치유하여 주시는 능력(the healing power)인 것입니다. 성령은 만물을 새롭게 하시는 창조의 능력(the creating power)입니다. "보라 새것이 되었도다"(고후 5:17)고 성서는 증언 합니다.

성령이 오셔서 하시는 역사들(works)

오순절 성령강림은 회개운동과 처음 교회 탄생과 선교운동의 구심점이었습니다. 우리가 아는 교회의 세 가지 직능은 1) 케리그마(kerygma), 즉 선포인데 이것은 하나님 나라가 왔다는 기쁜 소식을 선포하는 일입니다. 2) 코이노니아(koinonia), 사귐인데 이것은 교회 공동체를 의미합니다. 이제(지금) 여기(now and here)에서 하나님 나라의 성격을 나타내는 것이며 하나님이 현존하시는 사랑의 구현입니다. 3) 디아코니아(diakonia) 즉 봉사(servant)입니다. 아직 도래하지 않은 하나님 나라의 확장을 이룩하는 도구입니다. 열심히 섬기고 희생하기까지의 봉사 섬김의 행위입니다.

회개(metanoia)는 지금 하던 일, 혹은 가던 방향이 잘못된 것을 알 때 뉘우쳐 참회하는 일입니다. 그러나 이런 소극적 의미에서 그치지 않고 더 적극적인 뜻이 있는데, 즉 잘못된 것을 그만두고 뉘우치는데 그치지 않고 뒤돌아서는 결단의 행위입니다. 회개는 하나님께 돌아가는 것입니다. 탕자가 아버지 품에 돌아와 안기게 되는 것과 같습니다. 오늘 우리는 깊은 회개를 통한 거듭남, 중생의 역사, 새 생명의 탄생을, 인격의 변화운동 즉 참 사람됨의 운동입니다.

성령강림 후 처음 교회는 공동체 의식을 갖게 되었습니다. 믿음과 사랑, 진실과 사귐의 공동체를 만들어 갔습니다. 처음 교회는 그 신앙과 생활에서 '서로 모임', '서로 어울림', '서로 나눔'의 공동체를 이룩해 갔습니다. 이런 공동체의 힘은 선교뿐만 아니라 교회가 세상에 대하여 자연스럽게 미덕이 되었습니다. 예수 믿는 무리가 점점 더하게 되었습니다.

성령강림 후 처음 교회는 형제와 형제 사이, 유대인과 이방인 사이, 주인과 종들 사이에 거리감을 두지 않고 하나가 된 공동체였습니다. 출신, 학식, 지위, 빈부의 차이 없이 그야말로 몸과 마음을 같이하는 교회다운 새로운 공동체였습니다. 주님의 성령은 이렇게 처음 교회로 하여금 그리스도 안에서 연합을 이루게 하고, 이러한 모습이 곧 선교의 힘이 되어 그 위력이 역사하여 세상 속으로 확장되어 갔습니다.

그리스도의 십자가와 부활사건을 하나의 감격으로만 간직했던 처음 교회는 성령의 임재를 체험한 후 그 감격적 사실을 전하는 실천적 교회로 변모되었습니다. 나아가 모든 사람이 모이고 복음을 전하고 함께 나누는 공동체적 교회가 되었습니다. 그 신앙과 삶도 일치되어 기쁨으로 하나님 나라 확장에 헌신함으로써 더욱 발전해 가는 공동체가 되었습니다.

성령은 계속 새 역사를 창조해 간다

오순절 처음 교회에 강림했던 주의 성령은 오늘 이 시대에도 똑 같은 모습으로 임하시고 역사하십니다. 교회의 원형인 처음 교회의 모습을 본받아 성령의 은사를 힘입고 주님께서 분부하신 하나님 선교 사역을 충실하게 감당해야 합니다. 역사의 교회는 항상 처음 교회를 본받아 새로운 변화, 개혁을 해 왔습니다.

우리는 지금 교회의 타락의 세계적인 시대에 살고 있습니다. 이런 시대에 그리스도 교회는 무엇보다도 정직함을 회복해야 합니다. 오고 있는 하나님 나라의 핵심이 무엇이고, 그리스고 교회가 지향하는 본래 신앙이 무엇인지 다시 생각하고 재해석해야 합니다. 가톨릭 신학자 한스 큉은 그의 책 『그리스도교의 본질』에서 2천년 그리스도교 역사의 흐름을 "개울"로 비유합니다. 물이 흘러 들어오는 개울에는 온갖 쓰레기와 잡동사니로 가득 차 있다는 겁니다. '어떻게 이런 로마가톨릭이 무너지지 않고 2천년 동안을 흘러왔겠는가'라고 한스 큉은 반문합니다. 그것은 시대마다 교회가 빛을 잃고 몰락을 거듭해 왔지만, 그 쓰레기 가득한 개울에 썩지 않는 한줄기 맑은 물이 끊어지지 않고 공급되었기 때문이라는 것입니다. 물론 그 한줄기 맑은 물은 예수의 영, 성령입니다. 제도가 아니라 예수의 영이 그리스도교의 맥을 이어오고 있다고 본 것입니다.

중세기 교회가 아주 어둡고 타락했을 때 예수의 영은 성 프랜시스에게 나타났고, 그 후에는 아빌라의 테레사 같은 사람이 등장하고, 로마에 베드로 대성당을 짓기 위해 속죄부를 팔자 마르틴 루터가 종교개혁을 일으켰습니다. 20세기에 교회가 사회적으로 커다란 죄악을 범하던 히틀러 나치 하에서는 본 회퍼 목사가 고백교회를 일으켰습니다. 어두운 시대 속에서도 교회가 명맥을 유지할 수 있었던 것은 제도나 숫자가 아니라 소멸되지 않은 예수의 영이 맑은 샘물처럼 그리스도교 역사의 개울을 흐르고 있었기 때문입니다.

한국교회도 예외가 아니었습니다. 6.25 한국전쟁의 참화 동안에도 한국교회는 교권 쟁탈과 근본주의 문자주의 성서 해석의 악몽 가운데 있을 때 장공 김재준 목사는 「십자군」으로 교회개혁(마치 한국의 루터가 되는 자의식으로)을 했습니다. 나라가 군사 독재정권으로 어둠의 나락에 있을 때 「제3일」로 민주화와 통일운동으로 맥을 이어가게 했습니다. 이와 같이 역사의 교회는 언제나 예수의 영, 성령에 사로잡혀 사는 소수의 사람들에 의해 처음 교회의 원형을 회복해 갔습니다.

A. 토인비는 '우수의 도식'으로 역사를 관찰하였습니다. 인간의 비참한 역사는 일종의 구속사(Heilsgeschichte)가 되는 것이라고 이해합니다. 갈대아의 문명이 한 바퀴 일어났다가 굴러 넘어가는 시대의 깊은 우수를 체험한 이들 가운데 아브라함과 같은 높이의 영성을 가진 이가 났고, 애굽 문명의 수레바퀴가 일어났다가 굴러 넘어가는 때에 역사의 비극을 경험한 이들 가운데에서 모세가 났으며, 바벨론 문명의 바퀴가 넘어가는 시절에 이사야가 났으며, 헬레니즘의 비극의 종막에 바울이, 또한 로마제국의 영원한 도시 로마가 게르만의 알라릭의 말발굽에 유린당하고, 그 불길에 무섭게 타오르는 시절이 어거스틴을 산출한 것입니다. 시대의 우수를 이렇게 경험할수록 사람들의 영은 더 높은 경지로 승화합니다. 그렇기에 토인비는 상정할 수 있는 최고 최종적인 영도자는 나사렛 사람 예수와 같은 '종교가'로서 한 개인 한 사람의 심령에 근본적인 변화를 일으키는 방법인 '서로 봉사하

고 사랑하는' 방향으로 사람들을 시대의 방향을 이끌고 나아가기 전에는 현대 서양문명이 당면하고 있는 난국을 타개할 수 없으리라는 것입니다.

성령은 예수 그리스도의 영입니다

예수의 영, 성령을 어떻게 무엇이라 정의 내릴 수 있습니까? 성령은 지혜의 하나님입니다. 하나님은 성령으로 말씀하시고, 가르치시며, 책망하십니다. 성령은 모든 것을 아시며, 무엇보다도 우리가 하나님의 존재와 은혜를 알도록 도와주시고, 영적 분별력을 주십니다. 성령은 또한 보혜사입니다. 위로와 상담의 역할을 하시며 우리를 거듭나게 하시고, 기쁨을 주시며, 열매 맺게 하시고 은사를 주십니다. 이 모든 역사는 하나님께서 살아계신 사실을 증거하려는 것입니다.

성령은 예수 그리스도의 영입니다. 이 성령은 이제 만민에게 주어져야 할 영입니다. 예수 그리스도의 영은 능력의 영으로 구박이 있는 곳에 풀어주는 영이요, 불의가 성행하는 곳에서 정의를 실현시키는 영이요, 거짓이 있는 곳에서 사랑과 용서의 꽃을 피우는 영이요, 어둠과 실의에 주저앉아 있는 자에게 희망과 창조적 능력을 부여하는 영입니다. 분단으로 남과 북의 소통이 끊어진 한반도 우리 민족이 진정으로 형제자매로서 하나가 되는 평화통일도 성령의 도우심으로 이루어질 것을 믿는 것입니다. 나아가 평화통일 문제, 복지국가 건설 과제, 자연생태환경 파괴 문제, 이주자(떠돌이) 문제, 양성평등의 문제, 장애인 문제 등의 올바른 해결을 위한 지혜와 능력을 더하여 주십니다. 이 모든 문제가 선교의 과제임을 깨우쳐 주십니다.

이 예수 그리스도의 영인 성령을 받은 자는 책임질 줄 아는 자요, 정직하고 성실한 자요, 불의와 거짓과 세상적인 모든 것에 예속되지 않은 자유인입니다. 그는 창조적 능력을 이어받은 만물과 역사와 운명의 주인입니다. 그는 창조의 수고를 할 줄 알며 안식의 기쁨을 즐길수 있는 자유인, 곧 그리스도의 현존을 사는 자입니다.

"성령을 받으라"(요 20:22)는 예수 그리스도의 명령은 우리에게 대한 하나님의 신뢰이며 사랑의 표현입니다. 부활하신 예수 그리스도를 믿는 신앙으로 성령을 체험하고 교회를 교회답게 만들어가며, 이 세상의 불의와 부정을 폭로하고, 평화와 정의의 세상을 이룩해가야 합니다. 성령강림의 은혜가 충만하고 처음 교회와 같은 그리스도인다운 삶의 은혜가 풍성 하시기를 기원합니다.

마감하면서: 일치에의 영과 성령 체험의 새 삶을 살아야 합니다

진정한 성령 체험과 성령의 활동하심은 일치(unity)를 향해 나아가게 합니다. 세상을 향한 빛과 소금이 영향력을 나타내기 위해서는 먼저 기도와 예배 속에서 신령과 진리로 드리고, 일치를 찾아야 합니다. 예수를 따르는 이들에게 성령은 하나이며 평화를 찾아야 합니다. 분단의 상황, 한반도의 아픔을 함께 이겨내는 지혜와 능력은 "일치의 영성"(unity in Ecumenical spirituality)일 수밖에 없습니다. 에큐메니칼 영성이란 열린 마음의 영성입니다. 내가 소속된 교단의 신학이나 경건성을 강조하기보다는 공유되고 연결된 영성(spirituality in sharing and connecting)을 찾아야 합니다. 교회의 교회됨이란 세상을 향해서 일치된 또는 일관된 그리스도교 영성을 삶을 통하여 보여주어야 합니다.

중생의 거듭남이란 전적인 은혜였습니다. 그 은혜를 통해 우리 그리스도인들은 성령을 체험했습니다. 성령을 체험한 후에 자신의 삶을 두 가지 차원—성령 체험 이전과 성령 체험 이후—으로 설명합니다. 성령 체험 이전의 삶은 수많은 악덕과 죄로 가득 찬 삶이었습니다. 그러나 성령 체험 이후의 삶은 중생(born-again)의 삶입니다. 여기서 우리는 옛 처음 교회의 성령 체험의 방식이나 해석이, 현대 그리스도인들의 영적 체험 이해와 유사한 형태를 가지고 있음을 발견하게 됩니다. 즉 처음 교회에서 성령 안에서의 삶이란 개인적이며 동시에 공동체적이었습니다. 이와 같은 성령의 통전적 이해는 교회의 일치를 향하도록 가르쳐 줍니다.

그러므로 에큐메니칼 영성이란 성령과의 관계성 속에서부터 출발해야 합니다. 진정한 에큐메니칼 영성은 각 교회들의 성령의 사역을 돕는 것입니다. 성령과 교회의 일치는 하나님의 영의 일하심(working of the Holy Spirit)을 통하여 교회의 관계적 본질을 나타냅니다. 성령의 사역을 통한 일치의 신비(mystery of the unity)는 교회를 통해서 나타납니다. 또한 일치의 신비는 교회와 세상을 그리스도 안에서 관계의 그물망(the web of the relationship in the church and the world) 안에서 모든 것을 연결시킵니다. 일치의 신비는 특정 교파나 교단의 이익을 대변하는 것과는 거리가 멉니다. 또한 일치의 신비는 그리스도의 윤리 안으로 모든 교회와 신자들을 초대합니다. 일치의 신비는 궁극적으로 세상이 인정하는 가치를 낮게 합니다. 일치의 신비 안에 들어가야만 진정한 제자 직이 수행될 수 있기 때문입니다. 그리고 일치의 신비의 그 깊은 세계 속에서 개인과 공동체의 영성을 에큐메니칼 시대에 이루어내야 할 의무가 우리 모두에게 주어져 있습니다. 성도 여러분에게 오순절 성령강림의 은혜로 중생의 새 삶이 있으시기를 바랍니다.

남은 자의 역사와 민족적 사명의식

로마서 9:1-5, 11:1-10

시작하며: 남은 자(Remnant)

구약성서에서 남은 자란 예언자들이 이스라엘 백성의 죄악에 대하여 여호와의 심판을 선언한 시대에 일어난 용어입니다. 하나님의 무서운 형벌 가운데서도 그루터기를 남겨두는 희망이 그 가운데 있음을 말해줍니다. 이스라엘 백성의 일부는 시련 가운데서도 남아있어서 '남은 자'를 형성하게 됩니다. 신약에서는 바울의 경우가 중요합니다. 이는 구약성서의 개념을 근본적으로 계승하고 있습니다. 그런데 구약성서에서 '남은 자' 사상이 명확하게 성립된 것은 이사야의 소명(召命) 경험에서입니다. 이사야의 소명은 종말론적 경험과 깊은 연관성을 가지고 성립 되었습니다(사 6:5-8). 하나님은 저들의 더럽혀진 것을 깨끗하게 씻기시고 구속(救贖)하여, 모으시고, 거룩한 자로서 부르시는 것입니다.

그러나 구속받은 자의 어떤 자격이나 조건이 충분해서가 아니었습니다. 예언자의 교설에 의하면, 남은자의 특징은 종말론적이고, 남은 자란 어떤 미래의 사상(事象)이 아니고, 역사적 현실과 깊이 관계되어 있습니다. 구약성서에서는 이스라엘 백성 가운데서의 남은 자뿐만 아니라, 이방인 가운데서의 남은 자에 대해서도 언급하고 있습니다(사 45:20, 66:19, 슥 9:9, 14:16). 이것은 남은자의 보편화(普遍化)를 의미합니다(『그리스도교 대사전』, 161-162 참조).

유대 민족은 세계 어느 민족보다도 민족적 사명의식이 강렬합니다. 민족적 자의식(自意識)은 우리 한국 민족도 발견하고 개발해 나가는데 노력해야 할 과제입니다. 우리는 민족 특유의 민족적 사명을 모색하고 찾아야 합니다. 이것을 위하여 우리는 유대 민족에게 배울 점이 많다고 생각합니다. 이번 사순절과 종려주일의 메시지는 '남은 자의 역사와 민족적 사명의식'입니다.

구약성서에서의 남은 자

구약에서는 전쟁이나 재난은 인간악에 대한 하나님의 심판으로 보았습니다. 특히 이스라엘은 하나님이 자기백성으로 성별한 민족이니 그에 대한 종교적 도덕적 요구는 더욱 준엄하였습니다. 개인적이며 사회적인 불의, 부정부패, 잔악 등등은 하나님이 반드시 심판하신다는 것입니다. 그 심판의 도구로 전쟁, 재난 등을 사용합니다. 말하자면, 앗시리아를 일으켜 이스라엘을 멸망시키고(721 BC), 바벨론을 일으켜 유다를 징벌한 것(587 BC)과 같습니다. 그 침략국들을 '하나님의 채찍'이라고 불렀습니다.

이렇게 전멸될 것이 운명이었지만 그래도 소수의 '남은 자'가 있게 됩니다. 그 남은 자는 그 수가 적고 그 힘이 약하여 보잘 것 없을지 모르나 그래도 그들이 다음세대를 향한 민족의 희망이며 다시 일어날 핵심이 된 것입니다.

기원전 9세기 북왕국 이스라엘의 아합왕 때, 그의 황후인 페니기

아 공주 이세벨의 여호와 종교 박멸정책 때문에 도피와 도전의 양면작전으로 이에 항거하던 엘리아에 대한 이야기입니다. 엘리아는 호렙산 굴속에 피해 있으면서 하나님께 원망 겸 호소하였습니다. "내가 만군의 하나님 여호와께 열심이 유별하오니 이는 이스라엘 자손이 주의 언약을 버리고 주의 제단을 헐며 칼로 주의 선지자들을 죽였음이오며 오직 나만 남았거늘 그들이 내 생명을 찾아 빼앗으려 하나이다"(왕상 19:10). 이에 대한 하나님의 대답은 "내가 이스라엘 가운데에 칠천 명을 남기리니 다 바알에게 무릎을 꿇지 아니하고 다 바알에게 입맞추지 아니한 자니라"(왕상 19:18).

그런데 엘리야는 하나님의 산(山) 호렙산에서 하나님의 말씀을 받았습니다. 하나님은 강한 바람이나 지진이나 불 가운데서, 장엄한 방식으로 자신을 계시하지 않으십니다. 곧 하나님의 나타나심 가운데 특수한 모습 "작고 세미한 소리"(a sound of sheer silence, or still small voice)를, 우레와 폭풍, 지진 다음에 그것들과 대조되어 들었습니다. 그런데 이같이 도입된 '남은 자' 사상은 세계종교사 가운데 특이한 단계를 이루고 민족 단위의 사명에 대립되는 개인적 사명이란 계시관을 제공해 준 것입니다. 이때까지에 민족 전체가 하나님께 관련되고 제사도 민족 전체를 위해 하였습니다. 그러나 민족 전체가 여호와를 버렸을 때 엘리야는 아직 여호와께 진실과 충성을 지키는 것이 개인적 이스라엘 사람이라고 말하며 그것을 고려하라고 하였습니다. 그 민족은 자기의 불신앙으로 징벌을 받을지라도 남은 자는 구원을 받을 것이라고 하였습니다.

이 사상(思想)은 새로운 것으로 이때 이후에 거듭 나타났습니다. 후기 예언자들에게서는 더 영적인 생각으로 착색되었습니다. 우리는 그 예를 다음의 예언자들에게서 볼 수 있습니다. 아모스(9:8-10), 미가(2:12, 5:3), 스바냐(3:12-13), 예레미야(23:3), 에스겔(14:14-20).

그러나 이사야에서 가장 현저하게 나타나 있습니다. 이사야 예언의 두 가지 특출한 큰 사상은 두 아들에게 준 이름에 나타나 있습니다. "마헬살랄 하스바스"—하나님의 징벌—와 "쉐알 야숩"—남은 자의 돌아옴(구원)—입니다. 그것은 거룩하고 의로운 남은 자로 형성될 하나님이 다스리는 백성의 구원입니다(사 8:2, 10:21). 이 두 사상은 이사야의 소명의 사적(史蹟)가운데 현저히 나타나 있습니다(사 6:9-13). 이사야의 소명은 성전의 환상 속에서 이루어졌습니다. 이 소명은 하나님의 대변자로서의 권위를 보장합니다(렘 1:4-13, 겔 1-3장을 보라).

이 남은 자의 교설은 하나님께 진실을 지속하는 것은 개인이지 민족전체는 아니라는 것을 의미하고, 그 민족으로는 하나님의 염려의 대상이 될 뿐입니다. 선민의 참된 생명을 지속하는 것은 개인을 모아 이룩된 적은 단체였고, 그들을 통하여 안으로의 혁명이 실현될 것이며, 하나님의 징계의 결과로서 개혁되어 하나님께 봉헌될 순수하고 흠이 없는 완전한 백성을 이룩할 것입니다(사 65:8-9). "그날에 이스라엘의 남은 자와 야곱의 족속의 피난한 자들이 다시는 자기를 친자를 의지하지 아니하고 이스라엘의 거룩하신 이 여호와를 진실하게 의지하리니"(사 10:20). "그날에 만군의 여호와께서 자기 백성의 남은 자에게 영화로운 면류관이 되시며 아름다운 화관이 되실 것이라"(사 28:5).

이상은 '남은 자'가 종교적, 종말적인 의미에서 은혜로 택함 받은 상태를 예언한 것입니다. 이리하여 구약에서의 '남은 자'사상이 신약의 택함 받은 그리스도신자와 연결된 것입니다.

신약성서에서 '남은 자'사상 계승

신약시대에 바울은 열왕기상 19:1-18절을 인용하면서 "이와 같이 이제도 은혜로 택하심을 따라 남은 자가 있느니라"(롬 11:5)고 했습니다. 말하자면 신약시대의 이스라엘 민족이 약속의 메시아인 예수를 배척하고 그를 믿지 않으므로 심판에 이를 것입니다. 그래도 그중에는 소수의 은혜로 택하심을 받은 남은 자가 있다는 것입니다.

이 남은 자의 사상이 초대 그리스도인들에게 큰 영향을 주었습니다. 그것이 스데반에게 큰 영향을 주었고(행 7장) 그의 설교 가운데 그 사상의 주류가 흐르고 그것이 역사의 '얼'이라고 합니다. 민족 대다수는 불충성하였지만 역사의 변천을 통하여 하나님께 충성을 바친 것은 작은 그룹의 개인이었습니다. 백성들은 그들이 메시아를 십자가에 못 박은 것처럼 이 적은 수의 사람을 핍박하였다고 합니다.

바울도 이스라엘의 불신앙 문제를 깊이 생각하면서 그 백성의 역사 가운데 언제나 일관해 있은 줄거리 가운데 그 사상의 정당성을 찾았습니다. 엘리야 시대와 같이 또 이사야 시대와 같이, 이제 그 민족의 대다수는 하나님의 소명을 버렸으나 언제나 참된 남은 자들이 있어서 그 민족의 참된 이상(理想)과 참된 생활을 보존해 왔습니다. 이렇게 하여 그들이 새롭고 갱신된 생활을 할 계기를 갖게 합니다.

이 '남은 자'의 교설은 이스라엘 역사에 있어서 참인 것같이 인간 (人間)의 본성(本性)에 있어서도 참됩니다. 한 교회나 한 국가가 덩어리로 구원을 얻지 못하며 의로운 자는 그 성원인 개인들입니다. 자기의 사명을 다하는 것이 자연적 혈통의 집합체인 민족이 아니고, 적은 수의 선택된 사명의식에 철저한 개인들입니다. 그 '남은 자'(남은 백성)은 그 민족에게 준 약속과 계약과 사명을 실현하는 순종의 무리인 것입니다. 남은 자는 개인이지만, 그리스도로 말미암은 새로운 '몸'의 형성이란 것이 '남은 자' 사상에 핵심인 것을 잊어서는 안됩니다(『Sanday. H. ICC, 주석』 참조; 전경연, 『로마서연구』, 344-346).

우리나라 한국 근대사 이후의 역사적 교훈

이제 우리는 한국 근대사 이후의 역사를 회상하며 우리 자신들의 처지를 생각해 보아야 합니다. 1) 1909년에 나라가 망한 것은 당시 우리 정치인들과 국민들의 잘못과 죄악에 대한 하나님의 심판이었다고 역사 해석을 내려야 합니다. 그러나 우리나라에도 '남은 백성'이 있어서 1919년 3월 1일에 망국의 역사에 새 씨앗을 심었습니다. 오랜 인고(忍苦)의 생활에 하나님의 긍휼, 도우심이 있어서 이 남은 백성에게 1945년 8월 15일에 해방의 기쁨이 왔습니다. 이것은 마치 이스라엘민족이 50년의 바벨론 포로생활에서 해방된 때와 같은 기쁨이었습니다. 이것은 '남은 자'에게 주신 영광이었습니다.

이 영광은 사명과 책임을 동반합니다. 우리는 명심하고 굳게 결심해야 합니다. 다시는 이 국토를 불의한 피로 더럽히지 않아야 합니다. 다시는 이 역사를 부정부패와 압박, 횡포로 물들이지 않아야 합니다. 하나님의 공의가 우리사회의 정의가 되어 바다에 물 덮이듯 차고 넘쳐야 합니다. 남은 자의 영광은 힘 있는 자들이 자기 백성의 자유를 박탈하고 국사를 사유물같이 생각하는 행위를 위한 권력 횡포로서의 영광이 아닙니다. 자기가 심지 않은데서 거두는 '남은 자'는 하나님의 심판대 앞에서 청산해야할 의무가 있다는 것을 기억해야 할 것입니다.

2) 우리는 매년 4월이 올 때마다 4.19학생 의거를 기억합니다. 우리 한국에서는 오랜 역사에 전제(專制) 역사였고, 민주주의 역사는 짧습니다. 민주주의는 적어도 두 초석 위에 서 있습니다. 그것은 공명선거와 평화적 정권교체입니다. 그런데 선거를 부정으로 하고 정권교체를 유린해 버렸습니다. 이때에 민주한국의 역사에 처음 되는 피의 씨앗이 학생들에 의하여 심어졌습니다. 그것이 4.19학생 의거입니다. 우리가 두고두고 앞으로 기억해야 할 4.19학생 의거인데 이 나라에

민주와 자유를 부활시켰기 때문입니다.

　4.19의 젊은 혼들은 4.19탑 비석 속에 화석으로 남기에는 너무 약동적입니다. 비석 속에 갇혀 제사 받기에는 너무 젊고 아깝지 않습니까? 거기 있는 무덤에 안주하기에는 너무 생명적이고 교훈적입니다. 4.19의 민주정신은 오고 있는 미래세대에 산 혼으로 맥박쳐야 합니다. 무덤에서 나와 산 인간들 속에 혼(魂)으로 전승(傳承)되어야 합니다. 성서의 신앙으로, 4.19의 사람들은 한국민주역사에 영원히 '남은 자'로 살아 움직여야 합니다.

　3) 2014년 4월 16일, 침몰 1075일 만에 세월호가 전체 모습을 드러내고 목포신항에 인양됩니다. 세월호 참사는 새 하늘과 새 땅을 선포해야 할 교회가 자기도취에 빠져 사회적 책임을 망각한 때문이라고 교회 자성을 해 왔습니다. 그래서 세월호 전후(前後)에 대하여 많고 오랜 논의를 하면서 무거운 책임감을 가지며 그 아픔에 동참하였습니다. 그것은 이웃의 고통이 '내 탓이다'는 "죄의 연대성"과 세상의 죄와 고난을 짊어지는 대리적 삶(요 1:29), 곧 다른 사람을 위한 자기희생을 의미합니다. 그것이 십자가에 드러난 예수 그리스도의 죽음, 곧 무죄한 자의 대리적 고난을 통해서 탐욕과 불의와 폭력의 세상을 구원하는 하나님의 구원 방법입니다.

　교회의 자기희생은 사회적 사랑을 통해서 증명됩니다. 그것은 한(限)맺힌 이웃과의 연대(連帶)입니다. 그래서 예수 그리스도는 당시 종교지도자들에 의해 낙인찍힌 "세리와 죄인들의 친구"로 살았으며 그들이 새로운 세상의 주역이라고 선포하였습니다(마 5:1-12). 하지만 오늘날 교회는 대부분 한(限)맺힌 이웃의 아픔을 외면하고 가해자의 편에서 그들의 불의와 폭력을 옹호하는 교회로 나락하고 말았습니다.

　교회는 "눌린 자들의 상처를 싸매주고 비굴해진 저들의 주체성(主體性)을 되찾는데 함께하고, 저들의 역사적 갈망에 호응하고, 저들의 가슴 속에 쌓이고 쌓인 한을 풀어주고 위로하는" 한(恨)의 사제(司祭)가 되어야 합니다. 그는 "소리의 내력"을 밝히는 사람입니다. 그는 아벨의 피소리, 여리고 길에서 강도만난 이웃의 신음소리, 임금을 받지 못한 일꾼들의 소리와 세월호 참사의 희생자들과 그 가족의 한 맺힌 소리의 내력을 밝힙니다. 그 소리는 잃어버린 한 마리 양의 부르짖음이며 간절하게 구원의 손길을 바라는 간구입니다. 한의 사제는 이 소리에 응답해서 억울한 사람들의 입이 되어 그들의 한을 풀어주는 "소리의 매체"입니다(잠 31:8). 그러므로 그는 고통당하는 이웃을 사랑하고 그들을 울게 만드는 모든 악한 세력들에게 '분노하고' 그 근본원인을 없애기 위해 '행동합니다.' 진실로 교회는 한 맺힌 이웃의 눈물을 닦아주고 가슴에 맺힌 한을 풀어주는 한의 사제가 되어야 합니다. 그 때 교회는 예수 그리스도로부터 위임받은 사명을 완수하는 참된 교회가 될 수 있습니다(서남동,『민중신학의 탐구』, 43; 류장현, "세월호 참사로 본 교회의 과제",「선교와세계」220호, 52-60).

세월호 인양과 함께 그동안 슬픔과 아픔의 인고(忍苦)의 세월을 보낸 유가족들과 국민들에게 모든 의문과 진실을 분명히 밝혀지기를 기도합니다.

민족적 사명의식

땅위의 민족들 가운데 자기 민족이 왜 존재하느냐에 대한 민족적 사명의식에 깨어있고 강렬했던 민족은 유대 민족을 따를 수 없습니다. 때로는 그게 잘못되어 '게토' 정신으로 굳어지는 폐단도 있었지만, 그것은 유대 민족의 본의(本意)는 아니었고, 예수는 그것을 깨뜨려 개방시켰으며, 바울은 그 개방운동을 더욱 확장했던 것입니다.

예수의 유대 민족의식은 뚜렷합니다. 그는 제자들을 전도하러 내

보내면서 "이방인에게도 가지 말고, 사마리아인에게도 가지 말고 오직 잃어버린 이스라엘 집 자손만을 찾으라"(마 10:5-6)고 했습니다. 예수의 예루살렘에 대한 애착(愛着)은 특별했습니다. 로마군에 의해 멸망할 것을 예견한 그는 "예루살렘아, 예루살렘아"하고 통곡했습니다. 제자들이 예수의 족보를 자세히 기술한 것도 예수가 얼마나 유대 민족의식에 살았느냐는 것을 나타냅니다. 그러나 예수가 진정 위대한 세계적 구세주로 추앙받는 것은 그의 민족의식(ethnic conciousness)에 있는 것이 아니라, 그가 유대 민족이면서 하나님 아들 의식에 살았고 따라서 지금은 유대 지역에서만 일하지만, 장차는 전 세계를 구원할 사명에 불타셨기 때문입니다. 부활하신 예수는 "너희는 가서 세계 모든 족속에게 내가 너희에게 명한 모든 것을 가르쳐 지키게 하라"고 했습니다. 이 사명을 이어서 바울은 세계 선교의 여행에 오른 것입니다.

우리 한국 민족은 유대 민족과 유사하고 통하는 데가 있음을 공감합니다. 1) 지정학(地政學)적으로 강대국 틈에 끼어 그들의 교량 역할을 하는 위치에 있습니다. 2) 민족수난이 잦았다는 것도 비슷합니다. 세상에서 유대 민족만큼 억울하게 고난당한 민족은 아마 없을 것입니다. 독일 히틀러에게 6백만 명이 학살당한 것 외에도 러시아와 폴란드 등에서 제정(帝政)시대에 잔학(殘虐)당한 것, 모슬렘들에게 학대(虐待)당한 것, 이루 헤아릴 수 없습니다. 3) 종교적인 면에서, 유대 민족의 문화는 종교문화입니다. 그들의 사회도 종교사회이며, 회당(Synagogue) 없는 지금에도 상상하기 어려울 정도입니다. 우리 민족도 종교적이어서 샤머니즘, 불교, 유교, 그리스도교, 천도교 그리고 각종 신흥종교들이 한국인의 생리(生理)에 영합(迎合)합니다. 4) 유대 민족은 전 세계에 흩어져 살면서 조국애(祖國愛)가 대단합니다. 세계에 흩어져 있는 우리 한국 민족도 조국애의 애착(愛着)은 없어지지 않을 것입니다(장공, 「제3일」 44호, 32-39).

우리 한국 그리스도인들은 어떻게 무엇을 할 것인가?

우리가 그리스도인이라면 예수와 같이 살고 예수와 같이 죽을 수만 있다면 개인으로나 민족으로나 예수와 같이 부활하여 그 생명이 세계를 덮을 것입니다. 한국 민족 전체가 똑바로 바라보며 나아갈 공동 목표는 예수를 믿는 그리스도교로, 이 예수를 믿고 본받는 삶에 민족적 사명으로 삼아야 합니다.

유대인의 종교는 유대교이고 그들의 성경은 구약성서입니다. 우리 한국인의 종교는 예수 믿고 본받아 사는 그리스도교이며, 성경은 신구약성서입니다. 유대인 종교 지도자의 상징은 모세입니다. 그러나 우리는 모세를 완성한 예수를 우리 주(主)로 믿습니다. 유대 민족의 핵심적 생명은 유대교인데, 우리는 그것보다 우수하고 완전한 예수를 믿는 그리스도교를 우리의 생명의 원천(原泉)으로 삼았다는 것입니다.

먼저 구할 것은 하나님의 나라와 그의 의(義)입니다. 소유보다는 봉사에 치중해야 합니다. 우리의 관심이 언제나 이웃이어야 하고 어떻게 무엇으로 봉사하느냐에 최선을 다해야 합니다. 우리의 영원하신 주, 예수의 인격과 사업에 대한 이해도 고정적 폐색적인 것이 아니라 변하는 세계와 상승하는 지식이 그에 대한 관점과 해석을 새롭게 해야 합니다. 우리는 날마다 자신을 새롭게 배우며 새롭게 해야 합니다. 이런 것을 가능하게 하기 위하여 늘 모여서 듣고 보고 배우고 토의하고 결정하고 기도드리고 예배와 감사와 찬양을 올리는 장소가 교회입니다.

우리는 이제 민족의식을 세계적 인간화에 이바지 한다는 사명감에서 정진(精進)하는 삶의 자세를 가져야 합니다. 우리 민족이 만일에 이스라엘 민족처럼 하나님의 선택된 사명을 자각한다면 우리는 개인적으로나 사회적으로나 그리스도의 성격(性格)을 형성하는데 그 사명을 다해야 합니다. 지금 여기서 그리스도의 성격에 어울리는 하나님의 공의와 사랑이 형성화한 창조하는데 심신을 기울이고 그것을 위하여 필요한 희생을 각오할 뿐만 아니라 그것을 영광으로 삼는 민족, 그리스도인이 되어야 할 것입니다.

끝내며: 바울의 민족 사랑은 선교적 사명

바울은 나의 희생을 통해서 내 동족이 구원받을 수만 있다면 나는 하나님의 사랑에서 끊을 수 없는 자이지만, 내가 끊어지고 그들이 가야할 지옥을 대신 갈지라도 나는 그들의 구원을 소원한다는 고백을 아마도 울면서 하였을 것입니다. 바울이 자기의 사랑하는 민족을 향해서 고백했던 믿음과 동일한 신앙고백이 우리 한민족을 향해서도 가능하다고 믿는 것입니다. 우리는 한 많은 우리 한국 민족에 대한 하나님의 섭리(攝理)가 있다고 믿습니다.

함석헌의 『뜻으로 본 한국역사』에 의하면 우리 한국역사 속에서 하나님이 어떻게 간섭하셨고 하나님이 어떻게 민족사에 섭리하셨는가 하는 섭리관을 다루고 있습니다. 그렇지만 우리 민족은 하나님의 기대하시는 삶을 살지 못했습니다. 우리 사회는 부도덕과 불의함으로 가득하여 표류하고 있는 게 아닐까요? 한반도는 국내와 남북의 긴장과 대결, 주변국들의 힘의 경쟁 속에서 불확실한 상황에 놓여 있습니다. 그렇다면 우리 한민족을 향한 하나님의 섭리는 끝났을까요? 우리는 바울과 동일한 심정으로 다음과 같이 대답하고 싶습니다.

우리 민족의 한(恨)많은 역사 속에 간섭하시고 마침내 어느 날 복음 (福音)을 가져다주신 하나님의 이 민족을 향한 사랑의 계획이 계시다면, 이 민족의 부도덕과 실수와 하나님 앞에의 미성숙에도 불구하고 하나님은 여전히 우리 민족을 사랑하시고 우리 민족에 대한 기대를 갖고 계십니다.

우리가 잊지 말고 유념할 것은 바울에게 있어서 그 마음속에서 지울 수 없는 두 가지의 단어가 있다는 것입니다. 그 하나는 '복음'이고 또 하나는 '민족'이었습니다. 이말, 즉 '복음과 민족'이라는 상관관계를 한번 생각해 보겠습니다.

종교개혁자 루터(Martin Luther)에게 어느 날 누가 이런 질문을 한 적이 있습니다. "당신의 사상(주의)은 무엇입니까?" 루터는 이렇게 대답했습니다. "나는 죽기까지 복음주의, 나는 죽기까지 독일주의입니다." 일본의 무교회 신앙운동가 내촌감삼은 "나는 예수를 일본에, 성서를 일본에 전하는 것이다"라고 했습니다. 한국의 무교회 신앙운동가 『성서조선』을 집필했던 김교신은 한평생 투쟁하면서 신앙운동을 했는데, 그분이 가장 중요하게 여긴 것은 '성서'와 '조선'(조국)이었다고 한 것은 주지의 사실입니다. '조국을 성서 위에' 그는 사랑하는 조국을 하나님의 영광의 말씀인 거룩한 성서 위에 세우고자 평생 헌신적 삶을 살았습니다.

여러분, 세계를 가슴에 품고 세계 선교를 꿈꾸었던 사도 바울, 꿈에도 잊을 수 없었던 자기의 조국, 자기의 골육, 친척, 이웃을 향한 이 애타는 고백을 다시 한 번 들어 보시기 바랍니다. "내 골육이, 내 친척이, 내 형제가, 내 이웃이 구원을 얻을 수 있다면 내가 그리스도에게서 끊어질지라도 나는 이것을 소원한다"(롬 9:3). 구원과 역사를 섭리하시고 주관하시는 우리 주 예수께서 우리 모두에게 우리 민족, 우리 역사, 우리의 이웃에 대한 이런 구원의 책임감과 충성심을 갖도록 인도해 주시기를 기도합니다. 하나님의 은혜가 여러분에게 가득하시길 기도합니다.

주의 나라가 임하소서

이사야 11:1-5, 마태복음 6:9-15

에큐메니칼 공의회 역사

주전 4년 예수 그리스도의 탄생으로 길고 긴 구약시대는 막을 내리고 신약시대가 시작되었습니다. 예수 그리스도의 삶과 사역, 십자가의 죽음과 부활의 신앙과 신학적 의미를 이해했던 사도들과 제자들에 의해 로마에 의해 지중해 등지로 퍼져가면서 원시 그리스도교가 시작되었습니다. 여기서 간단히 교회의 시기를 구분하여 보겠습니다.

그리스도 승천 이후 사도들과 제자들이 생존해 복음 전파와 교회를 세워가고 요한계시록이 기록 되었던 주후 100년까지를 '원시 그리스도교회' 시기라고 합니다. 그리고 주후 100년부터 313년 로마의 황제 콘스탄틴(Constantine)이 그리스도교를 공식적으로 로마 국교로 인정했던 시기까지를 '초대 교회', 그리스도교 최고의 신학자 어거스틴(St. Augustine)의 등장까지의 시기를 '고대 교회', 어거스틴 이후부터 1517년 로마가톨릭의 사제였던 독일의 마틴 루터(Martine Luther)가 비텐베르크 성당문 앞에 '95개 반박문'을 내걸었던 시기를 '중세 교회'라고 합니다. 그 이후로부터 로마가톨릭, 동방정교회, 개신교회를 주축으로 교회는 분열과 발전을 거듭하는 시기를 지금까지 계속되고 있습니다.

공의회의 역사에서 중요한 점은 니케아공의회를 제1차 에큐메니칼 공의회로 지정하면서 교회 역사에서 '에큐메니칼'이란 단어가 공식적으로 사용되었습니다. 이 단어는 오이쿠메네(oikoumene)에서 유래했습니다. 이 말의 어원은 oikos(집)인데, 이로부터 oikonomia(집안 살림살이)란 말이 나왔고, 이로부터 economy와 ecology(생태학)란 말이 나왔습니다.

이 말의 사전적 의미는 '사람들이 살고 있는 온 세상'(the whole inhabited world)입니다. 그리스-로마세계(the Greco-Roman World)에서 이 '오이쿠메네'는 사람들이 거주하는 온 세상, 문명세계, 혹은 희랍-로마문화 영역, 나아가서는 로마제국을 의미했습니다. 신약성서에선 이와 같은 세속적인 의미로 15회 가량 사용되었고, 2, 3세기에 이르면 이 용어가 '사람들이 살고 있는 온 세상' 속에 지역별로 흩어져 있는 세계 교회를 가리키는 것으로 사용되었고, 4세기에서 5세기 동안에는 지중해 세계의 보편 교회를 지칭하는 것으로 사용되었습니다.

교회의 역사는 교회들의 분열의 역사요 일치 추구의 역사입니다. 교파들마다 성경에 대한 이해가 다르고 교리들과 직제들과 사회참여의 방법들이 다릅니다. 그러나 성경과 전통은 우리들에게 다양성(多樣性) 속에서 통일성(統一性)을 제시합니다. 구약의 구속사(救贖史)를 배경으로 하는 신약의 '하나님 나라의 복음 이야기'와 '삼위일체 하나님과 하나님 나라'는 성경의 통일성에 해당하고, 이를 중심으로 하는 다양한 이야기들과 메시지들이 있고, 이것에서 비롯되는 다양한 교파들과 그들의 신학들의 통일성과 다양성을 찾아야 할 것입니다. 그래서 우리는 예수께서 기도하신 대로 다양성 속에서 통일성을 이룸으로써, 역사와 창조세계를 하나님께 화해케 하는 과제(골 1:20절과 엡 1:10)를 수행할 수 있을 것입니다. 이상과 같은 성경에 나타난 에큐메니즘은 '신앙과 직제'(faith and order), '생활과 봉사'(life and work) 그리고 '복음전도와 세계선교'의 성경적 근거입니다.

세계교회협의회(World Council of Churches)는 1948년 네덜란드 암스테르담에서 '인간의 무질서와 하나님의 경륜'이라는 주제로 창립총회가 개최되었습니다. 제2차, 미국 에반스톤 세계대회 주제는 '예수 그리스도 — 세상의 희망', 제3차, 인도의 뉴델리 대회(1961년)는 '예수 그리스도 — 세상의 빛', 제4차, 스웨덴의 웁살라 대회(1968년)는 '보라 내가 만물을 새롭게 하리라', 제5차, 케냐의 나이로비 대회(1975년)는, '자유케 하시며 하나 되게 하시는 예수 그리스도', 제6차, 캐나다의 뱅쿠버 대회(1983년)는 '예수 그리스도 세상의 생명', 제7차, 호주의 캔바라 대회(1991년)는 '오소서 성령이여, 만물을 새롭게 하소서', 제9차, 브라질의 포르트 발레그레 대회(2006년)는 '하나님, 당신의 은혜 안에서 세상을 바꾸소서' 그리고 제10차, 한국 부산대회(2013년)는 '생명의 하나님, 우리를 정의와 평화로 이끄소서'라는 주제로 열렸습니다(「WCC 제10차 부산총회 가이드북」 참조).

오늘의 메시지는 '주의 나라가 임하소서' 입니다.

세계역사 속의 세 가지 대표적인 꿈

세계역사 속에는 크게 세 가지의 대표적인 꿈이 있고 그리고 그 꿈을 꾸어온 사람들이 있습니다. 그 처음 사람은 고대 희랍의 철인 플라톤(Platon)입니다. 플라톤의 꿈은 공화국(共和國)이란 책 속에 담겨있습니다. 여기서 플라톤은 이상적(理想的)인 국가가 무엇인가를 꿈꾸고 있습니다. 이상적인 국가, 그것은 '미덕'(美德)을 사는 국민 하나하나이고, '정의'(正義)가 이루어지는 사회일거라고 제안합니다. 한 사람

한 사람은 '자기통제'(自己統制)를 잘 할 줄 아는 '미덕'의 사람들이며, 이 미덕을 갖춘 사람들이 한데 뭉쳐서 사는 사회에는 '정의'(正義)가 실현되는 사회일 거라는 것입니다.

그런데 이 이상국가(理想國家)에는 이 미덕(美德)과 정의(正義)를 잘 살려나갈 세 계급의 사람들이 있어야 한다는 것입니다. 이 세 계급의 사람은 각기 자기 안에 있는 미덕을 따라 이루어진다는 것입니다. 첫째 계급은 '지혜의 덕'을 가진 사람이며, 이 사람들은 바로 다스리고 지배하는 지배계급이라고 했습니다. 왕(王)은 지혜(智慧)의 덕을 가진 사람이어야 했습니다(현인정치[賢人政治]).

두 번째 계급은 '용기'(勇氣)의 덕을 가진 사람입니다. 이 사람들은 나라를 지키는 군인(軍人)들이라 했습니다. 그러나 세 번째 계급은 '자신(自身)을 잘 자제할 줄 아는 덕(德)'을 가진 국민이라고 불렀습니다. 법(法)을 잘 지키는 국민이라는 뜻입니다. 지혜를 가진 왕과 용기를 가진 군인과 자제할 줄 아는 국민이 서로 얽히어 조화(調和)를 이루는 곳, 플라톤은 그것을 비로서 이상국가(理想國家)라고 했습니다.

플라톤의 이상국가의 꿈이 약 2,000년이 흘러오던 1518년, 깊은 감화를 받은 또 하나의 꿈꾸는 사람이 있었습니다. 영국 Oxford에서 교육받은 변호사, 영국(英國)재상(宰相)을 지낸바 있는 정치인, 그러나 왕의 부당한 명령 앞에 불복종했다는 이유로 감옥에서 사형당한 토마스 모어(Thomas More), 그는 죽고 1518년 유토피아(Utopia: 이상향)라는 유명한 글을 남겼습니다.

남쪽 나라의 한 섬, 있지도 않은 섬의 생활을 그는 꿈꾸었습니다. 모든 재산은 공동으로 하는 사회, 10년마다 살고 있던 집들을 서로 바꾸어 사는 사회, 모든 의복은 제복(制服)으로 만들어 입고 다니는 사회, 일하는 시간은 6시간 그리고 그 섬에는 종교의 자유가 있다는 꿈의 나라였습니다.

바로 이 토마스 모어(Thomas More)의 이상향(Utopia)의 꿈은 약 400년 후 맑스(Karl Marx, 1818-83)와 엥겔스(Friedrich Engels, 1820-95)라는 두 사람에게 무한한 자극을 주었습니다. 공산당(共產黨) 선언(宣言)이라는 글에서 이 두 사람은 '계급 없는 사회'라는 꿈을 약속하고 나섰습니다. 이 역사가 완성되는 새 사회라는 약속이었습니다.

계급 없는 사회, 그것은 모든 재산을 공동소유로 하여 강력한 세금 제도를 실시하며, 상속권을 가지지 못하게 하여 이민(移民)온 자나 반대자의 재산은 몰수하며 은행, 교통, 농지(農地)는 국유화(國有化)하여 모든 사람들은 노동의 의무를 가지는 사회라는 약속이었습니다. 이 약속 앞에 매혹되었던 사람들은 허다히 많았습니다. 그 중에 하나는 니콜라이 레닌(Nikolai Lenin, 1870-1924)이었습니다. 맑스가 꿈꾸는 이상국가를 소련에서 완성해 보겠다는 레닌은 1917년 10월 혁명으로 소련을 뒤집어 놓았습니다. 이후로 전 세계는 계급 없는 사회를 건설한다는 이유로 '칼'을 쓰는 공산주의의 등장에 놀라움과 두려움을 경험하기 시작했습니다.

그 꿈 자체를 부정할 사람은 아무도 없습니다. 부자도, 가난한 사람도 없는 공평(公平)한 사회, 그런 미래를 싫어할 사람은 아무도 없을 것입니다. 방법과 용어(用語)는 다르다 해도 오늘 우리도 도시와 농촌 사이의 격차 없는, 부자와 가난한 자, 계층 간의 격차 없는 새 사회를 향해 달려가고 있는 것도 사실입니다.

그러나 문제는 플라톤의 공화국의 꿈은 지금까지 '꿈'으로 남습니다. 토마스 모어가 꿈꾼 남쪽나라 한 섬이란 이 땅에 존재해 본적이 없습니다. 더욱이 칼 맑스의 꿈을 소련 땅에 심기 시작했다는 소련 공산주의 그것은 오늘날도 수많은 생명들을 공산주의 이념(理念) 속에 노예로 묶었으며, 인간에게 주어진 기본적인 자유마저 다 빼앗아가 버린 공포의 왕국이 되었을 뿐입니다. 결국 1990년 끝장이 났고 소련과 동구권의 붕괴를 가져왔고, 1989년 11월 9일 베를린 장벽이 무너지는 놀라움을 겪었습니다. 성 어거스틴의 말을 빌리면 '폭력의 나라-아벨을 쳐 죽인 가인의 왕국을 남겨 놓은 것뿐입니다.' 오고 오는 미래의 세대에 심오한 역사의 교훈이 될 것이라고 생각합니다.

예수의 하나님 나라 선포

요단강에서 세례자 요한으로부터 세례를 받은 나사렛 예수는 하나님 나라 운동을 시작하기에 앞서 먼저 제자들을 불러 모았습니다. 그는 갈릴리 해변에서 베드로 형제를 위시하여 네 명의 제자를 선택한 다음(막 1:16-20), 얼마 후에는 열 두 명의 제자를 선발하여 그들에게 귀신을 내어쫓을 수 있는 카리스마적 권세를 부여하고, 두 명씩 짝지어 파송합니다(막 3:13-19). 그들의 사명은 이스라엘 마을을 돌아다니면서 예수처럼 하나님 나라가 임박했음을 선포하고, 그 증거로써 귀신을 내쫓고 병자를 치료하는 일입니다.

예수는 열 두 명의 제자들을 동역자(partner)로 선발하고, 그들과 더불어 하나님 나라 운동을 전개하였습니다. 열둘이 고대 이스라엘의 열 두 지파를 상징하는 숫자임을 감안할 때, 예수의 하나님 나라 운동은 고대 이스라엘의 회복에 대한 당시 이스라엘 민중의 종말론적 희망과 꿈을 담고 있음이 분명합니다. 제자를 '선발하고', '파송하는' 행위(막 3:14)는 고대 이스라엘 공동체의 예언자 집단에서 발견되는 전형적인 모습입니다. 열 두 제자를 선발하여 파송하는 데서 우리는 예수의 예언자적 자의식(自意識)을 엿볼 수 있습니다.

예수는 복음을 전파하시며 말씀하셨습니다. "때가 찼습니다. 하나님의 나라가 가까이 왔으니 회개하고 복음을 믿으시오"(막 1:14), "이때부터 비로소 전파하시며 회개하시오 하늘나라가 가까이 왔습니다

(마 4:17)라고 말씀하셨다." 마태와 마가는 이로써 예수의 메시지 전체를 요약하였습니다. 하나님의 나라는 그의 설교의 주제였습니다. 그의 비유의 주제도 하나님의 나라입니다. 예수는 산상설교에서도 행복한 사람은 "하나님의 나라를 소유한 자"라고 말씀하셨고(눅 6:20, 마 5:1), 인생의 참된 목적도 "하나님의 나라와 그의 의를 먼저 구하는 일"이라고 말씀하셨습니다(마 6:39). 예수께서 잡히시기 전에 마지막으로 제자들에게 하신 위로의 말씀도 하나님 나라에 대한 것이었습니다(막 14:25). 이처럼 예수의 설교는 하나님의 나라로 시작하여 하나님의 나라로 끝났습니다(전경연 외 4인 지음, 『신약성서 신학』).

하나님 나라는 예수의 말씀과 행위로서 현재에 나타난다고 하셨습니다. "맹인이 보며 못 걷는 사람이 걸으며 나병환자가 깨끗함을 받으며 못 듣는 자가 들으며 죽은 자가 살아나며 가난한 자에게 복음이 전파된다 하라"(마 11:5-6)고 세례 요한에게 알리라고 합니다. 그리고 지금 현재 이 사건이 일어나고 있으니 걸려 넘어지지 않는 사람이 복되다고 하십니다.

또 예수는 하나님의 나라가 언제 오느냐고 묻는 바리새인에게 "하나님의 나라는 볼 수 있게 오는 것이 아니고 또 여기 있다 저기 있다고 못합니다. 하나님의 나라는 그대들 안에 있습니다"(눅 17:20)고 하셨습니다. 이와 같이 예수는 신국(神國)이 객관적으로 임하는 게 아님을 분명히 했습니다. 오히려 그의 말씀과 행위로써 오늘 현재라는 시간(時間)을 이해했고 '오늘의 시간'을 궁극적 미래의 결정이 되어지는 현재가 되게 했습니다. 예수는 당신의 인격에서 하나님 나라의 현재를 보셨습니다. 이러한 하나님의 축복은 종말에까지 연기될 수 없고 각 개인은 '지금 여기서'(now and here) 하나님 나라에 들어갈 수 있습니다.

예수 그리스도는 하나님 나라를 선포하실 뿐만 아니라 그의 생명 속에 지참하신 분입니다. 하나님 나라가 나타내는 새 생명, 능력, 기뽐, 화평, 의로움 등의 역사가 예수의 생명 안에서 시작되고 살아 움직이는 것입니다. 그러므로 초대교회 공동체의 증언은 하나님 나라가 예수 안에 현존(現存)하고 그분과 더불어 이미 시작되었다고 증언했습니다. 교회는 예수의 주권에 따라 하나님 나라에 참여하면서 그 나라의 실재(實在)인 예수 그리스도를 증언하는 새 백성, 새 이스라엘입니다.

새 이스라엘이 된 그리스도인이 증언해야 할 하나님 나라는 하나님의 주권(主權)과 지배(支配)가 충분히 들어나는 나라요, 하나님의 영광이 빛처럼 비춰는 나라입니다. 아버지의 뜻이 아버지의 구원하시는 거룩한 의지(意志)가 지배하고 영화롭게 들어나는 곳이 곧 하나님의 나라입니다. 성도 여러분! 여러분은 예수의 주권으로 말미암는 하나님 나라의 시민으로써 정의롭고 거룩하며 겸손하며 책임적인 삶으로 항상 예수와 함께 동행하는 은총의 삶을 향유 향유하기를 바랍니다. 오늘의 교회는 세상에서 예수 그리스도의 현존(現存)입니다.

이상향(理想鄉)의 역사적 성찰

신약성서의 증언하는 하나님 나라는 언제나 하나님의 은혜의 선물이며, 하나님 자신이 친히 관여(關與)하고 하나님의 주권과 지배의 상황으로 인도합니다―그러므로 하나님 나라는 인간의 어떤 형태로나 땅 위에 건설하는 이상적 세계와는 다른 것입니다―. 이미 살펴본 바와 같이 Platon, Thomas More, K. Marx 등은 새 세계의 도래(到來)를 제도(制度)와 조직(組織)의 눈으로 보는 것이었습니다. 그러나 성서가 증언해주는 새 세계의 도래란 예수 그리스도를 통하여 그의 안에 계시는 하나님의 역사로 일어나고 있다고 하는 것입니다.

오늘날처럼 핵무기 경쟁의 시대, 제4차 산업혁명의 시대, 테러와의 전쟁, 자연재해와 정치 경제의 심한 경쟁 속에서 예측불허의 불확실성의 시대에 세계의 운명(運命)을 앞에 놓고 그리스도인들이 과연 할 수 있는 일들이 무엇일까요? 삼층천(三層天)적인 세계관 시대에나 있을 법한 존 번연이 쓴『천로역정』(天路歷程)에 나오는 기독도(基督徒)처럼 장차 망할 이 도시왕국을 떠나 저 하늘나라로 도피하는 길일까요? 그렇다고 Platon이나 Thomas More가 말하는 것처럼 새 세계를 인간이 만드는 제도(制度)와 조직만으로 이룩해 본다는 바벨탑을 쌓는 일일까요? 물론 둘 다 아닌 것 같습니다.

오히려 역사의 현실이 견딜 수 없을 만큼 답답하고 비관적이었던 바로 그 삶 속에 오고 있는 하나님 나라! 인간변혁을 통해 펼치시는 하나님의 구원의 손길을 보는 신앙의 눈, 비전(vision), "여호와의 영 곧 지혜와 총명의 영이요 모략과 재능의 영이요 지식과 여호와를 경외하는 영이 강림하시는" 나라이며, "공의(公義)로 정직(正直)으로 세상의 겸손한자를 판단할 것이며… 공의로 허리띠를 삼고 성실로 몸의 띠를 삼으리라"(사 11:2-4).

우수(憂愁)의 도식(圖式)을 도입하여 역사를 기술해 간 역사가 아놀드 토인비는 이렇게 단언한 바 있습니다.

갈대아(메소포다미아)문명이 한 바퀴 일어났다가 굴러 넘어가는 시대의 깊은 우수를 체험한 이들 가운데 아브라함 같은 높은 영성(靈性)을 가진 이가 났고, 이집트문명의 수레바퀴가 일어났다가 굴러 넘어가는 때에 역사의 비극을 경험한 이들 가운데서 영성을 겸비한 모세가 났습니다. 또 바빌론문명의 바퀴가 넘어가는 시절에 예언의 최고봉을 장식한 무명의 예언자 제2이사야가 났으며, 헬레니즘의 비극이 종막에 전무후무한 선교자 바울이 활약했습니다. 또한 로마제국의 영원한 도시 로마가 게르만의 알라릭의 말발굽에 유린당하고,

그 불길에 무섭게 타오르는 시절에 로마의 마지막 영성의 결실자 성 어거스틴을 산출한 것입니다. 시대의 우수(憂愁)를 이렇게 경험할수록 사람들의 영은 더 높은 경지(境地)로 승화(昇華)합니다.

그렇기 때문에 아놀드 토인비는 "최고의 영도자(領導者)인 나사렛 사람 예수와 같은 종교가로서 한 개인 한 사람의 심령에 근본적인 변화를 일으키는 방법인 '서로 봉사하고 사랑하는' 방향으로 사람들을 향도(嚮導)하며 시대의 방향을 이끌지 않으면 현대 서방 문명이 당면하고 있는 난국을 타개할 길이 없다"고 했습니다. 성도 여러분! 토인비의 역사 성찰의 혜안을 깊이 높이 넓게 비전을 갖고 앞으로 활용해 가시기를 바랍니다.

마치면서: Thy Kingdom Come!(주의 나라가 임하소서!)

위와 같이 기도하는 우리는 신국(神國)을 전적으로 타계적인 다른 세계라고 생각해서는 안 됩니다. 동시에 이 세계역사 속에서 인간이 실현하는 이상적 복지사회, 이상적 윤리왕국이라고 생각해서는 안 됩니다. 주의 나라는 하나님이 그리스도 안에서 우리에게 주시는 나라요, 거기에 우리를 초청하시는 세계입니다. 우리가 그 초청된 나라로 들어갈 수 있는 유일한 조건은 회개(metanoia, repentance)뿐이며 그 외 다른 것일 수 없습니다.

'주기도문'은 두 가지를 간구합니다. 하나는 하나님에 대하여, 다른 하나는 인간에 관하여 간구합니다. 하나님은 예수 그리스도 안에 계십니다. 무슨 뜻입니까? 예수가 계신 그곳에 하나님 나라가 있습니다. 예수는 어디에 계신가요? 예수를 모신 여러분 각자의 마음속에 있으며, 예수를 모신 여러분 가정에 있으며, 예수를 모신 우리 교회 모임

속에 계시며, 예수는 살아계시는 이 삶의 현장에 계시고, 예수의 영이 거하는 곳에 주의 나라는 현존하는 것입니다.

인간에 대하여 간구함의 일용할 양식을 비롯하여 '죄지은 자 용서와 우리 죄를 사하소서, 시험에 들지 않게 하소서, 악에서 구하소서' 역시 '주의 나라가 임하소서'의 기원입니다. 주기도는 '주의 나라가 오늘 저희 속에 그리스도 안에서 이루어지이다'의 기원이며 우리가 이 땅에서 이 생명이 다하기까지 반복하여 드려야 할 기도입니다.

주의 나라는 의와 화평과 성령 안에서 누리는 기쁨(롬 14:17)이고, 하나님의 능력이 들어나는 세계이며(막 9:1, 고전 4:20), 하나님의 영광과 생명이 넘치고 충만한 세계입니다(요 1:14). 주의 나라는 예수 그리스도의 인격으로 세상을 스쳐 지금도 우리 가운데를 지나가고 있습니다. 주의 나라는 의와 진리와 사랑, 평화로 유통하는 예수의 주권이 다스리는 나라입니다.

21세기! 어두워가고 심히 어려운 이 한반도에 주의 나라가 임하소서. 현재 북핵 문제를 둘러싼 국제정세는 마치 100년 전처럼 북한, 중국, 러시아의 대륙 세력과 한국, 미국, 일본의 해양 세력의 대치인 듯합니다. 한국 사회가 서로의 종교를 존중하며 세계 여러 민족의 역사와 문화를 이해할 때 우리는 작지만, 세계 속에서 우뚝 서며 언젠가 우리의 한 형제인 북한과도 하나가 될 날이 올 것으로 믿게 성령 역사하여 주소서. 이것이 세계 모든 종교가 말하는 사랑의 실천일 것이라 믿나이다. 우리 한국이 바로 이러한 사랑의 출발점이 되어 한반도가 세계 평화의 중심이 되는 날이 올 것을 위하여 기도합니다.

오늘의 탄핵정국을 역사의 주권자이신 주님이 도우시고 인도하여 주소서. 탄핵 건은 이제 법의 영역으로 넘어갔으니 그 바통을 받은 헌법재판소와 특검에서 '전문성'을 가지고 절차적 민주주의와 삼권분립의 나라다운 나라로 새 면모를 갖추게 하옵소서.

주의 이름으로 적은 자에게 냉수 한 그릇 대접할 때 신국(神國)이 지나가는 것을 믿사오니, 곤고하고 억눌리고 실망과 좌절에 잡힌 자들의 현장에 주의 나라가 임하소서. 어두운 삶의 현장에서 아픔을 겪고 있는 이들에게 자유와 환희, 사랑의 속성을 익명의 그리스도인들의 삶에서 구원의 역사의 선(線)이 지나고 있음을 보게 하소서. 주의 나라의 증언자 평화의 일꾼으로 살게 하소서. 주의 나라가 임하소서!

이 참담한 땅으로 강림하소서

이사야 57:14-21, 고린도후서 5:18-19

시작하는 말: 참담한 현실을 맞은 우리나라

거대한 촛불의 물결이 온 나라를 휘감았습니다. 지난 11월 12일에 100만 명에 이어 19일 토요일 전국 70여 곳에서 열린 '박 대통령 퇴진 촉구 촛불집회'에 서울 60만 명 등 100만 명의 시민이 참가했습니다. 26일에는 서울 150만, 지방 40만 합하여 190만 명의 촛불의 물결을 이루었습니다. 국민을 속이고 나라를 망친 박 대통령에게 한 목소리로 "이게 민심이다"라고 다시 한 번 똑똑히 알려줬습니다. 국회도 이제는 대통령 탄핵을 더 미룰 수 없게 됐습니다. 민망한 '국가기밀'은 이미 온 세계에 퍼졌습니다. '박근혜, 최순실 게이트'를 다룬 주요 국외 언론의 기사에 등장하는 단어는 엽기 그 자체입니다. 꼭두각시(Robot. Puppet), 무당조력자(Shaman Adviser), 굿(Shamanistic Rituals), 마법사의 섭정 (Sorcerer Regent), 점성술적 체계(Astrological System) ―「파이낸셜 타임스」가 11월 4일자 기사에서 "한국 사회에서 권위와 신뢰를 상실한 그(박근혜 전 대통령)를, 다른 나라의 최고 지도자 가운데 그 누구도 진지하게 대하려 하지 않을 것이라"는 전문가의 견해를 도드라지게 전했습니다. 그의 정상외교가 불가능하다는 선언입니다(〈한겨레신문〉, 11월 21일자).

그런데도 청와대와 일부 측근들은 버티기를 하면서 분노한 민심이 가라앉고 반전이 가능하다고 여전히 착각하고 있는 것 같습니다. 온 세상에 예수 그리스도의 강림절이 시작되는 절기에 오늘의 메시지는 '주여! 이 참담한 땅으로 강림하소서'입니다.

구약 본문의 배경: 위로와 약속

조금 더 역사를 거슬려 올라가서 북 왕국 이스라엘이 망할 때의 배경에서도 깊은 교훈을 새겨야 합니다. 지금부터 약 2700여 년 전인 주전 734년-701년경, 예루살렘 제왕들의 상담자(Counselor)인 선지자 이사야가 당시의 국가적인 두 위기인 734년의 시리아(Syria)와의 전쟁과 734-701년의 앗수르(Assyrian)와의 전쟁에서 나라는 온통 사회적 부정의(Social injustice)로 혼탁할 때, 지상의 어디에도 희망이 아니 보이기에 하늘을 우러러 울부짖던 호소를 깊이 기억해야 합니다.

그러나 그보다도 오늘의 구약 본문은 바벨론이 남 왕국 유다를 침공하였던 주전 587년 또는 586년의 사건들을 염두에 두고 있다고 보아야 합니다. 이사야서는 광범하여서 40장부터 55장까지를 '제2이사야'라고 부릅니다. 제2이사야의 시(詩)는 새로운 출애굽, 새롭게 약속된 땅으로 들어가는 일 등, 곧 예루살렘으로 돌아갈 수 있다는 희망과 흥분으로 맥박치고 있습니다. 반면에 '제3이사야'로 분류하는 56장부터 66장에서는 쓸쓸한 환멸감과 팔레스타인 공동체에 닥친 혹독한 시련을 느낄 수 있습니다.

이사야 57:14-21절에서, 이스라엘이 받는 위안은 거룩하신 하나님의 은혜에 달린 것인데, 하나님은 천상의 권위를 가진 초월적인 분이시며, 인간의 역사 속에서 구원을 베푸시며 함께 계신 분이기도 합니다. "지존무상하며, 영원히 거하며 거룩하다 이름하는 자가 이같이 말씀하시되 내가 높고 거룩한 곳에 거하며 또한 통회하고 마음이 겸손한 자와 함께 거하나니 이는 겸손한 자의 영을 소성케 하며 통회하는 자의 마음을 소성케 하려 함이라"(이사야 57:15). "도우시고 인도하고 고치시겠다는 하나님의 약속"의 이 시(詩)는 이사야 40:1-6절을 상기시킵니다. 그러나 여기에서 그 길은 겸손과 회개의 길, 즉 하나님께로 돌이키는 영적인 길입니다. 하나님은 존귀하시며 거룩하신 분이지만 바로 가까이 계시기도 합니다. 그가 자기 백성의 죄를 벌하셨지만 이제는 용서하시고 영접하십니다. 이사야 57:21절에서 여호와께서는 바로 자기 백성들의 죄악으로 인해 그들에게 심판을 내렸으나, 곧 그들을 다시 치료하고 위로와 평강을 주리라고 말씀하십니다.

대림 강림절이 아니더라도, 세상과 나라의 난세를 당하여 하나님의 사람들이 이런 기도 외에 달리 더 무엇을 할 수 있을까요? 전능하신 주 하나님이 하늘을 가르고 강림하여 내려오셔서 역사를 관여하시고 구원해 주시라는 기도를 해야 합니다. 그때에야 산천초목도 비로소 다시 한 번 역사의 주관자인 전능하신 하나님 앞에 두려워 떨 것입니다. 이사야의 희망과 대망의 기도가 메시아 신앙으로 발전하였고, 어두움이 땅을 더 어둡게 할 때마다 주님의 강림을 호소했습니다. 무엇보다 이사야는 인간의 죄악이 하나님을 물리쳤다고 믿었습니다. 인간의 죄악이 하나님을 멀리 쫓은 것을 큰소리로 한하면서, 쫓기고 숨겨진 하나님이 다시 세상으로 내려오시라고 크게 간구한 것입니다.

오늘의 신실한 그리스도인들도 옛날 이사야와 같이 이 참담하고 거짓된 세상을 보면서 드릴 수 있는 기도란 하나님이 이 땅에 다시 내려와 그 자비하심으로 허물진 인간의 죄를 용서하고 구원하여 달라고 할 수 밖에 없습니다. 영적 죽음의 무의식상태에서 깊은 잠을 자고 있

는 상태에서 소생시켜 주소서 깨어나게 하소서! 라고 참회의 기도를
올려야 합니다.

강림절은 예수의 화육 정신을 일으킬 때

우리는 해마다 11월 말, 혹 12월 초부터 주의 강림절(Advent)을
4주일간 지키며 다시 오시는 주님을 기다립니다. 강림의 의미는 인류
를 구원하시려는 하나님의 경륜 가운데 이 세상에 강림하는 예수를 우
리가 어떻게 맞으며 기다리는 것이 하나님의 뜻에 합당한 가를 다시
생각하며, 잘못된 것을 참회하고, 고치고, 변하여 아주 새롭게 되자는
것입니다.

성탄절에 그리스도가 다시 오시며 또 오시기를 기원하는 까닭은
이 세상이 그만큼 더 어렵고 험하기에, 그리스도의 화육 정신이 우리
각자의 마음에 되살아나고 하늘의 평화와 은총이 이 땅에 임할 수 있
기를 간구하는 뜻에서입니다. 확실히 우리의 마음속에 세상을 사랑하
여 오신 예수의 그 화육 정신이 역사할 때에 이 슬픔의 세상은 능히
기쁨으로 변할 수 있습니다. 어둠과 비극으로 찬 세상에 다시 오시는
예수의 강림의 의미를 되새기며 어디에서 그 은총을 다시 찾을 수 있
을까를 좀더 상고해 보겠습니다.

사실 2천 년 전 예수가 탄생할 때에도 이스라엘의 팔레스타인은
살기 좋거나 평온한 땅은 아니었습니다. 로마제국의 타락한 정치와
군인들의 난폭함이 있었습니다. 로마는 역사적으로 그 훌륭한 공화정
의 법치국가로서의 전통을 상실하고 이제는 황제의 권위와 명령이 헌
법을 능가하고 있었던, 즉 정치가 법 위에 있었습니다.

선민이라는 이스라엘의 종교지도자들에게 그 본래의 사랑과 희생,
봉사의 정신은 간데 없고, 교권주의와 사리사욕과 종교의식의 허위와

위선에 사로잡혀 제사장과 종교인들의 횡포만 난무할 뿐이었습니다. 가난과 핍박에 찌든 백성들은 예수의 표현대로라면 "목자 없는 양떼" 같아, 이리저리 방황하며 능력 있는 하나님의 은총만을 기다리며 살았습니다.

예루살렘의 시므온 같은 의롭고 경건하던 사람은 이스라엘이 받을 위로를 기다리며 세상에 강림할 그리스도를 보기 전에는 결코 죽지 않을 것이라는 성령의 지시를 받고 간절히 기다렸습니다. 아셀 지파의 바누엘의 딸 안나 같은 선지자는 결혼 7년을 남편과 살다가 과부가 된 후에 84세가 되기까지 성전을 떠나지 않고, 밤낮으로 금식과 기도로 하나님을 섬기며 메시아를 기다린 것을 보면, 저들의 희망은 오직 주 그리스도, 메시아의 강림임을 알 수 있습니다(눅 2:22-38).

유대교의 대학자요 희랍문명을 최고로 습득한 바울이 그 모든 것을 다 포기하고 오직 그리스도만을 따랐기에 초대 그리스도교가 탄생할 수 있었습니다. 세계는, 특별히 한반도는 여전히 어둡고 불안과 전쟁 연습으로, 오만으로, 거짓 평화로 위장되어 있습니다. 민생의 복지를 들고 떠들썩하지만 개인적인 생이 순조롭지 못하고 방황하는 뭇 심령들의 모습을 보는 현실이기에 우리는 또다시 오시는 구주 메시아를 기다립니다. 마리아가 처음 두려워하며 고민했으나, 자신이 오히려 하나님의 은혜를 받고 그 뜻을 이루어 드리는 도구가 됨을 깨닫고 감사와 찬송을 드릴 수 있었던 변화의 새로운 은혜와 감사의 역사가 오늘 우리들 모두에게 있어지기를 기원합니다.

어둠과 죄의 세력에 사로잡힌 자들에게 희망이 있을까?

지금의 세계는 테러와의 전쟁을 특히 중동 세계에서 계속하고 있으며, 각 지역에도 안전지대일 수 없는 것입니다. 그런데 그 땅에 함께 살며 고심하는 대부분의 사람들은 아브라함을 다같이 저들 신앙의 조상으로 믿는 그리스도인이나 유대교 아니면 이슬람교도들입니다. 결국 같은 조상의 종교를 가진 후손인 형제들의 싸움입니다. 그러나 중동에서 날마다 벌어지고 있는 살육의 전쟁은 옛날 가인과 아벨의 싸움과는 비교도 되지 않는 엄청난 양상입니다.

때문에 이사야는 먼저 이들을 창조한 같은 하나님 아버지께, 이들이 다 주님의 창조한 피조물이요 진흙덩이에 불과한 존재들이기에, 토기장이신 주님이 진노를 거두시라 간구합니다. 망가지고 볼품없게 된 진흙 같은 우리를 다시 빚어 하나님의 형상으로 살게 해달라는 간구입니다. 이 일까지도 하나님만 가능하며 하나님께 달렸다는 것입니다. 우리들 자신 속에 희망이 없음을 발견하고, 이를 고백하며 겸손히 주께 고백합니다. 우리들 속에서 주 하나님을 새롭게 창조하여, 인류에게 새 희망을 주신다는 것이 이사야의 신앙이요 강림절의 의미입니다. 그 하나님은 그리스도 안에서 나타났고 세상을 자신과 화해케 하신다고 바울은 고백합니다.

> 모든 것이 하나님께 부터 났으며 그가 그리스도로 말미암아 우리를 자기와 화목하게 하시고 또 우리에게 화목하게 하는 직분을 주셨으니, 곧 하나님께서 그리스도 안에 계시사 세상을 자기와 화목하게 하시며 그들의 죄를 그들에게 돌리지 아니하시고 화목하게 하는 말씀을 우리에게 부탁하셨느니라 (고후 5:18-19).

어려운 시대에 우리 신앙인들로 하여금 '평화를 만드는 자'(peace-maker)로 세워주시고, 가정과 세상, 국가와 종족, 신앙인들 사이에 벌어진 온갖 싸움과 전쟁으로부터 평화를 이룩하는 Peacemaker가 되라는 것이 강림절의 중요 내용입니다. 옳은 것이나 그른 것, 잘한 것이나 잘못한 것, 진보나 보수, 잘남이나 못남을 따지기보다, 오늘 더 응급한 현실 앞에서 먼저 화해하여 한 지구상에서 모두가 살아가는 것이 우선임을 일깨웁니다. 정의(Justice)가 올바름을 깨닫고 정직과 양심대로 살면서 평등과 평화를 이룩하는 살맛나는 세상을 일구어 가는 것입니다.

코람 데오(Coram Deo)의 신앙: 하나님의 얼굴 앞에

세상의 온갖 시련을 겪으며 라틴 격언은 '코람 데오'(Coram Deo)라는 신앙을 찾았습니다. '하나님의 얼굴 앞에' 혹은 '하나님의 현현, 어전에서'의 뜻을 가진 말입니다. 코람 데오에 선다는 것은 하나님의 현현을 알고 하나님이 인간의 삶에 관여하셨음을 믿는다는 것입니다. 코람 데오로 산다는 말은 하나님이 우리를 용서하고 치유하며 힘주시고 구원하는 것을 깨닫는 것입니다. 동시에 요한계시록에서 보여주듯, 구원은 오직 하나님과 그의 어린양 예수 그리스도에게 속해있음을 믿는다는 고백입니다(계 7:9-10). 계시록에서 장로들은 요한에게 흰옷 입은 자들이 누구며 어디서 왔느냐고 묻습니다. 그때 요한은 "장로들이 더 잘 알고 계시지 않느냐"며 친히 대답합니다. 그들은 필히 최고의 우수한 자들이나 세상에서 성공한 사람들이 아니라, 대환란과 시련에서 그들의 옷을 어린양의 피로 깨끗이 한 자들이라 답했습니다(계 7:13-14). 때로 땅에서는 지상의 일들 즉, 생업도 잃고 결혼문제나 이웃들과 어려움이 있는 부족한 사람들일 수 있다는 것입니다. 그러나 그들은 하나님과 가까운 관계 유지를 위해 기도와 찬양, 성경공부나 단순한 봉사 등을 하며 살았던 자일 수 있습니다. 살면서 찍기고 피도 흘렸으나 하나님의 어린양인 예수 그리스도를 믿음으로 깨끗이 속죄된 자들이라 했습니다.

우리가 할 수 있는 최상의 것은 땅에서의 처지가 어떠하든 믿음을 따라 살려는 의지(意志)와 노력입니다. 유명한 그리스도인 신비주의자 로렌스 형제(Brother Lawrence)는, 하나님의 임재를 아는 실천이란 우리가 끊임없이 하나님의 주시 속에(under God's gaze) 있음을 아는 것이라 했습니다. 그것은 하나님이 우리 주변에 계심을 날마다 느끼며 사는 것을 포함하며, 그의 주권을 인정하고 그의 권위에 복종하는 것입니다. 하나님이 우리를 사랑하고 우리 안에서 기뻐하며 더 가까운 사적(私的)인 관계를 갖는 것을 뜻합니다. 따라서 하나님의 현현 앞에, '코람 데오의 생'이란 우리를 위해 하나님은 끊임없이 구원의 행동을 하시며, 우리의 날마다의 삶은 바로 하나님을 섬기는 생임을 아는 것입니다. 이러한 삶을 통해 우리는 하나님과 거리가 없는 가까운 생을 살게 됩니다.

따라서 하나님의 성도(Saints)란 어린양 보좌 앞에 서 있는 자들이요, 특별히 완전하거나 능력 있는 자들을 뜻하지 않습니다. 그들은 다만 이웃 형제자매들과 깊이 연결된 보통사람들이요, 하나님과 그의 어린양인 예수 그리스도와 직접 연결된 자들입니다.

마치며: '곧 오소서 임마누엘'과 '고요한밤 거룩한 밤'의 찬송과 얽힌 이야기

12세기부터 불러오던 라틴 찬송 '곧 오소서 임마누엘'(찬 104장)은 이스라엘이 전쟁과 포로생활로 고달프고, 만백성이 시기와 분쟁으로 평화를 잃고 슬퍼하던 경험을 가지면서, '임마누엘의 주님 어서 오시라'고 간구한 것입니다. 세상에 다른 길이 없고 막다른 골목에서 혼돈과 공포의 인간에게 평화를 주실 분은 주 예수밖에 없음을 깨달았기 때문입니다.

세계의 사람들이 곧 오시는 임마누엘 하나님을 만나고 그가 우리와 함께하시면, 우리의 갈 길이 보이고 평화가 채워지기에 기뻐하라고 외쳤습니다. 인간 세상으로 친히 내려오셔서 구원하시는 우주와 역사의 주 하나님 외에 구원의 길이 달리 있겠는가 하는 간증이요 고백입니다. 오늘 우리는 한반도에서의 군사훈련, 헌법 유린의 초대형 사건을 겪으며 강자의 폭행과 약자들의 서러움, 명분뿐인 신앙과 허위 속에서 무기력한 한숨만 쉬고 있습니다. 결국은 전지전능한 하나님의 강림과 그분이 지상에 오심으로 참된 평화를 얻고 갈 길을 찾는 길 외엔 더 없음을 압니다. 때문에 대림강림절을 맞아 '곧 오소서 임마누엘 고달파 메시아 기다립니다'라는 찬송을 온 세상 사람들이 함께 부르기를 기원합니다.

성탄절에 우리가 부르는 '고요한밤 거룩한 밤'은 세계에서 가장 애창되는 찬송입니다. 작사자 모어(Joseph Mohr, 1818)는 당시 26세로 오스트리아 오펜돌프의 성 니콜라스 교회의 새로 부임한 부목사였습니다. 그는 크리스마스이브 촛불예배를 책임졌으나 성탄 사흘을 앞두고 오르간이 고장 나 당황하다가 언뜻 기타로 반주할 쉬운 캐롤을 만들어 교인들에게 선사하자고 생각했습니다. 그의 머리엔 며칠 전 어느 빈민굴을 방문했을 때 가난한 엄마가 아기를 껴안고 추운 방에서 떨고 있는 장면이 떠올랐습니다. 이를 보고 모어는 뱃사람인 아버지와 어느 항구의 창녀 사이에서 서자로 태어나 가난하게 보낸 자신의 어린 시절을 회상했습니다. 음악에 소질이 있어 바이올린과 기타로 구걸하고 고학하며 지냈습니다. 그러나 하나님은 자신 같은 불우한 인간도 재생시켜 사람다운 사람으로 만드셨습니다. 하물며 추위 속에 아기를 껴안고 기도하는 그 젊은 엄마도 재생하는 축복을 어찌 하나님에게서 받을 수 없겠는가 하는 생각에 순식간에 작사를 끝냈습니다. 모어 목사는 그날 밤 학교 선생이요 31세 된 친구 그루버(Franz Gruber)

를 찾아 곡을 청했습니다. 그 밤을 새우며 곡이 붙여지고 촛불 성탄예배 때 모어와 그루버가 기타에 맞추어 이중창으로 부른 찬송이 바로 유명한 '고요한 밤 거룩한 밤'(찬 109장)입니다.

이 찬송에 얽힌 일화도 많으나 그 중 잊을 수 없는 하나는 2차 대전 때 프랑스 전선에서 독일군과 연합군이 크리스마스 이브에 이 노래를 합창한 감격입니다. 이날 밤 전선에 퍼진 합창에 참가한 사람은 대충 8만 명이나 됐을 거라니 지상 최대의 합창이었습니다. 구세주를 기다리는 찬송을 아군 적군도 없이 우리나 원수 백성도 없이 다같이 부를 수만 있다면 평화는 지구상 어디에서나 편만하리라 믿습니다.

전쟁과 증오, 테러와 복수, 거짓과 불의로 난무하는 세계일지라도 저들을 진정 염려하는 하나님의 사랑만이 하나님의 진정한 샬롬의 평화를 오늘 이 땅에 가져올 수 있다고 믿습니다.

여러분! 하나님의 평화와 은혜가 충만하시기를 바랍니다.

그리스도인의 새 생활

로마서 12:1-2

시작하는 말

1919년 3.1운동 당시 개신교 인구는 약 20만 명이었고, 1945년 8.15해방 당시는 약 40만 명이었습니다. 그러나 오늘날 한국 개신교는 교회 5만 개에 신도수 860만 명, 세계 169개국에 약 2만 명의 선교사를 파견하는 교회로 성장했습니다. 교회가 이렇게 성장했는데, 그리스도인의 신앙과 삶은 성숙하지 못한 기현상이 나타난 지도 오래되었습니다. 더불어 사회적 공신력도 실추되어 지탄의 대상이 되는 경지에 이르렀습니다.

한국 개신교가 사회적 공신력을 잃은 이유는 대체로 크게 세 가지로 생각할 수 있습니다. 첫째, '영적 기업주의'입니다. 거대한 교회당을 건축하고 막대한 신도수를 자랑하며 다양한 프로그램을 전개하지만, 그 안에는 그리스도가 없는 '영적 기업주의'에 불과하다는 것입니다. 둘째, 그리스도를 닮아가는 신앙적 인격도야와 삶에서의 신앙 실천이 없다는 점입니다. 셋째 문제점은 신앙을 개인적 삶의 영역에만 한정시키고 공적 사회적 영역에 대한 신앙적 책임을 외면한다는 것입니다. 개인구원과 사회구원을 양자택일 문제로 설정하고 공적, 사회적 영역에 응답하는 역사의식과 기독교적 사회윤리에 대한 성찰의 부재로 나타났습니다.

그 예를 한 가지만 들자면, 세계에서 가장 전쟁 위험이 높은 나라에 살면서도 평화 문제에 별다른 관심이 없고 구체적 방안을 내놓고 실천하지 못함으로 세계 유일의 분단국가이면서도 통일 문제에 무관심합니다. 통일의 남북 당사자들끼리 화해하고 함께 일구어가겠다는 절실함보다 주변 강대국에 빌붙어 놀아나는데 이르렀습니다. 이러한 한반도의 상황에서 한국 개신교는 무엇보다 시급한 교회의 과제가 무엇인가를 진지하게 고민하며 기도하여야 합니다. 무엇보다 시급한 것은 한 사람이라도 바른 그리스도인이 나오는 것이고, 하나의 교회라도 바른 교회다운 교회를 원하게 되는 것입니다. 오늘 말씀은 '그리스도인의 새로운 생활'입니다.

로마서의 역사적 삶의 자리

"로마서는 성서라는 가락지의 보석이요, 그 제8장은 보석의 끝이다"라고 경건주의 신학자 슈페네(Spener)는 말했지만 그리스도교 경전의 여러 책 가운데서 가장 빛나고 사랑 받는 책입니다. 구약의 족장들의 설화나 왕국의 역사들을 읽고 또 복음서나 사도행전의 불붙는 초기선교의 사적들을 거쳐서 로마서에 들어가면, 바울이 그의 생애를 바쳐서 추구하였고 그것으로 살고 있는 현실에 부닥치게 됩니다. 그리스도 신앙의 어떤 확고한 기반 곧 매우 인격적이며 구체적인 존재를 거기서 만나게 됩니다. 그것이 아마 바울이 성령이라고 하든지 생명이라고 하는 한, 어떤 정신적인 건축물 앞에 서게 하는 일일 것입니다. 로마서는 생명적인 도전이기 때문에 진리의 보고에 그치지 않고 거듭

기선적(機先的)인 역사(役事)를 일으키는 원동력이 되었습니다. 그래서 이 책은 거듭 침체와 부패에 기울어져 있는 그리스도교회에 갱신(更新)의 힘을 공급해 주었습니다.

역사적으로 루터는 로마서에서 복음을 발견함으로써 이교화(異敎化)해 가는 교회를 새롭게 할 수 있었고, 웨슬리도 루터의 로마서 서문을 낭독하는 것을 들으면서 회심을 경험하고 화석화(化石化)해 가는 영국 교회에 빛을 던질 수 있었습니다. 20세기의 위대한 신학적 항의, 변증법적 신학, 신 정통주의 신학 사조도 칼 바르트의 『로마서 강해』(1918)로부터 시작하였습니다.

바울이 로마서에서 말하려고 한 것이 무엇이었을까요? 그의 말의 주제가 무엇이었습니까? 종교개혁 시대와 현대 신학에 큰 영향을 기친 것이 로마서입니다만, 바울은 생각이 솟아오르는 대로 말하는 동안 논박과 이론 전개도 있으나 기도나 찬양, 책망과 권면도 뒤섞여 있습니다. 그러나 여하간 여기에는 그가 전력을 다해 주장하며 사람들을 설득하려는 일관한 내용이 있습니다. 그것은 한 사색의 결과로 생긴 이론체계가 아니라, 그의 생명과 시간, 정력과 수단을 바쳐서 그리스도의 종으로 섬기면서 얻은 무엇입니다. 그것은 '그리스도로 말미암은 하나님의 의(義)의 실현(實現)'이라고 할 만합니다. 그것이 의인(義認), 죄, 자유, 역사, 예정, 성화, 윤리 등을 말하였지만 모두 저 '하나님의 의(義)의 실현(實現)'을 증거하며 그것을 적용한 것입니다.

로마서는 바울의 복음서라고도 합니다. 그것은 그리스도의 사실을 인류를 위한 단 한 번의 하나님의 구원의 복음이라고 증거한 것이며, 그 복음은 잡다한 생각과 종교성을 가진 인간들을 그 정신적 중추로부터 정복하여 이 땅에 영원토록 머물게 하였습니다. 바울은 선택 받은 그릇으로서 그의 지력(知力)과 체험의 극치를 모아 모든 인간의 궁극적 사정을 움켜쥐고 그 문제성을 해결함으로써 그들을 복음에로 설복하고 붙잡았습니다. 다시 말하면 모든 사람을 윤리적으로 갱신할 뿐 아니라 종교적 신념과 사상적 상태까지를 복음에 의하여 개혁하였습니다. 복음은 "모든 믿는 자에게 구원을 주시는 하나님의 능력이며 첫째는 유대인에게요 또한 헬라인(이방인)에게라"(롬 1:16, 2:9, 3:9, 10:12)고 합니다.

오늘 본문 12:1-2절은 바울이 로마교회에 권면하신 말씀인데, 로마서는 크게 두 부분으로 나눌 수 있습니다. 첫 부분은 1-11장까지는 믿음과 구원의 도리에 대한 기록이고, 둘째 부분 12-16장까지는 믿음의 실천, 윤리적 권면에 대한 대강령이라 할 수 있습니다. 로마서 12:1-2절은 문체에서 특수하며, 일종의 표제이고 그리스도교적 생의 정의입니다. 예수 그리스도를 통하여 그 의(義)를 나타내신 하나님의 계시(啓示) 사실을 인식하고 신비로우신 하나님의 구원의 계획을 통찰하고 감사 찬송을 드린 후, 그 신앙이 그대로 역사적인 구체적 생으로 나타나기 위하여 그리스도인의 생활의 근본 문제를 규정한 것입니다. 몸을 하나님께서 기뻐하실 거룩한 산 제물로 드리시오. 여러분의 생활은 곧 구원의 계획의 신비를 열어 보이신 그 하나님께 예배드리는 새로운 예배, 저 예루살렘 성전에 양의 피와 의식절차로 드리던 것과는 다른 모양의 예배입니다. 그리스도 예수의 피로 다시 사신 그 몸이 가는 곳에서 어디서든지 드릴 수 있는 예배입니다. 마음의 새로워짐을 얻고 변화를 받아 하나님의 뜻을 분별하고 체득하는 생활을 하는 것이 그 새로운 예배라고 합니다.

회개와 변화(repentance & transformation)

로마서 12:2에 "이 세대를 본받지 말고 오직 마음을 새롭게 함으로 변화를 받아 하나님의 선하시고 기뻐하시고 온전하신 뜻이 무엇인지 분별하도록 하라"고 했습니다. 영어로 보면 더욱 의미가 선명합니다. "Do not be conformed to this world, but be transformed by the renewing of your minds, so that you may discern what is the will of God - what is good and acceptable and perfect"라고 했습니다. 여기서 얼른 눈에 띄는 것은 be conform to란 말과 be transformed by란 말입니다.

우리는 이미 하나님 앞에 산 제물로 바친 사람들임을 스스로 자인하고 있습니다. 우리는 하나님의 많은 은혜로 또는 넘치는 자비하심으로 구원받고 또 부름 받았다는 것을 공인하고 있습니다. 따라서 우리가 하나님 앞에 전 존재를 바쳐서 그의 시키시는 일에 전념하는 것이 곧 진정한 예배라는 것입니다. 여기서 개혁개정은 '영적 예배'(spiritual worship), 공동번역은 '진정한 예배'라고 했습니다. 그 전의 성경에 '합리적인 예배'라고 번역한 헬라어 '로기켄'은 물론 reasonable이라고 직역할 수 있습니다. 그러나 '합리적'이란 말은 무슨 이치만 따지는 것 같아서 예배하는 마음을 표시하는 데는 합당치 않을지도 모릅니다. 하여튼 우리는 하나님의 기뻐하시는 뜻을 따라 전 존재로, 삶과 죽음을 송두리째 내던진 평생사업(Life-work) 그 자체가 '참 예배 행위'란 말일 것입니다.

이제 우리는 이 conformed하고 transformed의 단어에 돌아와 스스로의 경우를 반성해 볼 수 있습니다. 우리가 이미 바친 몸임을 선언했다 해서 우리에게서 악마의 유혹이 모두 물러간 것은 아닙니다. 우리에게는 언제나 아주 교묘하게 우리를 함정에 몰아넣으려는 유혹이 마치 독가스처럼 우리 마음의 주변에 피어오르고 있습니다. 그 첫째는 시대(時代)의 풍조 'Ethos'란 것입니다. 바울은 이것을 '공중에 권세 잡은 자'란 말로 상징했고 말하자면 '악령'의 입김이라 할까? 그리스도인은 이에 동형화(同形化, conformed to)하면서도 스스로 그것을 심각하게 느끼지 못합니다. 이것은 사상과의 관계에서만이 아닙니다. 교회생활, 세상에서 신앙생활하는 데서 일어납니다.

그리스도의 몸인 교회는 거룩한 영적인 공동체입니다. 이 영적 공동체를 이루는 그리스도인, 개인은 비록 그가 거룩함을 결핍하고 있다 할지라도 영적 공동체로 받아들여집니다. 신학자 폴 틸리히는 "개인은 영적 공동체에 영적 인격으로 참여하는데 그러한 방법으로 어떻게 교회에 참여하는가?"에 대해 묻습니다. 이에 그는 회심사건이야말로 한 개인이 영적 공동체에 들어오는 순간을 이룬다고 주장합니다.

회심사건이 가시화되기까지에는 알게 모르게 오랜 기간 동안의 성숙과정이 있었던 것이므로, 그것이 순간적인 결단이나 각성으로 나타난 사건이라 해서 단순히 순간에 이루어지고 마는 것으로 이해해서는 안 된다고 봅니다. 그러나 그는 이와 같은 내용이 회심의 본질이라고 보지 않습니다.

회개인 히브리어 '슈브'(shubh)는 특히 사회적이며 정치적인 상황 하에서 자신의 길을 전환시키는 것을 말합니다. 곧 불의에서 정의로, 비인간성에서 인간성으로, 우상에서 신(神)에게로의 전향입니다. 헬라어 '메타노이아'는 같은 뜻을 포함하지만, 인간의 심정과 관련해서 순간에서 영원으로, 또는 자신으로부터 신(神)에게로의 전향을 의미한다는 것입니다. 그리고 라틴어 '콘벌시오'(conversio)는 공간적 이미지를 지적(知的)내용과 합일시키는 의미가 있다고 합니다. 틸리히는 이 같은 어원 이해를 근거로 해서 두 가지 사실에 집중합니다. 전자는 실존적(實存的) 소외(疏外)에 구속당하는 것이고, 후자는 영적 현존으로 인하여 창조된 새로운 존재입니다. 전자는 '회개'를 통해서, 후자는 '믿음'을 통해서 일어납니다. 회개와 믿음은 잠재적으로 있는 상태에서도 회개와 믿음을 창조합니다. 이 상대적 회심은 카이로스의 순간, 영적 현존에 사로잡힌 자에게서 이루어지는 회개와 믿음의 사건이 중심적 계기가 되어 일어난다는 것입니다. 이것은 어떤 사람도 창조주의 영적 현존 밖에 있을 수 없음을 의미합니다. 그러므로 영적 현존이 경험되는 카이로스의 순간은 누구에게나 주어진 것입니다. 여기에 모든 자들을 향한 복음전도의 가능성과 당위성이 있습니다. 이 같은 맥락에서 틸리히는 복음주의자들이 지니고 있는 회심 이해를 지지합니다(Paul Tillich, *Systematic Theology III*, 218f).

난세를 사는 사람들

한국 역사에서 삼국시대나 고려시대는 그만두고 조선시대만 하더라도 임진왜란, 병자호란, 일제36년, 해방과 분단, 미군정, 이승만 정권, 6.25동란, 4.19혁명, 박정희 군사 쿠테타 등등 마치 태풍에 이엄이엄 밀려드는 격랑같이 우리 역사의 물결은 거세었습니다. 그럼에도 그럭저럭 살아남아서 거센 난리의 물결이 지난 다음에는 피난 갔다가 제 고향으로 찾아와서 살아남은 것이 말하자면 민중입니다. 그래서 하루살이 같이 그럭저럭 살아온 것이 대를 이어 민족의 습성이 되었는지 모릅니다. 아무튼 퍽이나 어렵게 살아온 민족입니다.

난세를 사는 삶의 스타일을 몇 가지 생각하며, 우선 고고(孤高)를 들 수 있습니다. 맹자(孟子)는 이것을 깨끗한 거룩함(聖之淸)이라고 했는데 말하자면 "고고"(孤高: 외롭게 높은 삶)하게 난세를 걸은 사람이라 하겠습니다. 우리 한국에도 이런 타입의 의로운 분들이 많습니다. 고려왕조가 망할 때 포은 정몽주 선생과 두문동(杜門洞) 72현(賢), 세조 때의 사육신(死六臣), 생육신(生六臣), 한일합병을 앞두고 순국한 민충정 공, 1907년 네델란드의 헤이그 세계평화회의에서 고종의 밀사인 이준, 이상설, 이위종이 호소문을 제출하려다 거부되자 이준의 분사 사건 등등이 모두 이 고고의 타입니다. 그리고 일제 말 신사참배 강요

때, 투옥된 분들, 순교한 주기철 목사 등등도 그 부류에 속합니다. 그리고 군사독재 시절에 개인 자유와 사회정의와 국민주권을 되찾기 위하여, 인간권을 회복하기 위하여, 투옥되고 감금, 또는 연금된 많은 양심범들도 같은 부류에 속한다고 할 것입니다.

또 하나는 "진리"(眞理)를 증거하는 것이 난세를 사는 좀 더 적극적인 삶입니다. 요한복음에는 "진리가 무엇이냐?"는 질문이 나옵니다 (요 18:38). 빌라도 앞에서 예수는 "네가 말한 대로 나는 왕이다. 나는 진리를 증거하려고 났으며 진리를 증거하려고 세상에 왔다"(요 18:37)고 했는데, 요한복음 14:6에는 "내가 곧 길이요 진리요 생명이다"하고 예수가 말합니다. 그리스도는 진리의 증언자라기보다 진리의 화신이란 말입니다. 그리스도를 보면 진리를 본 것이고 그리스도를 믿으면 진리를 믿는 것이고 그리스도를 따르면 진리를 따르는 것이고, 그리스도 때문에 고생하면 진리 때문에 고생하는 것이 된다는 말입니다. 특별히 그리스도는 '말씀'에 머물지 않고 그 '말씀'이 '몸'을 이루어 인간이 된, '주체'로서의 '말씀'이라는 데 강점이 있습니다.

우리는 한국인으로써 귀중한 강점이 있음을 상기하고 싶습니다. 그것은 우리 그리스도인의 생활입니다. 아직도 분단의 아픔 속에서 고난 받는 민족입니다만 '수난의 종' 이스라엘과 사명을 같이할 수 있으며 특히 고난 받는 그리스도와 함께 그의 고난을 나눌 수 있습니다. 이는 5천년 수난의 역사를 이겨온 우리 민족으로서는 할 수 있는 일이며, 그렇게 하는 그날에는 그리스도의 영광에도 동참하게 될 것입니다.

우리는 한 때 나라 없는 백성으로서 어디서나 천덕꾸러기이었습니다. 그러나 우리가 그리스도의 제자로 그리스도의 고난에 동참하고 그리스도의 사랑 안에서 모든 인간을 사랑하며 돕는다면 우리 안에는 하나님의 아들로서의 품격이 이루어질 것이고 그 내재적인 빛과 존엄이 모든 경멸과 천대를 성화할 것입니다.

그리스도인의 새 생활이란 것은 자유 하는 주체로서의 능동적이고 사회적이고 상황적이면서 창조적인 경우에만 건설되고 약진합니다. 피동적이고 상황에 적응하고 남을 모방만 하고 자기 안전 제일주의에 농성하고 보수(保守)에만 급급하면 구차스러운 생존은 가능할지 모르지만, 건설적인 그리스도인의 새 생활은 기대하기 어렵습니다. 그래서 우리는 신앙과 생활관계에 있어서 '신앙생활'이란 하나님의 의(義)의 실현을 위한 올바른 신앙인의 삶, '생활신앙'로 바꾸어야 한다고 믿습니다. 새로운 존재로서 하나님의 뜻을 분별하고 체득하는 생활이고 날마다의 삶을 통해 드리는 새로운 예배라고 합니다.

나가며: "주 예수 보다 더 귀한 것은 없네"(찬송 94장)

어둠이 지배하는 이 세대를 본받기를 거절하고 이 세대 속에 빛나고 아름다운 증언을 남겼던 미국의 한 그리스도인의 얘기를 드리므로 오늘의 메시지를 장식하고 싶습니다. 미국의 유명한 오페라 가수였던 제롬 하인즈(Jerome Hines)의 소원은 뉴욕의 메트로폴리탄 오페라 무대 위에 서서 노래하는 것이었습니다. 그는 그 목표를 향해서 피나는 연습을 했습니다. 그리고 드디어 뉴욕 메트로폴리탄 오페라단의 가수가 되었습니다. 그런데 그는 오페라단의 가수가 되자마자 자신이 그동안 추구해 온 것이 겨우 이것이었단 말인가 하며 말할 수 없는 공허(空虛)에 빠져들기 시작했습니다.

어느 날 그는 자신의 뉴욕의 아파트에서 공허한 가슴을 달래기 위해 텔레비전을 켰습니다. 그런데 마침 빌리 그래함 목사의 전도대회가 방영되고 있었습니다. 빌 목사님의 설교가 시작되기 직전에 한 분이 나와서 찬양을 시작했습니다. "주 예수보다 더 귀한 것은 없네 이

세상 부귀와 바꿀 수 없네." 조지 베벌리 쉐아(George Beverly Shea)라
는 분이 바리톤의 영감 있는 목소리로 찬양하는 모습을 보면서 제롬
하인즈(Jerome Hines)는 충격을 받기 시작했습니다. '저 사람도 나처
럼 자신의 길을 걸어갔으면 내가 설 수 있는 무대에서 노래할 수 있는
사람인데 왜 저기서 저런 노래를 부를까?' 그는 의아해하며 빌리 그래
함 목사의 말씀을 들었습니다. 그리고 그날 설교말씀을 통해서 죄악
속에 있었던 자신의 삶을 하나님 앞에 자백하고 텔레비전 브라운관 앞
에서 하나님께 항복하고 예수 그리스도를 자신의 구세주로 영접했습
니다.

이제 그는 변하기 시작했습니다. 그가 변하자 많은 사람들로부터
충고가 왔습니다. 어떤 사람은 당신은 오페라 무대를 떠나야 한다고
했습니다. 혹 어떤 사람은 오페라 무대는 당신과 같은 사람이 필요하
니까 계속해서 하나님의 영광을 위해서 노래하라고 충고했습니다. 그
는 고민 끝에 오페라 무대에 계속 서기로 결심했습니다. 그러나 이제
는 목적이 달라졌습니다. 더 이상 사람들의 박수갈채를 즐기거나 자
신이 스타가 되기 위해서가 아니라, 하나님의 영광을 위하여 자신의
목소리가 어떤 사람들의 영혼을 구원하는 하나님의 도구로 쓰임 받기
위해서 그는 오페라무대에 당당하게 서서 창조의 하나님을 계속해서
노래하기로 결단했습니다. 그는 거의 10년간 탁월한 오페라 가수로서
사람들에게 찬사를 받았으며 주께 영광을 돌리면서 오페라 가수로서
의 삶을 지속했습니다.

그러던 어느 날 그는 오랫동안 소원하던 오페라 작품의 주인공(主
人公)으로 뽑히게 되었습니다. 계약서에 싸인 한 후 연습을 시작했습
니다. 그런데 연습 중 서곡에서 춤이 나오는데 그 춤은 거의 나체의
몸으로 춰야 했습니다. 본래의 작품에는 그런 내용이 없었기에 왜 이
런 내용이 필요하냐고 묻자 오페라 감독의 말이 현대인들에게 어필하

기 위해서는 이런 방법이 필요하다는 대답이었습니다. 또한 자기가 부르는 노래의 가사 가운데는 저질스런 욕설이 들어 있었습니다. 그는 마음이 아파서 원래 이런 가사가 없지 않았느냐고 항의하며 부를 수 없다고 했습니다. 감독은 매니저를 찾아 의논하라고 합니다. 그는 당시 유명한 빙(Mr. Bing)이라는 매니저를 찾아 항의하였습니다. 그렇다면 제롬 하인즈(Jerome Hines)는 계약을 파기했으니 다른 사람을 쓰겠다는 것이며 벌금을 물어야 한다고 했습니다. 그는 마지막 벌금을 지불하고 오페라 가수 직을 떠났습니다. 그의 간증집을 보면 그는 오페라단 사무실에 사표를 던지고 나오는 그 순간 이 세상에 태어나서 최초로 진정한 기쁨을 경험했다고 고백하고 있습니다. 해가 저무는 뉴욕의 밤거리를 쉐아의 복음성가를 밤하늘을 향하여 홀로 부르기 시작했습니다. "주 예수보다 더 귀한 것은 없네" — 제롬 하인즈(Jerome Hines)는 진정한 자유와 참된 기쁨을 경험한 승리자였습니다. 새롭게 변화시키시는 하나님의 은혜가 우리 모두에 함께 하시기를 바랍니다.

3부

의를 심어
사랑을 거두라
: 사랑

예수의 평화와 로마의 평화(pax-Romana)에 대한 역사적 고찰

예레미야 7:1-7, 마태복음 5:9

예수의 평화

평화는 그리스도교에 있어서 가장 중요한 자리를 차지합니다. 평화만큼 절실한 것은 없고, 평화 없이는 자멸하고 맙니다. 평화란 수직적으로 하나님과의 바른 관계를 맺는 것이고, 수평적으로 사람들끼리 자연을 포함하여 바른 관계를 맺는 자리에 임하는 것입니다. 그리스도의 탄생설화에도 "하늘에는 영광 땅에는 평화"라는 천사의 노래로 시작됩니다(눅 1:79, 2:14). "화평하게 하는 자는 복되다"(마 5:9), "원수를 사랑하라"(마 5:44)는 말씀과 같이 적극적입니다.

'제자들 중에 누가 크냐?' 하고 서로 질투할 때 예수께서는 손수 대야에 물을 떠다 놓고 종처럼 꿇어앉아 제자들의 발을 씻었습니다. 화평을 만드는 적극적인 자세입니다. 열두 사도와 70인의 제자를 선교 여행에 보낼 때에는 어느 집에 들어가든지 그 집에 들어가면서 "평안을 빌라"(마 10:12)고 분부했습니다. 예수자신이 여러 가지 병을 고치신 때에도 "평안히 가라 네 병에서 놓여 건강하라"(눅 7:50, 8:48 등) 했으며, 부활하신 예수가 제자들에게 나타났을 때에도 "너희에게 평강이 있을지어다"(눅 24:36) 했습니다. 이런 것은 당시 유대 사람들이 보통 사용하는 '인사'로만 하는 말이 아닙니다. 그것은 예수의 품격 속에 간직한 평화를 실제로 나누어주는 선언입니다. "평화를 너희에게 남기노니 곧 나의 평안을 너희에게 주노라. 내가 너희에게 주는 평안은 세상이 너희에게 주는 것 같지 아니하니라"(요 14:27). 평화는 예수 자신의 품격 속에 마치 고요히 잠긴 산중(山中)의 심연(深淵)처럼 언제나 고여 있는 평화며, 그것이 넘쳐서 밖으로 흐르는 것이었습니다. 그런 항존(恒存)하는, 품격화(品格化)한 평화가 있었기에 질병과 고독과 번민에 시달리는 인간들의 마음 물결이 그의 앞에서 고요함과 화평을 느낄 수 있었던 것입니다. 그러므로 "모든 수고하고 무거운 짐 진 자는 다 내게로 오라. 내가 너희를 편히 쉬게 하리라"(마 11:28)하는 초청을 할 수 있었던 것입니다. 이것은 세상에서 말하는 평화는 이해관계의 조절이나 환경의 적응 등과 같은 일시적이고 조건부인 평화와는 다른 것이었습니다. 오늘의 메시지는 "예수의 평화와 로마의 평화(pax-Romana)에 대한 역사적 고찰"입니다.

평화의 복음

사도들의 전승에서도 평화가 주류를 이루고 있습니다. 그리스도의 복음은 "평화의 복음"(엡 6:15)이라고 했고, 베드로도 "화평의 복음"(행 10:36)을 전한다고 했습니다. 바울이 전하는 기쁜 소식이란 한마디로 요약한다면 죄인 되었던 인간이 그리스도의 속죄 사랑으로 하나님과 화목하고 인간끼리 서로 적대, 소외, 배타 등의 막혔던 담을 허물고 먼데 사람과 가까운데 사람, 유대인과 이방인, 남자와 여자, 종과 상전, 부자와 빈자, 문명인과 야만인 할 것 없이 모두가 그리스도 안에서 한 형제가 되고 하나님 안에서 한 자녀가 된다는 것을 의미합니다. 그래서 "평화의 복음"이라고 한 것입니다. '십자가'라는 상징(symbol) 은 세로로 내리 그은 것은 하나님과 인간, 가로로 그은 것은 인간과 인간의 관계인데 그 그어진 선은 서로 통하는 통로(通路)라고 볼 수 있습니다. 그 교차점에 그리스도가 자기 몸을 못 박아 화목의 제물이 된 것입니다. 그러니까 그리스도교는 '평화'의 종교라고 할 수 있습니다.

신약성서에서 평화(平和)라는 말은 헬라어로 '아이레네'인데 그것을 우리말 번역에는 문맥에 따라 평화, 평안, 평강, 화목, 화평 등등 각양각색으로 번역했습니다. 신약성서의 '아이레네'는 구약성서의 '샬롬'을 옮긴 것입니다. 히브리인들의 '샬롬'이란 말은 일상생활에서 인사말로 쓸 만큼 친숙한 용어입니다. 거기에는 여러 가지 뜻이 포함되어 있습니다. 우선 사회적인 복지(福祉), 완전(完全), 축복(祝福)된 상황 등등을 의미하는 것으로서 메시아와 메시아 왕국에 관련된 용어입니다. 메시아는 평화의 나라를 이룩합니다. "그 정사와 평화가 무궁한" 나라(사 9:7)라고 했습니다. "백성에게 평화를 주며"(시 72:3) "저희 날에 의인이 흥왕하여 평화가 풍성하리라"(시 72:7) 하셨고, 메시아 자신이 "평화의 왕"(사 9:6)이라는 이름으로 불린다고 했습니다. 그것은 개인적이라기보다 사회적 왕국적인 의미에서의 평화를 말하고 있습니다.

신약성서에서 이 '샬롬'적인 개념을 전승했지만 다분히 개인적, 인격적인 면이 강조되었습니다. 각 개인의 몸의 건강, 마음의 안식과 생활의 평정감(平靜感) 등등으로 생각한 데가 많습니다(눅 2:29, 19:42, 마 10:12-13). 그러나 예수에게 있어서 특기할 점은 그의 '평화'가 덮어놓고 안온(安溫)한 무사주의가 아니었습니다. "내가 세상에 화평을 주려고 온 줄로 생각지 말라. 화평이 아니고 검을 주려고 왔다. 내가 온 것은 사람이 그 아버지와, 딸이 어머니와, 며느리가 시어머니와 불화하게 하려 함이니 사람의 원수가 자기 집안 식구리라"(마 10:34-36),

"내가 땅에 불을 던지러 왔다"(눅 12:49)고 했고, "화평이 아니라 분쟁을 일으키러 왔다"(눅 12:51)고 했습니다. 얼마나 강하고 거친 말입니까? 이런 말씀 앞에서 우리 그리스도인과 교회는 정신을 차려야 합니다. 오늘날 우리가 믿음으로 은혜 받은 '평화'란 것은 아주 개인적이고 주관적인 것입니다. 그리스도와의 연합을 경험하는 성령의 은사, 마음에 기쁨과 화평이 충만하다는 신비 경험을 그리스도인의 평화라고 하며, 그것만을 추구하고 흠모하고 따르려는 것이 우리 한국교회의 대체적인 '평화'에의 방향이 아닐까 합니다. 평화의 사회성에 대해서는 거의 무감각 무관심 상태에 있는 것 같습니다. 우리는 신·구약을 한 성서로 보아야 합니다.

우리는 예수님의 "예"할 것은 "예"하고, "아니다" 할 것은 "아니다" 했다는 역사적 증언을 주의 깊게 보아야 합니다. 예수님은 참과 진리를 말씀하며 어둠의 세력 죽음의 마수가 쉴새 없이 뒤따르고 있는 줄 알면서도 의(義)의 걸음을 멈추지 않았습니다. 그 결과는 십자가로 나타났습니다. 그러나 그 다음은 부활이었습니다. 그의 평화는 죽기까지 싸우는 투쟁에서 얻어진 평화였습니다. 아니 불의와 죄악에 직면하여 무사주의로 어물어물하지 않고 거기에 직접 공정(公正)과 하나님의 의(義)를 선포하는 그 자체가 그의 평화였습니다. 그렇게 하지 않고는 평화를 운위(云爲)할 수는 없었습니다. 예수님은 진정 평화를 위해 오셔서 일하신 평화의 주님입니다.

예레미야의 공의와 평화

예레미야는 성전 문에 서서 이렇게 말했습니다. "여호와께 예배하러 이 문으로 들어가는 유대인아! 너희 길과 행위를 바르게 하라. 그리하면 내가 너희를 이곳에 거하게 하리라. 너희가 만일 길과 행위를 참으로 바르게 하여 이웃들 사이에 공의를 행하며 이방인과 고아와 과부를 압제하지 아니하여 무죄한자의 피를 이곳에서 흘리지 아니하며 다른 신들을 좇아 스스로 해하지 아니하면 내가 너희를 이곳에서 거하게 하리니 곧 너희 조상에게 영원 무궁히 준 이 땅이니라"(렘 7:2-7).

평화 없는 실상에서 "평화, 평화"하고 자장가를 불러 백성들을 재웁니다. 제사장들은 성전에서 사람들이 제물만 가져오면 "잘했다 네게 평안이 있으라" 하고 축복합니다. 그 손에서 살인한 피가 마르기도 전에 그 손을 들어 평화를 선언합니다. 그래서 백성들의 죄악만 조장한다고 했습니다. 그러므로 예레미야는 그 백성과 선지자와 제사장과 임금에게 싸움을 선포하고 그 악을 규탄하고 심판을 선고했습니다. "잘 산다 잘 산다" 하고 번영을 자랑하는 그 나라 집권자들을 향하여 "나라가 망한다. 백성이 포로로 잡혀간다. 도시가 폐허(廢墟)로 남는다. 하나님의 저주가 임한다" 하고 20년이나 외쳤으니 그 나라 집권층이나 지도층에서 그를 얼마나 미워했겠습니까? 그를 당장 죽여버리지 않은 것이 이상할 정도였습니다. 하기는 몇 번 죽이려고 했지만 제대로 실현되지는 못했던 것입니다.

오늘의 한국교회는 길게 자던 잠자리를 털고 깨어나야 합니다. 안정된 중산층으로 구성된, 이른바 큰 교회에서 사회적 어려운 문제들—노동자 문제나 실업자 문제 부정부패 일소문제 정치권력의 악용 문제 적대적으로 흐르는 남북통일의 문제 등—을 구체적으로 취급된다면 깜짝 놀라 논의하기를 피합니다. 그리고 그 대신 개인적 주관적인 평화 경험이라는 영적 도취를 권장합니다. 그러나 그런 식으로는 진정한 평화를 이룩할 수 없습니다.

항해 중에 배가 한 쪽으로 너무 기울어지면 그것은 그만큼 반대편으로 기울어지도록 잡아 당겨 배의 균형을 바로잡아야 합니다. 그래야 파선을 피할 수 있습니다. 우리의 사회도 어느 한쪽으로 기울어졌으면 거기 대한 반대세력도 그만큼 강조되어야 할 것입니다. 부정이 있는 곳에 공의를, 미움이 있는 곳에 사랑을, 죽음이 있는 곳에 생명을, 거짓이 있는 곳에 진실을, 압박이 있는 곳에 자유를, 낙심이 있는 곳에 희망을, 난잡한 곳에 질서를 등등 극(極)은 극(極)으로 대결하지 않는 한, 평정이 오기 어렵습니다. 그러나 그것이 참 평화를 가져오는 길입니다. 그래서 예수님은 "내가 평화를 가져올 줄 아느냐? 도리어 검을 가져온다"고 말씀한 것이라 하겠습니다.

민주주의는 주권이 국민에게 있음을 그 기초로 삼습니다. 국민의 선거에 의하여 '선량'이 뽑히고 국민의 뜻을 따라 권력을 대행할 사람이 선출됩니다. 그러나 일단 권력이 부여된 다음에는 실제에 있어서 주권이 그에게 있는 것 같이 됩니다. '국민의 정부'에서 '정부의 국민'으로 변해 버립니다. 그것은 어느 나라에서나 있는 일이며, 그것이 심하면 독재정치가 영영 굳어집니다. 그러므로 국민이 진정 자유와 민주를 자기 것으로 유지하려면 항상 깨어서 나라가 바르게 가고 있는가를 살필 수 있어야 합니다. 진정한 민주주의는 인간을 위한, 특히 개인 인격의 존엄을 앞세우는 정신이며 사상이며 제도니만큼 그런 것이 살아 있어야 합니다.

나아가서 민주주의를 위해서 그리스도인의 투쟁은 비폭력적이어야 합니다. 예수님은 비폭력으로 세상을 이기셨기에 그리스도인들도 그래야 한다는 당위성이 있습니다.

평화주의에 대한 교회사적 고찰

초기 그리스도교가 로마제국 전역에 들어갔을 때, 그것은 로마제국의 통치 영역에 정면으로 충돌되었습니다. 로마제국은 현재의 로마시가 있는 곳에서 일어나 도시국가가 되고 점차 이태리반도를 통일하였습니다. 당시 서부 지중해의 해상권을 장악하고 있던 카르타고와 대결하여 포에니전쟁에서 이기고 동부 지중해 지역의 헬레니즘세계를 전부 정복하여 지중해세계의 대제국이 되었습니다. 어떻게 무슨 힘으로 로마는 이렇게 하였는가를 물을 수 있습니다. 로마는 시종일관(始終一貫) 무력(武力)과 폭력(暴力)에 의하여 로마가 된 것입니다. 그 거대한 군사력(軍事力)에 의하여 대 로마가 건설되고 유지되었던 것입니다. 로마의 정신은 폭력주의(暴力主義), 군국주의(軍國主義)였습니다. 소위 로마의 평화(pax-Romana)라는 것도 군사력에 의하여 잠잠하게 조용하게 한 잠정적 평화일 뿐이었습니다.

그런데 제국 안에서도 가장 보잘 것 없는 시리아의 소국(小國) 유대나라에서 일어난 그리스도교가 폭력에 절대 반대하는 평화주의, 반전주의를 선교할 때 로마의 미움을 받게 되었다는 것은 너무나 당연한 일이었습니다. 초기 그리스도교 역사에 의하면 그리스도인들은 로마의 군인이 된 예가 없었다는 것을 증명하고 있습니다. 그리스도인들은 로마의 박해와 비 그리스도인들로부터의 학대도 인내로써 참고 견디었을 뿐이고, 어떤 정치적 조직을 만들어서 무력으로 대항하려고 하지도 않았습니다.

콘스탄티누스 대제가 밀라노 칙령(勅令)으로 그리스도교를 공인(公認)한 313년까지 약 300년간 로마제국 안에서 가장 치열하게 그러나 별로 눈에 띄지 않게 싸워진 싸움은 소위 로마의 평화주의 군국(폭력)주의와 예수의 평화와의 싸움이었습니다. 그 승패는 너무나 정확한 것이었습니다. 로마는 거대한 무기와 군사력을 소유한 세계 역사상 최대의 힘의 권력화(勸力化)였는데 반해 그리스도교도는 아무 힘없는 소수일 뿐더러 그 적은 힘마저 행사하려고 하지 않고, "검을 쓰는 자는 검으로 망한다"는 주문(呪文)만 외우면서 로마 병정의 창 끝에서 죽어갔습니다. 이렇게 누구의 눈에나 명백한 승부의 판결이 4세기 초에 이르러 완전히 역전되고 말았으니 이 어찌된 영문일까요!

예수의 평화는 그 무서운 로마의 폭력(군국)주의를 굴복시켰습니다. 로마제국은 망하였어도 그 속에서 로마의 폭력의 생활 원리를 반대하고 사랑의 원리를 들고 나섰던 그리스도교는 망하지 않고 그 후 세계사의 주력(主力)이 되었습니다.

그러나 역사의 교훈은 냉엄합니다. 그리스도교가 현실적으로 승리한 순간 그것은 승리에 취하여 그 승리의 깊은 원인을 잊게 되었다는 것입니다. 그리스도교는 이제 권력의 박해를 받는 자가 아니라 국가의 종교가 되어 권력의 동맹자(同盟者)가 되고 권력을 배경으로 그리스도교를 선교하고 이교도를 통치하는 수단이 되었습니다. 314년 아르루 종교회의는 그리스도교도의 군대 복무를 선언하였습니다. 그리스도교 신앙의 자유를 윤허(允許)한 콘스탄티누스 대제를 위해 싸우는 것은 곧 그리스도교를 옹호하는 길이라고 생각했던 것입니다. 그러나 이것은 명백히 예수의 가르침과 생활에서 벗어난 길이었습니다. 이렇게 하여 그리스도교는 그 후 역사적으로 그리스도교를 수호하기 위해서라든가, 그리스도교 문화를 전파하기 위해서라든가, 비 그리스도교인을 개화시키고 개종시키기 위해서라든가, 기타 여러 가지 이유를 붙여서 많은 전쟁을 감행하는데 주저하지 않게 되었습니다.

11세기 말엽부터 2백 년간 성지 예루살렘을 이교(異敎)인 회교도(回敎徒)의 수중(手中)에서부터 빼앗기 위하여 십자군전쟁이라는 대규모의 무모한 전쟁을 "의로운 전쟁이니 성전(聖戰)"이라느니 하는 이름으로 감행하였습니다. 그리스도교 자체가 평화주의에서 이탈하게 됨으로써 철저한 평화주의를 신봉하는 자는 오히려 소수파 이단으로 박해를 받게 되었습니다. 중세에도 그러한 순수 평화주의가 있었는데 남부 불란서에서 일어났던 왈트파(Waldenses)가 그것입니다.

종교개혁이 중세 가톨릭의 비성서적 교의를 반대하고 성서로 돌아가는 운동으로서 일어났지만 어떠한 전쟁도 폭력도 반대하는 예수의 평화에는 귀를 기울이지 않았습니다. 이점에 있어서는 가톨릭의 성전(聖戰)사상의 계통을 그대로 전해 받고 있었습니다. 종교개혁 시대에 평화를 표방하고 나선 재세례파(Anabaptists)는 가톨릭과 신교(新教)의 양편으로부터 아주 가혹한 박해를 받고 거의 전멸하였으나 그 일부가 영국으로 건너가서 침례교를 만들었습니다. 청교도 혁명 때 올리버 크롬웰의 군대 안에는 그들이 많이 끼어 있었습니다. 재세례파와 유사한 철저한 평화주의 교파로 메노나이트가 생기고 또 17세기 영국에서는 퀘이커교가 일어났습니다. 퀘이커교도는 대체로 19세기 이래 절대적 평화주의가 그 종파의 주요한 특성이 되었습니다.

20세기에 평화운동은 일부 극단적 소수파에 머물지 않고 도덕적 철학적 양심에 근거한 세속적 범위까지 넓혀졌습니다. 1947년의 노벨평화상이 퀘이커파의 아메리칸 프렌드(American Friends)봉사단에게 수여되었다는 사실은 특히 주목할 만한 것입니다. 20세기에는 인류 역사상 그 어느 시대보다도 폭력이 판을 치는 시기였습니다. 양차 세계대전을 비롯하여 한국전쟁과 월남전쟁은 인적, 물적, 정신적, 도덕적 파괴에 있어서 사상(史上) 최대의 것임을 누가 부정하겠습니까! 21세기 역시 세계는 지금 테러와의 전쟁과 세계 곳곳에서 무서운 폭탄과 총탄의 테러사건이 일어나고 있어서 공포와 두려움에 떨고 있습니다.

예수의 "평화"가 대 로마제국의 무력에 대항하여 이길 수 있다고 하는 것은 불가능한 가정에 불과하였습니다. 폭력이 폭력을 이길 수 없고 오직 평화만이 이길 수 있다는 것이 진리입니다. 어떤 의미에서 예수의 시대나 현대는 매우 유사한 환경 속에서 평화를 만들어야 하는 과제 앞에 서 있습니다. 거기에는 평화, 비폭력, 반전의 길, 이외에는 인류와 문명의 구원을 찾을 길이 없습니다.

평화를 위한 참회: 통일의 신학

1988년 2월에 한국기독교교회협의회(NCCK)가 "민족의 통일과 평화에 대한 한국기독교회의 선언"을 한 바가 있습니다. 평화적 방법에 의한 민족통일의 원칙을 천명한 것으로 한반도의 통일 자료로 정치계를 비롯한 모든 영역에 걸쳐 크게 영향력을 발휘했던 뜻깊은 역사적 사건이었습니다. 평화의 정신은 그 객관적 기준이 예수의 평화운동에 있고, 그 실천적 기준은 평화운동의 투쟁의 역사에 있습니다. 평화의 참 의미와 깊은 이해와 그 종교적 신념화가 있어야 평화적 방법에 의한 민족통일의 길이 열릴 것입니다. 남북 상호간은 분단과 증오에 대한 죄책고백부터 시작하고 남북 간의 긴장 완화와 평화 증진을 위하여, 민족자주성의 실현을 위하여, 평화통일을 위한 한국교회의 과제를 선교 제1순위로 하여 교회와 민족이 함께 힘과 지혜를 모으고 정진하여야 합니다. 해방 분단의 71주년을 맞는 8.15를 상기하며 생각해 본 말씀입니다.

한반도 남북에 살고 있는 수백만 한국인들은 전쟁과 분단의 상혼 속에서 살고 있습니다. 분단으로 인한 전쟁의 흉터와 상혼은 한국인의 한 맺힌 가슴속에 새겨져 집단무의식이 되어 버렸습니다. 우리 그리스도인들은 하나님과 우리자신들 그리고 남북관계가 파괴되었음을 인식하며 부름 받은 교회는 먼저 죄책고백의 공동체여야 합니다. 우리 한국 교회와 그리스도인들은 구조악인 한반도 분단을 막지 못한 책임과 이 분단을 직접적으로 또는 간접적으로, 의식적으로 또는 무의식적으로 정당화해 왔고, 분단 현실 속에 안주한 죄책을 민족 앞에 고백하는 운동에 앞장서야 합니다.

통일신학을 위하여, 군사주의는 분단신학이 창조해낸 신학적 우상입니다. 분단신학은 가장 근본주의적인 군사주의를 정당화합니다. 분단되어 있는 나라의 군사주의는 강대국 군사주의의 하부구조에 불과합니다. 일국적이면서 동시에 국제적인 오늘날의 군사주의는 분열된 세계 속에서 평화의 이름으로 기본적인 인권을 유린하고, 민족 경제 발전을 착취하고, 민족 독립의 보전을 파괴하며, 평화 정의로 분열을 극복하려 하는 근본적인 인간의 열망을 위태롭게 합니다.

한국기독교교회협의회는 지난 7월 27일에 25년 만에 '비상시국 대책회의'를 발족하고 시국선언문을 발표했습니다. "오늘 우리 사회 안에서 정의와 평화는 파괴되고 민주주의는 크게 훼손되고 있다", "이 지경에 이르게 되기까지 복음의 사회적 책무에 헌신하지 못하고, 예언자적 사명을 다하지 못한 죄를 뼈아프게 뉘우치고 회개한다"고 했습니다. 또 "현 정권 정부의 출범 이후 국민을 섬기는 정치는 실종됐고, 민생경제는 파탄 났으며, 정직하게 땀 흘려 일하는 이들의 삶은 날로 피폐해져 가고 있다"며, "남북관계를 화해와 협력이 아닌 끝없는 증오와 대결로 치닫게 했다"고 비판했습니다.

오늘날의 한국교회는 무사안일의 평화주의에서 해방 받아야 하며 예수님의 평화의 진면목에서 만나고 새롭게 출발하여야 합니다. 예수님의 현존으로서 십자가의 실재는 성서적 신앙에 따르면 고난입니다. 화해의 십자가는 고통스럽고 힘든 과정입니다.

우리는 오늘날의 적대적인 세계 안에서 평화와 안정을 유지하는 데에 핵의 힘과 강대국들의 군사적 폭력을 의지함으로써 하나님께 대적하는 죄를 범했음을 고백해야 합니다. 우리는 하나님이 아니라 핵 우산을 신뢰하고 있는 죄를 고백해야 합니다. 깊은 참회의 마음과 두려움에 사로잡혀 떨면서 우리는 화해의 십자가를 쳐다보아야 합니다.

이제 아토스 성산(聖山)의 한 은둔 수도승의 '예수 기도'를 드리므로 본 메시지를 마칠까 합니다.

주 예수 그리스도 하나님의 아들이시여 죄인인 나를 불쌍히 여기소서.

한국기독교장로회의 역사와 신학
─ 복음의 자유, 하나님 선교
나루교회 신앙강좌

서론적 이야기

한국 개신교 133년(1884-2017)의 역사 속에서 개혁교-장로교 역사와 신학을 계승한 한국기독교장로회(이하 한국기독교장로회는 한기장으로 표기한다)의 창단의 이상(理想)과 그 역사적 발전과 신학적 주제들을 성찰해 보고자 한다.

한기장의 역사는 1940년 4월에 서울의 승동교회당에서 조선신학원의 개원의 의의와 직접적 동기를 살펴야 한다. 1938년도 장로회총회가 신사참배를 결의한 후 평양신학교가 폐교되어 교역자 양성과 공급의 길이 막혔음으로 이 사건의 선후책으로 조선신학원이 생겼다. 조선신학원 개원의 의미는 다음과 같이 개괄해 본다.

첫째, 조선신학원 개원은 일본의 조선 통치의 종말에 잇달아 생길 한국기독교의 새 역사적 현실에 대비 또는 준비하는 일이 되었다. 이때 한국에서 한국교회의 교권과 신학교육과 신학사상을 지도, 지배해 오던 외국 선교사들이 전쟁 때문에 본국으로 귀국하게 되며, 사실상 외국 선교사 지배 시대의 종말을 뜻하는 것이었다. 그러므로 조선신학원 개원은 한국교회사상 이런 큰 변동을 예견(豫見)한 사건이 되었다. 이것은 한국장로교회가 해방과 함께 본토민 교회로서 성장할 수 있는 계기가 되었고, 동시에 서양 선교사 역사의 한 장(章)으로서의 한국교회 역사는 끝나고 이제 한국기독교 역사의 새 장(章)이 펼쳐질 것이었다.

둘째, 조선신학원 설립은 한국교회의 교역자 양성에 따르는 신학교육을 한국교회가 자주적(自主的)으로 그리고 자비(自費)로 해야 한다는 대원칙을 실천에 옮긴 일이었다. 이것은 교역자 교육권이 선교사들로부터 본토민 교회에 넘어온 최초의 계기가 된 것이다. 그리하여 자주적으로 한국교회가 신학사상과 신학교육 방침을 택할 수 있게 되었다. 조선신학원 설립 추진 인물들은 송창근, 김대현, 함태영, 김재준 등이었다.

조선신학원 개원 후 5년이 되어 해방과 함께 일본통치하에서 중단되었던 새 사상이 한국에 홍수처럼 밀어 닥쳤다. 이런 새 현실을 준비하는 일은 역사적 통찰력과 투시력을 가진 자들의 몫이었다. 조선신학원 설립자들은 일본과 미국에서 교육받았고, 한국교회 교역자 양성에 대한 먼 안목을 가진 자들이었다. 사실 조선신학원 설립은 외국 선교사들을 배척하는 운동도 아니었고, 또 선교 모(母)교회들과의 협력과 유대를 단절하는 운동도 아니었고, 다만 하나님의 역사 섭리에 순응하는 것이 되었을 뿐이다.

한기장의 이념과 한국신학대학

교단과 신학교와의 관계는 어느 편의 일방적 지배가 아니고 자율적이면서도 일치성을 유지하는 것이어야 할 것이다. 조선신학원이 일제 말에 창설되어서 일제의 박해를 받으면서, 또 한국교계가 일제의 관제(官制)교단의 하나로 통합될 뻔했던 위기도 모면하면서 해방을 맞이하였고, 원치 않았던 남북 분단으로 인해 남한의 장로교회 총회 는 조선신학교를 총회 직영 신학교로 인정하게 되었다. 그러나 해방 후 한국 교계에 정치적 및 신학적 내분과 논쟁을 불가피하게 겪게 되 었다.

1947년 봄에 조선신학교(한국신학대학의 구명[舊名])학생들 상당수 (51명)가 김재준 교수의 성서 비평학 강의에 이의(異意)를 제기하여 소위 신신학(新神學) 배척운동이 일어났다. 여기에 복잡하고 많은 사 건들로 인해 교단과 신학교가 다같이 큰 진통을 겪었다. 결과적으로 1952년 4월 제37회 총회에서 김재준 교수의 목사직 제명의 결의와 함께 한국신학대학 졸업생들에게 목사안수를 주지 않기로 결의했다. 이에 한국신학대학 측은 총회의 처사가 신학적으로 부당할 뿐만 아니 라 헌법적으로 부당함을 지적하게 되었다.

1947년부터 1953년까지의 6년 동안의 긴 분쟁은 그 사이에 6.25 의 민족적 수난을 겪으면서 계속되었다. 드디어 1953년 새 교단은 한 국장로교회로부터 이탈하려는 의사도 없었고, 또 신학적으로나 교회 제도적으로나 칼빈주의 또는 개혁파 교회의 전통으로부터 빗나간 것 이 없다고 생각하여 총회의 회수를 종래의 총회 회수에 따르기로 하였다.

이 새 교단은 선언서를 채택하고 국내·외의 교회에 알렸다. 이 선 언서가 한기장의 창단이념과 강령이 되었다. 이 선언서의 마지막에서 한기장의 강령을 다음과 같이 밝혔다.

1) 우리는 온갖 형태의 바리새주의를 배격하고 오직 살아계신 그리스 도를 믿음으로 구원 받는 복음의 자유를 확보한다.
2) 우리는 전 세계 장로교회의 테두리 안에서 건전한 교리를 수립함과 동시에 신앙양심의 자유를 확보한다.

3) 우리는 노예적인 의존사상을 배격하고 자주자립의 정신을 함양한다.

4) 그러나 우리는 편협한 고립주의를 경계하고 전 세계 성도들과 협력 병진하려는 세계 교회 정신에 철저하려 한다.

이제 우리나라는 비상한 난국에 처하여 있다. 이제부터 우리는 우리의 소신대로 전적인 그리스도를 인간생활의 전부분에 증거하기 위하여 총진군할 것이다.

위의 선언서에는 한기장의 이념이며 강령이 잘 표명되어 있다. 그 선언서의 마지막 부분의 네 가지 항목은 한기장의 체질을 말해 준다. 즉 복음의 자유, 장로교 전통에 입각한 신앙양심의 자유, 자립 자주하는 본토민의 교회 그리고 세계교회운동 곧 에큐메니칼운동에 대한 정신 등이다. 그런데 맨 마지막의 어귀가 대단히 중요하다. 즉 "전적인 그리스도를 인간생활의 전 부분에 증거하기 위하여 총진군할 것이다"라는 말이다. 이 말은 그동안 세계교회운동에서 강조한 전적인 복음 (the Whole Gospel)을 의미한다. 전적 복음이란 말은 인간생활의 모든 면에 복음이 복음되게 증거하는 것인데, 이것이 복음 또는 기독교의 현실참여를 의미한다. 현실은 정치 현실만이 아니고 인간생활의 모든 부면의 현실을 말한다. 그리하여 인간 사회가 건전하고 정의롭고 평화스럽게 되는 예수 그리스도의 평화(샬롬)를 실현하는 것이다.

한국장로교 전통의 혁신

한기장은 한국장로교회의 혁신이라는 점이다. 한기장의 기본 성격은 1953년 6월 10일 발표한 제38회 '호헌총회선언서'에 잘 나타나 있다. 우리는 한기장의 새 출발(엑소더스)의 사건을 '혁신', '변혁', '새로움'으로 이해한다. 즉 한기장의 출발은 바로 '교회혁신'의 사건이었다.

한기장의 시작은 반세기 이상을 한국장로교회의 전통 속에 지배하고 있던 세속적 요소들, 즉 교권주의, 율법주의, 교리주의로부터 참으로 '복음'이 지배하는 복음적 교회, 예수 그리스도의 교회가 되려는 혁신운동이었다. 그 당시에 있었던 성서영감설 논쟁이나 신학연구에서 '자유'의 요구, 또 그 뒤에 강조된 에큐메니칼운동, 세계 신학을 향한 학문적 정렬, 또는 교회의 적극적 현실 참여 등은 다 '복음'의 새로운 이해와 복음적'교회를 향한 새로운 혁신의 시도였다.

그러나 옛 전통에서 새 전통의 창출이란 항상 고난의 길일 수밖에 없다. 선배들은 이 한기장의 '혁신적 사명'을 위해서 앞날의 고난을 각오하고 새 출발을 결단했다. 이 어려운 조건들을 들면, 수적(數的)인 열세(劣勢)와 외국 선교부로부터 따돌림은 그때의 정치적 경제적 상황을 고려할 때 결코 작은 일이 아니었다. 1950-60년대 6.25의 참변을 겪고 폐허가 됐던 한국교회 상황에서 분열의 아픔은 치명적인 상처였다.

그러나 이 가시밭길 험로를 한기장은 자체를 정비하며 서서히 성장해 왔다. 우리는 1970년에 「기독교교육지침서」를, 1971년에 「사회선언서」를, 1972년에 새로운 「신앙고백서」를, 1973년에 「선교정책」을, 1979년에 새로운 「교회정치」를 만들었고, 드디어 1981년에 『기독교장로회헌법』이 완성됨으로써 한기장의 '형상'(形相)을 구체화하고 교단의 기초를 다졌다. 한국장로교 전통의 '혁신'을 지향하는 한기장은 '항상 스스로를 복음에 비추어 개혁해 나가는' 개혁교-장로교의 정신을 따르고 있는 것이다.

신학의 자유

'신학의 자유'는 한기장의 근본 성격을 말해주는 특징이다. 당시 한기장이 이단(異端)으로 규정받았던 신학적 문제는 성서의 역사과학적 연구방법(고등비판)이었다. 오늘날은 성서의 역사과학적 연구방법이 성서 이해와 해석의 필수과목이 되었다. 당시 조선신학교의 신학을 대변했던 김재준 박사는 성서의 역사과학적 연구를 성서 이해의 과정으로서 사용했다. 조선신학교의 교육이념(1939년)에 따르면 신학 교육과정이나 연구에 있어서 '신학의 자유'는 한기장의 신학 기본정신이다. 신학의 자유란 양심의 자유이며 아래 있는 인간의 자율이 아니라 하나님의 말씀 아래 있는 신학의 이름이다. 한기장이 찾는 것은 한국 장로교 전통이 권위주의, 율법주의, 교리주의의 타율 아래서 잃었던 바로 그 '신학의 자유'였다.

그러나 한기장은 '신학의 자유'를 위해서 너무나 큰 값을 치렀다. 신학자의 양심이 화살에 맞고 교단적 전통에서 추방을 당하고 광야에서 방황했던 이스라엘처럼 순례자의 길을 가야 했다. 그러나 이것이 하나님의 뜻(섭리)에서 비롯된 희생이라고 믿는 까닭에 그것은 고귀한 값이었다. 신학의 자유 때문에 치른 희생으로 한국교회 전체에 '신학의 자유'의 문을 열어주었고, 수많은 한국의 젊은 신학도들이 들어와 '신학의 해방'을 이뤘다는 점을 회상하면 우리는 한기장의 존재를 하나님 앞에 감사 영광을 돌린다. 아울러 우리는 '신학의 자유'가 바로 개혁교-장로교의 기본정신이라고 믿는 것이다.

에큐메니칼 정신

한기장은 복음 선교에 있어서 처음부터 고립적이거나 배타적이지 않고 현대 신학 사조를 이해하고, 세계 교회의 전통과 제도와 신학을 참조하여 세계 신학 사조에 참여하고, 에큐메니칼 신학과 동행하였다. 세계 신학은 한신대학, 한기장의 신학의 과제이다. 신학이 에큐메니칼이라는 말은 팔방미인이어야 한다는 것이 아니라 겸허한 신학의 표시이다.

한기장은 세계 제2차 대전 이후의 최대의 수확이라고 할 수 있는 에큐메니칼운동 선교 지역에 적극 참여하여 한국에서는 처음으로 '세계개혁(장로)교연맹'(WARC)의 회원이 되었고, 또 '세계교회협의회'(WCC)에 가입하는 등 한국 프로테스탄트 교회의 에큐메니칼운동에 기여한 공로는 실로 크다. 이것은 분명 개혁교-장로교의 정신을 이어받은 것으로써 한기장의 자랑스러운 면이 아닐 수 없다. 이 같은 에큐메니칼 정신의 강조는 예수 그리스도의 교회가 지닌 본래의 정신, 즉 '거룩한' 세계적 교회를 위해서 한기장이 지불한 고귀한 값이었음을 기억해야 한다.

하나님의 선교(Missio Dei)

한기장은 한국기독교사상 처음으로 세계 교회가 20세기 후반에 와서 오랫동안 선교사 중심의 선교 개념을 극복하고 새롭게 형성한 '하나님의 선교'(Missio Dei)의 개념을 우리 교단의 선교의 방향으로 받아들였다. 그리하여 선교 지역을 중심으로 한 좁은 의미의 전통적인 선교의 개념을 넘어서 하나님의 선교 행위에 동참하는 교회로서 선교를 삶의 모든 차원에까지 넓히고, 교회 자체를 위한 교회로부터 타자를 위한 교회로, 교회 안에서만 행동하시는 하나님에 관심하던 교회에서 역사와 사회 속에서 행동하시는 하나님의 구원사업에 참여하는 교회로 그 관심을 전환시켜 왔다. 이러한 선교이념에 따라서 교회의 사회적 역할을 강조하는 동안에 유독 우리 개혁교 교단만이 겪어야 했던 시련과 고통은 너무 컸고, 이로 인해 받은 상처도 너무 깊었다.

1960년대 이후 급변하는 문화적 기후(산업사회의 도래), 신학적 기후의 급격한 변화, 엄청난 사회적 부조리와 정치권력의 독재 및 부패가 가져온 고난의 현실, 성공주의적, 공적주의적, 열광주의적, 종교의 신비주의적 혼돈, '나'의 성공을 위해서 종교의 실천을 '공적'(功績)으로 삼으려는 은혜의 세속화 현상, 기적을 찾는 유대교적 초자연주의, 샤머니즘적 기복주의 등이 압도하는 상황 속에서 '고난에 참여하는 제자직'에 역점을 두고 온 우리 교단 교회들은 소수에게 닥쳐오는 고독을 겪어온 것이 사실이다. 이것은 한기장이 한국교회의 '혁신'을 위해서 지불한 고귀한 값이다. '하나님의 선교'의 개념, '고난에 참여하는 제자직'은 바로 개혁교-장로교 신앙 전통의 두드러진 특징이다.

오늘의 한국교회는 분명히 다시 한 번의 종교개혁, 교회혁신이 요청되는 상황에 놓여있다. 한기장의 정체가 복음에 대한 새로운 관심과 이해에 있다고 한다면, 우리는 한기장의 출발점에 다시 서서 스스로를 반성할 필요가 있다.

한기장의 신학적 과제

개혁교 전통에 충실하다는 것은 칼빈과 같이 그의 사상의 안내를 받아서 '성서'로 돌아가는 것이다. 칼빈은 교주(敎主)가 아니다. 그는 그때에 거기서 하나님의 말씀을 듣고 그것을 충실히 전하려고 했던 그리스도의 종, 말씀의 증언자, 그러나 분명히 하나님의 성령의 능력 속에 선택된 말씀의 봉사자였다. 단순한 개혁교회 전통의 계승은 개혁교의 정신이라 할 수 없다. '항상 스스로를 개혁해 나가는 교회'는 개혁교-장로교의 교회들의 기본정신이다.

개혁교회는 이 정신을 살려내야 한다. 20세기 초에 유럽에서 일어난 칼 바르트(K. Barth)와 그의 동지들의 '하나님의 말씀의 신학', '은총의 신학'에서 볼 수 있었다. 이것은 기독교의 자랑이요, 개혁교 신학의 자랑이다. 바르트신학이 칼빈신학 또는 개혁교 신학의 현대의 부활이요, 현대의 종교개혁이라고 하는 사실이다.

특히 바르트의 화해론은 개혁교 신학의 금자탑이다. 그는 속죄론에서 하나님이 인간의 공적이나 협력 없이 순전히 은총으로 하나님 자신이 악의 지배 속에 들어와 십자가에서 하나님께 버림받은 상태에서 '우리를 위해서' 그리고 우리를 대신해서 죽음으로써 인간을 해방하신 하나님의 화해를 해명한다. 그의 윤리는 칼빈의 '하나님의 영광을 위한 삶', '찬미의 윤리'이다. 그리고 그는 그리스도의 십자가와 부활 그리고 다시 오시는 희망의 빛 속에서 이 땅의 혁신을 요구하고 책임적인 소명의 장소를 강조한다.

이와 같은 사상은 나치의 지배하에 순교한 본 회퍼의 '비종교적 기독교'의 요구를 가져오게 했고, '고백교회'의 항거운동의 신학적 기초가 된 '바르멘 선언'을 낳았다. 이것은 자연신학의 틈을 통해서 침입해 온 '민족적 기독교'의 속임수를 들춰내고, 이 세상 정치적 지배자를 신격화(神格化)하려 했던 나치의 요구에 전면 거부를 했다. 이것을 우리는 하나님의 주권의 신학과 그리스도의 왕권론의 전통 위에 있는 정치신학과 해방신학의 현대적 세례요한이라고 할 수 있다.

세계 제2차 대전이 끝나고 세속화시대가 오고 현대의 프로레타리아, '제3세계'가 생겨나는 동안 정치적, 경제적, 문화적, 인종적, 심리학적 문제들은 한 번 더 역사의 혼동을 가져왔고, 사회주의적 유토피아주의의 도전과 같이 역사와 세계는 심각한 변혁을 경험했다. 세속화신학에서 '신(神)죽음의 신학', 비종교적 기독교 등 신학이 스스로의 변화를 경험하는 동안 '종말론적 신학'이 신학의 지배적인 언어가 되었다. 몰트만(Jürgen Moltmann)의 '희망의 신학'은 그 출발신호였으며 곧 새로운 시대의 주도적인 신학이 되었다. 희망의 신학은 이어서 정치신학, 해방신학으로 발전되어 갔다. 몰트만의 종말론적 신학운동은 두 왕국론 사상 위에 있는 보수주의와 개인주의적, 실존주의적, 경건주의적 신학에 대한 거부요, 그리스도의 왕권론과 바르멘 고백의 정신의 발전이었으며 개혁교적인 성령과 윤리의 이해 그리고 바르트의 창조론, 화해론, 신학적 인간학에 그 근거를 가지고 있다고 볼 수 있고, 바르트 이후(Post-Barth)의 신학 발전이라고 볼 수 있다.

인권, 민주화와 통일선교

한기장은 암울한 시절, 공의와 사랑을 실천하는 사명을 수행함에 충실하였고, 그 결과 변화와 개혁의 새 역사를 이끌어내는데 선구자적 역할을 감당하였다. 1) 70년대를 중심으로 인권과 민주화에 크게 공헌하였다. 유신 군사정권 통치기간에 사회정의와 하나님 선교를 위한 교단적 차원에서 '암울했던 시대의 양심과 정의의 등불로서' 우리 모두에게 희망과 용기를 주었다. 2) 80년대에는 인권과 민주화가 바로 분단에 있음을 간파한 후에 한기장은 분단을 해소하는 문제, 즉 통일운동에 나서게 되었다. 우리의 통일운동은 통일 논의를 활성화하여 국민적인 관심을 기울이게 하는 한편, 민족통일의 주체를 일부 지배자들로부터 민족 구성원 자체의 것으로 돌려주게 했던 것이다. 이것은 "반공 냉전 이데올로기를 이용하여 정권을 유지하였던 당시 지도층에 대한 예언자적 행위요, 그리스도의 고난에 동참하는 행위"였던 것이다.

이상의 선교와 사회참여 행각은 많은 뜻있는 인사들의 고난의 시련을 당하게 하는 것이었다. 그러나 이런 불이익 또한 그리스도의 남

은 고난에 참여하는 것으로 이해하며 오히려 영광으로 승화시켜 왔다
는 것이다. 우리의 신학화 작업은 "민중신학"에 이어서, 통일운동의
경험에서 오는 "통일신학"을 정립해 갈 수 있었다. 한기장은 운동적인
측면에서 뿐만 아니라 학문적인 차원에서도 한국교회사에 새로운 이
정표를 세워갔다.

나가며: 한기장의 바른 증언

한기장이 전통을 이어받은 것은 우리 선배들의 올바른 신앙 결단
이었다. 한기장은 그 동안에 세계 교회들, 특히 세계 장로교회들과의
대화를 통해서 우리 교단의 신학적인 상황이 놀랄만하게 개혁교 신학
전통의 길을 가고 있다는 것과 한국 장로교회의 혁신에 공헌을 하고
있다는 점들을 발견하게 된다. 그러나 우리는 아직 '도상에' 있다. 우리
는 바울과 같이 '희망을 가지고' 우리의 선배들이 어려움 속에서 출발
하고 이 사명을 이끌고 광야 같은 길을 헤쳐 오늘까지 전진해온 이 '걸
음'을 멈추지 말고 우리의 사명을 향해서 전진할 것을 다짐한다.

한기장 그리스도인은 어떻게 살아야 이 시대에 바른 증언을 하는
것일까? 우리는 하나의 작은 그리스도가 되어야 한다. 우리는 그리스
도와 같이 제사장이며, 왕이요, 예언자이다. 그리스도가 성육신한 것
과 같이 우리의 삶은 세상에 성육신해야 하고, 그리스도가 낮아진 것
같이 우리도 낮아지고, 그리스도가 사랑했던 것 같이 우리도 사랑하
고, 그리스도가 고난 받고 죽은 것 같이 우리도 이웃을 위해 고난 받고
죽어야 한다. 그의 부활 승천과 같이 우리도 승리와 희망 속에서 살아
야 하는 것이다. 오늘 우리의 삶은 '선한 사마리아 사람'의 삶이 되어야
한다. 여러분의 한기장의 조직 교회의 푸른 꿈을 진정으로 격려하며
후원의 박수를 보내고 싶다. 하나님의 특별한 가호가 있기를 바란다.

평화통일의 시대를 향한 화해의 영

에스겔 37:15-23, 에베소서 2:14-22

고통스런 회상

망각은 추방으로 인도하고, 회상은 구원을 촉진한다.

예루살렘 야드 바쉠(Yad Vashem)에 있는 학살당한 6백만 명의 유대인을 기억하는 기념비에 기록된 말씀입니다. 우리의 역사도 특히 8월에는 과거를 망각하기 보다는 결코 잊을 수 없는 회상과 함께 시작해야 합니다.

남·북의 교회는 많은 우여곡절 끝에 한반도의 평화와 통일을 위해 함께 기도하는 주일을 갖게 되었습니다. 이렇게 특별한 주일을 설정하게 된 데에는 몇 가지 과정이 있었습니다. 그 과정에서 결국 1988년 2월 한국기독교교회협의회(NCCK) 제37회 총회는 '민족의 통일과 평화에 대한 한국기독교선언'을 채택, 발표했습니다. 이 '통일과 평화의 선언'은 분단된 지 50년이 되는 1995년을 한반도의 '평화와 통일의 희년'으로 삼자고 선포하였습니다. 그 후 북쪽 교회는 물론이고, 세계교회협의회(WCC), 아시아기독교협의회, 세계개혁교회연맹 등도 이에

동의하였습니다. 동시에 매년 8월 15일 직전 주일을 한반도의 평화와 통일을 위해 기도하는 주일로 삼고자 합의하여 실현해 오고 있습니다. 공동기도문과 같은 성경 본문으로 설교하고 예배드리고 있습니다. 오늘의 메시지는 '평화통일의 시대를 향한 화해의 영'입니다.

회상해보면, 1945년 8월 6일 인류역사상 최초의 원자폭탄이 히로시마에 떨어졌고, 이로써 제2차 세계대전은 끝났습니다. 원자폭탄은 순식간에 14만 명의 생명을 앗아갔습니다. 수만 명의 피폭자가 생겼고, 지금도 원폭 피해의 후유증으로 죽어가는 사람들이 있습니다.

1945년 8월 15일 일본은 항복했습니다. 일본의 항복은 많은 아시아 국가들에게는 군사적 식민지로부터의 해방을 의미했습니다. 그러나 한국 국민에게 해방은 식민지배의 해방인 동시에 지금까지 지속되는 민족 분단을 의미했습니다. 분단은 다시 한국전쟁으로 이어졌고, 4백만 명 이상의 가족들을 흩어 놓았습니다. 자기 잘못도 없이 분단된 한국은 '냉전체제'가 지배하는, 지구에 남아있는 유일한 지역입니다. 세계에서 가장 고도로 병력이 밀집된, 분단된 이 나라의 위기는 전혀 줄어들고 있지 않습니다.

아울러 우리는 또 다른 질문을 던질 수밖에 없는 상황입니다. 가난한 사람과 부유한 사람을 서로 갈라놓는 무덤이 극복되지 않는다면, 남과 북을 갈라놓는 경계가 무너진들 무슨 소용이 있단 말인가? 이에 대한 대안으로 복지를 뒷받침할 '포괄적 증세' 논의가 필요합니다. 증세 논의는 국민 인식을 새롭게 하고 '더불어 함께 사는 사회'를 위한 시발점이 될 것입니다.

베를린 구상에서 '핵 문제와 평화협정을 포함해 남북한의 모든 관심사를 대화 테이블에 올려놓자'며, '오직 평화'라고 강조하였음을 우리는 어떻게 될까 인내심으로 기다리고 있습니다. 결국 현 국면에서 남북관계가 돌파구를 찾자면 사즉생(死即生)의 의지(意志)와 결단력이 없으면 어려울 것입니다. 개성공단 재개, 금강산 관광 재개, 한미군 사훈련 중단 중 어느 하나만 실현해도 상황은 달라질 수 있습니다. 한 반도 문제에서 미국을 설득할 수 있는 나라는 한국밖에 없기 때문입니다.

에스겔의 통일에 대한 신적(神的) 약속

이스라엘이 가장 비참한 곤궁에 빠졌을 때, 성전이 파괴되고 민족이 포로로 잡혀가 모두 흩어졌을 때, 예언자 에스겔은 두 가지 놀라운 환상을 보았습니다. 첫 번째 환상은 이스라엘이 역사의 죽음에서 부활한 것이었고(겔 37:1-14), 두 번째 환상은 이스라엘이 하나님의 메시아적 왕의 통치하에 통일되는 것이었습니다(겔 37:15-23). 우리가 여기서 유의하여야 할 점이 있습니다. 구약성서의 역사와 구약성서에서 선포하는 이스라엘의 희망은 인간을 향한 하나님의 행동의 원형(原形)이라고 할 수 있다는 점입니다.

이스라엘의 특수한 역사는 세계의 민족들에게 일반적인 의미를 가지며, 이스라엘의 특수한 희망은 메시아적 왕이신 예수님을 통하여 모든 인류의 희망이 되었습니다. 그러므로 우리가 삶의 마지막에서 우리 자신을 포기하려고 할 때 구약성서의 이야기들은 우리를 위로하고, 예언자적 희망은 우리를 회복시키는 것입니다.

예언자 에스겔이 들은 하나님의 두 번째 약속은 남왕국과 북왕국으로 분열된 이스라엘의 구원에 관한 것입니다. 예언자는 두 개의 나무막대기를 들어 하나에는 '유다'의 이름을, 다른 하나에는 '요셉'이라는 이름을 써야 합니다. 이것은 두 왕국의 이름이기도 합니다. 나무막대기는 두 나라 왕들의 지배를 상징하는 지팡이입니다. 예언자는 이 두 개의 나무막대기가 하나가 되도록 붙여야 합니다. 유다라는 막대기와 요셉이라는 막대기로부터 하나의 막대기가 생기는 것입니다. 이런 상징적인 행동으로 예언자는 이스라엘의 주님이신 하나님이 이스라엘 자녀를 ―옛날에 이집트의 노예생활에서 해방시킨 것처럼― 분단에서부터 다시 끌어내 하나의 민족을 만들기를 원하신다는 것을 사람들에게 보여주어야 합니다. "그들을 나의 땅 이스라엘 산악지대에서 한 민족으로 묶고 한 임금을 세워 다스리게 하리니, 다시는 두 민족으로 갈리지 않을 것이다. 다시는 반으로 갈라져 두 나라가 되지 않을 것이다"(겔 37:22-23, 공동번역).

이스라엘의 통일에 대한 예언자적 비전은 우리 민족에게 어떤 의미를 주는가? 두 가지를 생각하게 합니다. 첫째, 우리는 자유를 주시고 동맹을 맺으시는 하나님과 수직적인 통일을 이루기 위해 모든 힘을 다해야 합니다. 둘째, 우리 민족의 분단된 부분의 수평적 통일은 우리가 하나님과의 수직적 통일에서 시작할 때에만 평화적으로 이루어질 수 있습니다(몰트만,『자유와 정의 안에서의 통일』, 19-30 참조).

본 회퍼의 평화사상과 한반도 평화통일

본 회퍼는 20세기 후반 세계 교회에 큰 영향을 주었고 한국 민주화와 정의와 자유와 평화를 위해 투쟁하는 이들의 정신적 지주가 되었습니다. 그는 그리스도의 평화가 무엇인가와 평화 위해 어떻게 살고 죽어야 하는가 그리고 평화 위해 교회는 무엇을 해야 하는가를 보여주었습니다. 올해는 본 회퍼가 나치 정권의 처형으로 순교한지 72주년이 되고, 한반도 광복과 분단 72주년이 됩니다.

본 회퍼가 그리스도교 평화에 관심을 갖는데 영향을 준 두 사람이 있습니다. 한 사람은 프랑스인 쟝 라세르인데 본 회퍼에게 평화에 대하여 눈을 뜨게 해 준 사람입니다. 쟝 라세르는 본 회퍼가 1930-31년 뉴욕 유니온신학교에서 만났는데 그때 그리스도교 평화주의에 대하여 소개하여 주었습니다. 본 회퍼는 산상설교에 나타난 평화사상을 깨닫게 됩니다. 예수님 가르침 중에서 보복금지, 비폭력, 원수 사랑으로부터 그리스도교 평화를 깨닫고 배웁니다. 당시 독일 루터교회는 이런 평화를 생각하지 못하였습니다. 본 회퍼는 이때 평화는 민족적 배경을 초월해야 할 필요성을 인식하였습니다.

다른 한 사람은 인도의 간디인데 본 회퍼는 간디의 비폭력 방법을 높이 평가하고, '폭력을 필요로 하지 않는 저항의 형식'에 감명을 받았습니다. 사실 본 회퍼는 인도를 방문하고 간디를 만나기로 허락을 받았으나 그 계획은 이루어지지 않았습니다. 본 회퍼는 간디가 예수님의 산상설교의 가르침을 실천하고 있다고 보았습니다. 본 회퍼는 그의 평화 설교에서 '우리는 동쪽에 있는 이교도로부터 수치를 당하지 않으면 안 되는가?' 여기서 이교도는 힌두교도인 간디를 지칭한 말인데, 간디가 그리스도인보다 잘 실천했기에 수치스럽다는 표현을 한 것입니다. 본 회퍼의 평화사상은 1930년대 강연과 설교,『나를 따르라』,『윤리학』을 비롯한 그의 저서에 나타나 있습니다.

1) 본 회퍼의 평화사상은 성서에 기초한 것인데, 산상설교와 구약과 복음서 바울서신에 나타난 평화에 관한 말씀을 토대로 말한 것인데 이는 그리스도론적이며, 교회론적입니다. 그리스도는 평화입니다. 평화는 그리스도 안에 하나님의 계명에 순종하도록 부르심을 받습니다. 평화를 위해 일하는 것이 하나님의 자녀된 마땅한 의무와 책임입니다. 본 회퍼는 전 세계가 연합하여 평화를 만드는 것은 교회의 역할이라고 하였습니다. 교회는 민족적, 정치적, 사회적, 인종적인 모든 경계를 초월합니다. 본 회퍼의 평화는 무기와 군비 확장, 안전 보장의 방법을 통해서가 아니라 기도와 비폭력적 방법을 통해서 이룰 것을 말하고 있습니다. 본 회퍼는 진리와 정의가 실천되는 곳에 평화가 실현된다고

보았습니다. 평화 실현의 길은 십자가를 지는 제자의 길을 가는 것이고, 하나님과 이웃 앞에서 평화를 만드는 책임을 다하는 것입니다.

1930년대 초에 평화주의를 주장하였던 본 회퍼가 1940년대 초에 히틀러 암살단에 가담한 것은 평화주의를 포기한 것이 아니라 구체적인 신(神)의 계명에 순종한 것을 의미합니다. 본 회퍼는 "히틀러는 전쟁을 의미 한다"고 말했고, 본 회퍼의 신학과 평화사상은 그의 삶속에서 전기와 후기의 단절이 아니라, '일치 속의 다양한 모습의 결단'이었습니다. 교회의 정치적 책임을 강조하는 본 회퍼의 모습은 다음과 같이 극명히 잘 표현되었습니다. 교회가 할 일은 '바퀴 아래 깔린 희생자에게 붕대를 감아주는 것뿐만 아니라 바퀴 자체를 멈추게 하는 것'이다. 본 회퍼는 당시 미친 운전사인 히틀러를 제거하려고 하였던 것입니다. 스코틀랜드 신앙고백에는 폭정에 저항할 의무를 말하고 있는데 본 회퍼는 이것을 실천한 것입니다.

2) 본 회퍼와 한반도 평화통일: 한국과 본 회퍼, 한국교회와 본 회퍼는 어떤 관계입니까? 본 회퍼의 저서에 평화에 관한 가르침들이 많이 있습니다. 한반도 평화통일을 위해 본 회퍼의 평화사상에서 무엇을 배울 수 있습니까? 통일신학은 평화신학에 근거해야 합니다. 통일은 평화적 방법으로 하는 평화통일이 되어야 하고 통일은 평화를 실천하는 과정입니다. 한반도의 평화통일은 한 민족의 염원이요 이뤄야 할 역사적 과제입니다. 아니 역사와 시대적 사명입니다. 예수님은 우리에게 "평화를 만드는 자들"(Peacemakers)이 되라고 하십니다(마 5:9).

평화통일을 위해 한국교회는 무엇을 하여야 할 것입니까? 먼저 교회는 평화통일을 위해 분단체제 속에서 증오와 적개심을 품고 남북 간에 대결해 왔던 잘못을 반성하며 역사적 잘못을 바르게 인식하고 참회하여야 합니다. 남북 간은 화해하고 협력하며 불신의 장벽을 무너뜨리고 신뢰구축을 통하여 통일 환경을 조성하도록 노력해야 합니다. 라이프치히의 성 니콜라이 교회와 동 베를린의 겟세마네교회가 민주화 변혁을 위한 전초기지 역할을 하였습니다. 서독 교회는 동독 교회에게 재정적 지원을 하였습니다. 동·서독 교회는 분단된 사회와 국가를 연결하여 주는 교량 역할을 하였습니다. 한국교회는 분단된 한반도의 남과 북을 화해시키는 교량 역할을 해야 할 것입니다. 한국교회는 민족적 과제이며 미완의 해방을 완성시키는 일인 평화통일을 위한 일에 민족적 책임을 다하여야 할 것입니다.

화해: 적개심 없는 세계

화해는 '증오로부터의 해방'을 의미합니다. 그러나 적개심으로 가득 찬 이 세계의 한복판에서 화해는 어떻게 가능할까요? 속죄에 대한 질문이 됩니다. 많은 민족은 제의(祭儀)를 통해서 불의에 대한 속죄(贖罪)를 동물이나 아주 옛날에는 인간을 제물로 바침으로써 찾으려 했습니다. 제물은 인간의 불의한 행위에 대한 신들의 진노를 진정시켜야 했습니다. 사람이 질병이나 자연재해를 통해 신의 진노를 느꼈을 때, 사람들은 죄를 지은 사람을 제물로 바치기 위해 그를 찾았습니다. 폭풍에 시달리는 배안에서 요나는 이것을 체험했습니다(욘 1:7 이하). 요나의 동료들은 요나의 불순종이 초래한 하나님의 진노를 피하기 위해서 요나를 바다 속에 던져버린 것입니다. 그러나 이스라엘은 다르게 보았습니다. 물론 이스라엘도 민족의 죄를 위해서 속죄의 제물을 바쳤습니다. 그러나 그 제물은 민중이 신들에게 드린 것이 아니었습니다. 오히려 제물은 하나님 자신이 그의 민중과 화해하기 위해서 스스로 찾으셨습니다. 그것이 이른바 '속죄양'입니다.

이러한 모든 제사행위를 넘어서 예언자 이사야가 처음으로 새로운 비전, 곧 인간적인 비전을 가졌습니다. 이사야 53장에 따르면, 하나님은 새로운 '하나님의 종'을 보내시는데 그 종이 민중의 죄를 지고 간다는 것입니다. "그는 실로 우리의 질고를 지고 우리의 슬픔을 당하였거늘 우리는 생각하기를 그는 징벌을 받아 하나님께 맞으며 고난을 당한다 하였노라 그가 찔림은 우리의 허물 때문이요 그가 상함은 우리의 죄악 때문이라 그가 징계를 받으므로 우리는 평화를 누리고 그가 채찍에 맞으므로 우리는 나음을 받았도다"(사 53:4-5). 하나님의 종인 모세가 이스라엘을 정치적 노예생활에서 해방했던 것처럼, 이 새로운 '하나님의 종'은 죄의 노예생활에서 이스라엘을 해방해야 한다는 것입니다. 성서에 따르면 속죄를 주는 이는 하나님 자신입니다. 하나님은 인간의 죄를 스스로 짊어지고 가시며, 죄를 인간으로부터 떨쳐버림으로써 인간을 해방하십니다. 하나님은 속죄하시는 하나님이며, 우리를 화해시키는 분입니다. 그래서 우리는 "세상 죄를 지고 가시는 이여, 우리에게 자비를 베푸소서"라고 기도하는 것입니다.

"그리스도는 우리의 평화입니다." 이것이 에베소서에 있는 그리스도의 공동체에 보낸 사도적 편지의 표제이며 사신(私信)입니다. 그리스도가 우리의 평화라는 것은 수직적이며 수평적인 의미를 갖고 있습니다. 그리스도는 우리가 하나님과 평화를 맺게 하시려고 거대한 세계의 율법을 폐기한 후 스스로 그 자리에 서 계시기 때문입니다. 또 그리스도가 우리의 평화인 이유는 그가 적개심을 '죽였고' 평화의 능력으로서 적개심의 폭력이 서 있던 그 자리에 서 계시기 때문입니다. 여기서 에베소서가 말하는 지상의 평화가 가능한 것입니다.

이제부터 모든 사람은 '하나님의 집의 식구'입니다. 하나님이 그들 가운데 거하시며, 그들 새로운 인간들은 영적인 새로운 공동체로, '영 안에서 하나님이 거하시는 집'이 되기 위하여 그리스도 예수 안에서 함께 지어져 갑니다(엡 2:22). 둘로 나누어진 민족들, 적대적인 집단들, 계급과 신분사회로부터 새로운 인간, 하나님과 화해한 인간, 하나님 안에서 하나 된 인간, 메시아적 인간성, 미래의 인간성이 탄생합니다. 그런데 가장 놀라운 것은 언제나 역사 속에서 불안해하는 하나님 자신이 이들 새로운 인간과 함께 안식하며, 이들 새로운 인간의 공동체가 바로 하나님의 영안에서 거하는 처소가 된다는 것입니다. 하나님이 거하시는 곳에는 적개심이 없는 세계가 있습니다(『화해: 적개심 없는 세계』몰트만선집 15, 35-50 참조).

오순절의 영과 화해: 일치의 영

1990년대 하비 콕스(H Cox)는 그의 책『영성, 음악, 여성』에서 20세기 후반과 21세기에 교회와 종교가 역동성을 회복하고 성장하면서 오순절적 초월 경험을 적극적으로 재평가하고 복음적 영성운동으로 승화시켜야 함을 강조한 바가 있습니다. 오순절적 영성은 기본적으로 성령의 임재 체험과 성령의 역사를 겸허히 수용하는 열린 교회의 특징이며, 그리스도교회의 '원초적 영성 경험'입니다. 오순절에 강림한 성령은 오늘도 살아 계셔서 생동감 있게 역사하십니다. 방언과 신유체험, 예언과 성도교제, 열정의 봉사와 기쁨 그리고 능력 있는 말씀 증언은 오늘도 그리스도교회를 활성화시키는 핵심적 은사들입니다.

하비 콕스는 오순절의 영성은 초대 예루살렘교회에서 그러하였듯이 인종과 성별과 종교 국적을 초월하는 자유와 해방의 영이었으며, 치유하고 죽은 자를 살리는 기적의 영이었고, 재산과 물건을 서로 통용하고, 함께 떡을 먹으며, 노래하고 춤추는 축제의 영이었습니다. 그런데 오늘의 굳어지고 형식적인 예배 행위와 기쁨이 없는 봉사활동에도 진취적인 새 영으로 채워야 합니다. 나아가 오순절의 영성으로서 음악적 율동성, 여성의 참여성, 자유로운 진보성, 초월 체험의 개방성,

예배의 축제성, 코이노니아의 친밀성 등과 함께하는 성령이 인도하시는 것이어야 합니다. 21세기 세계 개혁교회를 계승한 한국교회는 말씀 중심의 영성에다 오순절 성령의 역동성을 접목시켜야 합니다. 장로교회의 엄숙하고 경건한 예배의 영성에다, 축제적이고 생동적인 예배의 영성을 접목시켜야 합니다. 본래적인 성서적 영성운동은 진보적이고 해방지향적인 것이지 결코 보수적·권력지향적이 아니었음을 기억하여야 합니다.

그럼에도 우리가 명심해야 할 부분이 있습니다. 성령 임재 체험에서 무엇보다 중요한 것은 사람들의 호기심을 충족시키는 비정상적인 종교현상(방언, 입신, 환상, 넘어짐, 신유 등) 그 자체가 아닌 것입니다. 우리가 성령 체험을 통하여 새로운 존재로 변화 되었는가, 그리스도 안에서 자기중심적인 옛사람은 죽고 자유하고 사랑의 섬김을 기쁨으로 준행하는 새사람으로 변화 되었는가의 여부임을 명심해야 합니다.

오늘 우리 교회는 진정으로 무엇을 원하고 있습니까? 한마디로 오늘의 교회는 영적 생동감과 참신성과 영적 창조성과 자기 초월적 감동 및 생태계까지를 포함하는 생명연대감을 공명하는 영적 감수성 회복을 열망하고 있다고 생각합니다. 끝으로, 동북아시아 평화의 시대를 향한 민족의 통일이 가능한 '화해와 일치의 영'의 행동의 역사에 응답해야 합니다. 21세기에 한반도는 분단과 상극으로 치닫는 지구상 유일한 분단체제로 남북의 대결국면에서 벗어나지 못하고 있습니다. 오, 주여! 어찌하오리까? 탄식소리가 들립니다. 이제 우리 민족은 바야흐로 '동북아시아 평화의 시대'에 돌입하고 있습니다.

지금 한반도는 북핵과 '쿠바 미사일 위기'의 교훈을 되새겨야 할 시기에 이른 게 아닐까 싶습니다. 1962년 쿠바 미사일 위기 때 존 에프 케네디 대통령은 미 본토 코앞의 소련제 핵미사일을 제거하기 위해, 유럽을 방어하기 위해 터키에 설치했던 미군의 핵미사일을 철수했습니다. 우리의 주요 의제는 사드를 철회하고 중국을 끌어들이는 게 북핵 해결에 도움을 주리란 걸 이해시켜야 합니다. 북미 협상 외엔 다른 길이 없고, 이것은 '코리아 패싱'이 아니라고 말해야 합니다. 협상은 굴복이 아닙니다. 북한의 무모함을 용인하는 것은 더더욱 아닙니다. 케네디의 담대한 협상과 양보의 용기, 북핵 문제에서도 이런 리더십이 필요하다고 믿어집니다.

오늘날 우리 민족과 세계의 사람들은 남북 화해의 당사자 남북 지도자들을 주목하고 있다는 것입니다. 남·북한 양쪽이 급변하는 사회적 혼란과 비극을 막기 위해서는 '민족 대단결', '민족교류', '경제적 상부상조', '정치외교', '군사문제의 해결' 등의 순서를 밟아가야 할 것입니다.

남북 관계 개선을 위해서 우선 민간 차원에서 이산가족 상봉 행사, 식량 지원, 스포츠 문화 교류, 경제 교류, 군비축소 등을 강화해야 할 것입니다. 핵무기 실험 중단, 군사훈련 감소 내지 중단하고, 휴전협정을 평화협정으로 바꾸는 정책 순차를 따라가야 합니다. 그래야 정의와 자유 안에서의 평화통일을 가능하게 할 것입니다. 삼위 하나님의 역사 섭리와 역사를 기다리며 기도드립니다.

평화는 용서와 화해의 실현이다

마태복음 18:15-22, 로마서 15:1-7

시작하는 말

오늘날의 시대적 흐름은 화해와 평화를 지향하고 있지만, 오늘의 현실은 아직도 분열과 투쟁의 상황에 놓여 있습니다. 개인 간의 문제만이 아니라, 나라와 나라가 전쟁을 하고, 민족과 민족이 대립하고, 시기와 질투, 원수 됨이 계속되고 있습니다. 이러한 상황에서 개인이든 민족이든 필요한 것은 진정한 평화요 용서와 화해의 실현입니다.

그리스도교는 역사에서 많은 과오를 저지르고 교회는 오늘도 많은 약점들을 안고 있습니다. 그러나 세계 20억의 그리스도인들은 아직도 신봉하고 따르는 예수님의 가르침과 삶에서 하늘과 땅, 인간과 인간 그리고 자연과의 모든 용서와 화해를 배우며 실현하는 사랑의 힘을 찾고 있습니다. 오늘은 '평화는 용서와 화해의 실현이다'는 말씀을 생각해 보겠습니다. 이 말씀은 예수님의 가르침의 중심이고 산상수훈의 한 축입니다. 예수님의 하나님 나라 운동도 사랑이 중심이 되는데 곧 용서와 화해가 실현되는 평화운동입니다.

예수의 용서와 화해의 가르침

산상수훈(마 6장)에서 '어떻게 기도할 것인가?' 하는 제자들의 요청에 '주기도문'을 가르치신 예수는 중요한 몇 가지를 기도 제목으로 제시합니다. 우리가 세상에서 삶에 필요한 일용할 양식 다음으로 용서를 가르칩니다. "우리가 우리에게 죄 지은 자를 사하여 준 것 같이 우리 죄를 사하여 주시옵고"라고 기도하라 합니다. 일용할 양식이 없으면 우리가 살 수 없듯이, 이웃과 함께 살면서 피차 용서 없이는 살 수 없습니다. 가장 작은 단위인 부부나 가족에서부터 교회와 사회생활에서 용서 없이는 결코 평화롭게 살거나 그 유지나 어떤 발전도 할 수 없습니다.

사람은 지위고하를 막론하고 약점과 실수를 범하지 않을 수 없는 존재입니다. 예수는 이런 인간의 본질과 삶의 실상을 바로 알았기에 용서를 교회공동체와 사회의 제1의 기본원리로 삼았습니다. 주기도문의 희랍어 원전을 살피면 더 놀랍습니다. 하나님이 인간을 한 번에 다 용서해 주셨으며 우리가 형제자매의 잘못에 대해서는 계속 용서하도록 가르칩니다. 그토록 인간은 누구나 잘못과 실수를 범하는 존재이기 때문입니다.

주기도문에서 이렇게 용서를 강조하고도 예수는 하나님의 용서에 '단서'를 붙이며 인간이 이 땅에서 함께 평화롭게 사는 원리로서 우리 삶에서 용서란 필수적임을 역설합니다. "너희가 사람의 잘못을 용서하면 너희 하늘 아버지께서도 너희 잘못을 용서하시려니와 너희가 사람의 잘못을 용서하지 아니하면 너희 아버지께서도 너희 잘못을 용서하지 아니하시리라"(마 6:14-15). 용서 받기를 원한다면 우리도 내게 잘못한 그 누구의 허물도 용서할 줄 알아야 합니다. 용서의 중요성을 위해 예수는 아주 엄하게 경고합니다. 만약 우리가 다른 사람의 과오를 용서치 않는다면 하나님도 우리의 용서를 거절하신다는 것입니다. 따라서 우리가 자문할 일은 '나는 내게 잘못한 그 누구라도 용서했는가?'입니다.

베드로가 내 형제의 잘못에 대해 몇 번까지 용서해야 합니까? 일곱 번까지면 될까요? 유대인의 법도를 알고 있는 베드로는, 이웃의 용서는 세 번이면 된다는 랍비의 가르침을 생각하며, 사실 그는 예수에게서 상당한 칭찬을 기대하며 한 질문입니다. 그러나 뜻밖에 예수는 "일곱 번뿐 아니라 일곱 번을 일흔 번까지라도 할지니라"(마 18:22)고 했습니다. 이는 용서에는 끝이 없다는 뜻이고, 뉘우치거든 언제나 용서하라는 것입니다. 용서하지 못하는 자는 하나님의 사람이 될 수 없습니다. 용서와 화해의 소중함을 가르치던 예수는 제단에 봉헌할 때에라도 형제 자매에게 아직도 거리낌이 있다면, 그 예물을 거기 둔 채 먼저 되돌아가 그와 화해하고 다시 오라고까지 가르쳤습니다. 함께 여행하듯 가는 그가 갑자기 세상을 떠나게 된다면 화해할 길이 없고, 하나님 앞에 서게 되는 날 부끄러울까 두려워하라고 했습니다.

그리스도인의 참된 친교에 대한 바울의 가르침(로마서 15:1-13)

특별히 강한 형제의 약한 형제에 대한 책임을 친교와 사귐, 화해의 면에 있어서 다루고 있습니다. 그리스도인의 사귐은 서로를 생각하는 것으로 특징지어 집니다. 항상 다른 사람의 선과 그의 신앙 건설을 위해 계획되어야 합니다. 그리스도인의 교제는 조화로 특징지어져야 합니다. 화려하고 그 예배와 음악이 완전하고 연보가 자발적으로 드려진다 해도 조화를 갖추는 것이 그리스도인 교제의 본질적인 것입니다. 성도의 바른 사귐을 통하여 제반 인생의 문제를 공동으로 해결해 나갑니다. 따라서 역사 현장의 문제 역시 함께 공동으로 대처하고 참여해 나갑니다. 그리스도인 사귐의 핵심은 그 양식과 모범과 영감과 능력을 그리스도에게서 얻는다는데 있습니다. 그리스도는 당신 자신을 기쁘게 하지 않았습니다. 바울이 다른 사람의 연약함을 짊어진다고 했을 때 그리스도가 십자가를 짊어지신다는 단어와 같은 단어를 사용했다는 것은 의미심장한 것입니다. 영광의 주가 자신을 기쁘시게 하는 것보다 남을 봉사하는 길을 택했을 때, 바울은 그의 추종자가 되려는 사람들에게 누구나 받아 들여야만 하는 본을 세워 주었습니다.

그러므로 우리도 그리스도의 모범을 따라가야 합니다. 로마서 본문이 우리에게 강조하여 가르치려는 바는 '덕'을 세우라는 말씀입니다. 믿음이란 하나님과 나와의 관계인데, 믿음에 플러스해서 덕이 함께 하지 않으면 그 믿음은 바로 설 수 없는 것입니다. 믿음은 종교적 관계로서 하나님과 나와의 종적 관계이나, 이것이 덕으로 이어져서 윤리적 관계로 바로 되어야만 합니다. 덕이란 하나님과 나와의 관계, 나와 이웃과의 관계가 조화를 이룰 때 평안하고 올바르게 온전한 덕을 이루게 됩니다.

믿음의 공동체인 교회는 용서하는 공동체

우리의 삶의 정황은 수많은 문제에 직면하여 내적 전투를 하고 있습니다. 재산과 명예, 권력 때문에 이웃과 다투고, 남의 지배나 억압으로 적대심과 복수심이 생깁니다. 그래서 우리 가운데는 미움과 증오가 있고 경원하는 마음도 있습니다. 용서하기 힘든 우리 마음을 부인할 수 없습니다. 역사적으로 이스라엘 백성도 로마제국의 지배를 당하면서 선민의식이나 자존심은 물론 생존마저 위협 당했을 때 그들을 원수로 여겼던 것은 당연 했던 것입니다. 그들을 이해하고 받아준다는 것은 양심이 허락되지 않는 것이었습니다.

인간에게는 종교적 용서가 사실상 거의 불가능합니다. 더욱이 한(恨)에 맺혀 있고, 6.25전쟁을 경험한 세대에게는 더욱 어려운 일입니다. 용서는 윤리적인 차원이라기보다는 종교적 차원에 속합니다. 하나님은 인간을 용서하기 위해서 자신을 내놓아야 했습니다. 이것이 사랑의 현실적 행위인 것이고 용서를 통해서 화해가 이룩되는 것입니다.

믿음의 교회공동체는 원수 같음의 공동체가 아니라 '용서하는 공동체'입니다. 교회의 선교는 성도들의 순교의 피 터전 위에 세워졌습니다. 용서의 선교라고 할 수 있습니다. 용서는 과거와의 단절을 의미합니다. 그런데 용서받은 자만이 해방된 자가 아니라 용서한 자 역시도 해방된 자입니다. 왜냐하면 용서하지 않으면 둘이 모두 과거에 얽매어 있기 때문입니다. 따라서 용서는 미래지향적입니다. 이런 점에서 회개와 용서는 동시적이어야 합니다. 우리는 수많은 '너희들'을 용서해야 합니다. 그래야 우리가 진정 용서함을 받는 것이고 자유함을 받습니다.

용서는 용서를 가져오지만, 징벌은 징벌을 동반합니다. 때로 용서를 유보시킬 수도 있습니다. 그러나 그때도 그 유보는 사랑에 근거해야 합니다. 그러므로 유보는 용서를 의미합니다. 용서는 수리적 개념이 아닙니다. '일곱 번을 일흔 번까지' 한다는 것은 490번 용서하라는 뜻이 아닙니다. 용서는 숫자로 셀 것이 아니요, 사랑이 물량적 개념일 수 없는 한, 용서도 물량적 개념이 아닙니다. 우리가 용서할 대상은 누구든지 다 용서해야 한다는 것입니다. 오늘 우리 교회는 '용서하는 공동체'로써 세상 모두를 다 품어 안아야 합니다. 그래야 희망적이고 미래적 신앙공동체가 될 수 있습니다.

1백세 이상을 산 노인들의 삶을 연구한 심리학자 브리클리 박사(Dr. Michael Brickley)는 다음과 같은 사실을 발견했습니다. 그들은 과거의 '감정적 찌꺼기'(emotional baggage)를 잘 털어 버린 자들입니다. 그들에게도 과거의 슬픔, 배신, 상처, 완성하지 못한 일, 해결 안 된 관계나 후회스러운 일들이 없지 않았습니다. 그러나 이들은 하나 같이 건강하고 적극적인 방법으로 이런 찌꺼기들을 깨끗이 털어 버렸습니다. 주어진 오늘의 하루하루를 기쁘고 즐겁게 감사하며 사는 사람들이었습니다. 1백세까지 사는 장수의 비결은 몸 관리를 잘하며 운동을 열심히 하는 자들이기 보다는 저들의 마음과 심혼을 더 잘 지키고 다스리는 자들이라는 보고가 있습니다.

용서와 화해에 대한 예수의 가르침에서 우리가 배우며 고백해야 할 비밀

용서와 화해의 참 면모는 예수의 십자가 사건에 나타난 비밀입니다. 예수가 유대 종교지도자들과 로마 정치인과 군병들에 의해 십자가에 못 박혀 운명하던 순간 그의 최후의 일곱 마디의 말 중에 "하나님이여, 저들을 용서하소서. 저들은 다 자기들이 하고 있는 일이 무엇인지 조차 알지 못합니다." 당신을 십자가에 못 박고 조롱하며 침 뱉고 주먹질하던 저들을 용서해 달라며 측은히 여기던 예수! 그 십자가의 현장과 목소리를 진정 듣고 깨닫는다면 이 세상 그 누구든 용서 못할 일이 있겠습니까?

우리가 아무리 억울하고 분할지라도 예수의 십자가를 보고 그의 음성을 듣고 생각할 때면, 오히려 송구하고 감격스러울 뿐입니다. 그 무엇에도 분노보다는 용서와 화해, 차라리 감사함으로 변하는 위력은 예수의 십자가의 숨겨진 비밀 때문입니다. 신실한 그리스도인이라면 그의 삶에서 이런 용서와 화해는 몇 번이고 체험되는 사건들입니다. 예수의 십자가는 용서의 극치요 모든 평화와 화해는 이 십자가에 달려 있고 또한 용서의 힘도 거기서 나옵니다.

여순반란사건 때 손양원 목사는 자기 두 아들을 죽이고 체포된 빨치산 청년을 용서할 뿐 아니라 자기의 양자로 삼았습니다. 인간 세상의 상식과 법과 윤리 도덕으로는 전혀 불가능한 것이나, 하나님의 사랑과 그리스도의 십자가, 성령의 강한 역사가 이런 기적 같은 용서와 사랑을 실현한 것입니다. 이런 사랑의 행보와 진리성은 예수의 때나 오늘이나 동일한 위력을 가집니다. 그리스도를 통한 하나님의 참 용서와 구원의 사랑을 체험한 자들만이 지금도 여전히 이러한 용서와 사랑을 원수들에게까지 베풀고 있습니다.

미국 민권운동가 루터 킹 목사가 흑인들을 향해 백인들을 미워하지 말라고 한 것도 같은 맥락의 하나님 사죄의 사랑을 체험하여 한 말입니다. 흑인이 백인을 미워하면 백인들의 흑인 증오를 탓할 수 없기 때문입니다. 그는 동시에 백인들에게 흑인 민권운동은 결코 흑인만 위한 것이 아니라 백인의 자유를 위해서라며 누구를 미워하는 동안 그 죄의 포로가 되기에 참된 해방을 위해 백인들은 흑인 차별을 중단하라고 했습니다.

오늘날 한민족이 걸어온 분단도 용서와 화해로만이 새로운 평화통일을 이룩할 수 있습니다. 우리 그리스도인들은 그 어떤 아프고 쓰라린 일이든, 우리 각자에게 손해를 입히고 용서할 수 없을 만큼 괴롭혔다 해도, 우리의 죽을 수밖에 없는 큰 죄를 용서해 준 하나님의 은혜를 생각할 때 용서하며 화해하지 않을 수 없습니다.

예수의 십자가를 통한 하나님의 사죄 은총으로 용서받고 의인으로 인정받아 하나님 자녀 된 우리는 나아가 세계 어느 종족이나 종교인, 심지어 그 어떤 원수라도 용서하며 세계평화와 세계를 위해 함께 손잡고 다시 새로운 하늘과 땅을 꿈꾸어 보아야 합니다. 이는 참 생명의 길이요 평화의 길입니다.

용서와 화해 실현의 평화를 온 누리에 임하게 하자

용서와 화해 정신이 온갖 전쟁과 테러, 종족이나 종교 간의 분쟁에서도 그 해결의 실마리가 되는 것을 역사적 세계의 현실에서 찾아보려합니다. 그 구체적 역사의 한 사례를 2차 대전 뒤 자유와 공산 진영으로 양분된 채 냉전이 계속되며, 핵무기 경쟁으로 전멸의 위기에 떨던 세계가 어떻게 이를 극복하게 되었는가를 소련과 동구공산권이 와해되던 사례를 살펴보려 합니다.

1983년 아직 철의 장막이 다 걷히기 전, 교황 존 폴2세가 폴란드를 방문하여 야외 미사를 인도하던 때입니다. 구름떼 같은 인파가 교구별로 질서 있게 포니아토스 다리를 건너 광장으로 행진해 갔습니다. 다리 정면의 길은 공산당본부 빌딩 앞을 지나게 되어 있었습니다. 떼지어 행진하는 군중들은 그 앞을 지날 때마다 한 목소리로 외쳤습니다. "우리는 당신들을 용서한다. 우리는 당신을 용서한다"(We forgive You). 또 그 외에도 억압과 박해를 받을 때마다 '우리는 당신을 용서한다 우리는 당신을 용서한다'는 피켓을 들고 행진하였습니다. 결국 폴란드 공산정권은 바로 이 '용서한다'는 하나님의 은혜의 정신에 의해 붕괴 되었습니다. 그리고 이런 용서의 몸부림은 소련과 동구 모든 나라들에 확산되어 갔습니다. 그리고 마침내 철의 장벽의 동구들을 해방시킨 것입니다.

공산권의 종주국이요 동구 제국을 장악하던 소비에트가 무너지며 발버둥치던 아이러니한 역사의 최후 단면을 유념해 보겠습니다. 1991년 10월, 고르바초프가 명목상의 대통령이 되고 실권은 엘친이 장악하기 시작되던 무렵입니다. 러시아 지도자들이 그 나라의 도덕성 회복을 도와달라고 미국 그리스도인들에게 요청하여 일단의 미국 기독교인들이 모스코바를 방문했을 때입니다. 여기 동행한 필립 얀시

(Philip Yancey)는 그때의 일들을 소상하게 그의 저서『놀라운 하나님의 은혜』(*What's so Amazing About Grace*)에 기록했습니다. 고르바초프나 정부고위 관리들은 따뜻하게 환영했고, 그 무서운 소비에트의 정보부 KGB를 방문했을 때에도 의심스러울 만큼 그 환대는 놀라웠습니다. 스탈린 시대, KGB는 38만 명의 사제들 중 대부분의 사제들을 살해하고 축출하여 겨우 1백 명만 생존케 한 장본인들입니다.

그리고 〈아불라제의 회개〉(Repentence by Tengiz Abuladze's film)라는 영화를 보았습니다. 사실 이 영화는 KGB의 잔인성, 특히 종교를 반대하고 수십만의 사제들을 살해한 무서운 범행과 허위 탄핵, 강제 투옥, 교회 방화 등을 생생하게 보여주었습니다. 수도원 1천 개, 신학교 60개가 문을 닫고 정교회 98%가 문을 닫을 정도였습니다. 이 영화 작품은 남편을 노역장에 보낸 아낙네들이 강물에 떠내려 온 통나무 속에 남편들의 소식이 숨겨 있을까 하며 애타게 찾는 장면과 한 시골 아낙이 교회로 가는 길을 묻는 것으로 끝납니다. 길을 잘못 들었다고 말하자 도대체 교회로 인도되지 않는 길이 무슨 소용이 있느냐며 막을 내립니다.

그런데 KGB의 부책임자 장군은 이상과 같이 미국 기독교 대표들에게 소비에트의 정교회에 대한 그 동안의 박해의 사실들을 다 보여주고 회개하는 마음으로 울었습니다. 그 부책임자 장군은 '저는 평생 꼭 두 번 울었습니다. 어머니가 돌아 가셨을 때 그리고 바로 오늘밤입니다'라는 고백을 했습니다. 그날 밤 돌아오는 버스의 미국 대표단은 약속의 땅을 보는 느낌이었습니다. 확실히 이는 현대판 출애굽사건입니다. 땅의 탄성을 듣고 노예 같던 히브리 인들을 구원한 하나님이 공산 치하에서 수천만 명이 박해와 고문을 당하고 수백만 명이 무고하게 죽어가며 탄식하던 소리를 오늘에 다시 듣고 역사한 것임을 어찌 부인하겠습니까? 이런 출애굽을 역사하고 위력과 은총을 보인 바로 그 하나님을 모세는 잊지 말라고 신명기 8장에서 명했습니다.

우리는 독일 통일에서도 그러한 놀라운 역사적 사실을 볼 수 있습니다. 처음엔 수백이 수천으로, 다음 삼만, 오만, 마침내는 오십만으로, 라이프지히(Leipzig) 인구의 거의 반에 도달했습니다. 성 니콜라이교회에서 기도회를 가진 후 평화행렬은 어두운 거리를 찬송하며 계속 됐습니다. 경찰과 군대들은 그 모든 무기들을 가지고도 이런 행렬의 위력에 무력 했습니다. 마침내 동베를린에서 비슷한 평화행렬은 1백만에 이르렀고 증오의 베를린 장벽은 한 방의 총성도 없이 무너졌습니다. 대형 피켓이 라이프지 길거리에 나부꼈습니다. '우리는 당신, 교회에 감사한다'(Wir danken Dir, Kirche).

세차게 부는 바람이 더러운 오염물을 몰아내듯, 지구촌의 평화혁명의 바람이 소비에트와 동구에 분 것입니다. 1989년 한 해에만 총인구 5억에 달하는 10개 국가—폴란드, 동독, 헝가리, 체코슬로바키아, 볼가리아, 루마니아, 알바니아, 유고슬라비아, 몽골, 소련—에서 비폭력의 평화혁명이 이루어 졌습니다. 이 많은 역사들은 그 속의 소수 그리스도인들(Christian Minority)이 그 결정적 역할(a crucial role)을 담당했습니다. 마침내 소수의 그리스도인들이 제2의 출애굽사건을 일으켜 출애굽보다 10배, 100배 더 큰 소련과 동구 나라들을 공산권의 구속에서 해방하였고, 또 해방의 역사를 하려 합니다. 신학자 폴 틸리히(Paul Tillich)가 지적하듯이 용서와 구원의 원칙은 나라들이나 개인들에게 똑같이 적용됩니다. 하나님의 은혜와 역사 그 능력은 국가나 개인에 상관없이 다같이 적용되기에 나라든 개인이든 하나님의 위력과 용서의 은혜를 결코 잊을 수 없습니다.

마감하는 말: 용서 화해하는 일이 평화

화해는 나와 너의 관계 회복을 의미합니다. 즉 관계 정상화를 의미합니다. 계층 간의 갈등, 이데올로기적 갈등, 신앙 유형의 갈등, 남북 분단에서 오는 갈등, 이 갈등에서 오는 민족사적 비극, 반평화적 세력의 공격에서 오는 갈등의 사회에서 교회는 화해의 복음을 전해야 합니다. 이는 하나님의 화해의 역사에의 동참인 것입니다. 이 화해의 역사는 성령의 역사입니다. 성령은 바람과 같아서 어디로부터 왔다가 어디로 가는지도 모르고 형태도 없습니다. 성령은 물과 같아서 네모난 그릇에 담으면 네모가 되고, 둥근 그릇에 담으면 둥근 원이 됩니다. 화해는 성령을 닮아야 가능한 것입니다. 바나바는 성령을 닮았던 화해자였다고 사도행전은 증언합니다. 화해가 선포되는 데에 변화가 나타납니다. 증오가 사랑으로, 싸움이 평화로, 원수가 친구로 바뀌는 것입니다.

많은 사람들이 화목과 평화를 바라고 있습니다. 수많은 사람들이 평화 위해 애쓰며 일하고 있습니다. 그러나 우리는 평화 위해서 얼마나 투쟁했고 평화 위해서 얼마나 희생을 당했는가 점검해 봐야 합니다. 오히려 '평화유지'라는 미명하에 전쟁 준비, 전쟁 연습하고 있는 지금 세계는 하나의 거대한 화약고라해도 과언이 아닐 것입니다. 한번 전쟁이 일어나면 지구는 불덩이가 되고 인류의 생존은 어려울 것입니다.

이제 우리는 화해의 본체이신 그리스도의 가르침을 따라 주님의 화해정신으로 신앙의 진실성을 나타내야 합니다. 하나님은 우리에게 화해의 직무를 주셨다고 바울은 말씀합니다(고후 5:18). 증오와 분쟁이 많고 위기에 있는 오늘의 현실에서 화해자가 되고 그리스도의 평화를 삶으로 증언하는 자이어야 합니다. 화해가 이루어지는 그때 사랑과 평화, 진정한 생명이 넘칠 것입니다. 진정한 화해의 마당이 우리 한반도 한민족에게 이뤄질 때 우리는 서로 만나 하나 됨의 기쁨과 하나님의 정의, 평화, 생명을 누릴 수 있을 것입니다. 우리 모두 작은 일에서부터 가까운 이웃과 화해의 마당을 마련하는 일에 동참합시다. 우리 모두에게 용서와 화해 실현, 평화가 가득하시길 바랍니다.

오직 성실함으로(Let Be Only Faithful)

잠언 3:1-10, 디모데전서 1:12-17

지혜의 왕 솔로몬은, 그에게 마지막 결정적인 소원 한 가지가 있었습니다. 솔로몬은 21살에 왕이 되었습니다. 하나님께서 새로 임금이 된 솔로몬에게 꿈에 나타나셔서 한가지의 소원을 요청하도록 하셨습니다. 이때 솔로몬은 지혜를 구하였습니다. 실로 솔로몬의 지혜는 고명한 것으로, 그는 초기 유대 문학과 후기 이스라엘의 지혜문학 전통에 가장 많이 연관된 인물이 되었습니다. 그는 7년에 걸쳐 부왕 다윗이 준비하였던 건축 자재로 성전건축을 완성시켰습니다. 그 후 13년에 걸쳐서 왕궁을 건축하였습니다. 20여 년 동안을 건축을 한 셈이니 위대한 건축가라 할 수 있습니다.

솔로몬은 하나님 앞에 나아가서 간절히 구하는 중에 부귀도, 영화도, 장수도 그리고 군사의 힘도 아니었고, 하나님이 기뻐하시는 지혜를 구하였습니다. 그는 지혜를 구할 줄 아는 지혜의 사람이었습니다. 전무후무한 지혜의 왕으로서 역사에 길이 남는 일, 지혜로 나라를 다스리고, 지혜로 세계를 제패했습니다. 그는 전쟁 없이 지혜로 나라를 평안하게 다스리면서 40여 년의 왕의 영광을 누렸습니다.

그러나 그는 나이가 많아 세상을 떠나게 될 때가 임박했을 때 깨달은 것이 있었습니다. 그것은 이제 그의 마지막 소원이었습니다. 그것은 지혜가 아니라 성실(sincerity, faithful)이었습니다. "하나님이여 내 입에서 허탄한 말을 하지 않게 해 주세요. 죽기 전에 이 소원을 이루어 주세요." 이렇게 간절히 하나님 앞에 기도한 것을 잠언에서 읽을 수 있습니다. "너는 마음을 다하여 여호와를 의뢰하고 네 명철을 의뢰하지 말라. 너는 범사에 그를 인정하라 그리하면 네 길을 지도하시리라"(잠언 3:5-6). 계속해서 말씀합니다. 7절 이하에서 "스스로 지혜롭게 여기지 말지어다. 여호와를 경외하며 악을 떠날지어다. 이것이 네 몸에 양약이 되어 네 골수로 윤택하게 하리라 네 재물과 네 소산물의 처음 익은 열매로 여호와를 공경하라. 그리하면 네 창고가 가득히 차고 네 즙 틀에 새 포도즙이 넘치리라"(잠언 3:7-10).

사실 솔로몬 제국은 교역에 매우 중요한 위치를 확보했고, 군사적으로 협조관계를 주변국들과 잘 유지했습니다. 솔로몬은 어떤 나라들과는 결혼을 통하여 긴밀한 관계를 맺었습니다. 그러나 불행하게도 그의 외국인 아내들은 솔로몬으로 하여금 이스라엘의 하나님께 대한 순수한 예배에서 멀어지도록 했습니다. 이로 인하여 그의 사후에 나라가 분열되는 결과를 낳게 되었습니다. 청년기의 솔로몬의 소원은 지혜였습니다. 그러나 세상을 끝낼 때의 그의 소원은 성실이었습니다.

진실이 얼마나 귀하다는 것을 알 때, 진실이 가장 귀한 것임을 깨달을 때 비로소 인생의 의미를 알게 되는 것입니다. 진실하기가 얼마나 어려운가! 진실하기 위해서 애써 본 사람이 아니면 진실이 얼마나 어렵다는 것을 모릅니다. 진실해 보지 않은 사람은 진실이 가장 귀하다는 사실도 모릅니다. 이보다 큰 보화도 없고, 이보다 큰 영광도 없고, 진실보다 무서운 힘도 없습니다. 하나님 앞에 진실하고 이웃에 대하여 진실하고, 자기 자신에 대하여 진실한 사람보다 더 큰 영광과 지혜와 보화는 없다는 말입니다.

신약 본문에 '충성'이란 말이 나옵니다. 공동번역에는 '성실함으로'라고 되어 있습니다. "그리스도께서 나를 충성 되이 여겨 내게 직분을 맡기심이니"(딤전 1:12)라고 바울은 말씀했습니다. 이 충성이란 헬라 원문에는 "진실, 성실, 충성"(faithful, piston) 그런 의미입니다. 하나님께서는 언제나 그 중심에 있는 진실을 보십니다.

'한국판 테레사' 서서평 선교사를 기억하시나요! 재미동포 양국조 씨가 『조선을 섬긴 행복 — 서서평의 사랑과 인생』과 『바보야, 성공이 아니라 섬김이야 — 엘리제 쉐핑 이야기』를 펴냈습니다. 서서평 선교사의 내한 100돌을 맞아 그를 기리는 두 권의 평전을 출간했습니다. 성녀 테레사 수녀(1910-97)는 동유럽의 세르비아에서 태어나 18살에 수녀회에 입회한데 이어 1930년 인도의 빈민가로 파견돼 버려진 채 죽어가던 사람들을 돌봤습니다. 테레사 수녀는 '인도인'이 아닙니다. 하지만 인도의 권위지가 인도인 5만 명을 대상으로, 간디를 제외하고 '역대 위대한 인도인이 누구냐'고 물은 설문조사에서 '가장 위대한 인도인'으로 꼽혔습니다.

엘리제 셰핑(Elizabeth Johanna Shepping, 1880-1934), 한국 이름으로 서서평 선교사는 독일에서 태어나 9살에 미국으로 건너가 간호학교를 나와 간호사로 지내던 중 개신교에 투신해 테레사 수녀보다 18년 앞선 1912년 3월 조선 선교사로 파견됐습니다. 그는 최초의 여자신학교인 이일학교(한일장신대 전신)와 여성운동의 산실인 부인 조력회와 조선 여성 절제회, 조선간호부회(대한간호협회 전신), 여전도회 연합회 등을 창설해 이 땅의 여성운동과 간호계 그리고 개신교에 지대한 역할을 했습니다. 하지만 그런 외적 업적들만으로 그를 제대로 알긴 어렵습니다.

그는 전라도 일대의 나환우들과 걸인들을 돌보고 고아들을 자식 삼아 한 집에서 살다가 이 땅에서 병들어 생을 마쳤고, 자신의 주검마저 송두리째 병원에 기증하고 떠났습니다. 광주시에서 최초로 시민 사회장으로 거행된 그의 장례식엔 수많은 나환우와 걸인들이 상여를 메고 뒤 따르면서 "어머니!"라 부르며 애도했습니다.

서서평이 활동하던 광주, 전남은 1930년도에, 45만 가구 220만 인구 가운데 굶주리는 인구가 무려 88만 명, 걸인이 11만 명에 이르렀다고 합니다. 서서평은 1년 가운데 100일 정도 나귀를 타고 전라남북도와 제주도까지 전도여행을 다니며 병자들을 돌보고 여성들을 교육시켰습니다. 서서평의 당시 일기엔 "한 달간 500명의 여성을 만났는데, 하나도 성한 사람이 없이 굶주리고 있거나 병들어 앓고 있거나 소박을 맞아 쫓겨나거나 다른 고통을 앓고 있었다"고 시대 상황을 말해주고 있습니다.

서서평은 당시 이름조차 없이 '큰년이', '작은년이', '개똥어멈' 등으로 불리던 조선 여성들에게 일일이 이름을 지어 불러주고, 자존감을 살리도록 했습니다. 그리고 자신이 세운 이일학교 여학생들과 함께 농촌으로 가서 매년 3만-4만여 명의 여성들을 교육시켜 존중 받을 한 인간으로서의 삶을 일깨웠습니다.

그는 한 나환우가 역시 나환우였던 아내가 죽자, 병든 자신이 더 이상 키울 수 없어 버리려던 아이를 데려다 양아들로 삼은 것을 비롯해 버려진 아이 14명을 양아들, 양딸로 삼았습니다. 소박맞거나 오갈 데 없는 미망인 38명도 데려와 한집에서 함께 살았습니다.

1926년 이 땅의 한 매체는 서서평 인터뷰 기사에서 그를 "사랑스럽지 못한 자를 사랑스러운 존재로 만들고, 거칠고 깨진 존재를 유익하고 이름다움을 지닌 그리스도인으로서 단련된 생명체로 만들고자 하는 것이 서서평의 열정"이라고 썼습니다. 서서평이 별세하자 선교사 동료들은 그를 '한국의 메리 슬레서'라고 추모했습니다. 메리 슬레서는 아프리카 나이지리아로 가서 버려진 아이들을 돌보다 숨져 아프리카 아이들의 어머니로 추앙된 인물입니다.

또 1930년대 미국 장로회는 전 세계에 파견된 수많은 선교사 가운데 한국 선교사로는 유일하게 서서평을 '가장 위대한 선교사 7인'으로 선정했습니다. 서서평의 부음을 듣고 그의 집에 달려간 벗들은 그의 침대 밑에 걸려 있던 좌우명을 보았습니다. "성공이 아니라 섬김이다"(Not Success, But Service).

그 후에 서서평의 선교정신을 이은 후계자들이 많이 있었습니다. 유화례(광주 수피아여학교 교장), 고허번(광주 제중병원 원장) 등 여러 선교사들이 그 뒤를 따랐고, 최흥종, 김필례, 이현필, 강순명, 조아라, 이준묵 등이 서서평의 정신을 이어받아 오갈 데 없는 이들을 돌보았습니다. 광주 무등산의 영성 맥락이라 할 수 있겠습니다.

우리가 반드시 그를 회상해야 할 교훈적인 것은 "미국에서 온 초기 선교사들이 교회와 병원, 학교와 고아원을 세워 좋은 일을 많이 했지요. 그러나 대부분 그들은 미국식 삶을 고수했고, 조선인과 같이 된장국 먹고 고무신 신고 함께 자며 사는 서서평 같은 인물은 없었다"는 것입니다. 하나님이 이 땅에 오신 것은 우리와 하나가 되고 스킨십을 하기 위한 것이 아니겠습니까? 요즘 외국으로 파송 된 2만여 명의 한인 선교사 가운데 상당수가 제3세계에 가서도 자기 안전과 영달, 자녀교육 등을 위해 주요도시에 머물며 살고 있고, 정작 필요한 곳에 들어가 현지인들과 함께 살지 못하는 것에 대해 안타까움을 평전의 저자는 필력하였는데 이에 대하여 공감을 갖게 합니다. 서서평 선교사의 현지주민 위주로, 성공지향의 삶보다는 섬김의 거룩한 삶은 선교사의 귀한 하나의 귀감이 된다 하겠습니다.

다시 신약의 본문을 말씀하신 바울에 대하여 생각해 보겠습니다. 바울은 수십 년간 율법을 배워왔고, 율법을 믿어 왔지만 부활하신 그리스도를 만나서 "네가 핍박하는 예수다" 하는 말씀을 듣는 순간부터 철저하게 주님과 복음을 위하여 진실하고 충성을 다해 살았습니다. 전에 그토록 소중히 여기던 지식과 가문, 자기의 믿음과 율법에의 확신, 그의 과거의 모든 것들을 배설물과 같이 여겼다고 고백하고 있습니다(빌 3장). 바울은 깨끗이 자기를 부정했고, 채면이고 뭐고 하나도 뒤돌아보지 않았습니다. 그는 깨닫는 대로 꼭 실천하여 행동으로 옮기는데도 진실하였습니다. 그러기에 방금까지 예수 믿는 사람을 체포하기에 분망했던 그가 변화 받고 다메섹에 들어가서 예수를 그리스도라고 전도하는 진실함의 용기를 보여주고 있습니다.

바울은 "전에는 비방자요 박해자요 폭행자였다"고 고백합니다. 부끄럽지만 그는 과거를 숨기지 않고 과거를 인정하는 성실이 있었습니다. 그는 현재의 솔직함과 진실함을 보여주고 있습니다. 즉 그는 이중적 자아에 대한 고민을 털어 놓았고, 그는 복음을 전할 때에 때로는 억지로 마지못해 전했다는 솔직함도 보여주고 있습니다. 그는 또한 미래에 대하여도 성실했습니다. 앞에 순교가 있든지 어떤 비참한 핍박이 있든지 그대로 받아들이는 성실을 가지고 있었습니다. "그리스도 예수 우리 주께 내가 감사함은 나를 충성 되이 여겨 내게 직분을 맡기심이니"(딤전 1:12)라고 하나님께와 모든 성도들 앞에 고백하고 있습니다.

오늘 우리의 삶의 주변과 나라는 어떠합니까? 먼저 우리 그리스도인들부터 그리스도 중심의 바른 삶의 가치관을 꼭 정립해야 합니다. 그리고 마음의 부정직함과 비리를 반드시 청산하고, 오직 성실함으로 살아가야 합니다. 우리의 고질적 병폐인 한탕주의, 돈과 명예를 위해서라면 수단 방법을 가리지 않는 몰 양심적인 탐욕 등을 멀리 떨쳐 버려야 합니다. 정직과 성실이 우리 개개인의 삶과 사회의 정신적 기틀이 되고, 그래서 양심이 회복되고 도덕이 회복되고 신뢰가 회복되어야 합니다.

남북관계의 개선을 중요시 하는 남북이 서로 인내와 진실, 성실하게 임해 가야 합니다. 남과 북은 상생의 원리에 신실해야 합니다. 북한의 국가주의는 시대착오적인 모습을 보게 합니다만, 남한의 개인주의는 이기적이며 탐욕적인데 이를 과감히 청산해야 합니다. 남북을 이어줄 매개체로 코이노니아(교제, 사귐)로 고난과 아픔을 함께 나누며 민족 동질성 회복에 주력해야 합니다. 우리 그리스도인들이 누구보다도 남북관계 개선을 위하여 삶의 모든 면에서 솔선수범해야 합니다. 우리는 남북 서로 간에 죄책고백의 자리에 서야 합니다.

1975년에 과학자들에 의해 발견된 것이 인간두뇌에서 생산되는 '엔도르핀'이란 호르몬입니다. 이것은 아편보다 200배의 성능을 가진 것인데, '티-임파구'라는 백혈구의 저항력을 강화시키고, 신체의 아픔을 없애는 놀라운 역할을 한다는 것입니다. 미국에서는 재빠른 장사꾼들이 50마리의 돼지 머리에서 추출한 이 호르몬을 화학물질로 만들어서 2만 불씩에 판다고 합니다. 그러나 이 2만 불짜리 약과 비교도 안될 만큼 효과가 있는 진짜 '엔도르핀'은 사람이 진심으로 감사하는 마음을 가질 때, 기쁜 마음으로 사랑할 때, 또 이런 사랑을 받을 때, 진리를 발견할 때, 희망에 넘칠 때, 쏟아져 나온다는 것입니다. 그리스도의 구속 애와 하나님의 사랑과 거룩에 대한 흠모로 감사와 찬송, 진실한 기원으로 예배할 때에 '엔도르핀'이 쏟아져 나오는 시간이 되어야 합니다.

예배가 무엇입니까? "예배한다는 것은 하나님의 거룩하심을 힘입어 양심을 민감하게 하는 것이며, 하나님의 사랑을 향해 마음 문을 여는 것이며, 하나님의 목적하시는 뜻을 받들어 봉사하는 것입니다"(William Temple). 따라서 예배에 임하는 우리 그리스도인들의 자세는 성실함으로 진실함으로 드리는 예배여야 합니다. "하나님은 영이시니 예배하는 자가 신령과 진리로 예배하여야 합니다"(요 4:24).

결론 삼아서 세 가지를 말씀 드립니다. 1) 예수님은 사람이 무슨 일을 하며 어떻게 살게 되든 어떠한 생각과 생의 자세를 가지고 사는가가 중요함을 친히 가르치셨습니다. 자신의 유익이나 복리가 아니라 "오직 남을 위한 관심과 삶"이 예수님의 기본적인 생의 정신입니다. 이 남을 위함에는 불행하고 어려운 이웃과 세상이 다 포함됩니다. 일찍이 순교 신학자 본 회퍼(D. Bonhoeffer) 목사가 '성숙한 이 시대'에 모든 전제를 빼고, '예수님'을 현대인에게 무엇이라 가르칠 것인가 물으면서 "오직 남을 위한 존재"라 했듯이, 오늘의 우리 그리스도인들이 오직 남과 세상을 위한 존재로 성실히 진실히 살 수만 있다면, 무엇을 더 바라겠습니까? 우리 그리스도인 신자만이 아니라 주님의 몸 된 땅위의 신앙공동체인 교회도 스스로를 위한 존재가 아니라 불행과 고난의 세계를 위한 존재이기에, '오직 고난의 세계'를 위해 예수님의 생과 같이 자기를 희생하며 세상의 십자가를 친히 지고 살며 봉헌할 수 있어야 합니다. 오늘의 우리의 시대는 이러한 그리스도인과 교회를 요청하고 있습니다.

2) 고난은 인생을 위대하게 만듭니다. 고난을 견디고 남으로써 생명은 일단의 진화를 합니다. 핍박을 받음으로 대적을 포용하는 관대가 생기고, 궁핍과 형벌을 참음으로 자유와 고귀를 얻을 수 있습니다. 고난이 닥쳐올 때 사람은 사탄의 적수가 되든지 그렇지 않으면 하나님의 친구가 되든지 둘 중의 하나가 되어야 합니다. 고난이 주는 손해와 아픔은 한 때이나, 그것이 주는 보람과 뜻은 영원한 것입니다. 개인에 있어서나 민족에 있어서나 위대한 성격은 고난의 선물입니다. 고난은 인생을 하나님께로 이끄는 길이며 진리이며 생명입니다.

3) 동방정교회 영성의 근원지 아토스 성산(Holy Mountain)에서 드려진 기도의 영성『예수 기도』(*The Jesus Prayer*)의 내용입니다. "주 예수 그리스도 하나님의 아들이여, 죄인인 나를 불쌍히 여기소서." '예수 기도'는 세 단계의 진행과정을 가집니다. 첫째는 입술의 기도로서 외적 자아인 내가 하나님의 은총을 구하는 단계입니다. 둘째는 마음의 무정념(無情念), 아파데이아(Apatheia)의 상태에서 평정심(平靜心)을 가지고 드리는 내면적(內面的) 단계입니다. 셋째는 성령의 도우심 안에서 심장으로 드리는 영육의 연합된 기도 단계입니다. 이러한 기도의 과정을 통해서 자비의 하나님을 만나는 경험을 가져옵니다. 기도의 가장 위대성은 겸손과 거룩함을 얻는 것입니다. 그러할 때 우리는 정말 부유해 집니다.

'예수 기도'는 모든 세대를 위한, 어떤 장소이든, 매 순간을 위한, 사막이든 도시이든, 초보자이든 경험자이든, 시간과 장소에 구애 받지 않습니다.

우리나라는 지금 촛불정국을 맞아 '비폭력'과 '평화'를 정착시키면서 새 대한민국을 이루어야 한다는 희망과 정치적인 과정을 겪고 있습니다. 우리는 오늘의 우수(憂愁) 속에서 '회개'(metanoia), 과거의 질서와 생각에 대한 변화 그리고 거짓을 인식하고 거부하는 것입니다. 회개의 가장 깊은 의미는 재구조화(perestroika)입니다. 회개는 거부이자, 확증입니다. 회개는 진정한 재탄생이며 진리의 실현이고 미(美)와 진리의 회복이자 겸손뿐만 아니라 용기와 도전으로의 초대입니다. 회개는 영적인 것이고, 삶을 재탄생 시키는 것입니다. 영적 투쟁 없이, 영적 위대함 없이, 영원한 도덕적 가치에 대한 의지(意志)없이 세계의 재탄생이 가능할까요?

그루지아공화국 아블라제 감독의 〈회개〉라는 영화 속에서 한 노인이 여주인공에게 묻습니다. "이 길로 가면 교회가 있습니까?" 여주인공은 "아니요, 이 길로는 교회에 갈 수 없습니다"라고 알려줍니다. 왜냐하면 어렸을 때의 비극적 경험으로 교회가 파괴되었다는 것을 알기 때문입니다. 여기서 교회는 영원한 도덕적 가치를 상징합니다. 이 영화의 마지막은, 이에 놀란 노부인의 말입니다. "교회로 갈 수 없다면 더는 길이 아니지요."

"오직 성실함으로" 다짐하며 예배에 임하신 성도 여러분에게 하나님의 은혜가 함께 하시기를 바랍니다.

겸허히 생명의 신음소리 듣기

로마서 8:18-30, 빌립보서 2:5

시작하는 이야기

사도 바울은 본문에서 우리에게 세 가지 신음소리가 있다는 사실을 알려주고 있습니다. 그 세 가지는 우리가 살고 있는 자연(自然)과 인간(人間)의 역사(歷史)와 영(靈)의 세계에 대한 생명(生命)의 신음소리입니다. 신음한다는 이 말은 '탄식한다', '운다' 또는 '애타게 여긴다'는 의미를 지니고 있습니다. 1세기 중엽 바울이 우리에게 들려준 이 생명의 신음소리는 오늘을 살아가는 우리 시대에도 우리들 주변에서 들려오는 탄식의 소리요, 울음소리요, 신음소리로 여겨지는 것입니다. 바울이 오늘 우리에게 들려주는 생명의 신음소리는 무엇입니까?

지금 우리나라는 참담한 일을 당하여 광장에 모여 촛불시위를 하며 민심을 토로하고 있습니다. 비선실세와 공모해 국정을 농단한 대통령을 규탄하는 대중 시위가 무섭게 진화하고 있습니다. 우선 참여자 규모의 급속한 확장세가 눈에 띕니다. 첫 집회에서는 수 만 명 정도가 모이더니, 바로 수십만을 뛰어넘고 100만 단위로 커지다가, 지난 2016년 12월 3일에는 전국에서 232만 명이나 광장과 거리로 나왔습니다. 규모만 놀라운 것이 아닙니다. 수백만이 참여하는 집회에 한 명의 연행자도 없는 것을 보고 믿기 어려워하는 사람들이 많습니다. 하지만 가장 눈여겨볼 부분은 역시 지금 광장에서는 새로운 민주주의가 움을 틔우고 있다는 사실입니다. 그렇습니다. 우리는 지금 한국 사회를 바꿔낼 '광장 민주주의'의 소중한 출현을 목격하며 내면적으로 들려오는 생명의 신음소리를 듣고 있는 것은 아닐까 싶습니다. 우리나라는 다른 어느 때보다도 새로운 사회적 질서, 새로운 민주공화국을 세워야 할 때입니다(〈한겨레신문〉, 2016년 12월 5일자). 오늘의 메시지는 '겸허히 생명의 신음소리 듣기'입니다.

자연의 신음소리

피조물이 다 이제까지 함께 탄식하며 함께 고통을 겪고 있는 것을 우리가 아느니라(롬 8:22).

확실히 우리는 하나님의 피조물인 우주만물의 신음소리를 듣고 있습니다. 지금 자연은 온갖 환경오염으로 인해서 신음하고 있습니다. 인간이 문명(文明)을 누리고 있을 때 자연(自然)은 점점 생명을 잃어가고 있습니다.

대도시는 대기오염도나 수질오염도는 환경 기준치를 훨씬 초과하는 위험수위에 도달해 있습니다. 농촌도 예외가 아니고 도처에 심각한 공해병이 만연되어 있습니다. 이런 상태에서 생태계(生態界)는 그 균형이 깨지거나 파괴되는 과정에 있는 것입니다. 더욱 무서운 것은 한반도에는 상당량의 전략 핵무기가 곳곳에 배치되어 있고, 북한의 핵무기 소유를 위한 실험이 도를 넘고 있는 상태입니다. 우리의 군사 시위 훈련도 경쟁적 위협적입니다.

현재 우리는 산(山)과 강(江) 그리고 바다가 등 어디를 가도 오염되어가는 상태를 목격합니다. 이러한 공해와 오염으로 인해서 하나님의 피조물(被造物)인 자연이 신음하고 있음을 볼 수 있습니다. "피조물이 고대하는 바는 하나님의 아들들이 나타나는 것이니"(롬 8:20). 바울은 피조물의 고통 하는 소리를 듣고 있습니다. 만물이 허무한데 종속되기 때문에 그것에서 해방되기 위해서 몸부림을 치면서 참사람이 나타나기를 원한다는, 기발한 사유를 하는 바울에게서 듣는 보기 드문 말입니다.

그러나 서구적인 사고(思考)에 의하면, 자연과 사람을 엄격히 구별하고, 신(神)도 엄격히 구별합니다. 자연은 자연대로 그 순환원리에서 싹이 나고, 잎이 나고, 꽃이 피고, 열매를 맺는 순환을 반복할 따름이고, 인간은 이 자연을 정복함에서 역사를 만들어 낸다는 확신을 가지고 자연을 개발의 대상으로 삼고, 그것을 최대 과제로 삼아 오늘의 현실을 이루었습니다. 그러면서 지금 진통하는 것들이 이 지구가 깨지고 있다고 소리를 지르고 있는데도, 깨지는 지구를 방어하는 길도, 또다시 사람이 자연을 정복하는 방법으로, 즉 어떤 새 기술에서 찾을 수 있으려니 하고 낙관을 하고 있습니다. 이것이 서구적인 자연과의 관계에서의 인식입니다.

그러나 이것은 동양적인 시각(視覺)과는 전혀 다른 것입니다. 동양(東洋)은 자연 안에 사람을 포함시킵니다. 자연은 정복의 대상이 아니라 사람의 협동의 대상입니다. 자연과 더불어 사는 길을 찾는 것이 삶이라고 확고히 믿고 있습니다. '인간이 숨을 쉬듯이 자연도 숨을 쉬고 인체에 맥이 있듯이 자연에도 맥이 있다. 인간은 자연 속에 있기 때문에 자연이 병들면 인간도 병이 든다' 이런 생각입니다. 자연은 인간보다 훨씬 깊고, 크고 넓습니다. 그래서 사람은 '자연에 순응해서 사는 지혜를 가질 때에만 제대로 살 수 있다'고 봅니다. 이것이 동양의 자연과의 관계에서의 인식(認識)입니다. 그래서 예부터 돌이나 나무 하나도 함부로 옮기거나 혹은 꺾거나 자르지 않았습니다. 저들은 어떤 산 (山)의 허리를 자르면 거기서 피가 난다고 확실히 믿고 있었습니다. 자연의 기(氣)가 끊기면 그 주변에 사는 사람들도 재앙을 당하거나 기 (氣)가 빠져 버린다고 생각했습니다. 우리 한국 사람들은 몸과 땅이 둘이 아니라 하나라는 것을 확실히 믿습니다. 소위 '신토불이'(身土不 二)라는 말인데, 몸과 흙은 둘이 아니라, 자연과 나는 하나라는 그런 생각이 일반화되어 있습니다.

한 가지 더 알아야 할 것은, 전에는 동물계에서 사람과 동물이 사는 것이 비슷한 면이 있다는 것을 알았는데, 식물(植物)도 사람과 사는 양 식이 같다는 것입니다. 그 중에 같은 것 하나는 자고 깨야 한다는 것, 잠을 자되 낮에는 깨고 밤에는 잔다는 것, 자려면 불을 꺼야 한다는 것입니다. 불을 끄지 않으니까 열매를 맺지 못합니다. 우리 주변에 사 는 모든 식물이 조그마한 잡초 하나까지도 전부 우리같이 숨을 쉬고 불이 켜져 있으면 못 잔다고 생각하니 그것이 우리하고 같은 생물(生 物) 아닙니까?

슈바이처는 아프리카에서 개간을 하면서 벌레를 죽이지 않는 것은 고사하고 풀을 뽑으면 그 풀을 다른 곳에 꼭 심었습니다. 생(生)의 의 지(意志), 살려는 의지는 존중해야 합니다. 전남 화순에 '이공(李公) 이 세종'이라는 영감이 있었습니다. 그는 성경에 도취해서 아래로 제자까 지 거느렸던 훌륭한 분, 한국의 '호세아'라는 별명을 얻을 만큼 독특한 신앙의 길을 걸은 구도자(求道者)였습니다. 그는 몸을 무는 '이'도 죽일 수 없어서 이를 잡아서 그릇에 가득 담아서 가지고 있었습니다. 그런 데 그에게 서양 선교사 친구가 있었습니다. 그는 서양 선교사를 싫어 하는 사람이고, 선교사도 그 사실을 알고 있었습니다. 그러나 선교사 는 그 사람을 좋아했습니다. 하루는 선교사가 찾아왔는데 아궁이에 불을 지피고 있었습니다. 뱀이 나옵니다. 뱀을 보고서, '빨리 도망쳐라, 선교사가 보면 죽는다' 하면서 내쫓았다고 합니다. 그런데 그 선교사 친구는 일부러 파리를 계속 잡아대고 있습니다. 한 사람은 죽이는 세계에서 온 사람이고, 한 사람은 죽이지 않는 세계에서 온 사람입니다. 둘이 대립해서 아웅다웅 싸우다가 그래도 둘이 친했습니다. 어쨌든 나만 사는 것이 아니라, 자연과 우리가 서로 통하는 것이 있습니다. 사는 것이 같습니다. 이것을 점점 알기 시작했습니다. 그래서 '자연이 살아야 나도 산다. 지하수는 가슴에서 나오는 젖과 더불어 인간의 젖줄이다'고 할 수 있습니다. 더불어 살아야지, 사람은 혼자서 살 수 없습니다. 인권(人權)이란 말은 엄밀한 의미에서는 정말 밑바닥에서의 생존권(生存權)입니다. 이제 우리는 겸허한 자세로 자연의 신음소리를 들으며 더불어 사는 지혜와 은혜가 있기를 바랍니다.

인간들의 신음소리

그뿐 아니라 또한 우리 곧 성령의 처음 익은 열매를 받은 우리까지도 속으로 탄식하여 양자될 것 곧 우리 몸의 속량을 기다리느니라(롬 8:23).

인간은 누구나 선하고 의롭게 살기를 원하고 있습니다. 육체의 욕심에서 해방되어 하나님의 자녀로 살고 싶어 하지만 실제로는 죄악과 불의한 환경으로 인하여 이러한 삶을 살지 못합니다. 그래서 인간은 누구나 할 것 없이 내적(內的)인 탄식, 내적인 신음, 내적인 갈등을 겪고 있다는 것입니다.

미국의 신학자, 라인홀드 니버(Reinhold Niebuhr, 1892-1971)는 그가 쓴 『도덕적 인간과 비도덕적 사회』(*Moral Man and Immoral Society*, 1932)라는 책 속에서 이점을 일목요연하게 지적하고 있습니다. 니버는 예수님에 의하여 제시된 윤리적 표준과 현실 사회에서 경험되어지는 죄의 구조 사이에는 현격한 간격이 있음을 지적하고 있습니다. 니버는 목회자로서 잔인한 사회적 현실과 더불어 싸우고 있는 디트로이트교회의 회중과 함께 호흡하면서 그가 부딪힌 생생한 체험을 바탕으로 말합니다. 니버는 개인적으로는 도덕적일 수 있고 양심적일 수 있으며 정의감을 지닐 수 있으나 불의한 사회 속에서는 개인의 도덕성이란 무기력해지고 그 집단의 의지(意志)에 사로잡히게 된다는 것입니다. 이 책은 지금부터 84년 전인 1932년에 출판된 책입니다. 고도의 산업사회를 향하여 발걸음을 내딛고 있던 미국의 산업사회가 인간에게 어떤 영향을 미치고 있는지를 단적으로 지적해 주고 있는 것이라 하겠습니다. 거대한 공장의 기계를 바라볼 때, 그 속에 있는 기계들은 서로가 서로를 위해 존재하는 하나의 부속품 노릇을 하고 있음을 볼 수 있습니다. 따라서 인간 역시 거대한 사회구조 속에서 기능적인 인간이 되느냐 못되느냐에 따라서 그 사람의 가치가 결정되는 것입니다. 개인의 인격이나, 개인의 윤리(倫理)나 개인의 정의(正義)가 의롭게 여겨지지 않을 때가 더 많습니다.

따라서 그리스도인들은 개인적인 윤리나 종교적 차원(次元)에서 한걸음 더 나아가서 그 집단, 그 사회의 제도와 환경을 정의롭게 변혁시켜가는 힘을 지녀야 하는 것입니다. 비도덕적인 사회를 도덕적인 사회로 만들어갈 때 도덕적인 인간으로서 자신의 가치를 인식하게 되는 것입니다. 그리스도인들은 그 시대와 역사의 신음소리를 들으면서 역사를 변화시켜 나가려는 하나님의 뜻을 알고 실천해 갈 수 있어야 합니다.

지금 우리 사회에는 매우 비정상적인 혼과 악한 영이 이곳저곳을 휘젓고 다니면서 실망시키고, 격분시키고 있습니다. 대통령의 독선, 교만, 불통, 무모, 무책임이 국기를 문란시키고, 국가 전체를 뒤흔들고 있는 오늘의 비극 뒤에는 이 같은 샤먼의 악령이 작동하고 있는 것 같습니다. 그것은 최태민, 최순실 등의 무당 주술이 오랫동안 박 대통령을 사로잡았기 때문인 것 같습니다. 본인은 이 같은 사교와 무관하다고 주장하지만, 기독교 성직을 지칭하면서 국가와 시장의 갑(甲)들을 홀린 최 씨들의 행적이 연일 매스컴을 통해 소상하게 밝혀지고 있습니다. 종교다원주의와 달리 종교혼합주의는 항상 위험합니다(「기독교사상」 2016년 12월호, 33).

우리 시대에 울려 번지는 인류의 신음소리에 귀를 기울여야 합니다. 불의한 경제 행위, 부정부패, 억압과 폭력, 여성 폭력의 현장, 장애자들의 아픔 현장, 실직자들과 노숙자들의 방황의 신음소리, 남북분단의 신음소리! 이런 생명의 신음소리에 대하여 우리가 해야 할 '살아계신 하나님의 역할'이 무엇인지 찾을 수 있어야 합니다.

한국교회는 한국기독교교회협의회(NCCK)를 중심으로 12월 둘째 주일을 인권주일로 지켜오는 전례를 갖고 있습니다. '인류의 마그나카르타'라고도 불리는 세계인권선언은 제1·2차 세계대전의 참극과 나치독일의 유대인 대학살에 대한 반성에서 비롯되었고, 그 동안 70여 년간 인간의 존엄성과 가치를 높이는데 큰 기여를 하였습니다. 그리고 독재를 물리쳐 민주주의를 확산시키는 데도 크게 기여했습니다.

우리나라도 과거 독재시절 용공 음해와 고문 조작, 의문사 등 숱한 인권유린의 어두운 역사를 갖고 있습니다. 인권문제는 우리 자신과 인류를 위한 것으로서, 인간다운 삶과 사회를 향한 근본 출발점임을 우리 그리스도인들도 알아야 하겠습니다.

문익환 목사님이 감옥에 있을 때 쓴 시(詩)중에 '발바닥, 발바닥, 네가 없었으면 어떻게 살았으랴' 하는 시(詩)가 있습니다. '그 밑바닥에 나를 받치고 있는 것을 못 보았죠. 물론 그 발바닥 자체는 보기 싫죠. 그러나 그것을 만지면서 중요한 것은 여기에 있었구나 하고 깨달은 것입니다. 우리를 살리는 것은 밑바닥에 있습니다. 밑바닥에 내려

갈수록 우리의 삶의 원천은 거기에 있습니다.'

생존권의 위협도 반면에 바닥에 있습니다. 바닥이란 어느 누군가가 피를 흘린 자리, 억눌림을 당한 자의 자리, 승자가 아니라 패자, 양지(陽地)가 아니라 음지(陰地), 배부른 자가 아니라 배고픈 자입니다. 밑바닥으로 갈수록 뭔가 우리가 바로 잡아야 할 것이 있습니다. 바로 거기에 삶이 결핍되어 있기에 살려는 몸부림이 팽창합니다. 인권은 바닥에서부터 펴가야 합니다. 그리고 광화문 광장을 비롯한 전국의 촛불의 민심을 통하여 민이 중심이 되는 민주주의를 이룩하라는 민심의 신음소리에 귀를 기울이고 이에 대하여 역사 깊은 배후에서 섭리하시는 하나님의 역사경륜을 기다리고 희망하시기 바랍니다.

겸허히 성령의 신음소리 듣기

로마서 8장 26절에 "이와 같이 성령도 우리의 연약함을 돕나니 우리는 마땅히 기도할 바를 알지 못하나 오직 성령이 말할 수 없는 탄식으로 우리를 위하여 친히 간구하느니라"고 하였습니다. 주님은 성령을 통해 우리를 민망히 여기시고 우리의 연약함을 도와주시고 우리를 위해 중보기도를 해 주십니다. 주님의 겟세마네동산의 기도를 생각해 보시기 바랍니다. 피와 땀을 흘리시며 인류 위해 기도하시는 주님! 또한 주님의 십자가를 바라보시기 바랍니다. 우리의 죄를 사해주시고 우리를 하나님의 자녀로 삼으시기 위해 가시관을 쓰시고 손과 발목에 못이 박힌 채 십자가에 달려 계신 주님! 이런 주님의 모습 속에서 우리는 인류를 사랑하시는 주님의 신음소리를 엿듣게 됩니다. 주님의 신음소리는 인류를 진실로 사랑하시는 사랑의 신음소리입니다.

"주 예수 그리스도 하나님의 아들이시여 죄인인 나를 불쌍히 여기소서"(Lord Jesus Christ, Son of God, have mercy on me, a Sinner). 동

방정교회의 기도 중에 '예수 기도'라는 기도 형태가 있습니다. 정교회 전통에서 '예수 기도'는 세 단계의 진행과정을 가집니다. 첫째, 입술의 기도로서 외적 자아(外的 自我)가 육체의 기도를 통해 하나님의 은총을 구하는 단계입니다. 둘째, 마음이 무정념(無情念), 아파데이아(Apatheia)의 상태에서 평정심(平靜心)을 가지고 드리는 내면적 단계입니다. 셋째, 성령의 도우심 안에서 심장(心臟)으로 드리는 육과 영의 연합된 기도 단계입니다. 이런 단계는 기도자의 진보와 더불어 기도 자체의 성장을 지향하는 것으로서, 마음의 상념(想念)을 제거하고 간절한 기도의 반복을 통해 기도의 깊은 단계인 무정념(Apatheia)의 단계에서 자비의 하나님을 만나는 경험을 가져옵니다.

정교회는 이러한 하나님 경험을 신화(神化, Theosis)라고 정의합니다. 그리스도의 성육신은 인간으로 하여금 하나님의 성품에 참여하게 합니다. 이러한 신화(神化)의 단계에서 기도자는 호흡마다 하나님의 성품의 담지자인 예수와 하나 됨을 경험합니다. '예수 기도'에서 가장 중요한 요소는 절대적 침묵입니다. 이 침묵기도를 가르쳐 '헤지카즘'(Hesychasm)이라고 하는데, 기도자 즉 헤지키스트는 기도 속에서 자기를 말하는 것이 아니라, 내면에서 들려오는 하나님의 음성 듣기를 지향합니다.

헤지카즘(Hesychasm)은 정교회 수도사들이 하나님과 합일에 이르기 위한 수단으로서 헤지키아(Hesychia)의 상태를 추구하는 수도 방법입니다. 헬라어 '헤지키아'는 고요함, 평정심, 침묵 등의 뜻을 가지고 있습니다. 수도사들은 관상기도에서 고요와 평정심을 통해 인간적 격정(pathos)을 물리치고 무정념의 상태(apatheia)에 이르고자 헤지키아의 상태를 추구합니다. 헤지카즘은 13세기 중엽에 정교회 영성의 샘이라 일컬어지는 아토스 성산의 수도사 니케포로스(Nikephoros)가 기도법으로 추구한 이래 정교회 수도사들의 중요한 기도법이 되었습니다.

'예수 기도'에서 수도 정신이란 무엇을 뜻합니까? 그것은 '순종, 겸손, 자기멸시, 기도'를 향한 끝없는 갈망입니다. 영적 아버지에 대한 순종 모든 이들을 향한 겸손이며, 가장 위대한 활동은 겸손과 거룩함을 얻는 것입니다. 그럴 때 우리는 정말 부유해 집니다. 겸손과 거룩함이 없다면, 아무리 훌륭한 공동체 사업도 금방 흔적도 없이 무너지지만, 거룩함과 겸손이 함께 한다면 아무리 작은 일이라도 놀라운 차원의 열매를 맺습니다. 하나님께 순종, 모든 이에게 겸손, 거룩함을 얻는 것의 중요성을 강조하고 있습니다.

수도 정신은 무엇을 하든지 칭찬 받는 일과 칭찬을 잃는 일을 항상 명심해야 합니다. 따라서 어디에 있든지, 길을 가든지, 운전하든지, "주 예수 그리스도여 나를 불쌍히 여기소서" 하고 '예수 기도'를 드려야 합니다. 신자들은 "끼리에 엘레이손"(주여 불쌍히 여기소서)이라고 기도하며 응답합니다.

이상의 기도와 명상은 아토스(Athos) 거룩한 산(Holy Mountain)에서 들려오는 이야기입니다. '예수 기도'는 언제라도, 다른 사람들과 같이, 또는 혼자서도, 공동기도로도, 개인기도로도 할 수 있습니다. '예수 기도'는 모든 세대를 위한, 어떤 장소이든, 매 순간을 위한, 사막이든, 도시이든, 초보자이든, 경험자이든, 시간과 장소에 구애 받지 않습니다.

> 만약 당신이 신학자(혹은 신자)라면 당신은 참으로 기도하고, 만약 당신이 기도한다면 당신은 참된 신학자(혹은 신자)입니다(『예수 기도』, 204).

마치며: 겸허(謙虛)에의 의지(意志) — 예수 마음

마감하면서 참된 겸손이란 무엇인가를 살펴보겠습니다. 참 겸손이란 결코 비굴이나 아첨이 아닙니다. 뚜렷한 주체자로서 상대방의 인격을 존중하는 태도입니다. 힘없는 어린아이, 권력이나 지위가 없는 시민 그리고 하찮은 작은 존재인 무력자 일지라도 이를 경멸하지 아니하고 한 인간으로 소중하게 대해 줄줄 아는 마음씨, 그것이 곧 겸손입니다. A. 슈바이쳐의 소위 생명 외경(生命畏敬)의 정신이나 불타(佛陀)의 이른바 살생을 금지하는 계율 등은 모두 이러한 겸비한 자세의 표현이라 할 수 있습니다.

불가(佛家)의 행자(行者)들은 고행과 탁발(卓拔)로써 겸손을 배웁니다. 그리스도인들은 생명을 사랑하고 인격을 존경하는 정신에서 겸비(謙卑)를 체득합니다. 학문을 하는 사람이면 진리 탐구의 세계에서 우선 겸비한 자세를 가져야 합니다. 겸손한 탐구자에게는 우주의 삼라만상이 지식과 진리의 보고(寶庫)이겠습니다. 도대체 배운다는 사실, 탐구한다는 사실이란 겸손한 사람만이 지닐 수 있는 위대한 삶의 자세입니다. 옛말에 삼인행에 필유아사(三人行에 必有我師)라는 말이 있습니다. 이것은 우리 주변에 있는 어떤 사람에게서든지 우리는 무엇인가를 배울 수 있다는 현인들의 명언이 아닐 수 없습니다. 자기보다 못한 사람이라고 여겨지는 사람에게서라도 무엇인가를 배울 수 있는 귀한 점이 있는 법입니다.

진리는 겸손한 자의 눈에 발견되는 보화입니다. 우리의 삶의 모든 분야에서 그러합니다. 정치하는 이, 교육하는 이, 사업하는 이, 그 누구나 겸비의 자세를 취할 때에 정상적인 참된 자기의 세계를 찾아내게 될 것입니다.

키에르케고르가 '인간은 지고자(至高者) 앞에 적나라하게 단독자

(單獨者)로 설 때에 비로소 자기를 발견한다'고 하였는데 그러한 발견이 곧 인간으로 하여금 겸손의 미덕(美德)을 소유하게 하는 일이 됩니다. 어거스틴은 그리스도교의 덕(德)을 말할 때, 첫째도 겸손, 둘째도 겸손, 셋째도 겸손이라고 가르쳤습니다. 그것이 바로 예수의 마음입니다.

여러분! 하나님 창조하신 자연의 신음소리를 들으며, 인류 역사의 생명의 신음소리를 들읍시다. 우리를 향한 성령의 신음소리를 겸허하게 들으며 온 땅의 인류의 인권을 위하여 항상 겸허히 일하는 하나님의 일꾼으로 사시기를 바랍니다. 정유(丁酉)년 설 주일에 앞서가신 조상들과 오고 오는 우리 세대에 가정과 우리나라에 하나님의 은총으로 가득하기를 기원합니다.

용기를 주는 사람들

디모데후서 1:15-18

들어가는 이야기

헤밍웨이(Ernest Hemingway)가 아직 작가로 대성하지 못하고 그의 소설 원고뭉치를 가방에 넣고 방황하던 때, 그는 아주 불행한 일을 당합니다. 오랫동안 출판을 계획하던 원고뭉치가 든 가방을 잃은 것입니다. 그는 친구 시인 파운드(Ezra Pound)에게 말하며 자포자기적인 실망을 드러냈습니다. 그때 파운드는 그 이야기를 다시 쓰라며 그 약점들은 잊혀질 것이기에, 새 작품은 전의 잃은 것보다 더 훌륭할 것이라고 격려했습니다. 이에 그는 다시 썼고 이 작품이 그로 하여금 미국문학에서 대 작가가 되게 한 것입니다. 헤밍웨이의 『노인과 바다』는 그렇게 하여 세상에 나왔다고 합니다. 세상에서 고생하며 큰물고기를 잡을지라도 어부는 먹지도 못하고, 먹어서는 안 될 자격도 없는 상어 떼 같은 권력자나 자본주들이 다 먹어버리는 현실에서 그의 작품은 확실히 큰 공명과 파장을 일으켰습니다. 헤밍웨이는 다시 할 수 있다는 친구의 권면을 들었습니다. 이는 물론 우리에게도 필요한 것입니다.

때로 우리의 문제들은 심각하게 커 보입니다. 그러나 그러한 문제들은 결코 이겨내기 어려운 것이 아닙니다(insurmountable). 우리 개인 문제나 사업이나 가정, 교회 문제와 사회 문제도 마찬가지입니다. 모든 위대한 인생의 선배들도 때로 같은 절망적인 처지에 직면했지만 하나같이 극복할 수 있었던 것은 다시 할 수 있다는 확신을 가지고 씨름했기 때문입니다.

오늘의 메시지는 바울이 천거하는 오네시모와 같은 '용기를 주는 사람들'입니다. 용기와 희망, 활력을 얻는 귀한 역사(役事)가 있기를 바랍니다.

하나의 위대한 기회

우리가 하나님의 자녀이면 하나님의 상속자들이요 그리스도와 함께 동상속자들(co-heirs with Christ)로서 모든 영광과 고난도 함께 나누게 됩니다(롬 8:17). 로마서 8장에서 바울이 우리가 그리스도 안에서 하나님의 자녀가 되고 하나님의 상속자들이 된다고 할 때 중요한 그 의미가 무엇입니까? 우리 하나님의 아들 딸의 상속자들은 하나의 위대한 기회를 가졌다는 것입니다(We have a great opportunity). 즉 세계를 다르게 만들 기회와 위력입니다. 그리스도의 가르침을 따라 이 세계에서 우리가 그의 사신대로 대범하게 살 때, 세상을 이길 뿐 아니라 우리의 하나님과 세상을 향한 봉사는 실로 놀라운 변화를 이 세계에서 일으킬 수 있습니다.

오늘 우리가 직면하고 있는 제반 문제는 심각한 고뇌와 함께 신앙인 그리스도인들에게 새로운 도전의 기회를 안겨주고 있습니다. 우리는 21세기 새 천 년을 테러와 전쟁으로 시작하여 살고 있다는 것을 유념해야 합니다. 지축이 흔들리며 환경 변화와 예상 밖의 질병, 신체적응 문제 등으로 인류를 위협하고 있습니다. 동북아를 둘러싸고 핵무장으로 한반도는 심히 우려되는 상황에서 불안해하고 있습니다. 하나님의 상속자, 역사의 책임적인 삶을 살아야 하는 그리스도인들은 그리스도가 당한 십자가의 현실을 능히 이기며 그리스도와 같은 승리로 하나님의 영광을 드러내도록 성령의 도우심을 구해야 합니다.

1996년 샌프란시스코 신학대학의 도날드 맥컬러(Donald W. McCullough) 총장의 저서인 『하찮아진 하나님?』(*The Trivialization of God*), 부제『편의에 따라 하나님을 이해하는 위험에 대하여』(*The dangerous illusion of a manageable deity*)를 읽었습니다. 오늘날 그리스도인들 사이에서 하나님에 대한 경외심(敬畏心)이 사라져가고 있는 현실을 여러 각도로 관찰합니다. 하나님 무서운 줄 모르기 때문에 별의별 삶을 살면서, 자신의 욕망과 방종을 합법화해 주는 신(神)들을 마구 양산해 냈으며(〈만신전〉 2장), 그 결과 오늘의 교인들은 오직 한 분이신 하나님을 섬기는 것이 아니라 수많은 우상들로 가득한 만신전(萬神殿)에 무릎을 꿇고 있다고 지적합니다. 저자는 "믿음의 결과는 거짓되고 독립적인 자아의 해체"라고 주장합니다. 개별적인 자아(自我)에서 새로운 공동체(共同體)로 전환, 여기에 교회가 있습니다.

우리 인간은 세 번 태어납니다. 첫 번째는 육체적 탄생입니다. 어머니 모태에서 세상으로 나오는 출생입니다. 두 번째는 정신적 탄생으로 성장하면서 보고 느끼고 배우면서 이성적(理性的)인 자아로서 태어나는 과정입니다. 이 탄생 과정을 통해 우리는 한평생을 어떤 존재로 살고 어떤 직업을 선택하여 사는가를 결정합니다. 세 번째는 영적(靈的) 탄생입니다. 중생, 거듭남, 새사람, 영적 탄생입니다. 우리 모두 영적인 참사람으로 정직하고 인자와 겸손한 사람으로 용기(勇氣)를 주는 사람으로 살아야 하지 않겠습니까!? 어려운 이웃들, 방황하고 있는 사람들, 진정한 삶에로의 고뇌와 고난 받는 사람들이 살고 있는 나라와 사회의 상황에도 불구하고, 우리는 한 위대한 가능성을 가지고 있다는 확신으로 살아야 하지 않겠습니까!?

예수님의 겸허의 비밀

우리는 예수님의 역사적 삶의 이야기에서 '겸허의 비밀'에 대한 세 가지의 두드러진 모습을 발견하게 됩니다. 1) 아무런 허물이나 과오도 없는 하나님의 아들 예수가 사람들에게 수모와 배신당하는 것을 봅니다. 예루살렘에 입성하는 예수님은 하나님께나 부를 "호산나"라며 열광적으로 환영을 받습니다. 그러나 며칠 뒤 무리들은 일제히 예수를 십자가에 못 박아 죽이라고 아우성을 치며 야유했습니다. 십자가에 못 박혀 신음할 때 "메시아라면 그대가 이 꼴이 뭐냐"며 "한번 내려와 보라. 그러면 믿겠다"고 조롱하며 비웃었습니다. 제자들 하나는 스승을 배반하고 돈을 받고 팔았습니다. 수제자 베드로는 예수를 모른다며 그의 이름을 알지도 못한다며 배반했습니다. 그 어려운 순간, 예수의 제자들은 누가 더 높은가, 그가 권세를 잡으면 누가 더 높은 자리에 앉을까에 대해 시비를 했습니다. 깨어 있어 시험에 들지 않도록 조심하라고 예수는 경고했으나 그들은 아랑곳없이 졸고만 있었습니다. 이것은 우리 인간 사회상을 그대로 묘사해 주는 인간 역사의 거울입니다. 우리 그리스도인들은 과연 역경과 불리한 조건 상황에서도 책임적인 자아의식(自我意識)을 가진 자로서 당연히 바른 그리스도 진리(眞理)를 증언(證言)할 수 있어야 합니다.

2) 하나님과 동등한 위치에서 종의 형상을 입고 인간으로 땅에 내려온 예수님의 겸허입니다. 자기를 비우되 아주 비우고, 낮추되 아주 낮추어 인간의 가장 천한 노예의 신세로까지 낮추었습니다. 당시 노예 신분은 사람대접을 받지 못하는 짐승만도 못했습니다. 모든 인간

은 자기중심적이요(Selfishness), 이기적입니다(Egocentrism). 자기를 높이고 과시하고, 작은 권세나 부귀에도 휘두르고 행세하려 합니다. 그런 것이 인간 실체이고 이 세상이기에 누구도 함부로 이를 비난하지 못합니다. 그러나 예수님은 그런 기색도 없고 하나님 같은 신적(神的) 존재였던 과시도 없습니다. 그저 누구에게나 겸허하고 세상에선 가진 것도 어떤 지위도 없었습니다. 있다면 누구에게나 형제 자매와 같이 대하고, 그들을 사랑하고 아끼며 함께 염려할 뿐이었습니다. 세상에 온 것도 대접을 받기 위해서가 아니라 다만 사람을 섬기고 저들을 돌보기 위해서 살았습니다. 예수님은 오만한 자들을 향해서 "하늘까지 높아지고 싶은가? 그러면 섬기는 자가 되라"고 가르쳤습니다.

3) 예수님은 인간의 몸으로 세상에 오되, 하나님께 죽기까지 복종하며 가장 험한 십자가에서의 고난이나 죽음도 불사할 만큼 복종했다는 사실입니다. 예수의 가르침은 단호했습니다. "나를 따라오려거든 자기를 부인하고 자기 십자가를 지고 나를 따르라." 예수의 십자가! 그것은 무엇을 뜻합니까? 사실 유대교는 2천 년 전 이미 변질된 것으로 더 이상 세계 구원의 종교 구실을 할 수 없었습니다. 때문에 예수는 저들의 율법을 재해석하며, 선민의 교만과 잘못된 메시아 기대 속에 있는 저들에게 십자가의 새로운 진리를 가르쳤습니다. 하나님의 인류 구원의 뜻은 예수와 같이 복종하되, 십자가에서 죽기까지 하는 절대 복종을 통해서만 이룩됩니다.

오늘날 이 세계에는 아름다운 사상과 종교들도 많습니다. 그러나 자기희생이 없는 이념이나 사상, 그 어떤 종교라 해도 잘못되어가는 역사나 인류 사회, 인간 본질의 참된 변화를 가져오게 할 수는 없습니다. 다만 개인이나 가정, 사회나 국가, 심지어 국가 간이나 어떤 종족 사이에서도, 예수님이 본보여 주신 자기희생과 양보, 자기를 죽이고 상대를 위하는 정신과 행동 없이는 참된 공존이나 평화를 이룩할 수 없습니다. 여기에서 우리는 예수님의 유일성과 '단 한번만'(once for all)의 진리를 주장할 수 있게 됩니다. 바로 이와 같은 인류의 새로운 공생공영의 원리를 예수는 그의 고난과 십자가 죽음의 절대적인 복종의 생을 통해 보여주었습니다.

바울의 오네시모의 천거(薦擧)

바울이 쓴 빌레몬서의 수신자는 빌레몬입니다. 빌레몬은 부유한 사업가였으며 오네시모라는 노예의 주인이었습니다. 언제 어떤 경위로인지는 확실히 모르지만 이 두 사람이 다 바울을 통해서 그리스도인이 되었습니다. 빌레몬서는 감옥에 갇혀있는 바울이 도망쳐 나온 오네시모를 그의 주인인 빌레몬에게 돌려보내면서 그를 용서하고 선처해 줄 것을 호소하는 편지입니다. 오네시모가 도망친 이유와 그가 감옥에 있는 바울을 어떻게, 무슨 목적으로 만나게 되었는지 그 정확한 내막은 알 수 없습니다. 그 당시의 법으로는 도망친 노예가 체포되면 사형을 당하게 되어 있습니다. 바울은 빌레몬에게 오네시모를 용서해 줄 뿐만 아니라 그리스도 안에서 한 형제로 대해 줄 것을 간곡히 부탁합니다(몬 16장).

오네시모(Onesiphrus: 유익을 가져옴)는 로마에서 감옥에 갇혀있는 바울을 찾아 바울의 "사슬에 매인 것을" 부끄러워하지 아니하고 그를 보살펴 주었던 그리스도인입니다(딤후 1:16). 그는 또한 에베소에서 디모데가 알고 있던 명기하지 않은 어떤 봉사를 하였습니다(딤후 1:18). 디모데후서는 오네시모의 집에 두 차례 안부를 전합니다(딤후 1:16, 4:19). 오네시모는 주인의 물건을 훔쳐 로마로 도망하여 그 곳(로마)에서 바울을 만났던 빌레몬의 종(몬 10)으로 보입니다. 그 곳에서 오네시모는 그리스도인이 되었고 옥에 갇힌 바울의 '아들'이 되었으며, 나중에 바울은 편지(빌레몬서)와 함께 그를 빌레몬에게 돌려보냈습니다. 이 서신에서 바울은 오네시모를 천거(薦擧)하고 빌레몬에게 인격적으로 보상하도록 권하고, 오네시모가 계속 빌레몬을 섬길 수 있기를 바란다는 마음을 그에게 전합니다(몬 10-20). 오네시모의 이름의 뜻을 빌어서 바울은 전에는 빌레몬에게 '무익'하였던 종이 이제는 두 사람 모두에게 '유익한 종'이 되었다고 쓰고 있습니다(몬 11). 바울은 오네시모를 골로새서 4장 9절에서 언급하고 있는데, 그는 골로새서를 휴대하고 간 자들 가운데 한 사람으로 나타납니다.

바울은 "원하건데 주께서 오네시모의 집에 긍휼을 베푸시옵소서 그가 나를 자주 격려해 주고 내가 사슬에 매인 것을 부끄러워하지 아니하고"(딤후 1:16)라고 칭찬하고 축복하는 말씀이 나옵니다. 우리는 여기서 매우 고매한 그리스도인의 인격을 발견할 수 있습니다. 먼저 살펴볼 것은 바울이 오네시모를 칭찬함에 있어서 "그는 나를 유쾌하게 했다"라고 말한 것입니다. 새번역성서에는 "그는 나에게 용기를 북돋워주었다"라고 번역되어 있습니다. 이 말은 헬라어로 '아나푸쉬코'(He refreshed me)라는 단어로 표현되어 있는데 '활력'을 불어준다', '생기를 준다', '싱싱하게 만들어 준다'는 뜻을 지니고 있습니다.

오네시모라는 평신도가 로마 감옥에서 실망과 좌절에 빠져있던 바울에게 활력과 생기를 불어넣어 주었습니다. 즉 감옥이라는 암울한 삶의 자리에서도 싱싱한 소망과 전도의 불타는 열망을 잃지 않고 살아가도록 바울에게 용기를 주었던 것이 성서 본문의 이야기입니다.

용기를 주는 사람들 이야기

어떤 사람들이 우리 주변에서 용기를 주는 사람들일까요? 아마도 다음의 네 유형의 사람들이면 친구가 되고 싶고, 존경하고 싶고, 훌륭하다고 칭송할 수 있을 것이라고 생각합니다.

1) 물질이나 힘에 굴복하지 않고 바른 말을 하는 사람입니다. 그런 사람 곁에 앉아 있노라면 어쩐지 흐뭇하고 크게 용기가 솟아남을 경험하게 됩니다.

2) 다른 사람을 충분히 이해하고 격려해주며, 상대방의 좋은 점을 발견해서 말해주는 사람입니다. 그런 사람을 만나면 언제나 많은 것을 배울 뿐만 아니라, 마음도 상쾌해 짐을 느낄 수 있습니다. 남의 장점을 볼 줄 알며, 나아가서 그의 가능성을 믿어주는 사람, 이 얼마나 이웃에게 큰 용기와 힘을 주는 귀한 사람입니까!

3) 빈부나 계급, 혹은 사회적 지위를 의식하지 않고 솔직하고 명랑하게 신앙생활을 하는 사람입니다. 그런 사람 곁에 있게 되거나, 그런 사람을 알게 될 때, 언제나 기쁘고 마음 벅찬 신뢰의 감정을 체험하게 됩니다.

4) 말없이 사랑하고 빛도 없이 희생하는 아름다운 사람입니다. 그런 사람 곁에 있노라면, 가슴이 뜨거워짐을 느낍니다. 용기를 북돋워주고 생기를 주는 이웃을 갖는다는 것은 얼마나 아름다운 일이며, 보람된 일입니까! 바울에게 있어서 오네시모는 바로 이런 이웃이었습니다. 그리스도인의 삶은 서로가 서로의 용기를 북돋워주는 그런 삶이어야 합니다.

미국인들뿐만 아니라 세계의 많은 사람들로부터 존경을 받는 여인이 있습니다. 루즈벨트 대통령의 부인이었던 엘레나 루즈벨트 여사가 바로 그 사람입니다. 그녀는 10세 때 부모를 잃고 고아가 된 뒤 얼마나 고생을 많이 하면서 자랐는지, 그녀의 자서전을 보면 돈에 대해 '눈물과 땀으로 그려진 종이'라는 표현을 쓰고 있습니다. 그녀의 어린 시절은 참으로 눈물과 땀으로 얼룩진 나날이었습니다.

그녀는 20세에 결혼하여 11년 동안 6명의 자녀를 낳았습니다. 그 중에 한 아이가 죽었을 때, 한 친구가 찾아와 위로와 격려의 말을 해 주었습니다. 그 때 그녀는 그 친구에게 이런 말을 하였다고 합니다. "나에게는 내가 사랑할 수 있고, 또 내 사랑을 필요로 하는 아이들이 다섯이나 남아 있어…." 그녀가 20세에 결혼한 남자가 바로 루즈벨트 입니다. 그는 젊고, 패기 있고, 장래성 있는 남자였습니다. 그러나 뜻 하지 않은 사고로 관절염에 걸려 다리가 말라 버리는 불행에 직면케 되었습니다. 하는 수 없이 쇠붙이를 다리에 대고 다리를 고정 시킨 채 휠체어를 타고 다니게 되었습니다. 그러던 어느 날 루즈벨트가 그의 아내 엘레나에게 이렇게 물었습니다.

"내가 불구자가 되었는데, 그래도 당신은 날 사랑하오?" 그러자 에 레나는 이렇게 말했습니다. "그럼 내가 그 동안 당신의 다리만 사랑한 줄 알았나요? 내가 사랑하는 것은 당신의 인격과 당신의 삶이예요." 이 말은 다리불구가 된 뒤 열등의식과 패배의식에 사로잡혀 있던 루즈 벨트에게 새로운 용기를 주었습니다. 결국 그는 1932년 다리 불구임 에도 불구하고 미국의 대통령에 당선된 이래 1936년에 재선, 1940년 에 3선, 1944년에 4선까지 되어 미국 역사상 전무후무한 4선 대통령 이 되었습니다. 그것도 어떤 비상조치나, 비정상적인 방법이 아닌 민 주주의의 공명선거에 의한 4선이었습니다. 이처럼 불구의 남편에게 용기와 희망과 활력(活力)을 불어넣어 주었던 엘레나, 그녀야말로 어 려움 가운데 처한 사람에게 용기를 북돋워 줄줄 알았던 가장 훌륭한 본이 되는 사람이었습니다.

그리스도께서는 오늘도 우리들 곁에 계셔서 실패와 좌절에 부딪칠 때마다, 우리에게 용기와 희망과 활력을 불어 넣어주고 계십니다. 고 린도전서 16:17-18을 보면, 바울이 스데바나와 브드나도와 아가이고를 격찬한 말씀이 나옵니다. "그들이 나와 너희 마음을 시원하게 하였으니 그러므로 너희는 이런 사람들을 알아주라"(For they refreshed my spirit and yours also such men deserve recognition)고 하였습니다. 참으로 우리가 알아주어야 할 사람들은 어떤 사람들입니까? 그들은 마음을 시원케 해 주고 용기를 북돋워주며 부족한 것을 보충해주는 자들입니다.

다음으로 생각할 점은 바울이 오네시모를 칭찬할 때 "내가 사슬에 매인 것을 그는 부끄러워하지 않았다"(딤후 1:16)고 말씀한 것입니다. 이 부분의 말씀은 결코 가볍게 생각하고 지나칠 말씀이 아닙니다. 왜냐하면 쇠사슬에 매여 죄수로서 로마감옥에 있는 바울을 부끄러워하지 않았다는 것은 곧 오네시모가 바울의 진가(眞價)를 인정하고 이해했다는 것을 보여주는 것입니다. 당시 모든 사람들이 바울을 죄수로 취급했지만, 오네시모는 바울의 의로움과 진실(眞實) 그리고 그의 정당성(正當性)을 보았던 것입니다. 한 사람의 진가(眞價, true worth)를 순수하게 평가하고 알아준다는 것은 참으로 아름다운 일입니다. 하나님도 사람을 평가하심에 있어 외모를 보지 않고 그 중심을 본다고 성서는 말씀합니다.

우리는 한 인간이나 사회를 변화시키는 원동력을 다음 세 가지로 보는 것입니다. 1) 정말로 염려해 주는 일이며, 2) 자기자신을 내맡기는 헌신이며, 3) 상대에 대한 신뢰입니다. 이웃과의 관계에서 이와 같은 생각과 행동을 하게 될 때, 상대방의 용기를 북돋워줄 수 있는 오네시모와 같은 아름다운 그리스도인이 될 수 있으리라 확신합니다.

마감의 이야기

지난 2천 년대의 인물로 뽑힌바 있는 아인슈타인의 일화가 전해지고 있습니다. 2천 년대로 넘어가면서 세계는 정치, 경제, 사회, 종교, 문화 할 것 없이 어떻게 사는 것이 인류의 더 나은 삶과 지향할 점인가를 연구 검증하며 세기적 인물을 선정했습니다. 수많은 위인, 열사, 영웅들이 천거 됐으나, 결국 2천 년대를 대표하는 인물로 오늘의 과학 세계를 가져오는데 크게 공헌한 아인슈타인을 골랐습니다. 이런 아인슈타인이 그 자신의 생의 목표와 모델 그의 영감을 위해 책상 위에 붙여놓은 두 명의 사진이 있었습니다. 영국의 과학자와 수학자요 지구의 인력을 발견했다는 뉴턴(Newton, Sir Issac, 1642-1727)과 이론 물리학자 맥스웰(Maxwell James Clerk, 1831-79)의 사진입니다. 사실 캠브리지대학에서 연구하다 떨어지는 사과를 보며 '인력의 법칙'(the law of gravitation)을 발견했다는 뉴턴은 신학(神學) 연구에도 몰두하며 창조사(創造史)나 묵시문학(黙示文學)에 대해 깊은 관심을 가졌습니다. 아인슈타인의 입장에서 이해되는 과학자요, 수학자요, 물리학자입니다. 이들의 이론을 바탕으로 아인슈타인은 상대성원리(相對性原理)라는 그의 탁월한 과학 이론으로 오늘의 세계에 크게 공헌했습니다.

그러나 그의 말년이 가까워오며 아인슈타인은 이 사진들을 내려놓고 다른 두 사진(寫眞)으로 바꾸어 걸었습니다. 아프리카 적도에서 의술로 봉사하던 신실한 그리스도인 슈바이처(Albert Schweitzer, 1875-1965)와 비폭력 저항으로 인도를 대영제국에서 해방케 한 간디(Gandhi, Mahatma, 1869-1948)의 사진입니다. 즉 아인슈타인에게 새로운 생의 모델과 그가 최종적으로 존경한 인물은 세계에서 성공하고 유명해진 사람들보다 겸허히 섬긴 자들이었습니다. 이들은 그리스도에 대한 신앙고백이 어떠하든 결국 다 예수의 가르침과 정신을 철저히 따랐던 사람들이었습니다. 신학자요 파이프 오르간 연주자이기도 한 슈바이처는 예수의 생명 존중 사상에서, 인도주의자인 간디는 예수의 비폭력저항 사상에서 겸허히 예수의 정신과 가르침을 따라 자기가 살던 시대와 땅의 심각한 문제 해결을 위해 자기들이 할 수 있는 최선을 다하며 산 것입니다.

오늘의 이 어두운 밤 같은 불평등 사회와 분단(分斷), 적대(敵對)로 불안하고, 불확실한 세대 속에서 부디 '용기를 나누어 주는 사람들'로 화해의 사신(使臣)들로 살아가겠다는 결의(決意)에 찬 여러분들에게 하나님의 은혜가 가득 하시기를 바랍니다.

종교개혁 500주년,
하나님의 성품에 참여하는 삶

베드로후서 1:4-7

종교의 시비

종교(Religion)의 정의는 쉽지 않으나, 일반적으로 초인간, 초자연적인 존재의 힘을 믿고, 그것을 체계화하고, 교의나 예전과 제도 등을 가진 복합적인 단체나 조직이라 할 수 있습니다. 무엇보다 종교는 절대적인 위력을 가지며, 종교인이라면 그들이 믿는 계율에 충성합니다. 따라서 어떤 사상이나 정치체제나 이념도 절대적인 확신과 추종의 경우 종교성을 띤다고 합니다. 그러므로 인간의 양심과 이성적인 판단이 필요하고 인류와 인간에게 고루 유익한가 등을 검토해야 합니다.

흔히 한 종교 안에서 지도자나 책임적인 위치에 있는 사람, 직임이 높으면 더 종교적이고 미더우며 권위 있게 보이려 합니다. 종교도 세상 못지않게 더 많고 크고 높을수록 존경과 부러움의 대상이 됩니다. 언뜻 보기엔 당연한 듯 보이지만 이런 자세는 바람직하지 못하고 오히려 해가 되는 경우가 많습니다. 흔히 종교인은 착하고 비 종교인은 나쁘다고 이분화하는 경향이 있는데, 그러나 이는 진리가 아닙니다.

그리스도교 역사를 돌이켜보면 지도자들의 오만과 욕망으로 얼마나 많은 과오를 범했는가를 보게 합니다. 가톨릭의 경우 교황과 죄악, 십자군 전쟁, 마녀사냥, 면죄부, 종교재판, 타민족과 종교 말살정책 등의 죄악상은 얼마나 무서운 것인가! 개신교의 30년 전쟁, 칼빈주의와 청교도들의 공과 또한 작지 않습니다. 인간의 탐욕이나 죄악이 종교나 신, 선의 이름으로 나타나 사람들을 현혹한다면 이보다 더 큰 죄는 없습니다. 영어의 '완고한 사람'(bigot)이 '하나님에 의하여'(by God)의 준말이라는 것은 경건한 종교인의 언동이 때로 이 세상에서 오만하고 완고한 사람이 될 수 있다는 교훈입니다.

늘 자비하고 관대하던 예수가 유대종교지도자들인 서기관과 바리새인들을 꾸중하며 그토록 무섭게 성토한 것도 종교와 하나님의 이름을 팔며 외식하기 때문이었습니다. 그들 자신들은 말만하고 행하지 않는 위선을 그저 볼 수만 없었습니다. 외모로만 거룩하고 잔치의 상석을 탐하며, 스승 소리는 좋아하나 섬길 줄을 모르는 저들이었습니다. 정말 무섭고 소름 끼칠 만큼 예수는 혹독하게 종교지도자들을 힐난하며 질책했습니다. 저들에게 하나님이 보낸 선지자들을 핍박하고 죽인 죄인들이라며 의인 아벨의 피로부터 성전과 제단 사이에서 흘린 의로운 피가 다 너희에게 돌아가리라(마 23:35)고 선언합니다.

오늘의 메시지는 '종교개혁 500주년, 하나님의 성품에 참여하는 삶'입니다.

개혁의 산고(産苦)

종교는 지고 지선한 것이요, 특히 유대교·기독교는 야훼 하나님이 타락한 인류를 구원하려는 경륜가운데 섭리되었다고 신·구약성서는 가르칩니다. 랍비나 서기관, 신부나 사제, 목사나 감독들까지도 지도자로 세워 하나님은 저들을 통해 그의 구원의 뜻을 이룩했습니다. 그러나 그리스도교가 중세기 로마가톨릭교회로 발전되고 그 세력이 확장되면서, 교회는 세상을 위해 섬기기보다는 오히려 군림하는 권세로 변하고, 나아가 심히 타락하는 경지에 이른 것입니다.

그럼에도 하나님은 결코 그의 구원의 섭리를 포기하지 않으시고, 의로운 소수의 참된 그리스도인들을 통해 이를 개혁하고 새로운 형태의 그리스도교로 재탄생 시켰습니다. 세상의 권세까지 장악한 중세 교회 속에서 그 개혁이란 쉬운 일이 아니요, 많은 하나님의 사람들의 희생과 순교까지 초래하는 고통스런 것이었습니다. 그러나 하나님은 중세 교회의 도를 넘는 타락 속에서 위클립이나 후스, 제롬이나 루터 같은 진실하고 과감한 그리스도인들을 통해 하나님의 구원의 섭리를 새롭게 이끌어 갈 종교개혁의 길을 준비했습니다.

영국 옥스퍼드의 철학교수였던 위클립(John Wycliff, 1320-1384)의 신앙과 행실의 기준은 교황이 만든 교리가 아니라 성경이며, 이 성경은 누구나 자기나라 말로 읽고 해석할 권리가 있다며 라틴어 성경 벌게이트(Vulgates)를 처음으로 영어로 번역했습니다(1382-1384). 교회의 머리도 교황이 아니라 그리스도요, 교황은 택함 받지 못할 수 있다고 주장했고, 성례전의 떡과 포도주는 사제가 기도하는 순간 예수의 참 살과 피로 된다는 화체설(Transubstantiation)을 부인했습니다. 그는 화형당할 위험을 알면서도 용기를 잃지 않으며 후배들에게 외쳤습니다.

그대들은 순교자의 면류관을 왜 멀리 하는가? 그리스도의 복음을 저 교만한 주교들에게 전하라. 그리하면 틀림없이 순교당할 것이다. 살기 위하여 침묵을 지키려는 것인가? 안될 말이다. 탄압이 무서운가? 나는 그것을 기다린다.

결국 옥스퍼드대학에서 축출됐으나 이후 교황권의 부패를 비판하는 글을 쓰며 세상을 떠났습니다. 가톨릭교회는 그가 죽은 지 44년 후인 1428년에 그가 주장하던 반가톨릭의 주장들을 죄목으로 그의 무덤을 파헤치고 대중들 앞에서 그의 유골의 화형식을 가졌습니다.

위클립의 영향을 받은 존 후스(John Huss, 1369-1415)는 그의 저서를 읽고 감화를 받아 그의 신학적인 제자가 되었고, "교회의 머리는 교황이 아니라 그리스도요, 교회법은 신약성서이며, 교회생활은 그리스도의 삶과 같은 청빈이라야 한다"고 주장했습니다. 그는 보헤미아의 출신으로 프라하대학에서 공부하고 모교에서 가르치며 총장까지 되었습니다. 또한 가톨릭의 사제로서 프라하의 베들레헴성당에서 목회활동을 했습니다. 그의 미사는 당대의 관행을 벗어나 라틴어가 아닌 체코어로 진행했습니다. 성서 강독도 마찬가지로, 그는 성서를 체코어로 번역하여 체코 어법을 확립했습니다. 후스는 성서만을 권위로 인정하며 교황무오설을 부정하고 면죄부 판매나 성직 매매를 비판했습니다.

후스의 과감한 가톨릭교회에 대한 비판에 대해 1414년 콘스탄티노플공회는 후스를 소환하였고, 혹시 참석하지 않을까 염려하여 시지스문드(Sigismund)황제가 신변보증서를 보내며 교황의 보증까지 첨부했습니다. 그러나 회의 도중 그들은 후스를 체포 감금했습니다.

그때 한 기괴한 사건이 발생했습니다. 후스를 체포한 교황 요한 23세가 회의에서 그의 성직 매매, 간음, 살인 사건들이 문제가 되자 그는 회의 도중에 도망 나왔습니다. 그러나 체포되어 후스가 감금된 같은 감옥에서 상면하게 되었으니 교황의 꼴이 어찌 되었겠습니까? 여하튼 후스에게 화형 언도가 내려지고 이제라도 그 주장을 취소하면 화형을 면케 하겠다고 회유했으나 그는 군중들에게 외쳤습니다.

내 주장을 취소하면 내가 무슨 낯으로 하늘을 바라보리오. 또 그 동안 내가 전한 복음을 믿고 따르는 신도들을 무슨 낯으로 바라보리오? 나는 그들의 구원을 화형 당하는 내 자신보다 더 귀중하게 생각하오.

그의 모자에는 '대 이단자'라 씌었고, 교황청의 재판관 추기경들은 후스에게 저주를 퍼부었습니다. 그러나 후스는 계속하여 "주 예수여, 이 종은 더할 수 없는기쁨으로 당신을 위하여 치욕의 관을 쓰나이다. 나를 위하여 가시관을 쓰신 주 예수여, 당신이 내 영혼을 구원했으니 내 영혼을 부탁하나이다" 하면서 화형장으로 끌려 나갔습니다. 그리고 '예수여! 나를 불쌍히 여기소서'라는 찬송을 숨이 그치는 순간까지 외쳤습니다. 그때 후스의 나이 43세였습니다. 그의 죽음은 보헤미아와 모라비아의 후스 지지자들과 신성로마제국 군대 사이의 15년에 걸친 후스 전쟁의 도화선이 되었고, 프라하의 제롬(Jerom of Prague, 1370-1416) 역시 위클립, 후스의 뒤를 이어 과감하게 순교를 당했습니다.

이와 같은 개혁의 산고를 거쳐서 시대의 변화와 종교개혁자들의 등장으로 16세기의 종교개혁의 시대를 맞이하게 되었습니다. 루터가 1517년 10월 31일 정오에 '95개조 논제'를 비텐베르크대학 교회 정문에 붙이며 종교개혁이 시작되었다고 하나, 실은 위클립 이후 후스와 그 밖의 르네상스의 영향과 함께 한 것이라 하겠습니다. 특히 루터의 경우는 그도 후스 같이 화형을 면치 못할 입장이었으나, 잭슨 선제후 현자 프리드리히가 루터를 바르트부르크성에 8개월 동안 지내게 하면서 전례 개혁, 성서 번역 등을 하였는데 이는 종교개혁을 성사로 이끈 하나님의 섭리였습니다.

루터의 복음의 자유 영성과 신적 성품에 참여

21세기를 가리켜 성령의 새로운 시대 또는 영성의 시대라고 부릅니다. 종교개혁자들은 심오한 영성의 사람들이었습니다. 이들의 사상적 원천은 하나님의 말씀인 성서와 초대교회 교부들의 깊은 경건과 영적 통찰 그리고 어거스틴을 통해 내려오는 "하나님과 영혼의 만남"을 붕괴되어가는 중세의 말엽에 더 폭넓은 통찰로 읽어내고, 교회의 새로운 운동에 새로운 한 획을 그은 사람들이었습니다.

그러나 종교개혁은 데카르트 이후 정통주의나 19세기의 자유주의 신학 안에서 지나치게 교리화되고 합리화되는 과정을 거치게 됩니다. 정통주의와 자유주의 신학을 극복한 20세기 초엽의 변증법적 신학의 대변자였던 칼 바르트 역시 자신의 신학과 사상을 종교개혁의 원리에 두고 있었지만, 쉴라이에르마허에 대한 거부감 때문에 초대교회 교부들과 종교개혁자들을 통해 내려오는 영적 체험의 전통을 충분히 되살려내지 못했다는 비판을 받습니다(정승훈, 『종교개혁과 21세기』, 82).

21세기에 들어오면서 종교개혁자들의 신학과 영성이 다시 재조명되는 이유는 무엇일까요? 루터의 의인론인 "믿음으로만 의롭게 된다는 것은 무엇을 의미합니까? 개신교들은 루터의 의인론을 가톨릭의 공적주의나 아니면 복음을 떠나버린 율법 정도로 파악해 왔습니다. 그러나 루터의 의인론은 초대교회 교부들을 통해 내려오는 그리스도교 영성의 핵심인 "하나님의 성품에 참여하는 삶"에 대한 종교개혁적인 응답이요, 표현이었음이 밝혀지기 시작했습니다.

루터는 그의 논문 "그리스도인의 자유"(1520)에서 그리스도인의 자유란 선행과 영적 노력을 통해 이웃들에게 하나의 그리스도처럼 살아가는데 있음을 역설합니다. 그리스도 안에서 주어지는 하나님의 은총의 목적은 인간을 그리스도에게 완전히 접붙임으로써, 그의 신적 성품에 참여하게 하는데 있습니다. "사람이 부모를 떠나 그의 아내와 합하여 그 둘이 한 육체가 될지니"(엡 5:31)에 주목하면서 루터는 클라브의 버나드(Bernard of Clairvaux)의 신비사상인 영적 훈련의 이미지를 사용하기도 합니다. 루터의 그리스도론의 핵심인 '두 가지 속성의 구체적 교류'는 그리스도 안에서 신성이 고통 받았음을 말하는데 그치지 않고, 인간이 되신 그리스도와 피조물인 인간의 연합을 강하게 표현합니다.

'그리스도인의 자유'에서 루터의 유명한 표현을 이해할 수 있습니다. '그리스도인은 그 누구에게도 종속되지 않는 완전한 자유인입니다. 그리스도인은 의무적으로 모든 사람에게 종속되어 있는 완전한 종입니다.'

갈라디아서 주석(1535)에서 루터는 그리스도를 우리가 본받아야 할 '모범'과 동시에 '신비한 선물'로 말하면서(갈 2:20) 그리스도의 인격과 사역은 그리스도인의 신앙 안에 실제로 임재한다고 역설합니다. 루터의 그리스도에 대한 이해는 그의 성령 이해와 밀접히 연관되어 있습니다. 성령 안에서 우리는 그리스도의 인격과 사역을 완전히 실제적으로 공유합니다. 루터에게 하나님은 우리에게만 아니라 모든 살아 있는 피조물에게 자신을 수여하십니다. 모든 피조물에게 임재하는 우주적 그리스도론을 강하게 내포합니다.

그리스도교 영성의 핵심

교회 교부들의 구원론은 '예수 그리스도가 누구인가'라는 물음에 밀접히 관련되어 있습니다. 인간은 하나님의 형상으로 만들어졌습니다. 그러나 인간 자신이 하나님의 형상이 아니라 아들이 바로 하나님의 형상이기 때문에, 인간은 영원하신 말씀인 아들 안에서 그리고 아들을 통해서 창조되었습니다. 따라서 예수 그리스도의 사건은 초대교회 교부들의 주장처럼 루터에게서도 하나님의 형상을 회복하는 근거와 원형으로 작용합니다. 그리고 우리 안에서 다시 영적으로 사건화되기 위해서는 성령의 사역은 필수적입니다. 성령은 우리에게 와서우리의 존재를 비우게 하고(self-emptying), 무(無)로 만들어 버리며, 영적 시련을 겪게 합니다. 더는 역사적 그리스도가 아니라 '신비의 그리스도'(mystical Christ)가 신자들의 영혼 안에 다시 성육신(成肉身)해야 합니다.

여기서 우리는 루터가 에크하르트(Meister Eckhardt)와 요한 타울러(Johann Tauer)를 통해 전개되었던 독일의 신비주의 사상을 그의의인론의 영적 측면에 심도 있게 수용하고 있음을 보게 됩니다. 그러나 신비한 그리스도의 은혜의 왕국은 우주 안에 살아있는 모든 피조물을 포함하는 창조의 영성입니다. 루터에게 신앙이란 신비의 그리스도가 우리를 '하나님의 거룩한 성품에 참여'하게 이끌어가는 원동력으로나타납니다. 그러므로 영적 훈련, 금식, 봉사 등 다양한 인간의 모든행위는 배제되는 것이 아니라, 신비의 그리스도의 빛 안에서 하나님을 향한 인간의 책임성으로 매우 소중하게 받아들여집니다.

교회는 인간적인 모임이나 회중들의 도덕적인 클럽이 아니라, 말씀과 성례전적 신비를 통해 종말론적으로, 세상 끝날 때까지 하나님이 우리와 함께하시는 임마누엘의 신비를 말씀과 성만찬의 예배를 통해 재현하는 곳입니다. 그리고 이 신비를 나누는 자들이 비로소 세상속에서 왕 같은 제사장(벧전 2:9)으로서 보편적인 '만인 사제 직'의 삶을 살아가게 됩니다. 그러므로 예배는 우리의 사회적 참여와 예언자적 봉사와 구분되지 않습니다.

루터의 영성을 표현하면서 신학자들 간의 오고 간 다음과 같은 이야기가 전해지고 있습니다. "중세 때 하나님의 사람이 있었다. 하루는 천사가 그에게 나타나서 말했다. '하나님께서 당신에게 은사를 주시기를 원합니다', '나는 하나님 한 분으로 족한 걸요', '하나님도 그걸 알고 계십니다', '그러나 하나님은 당신에게 은사를 주시기를 원합니다.' 곰곰이 생각에 잠겨 있던 이 하나님의 사람이 마침내 입을 열었습니다. '나에게 치유의 은사를 주십시오. 나를 통해서 페스트로 죽어가는 많은 병자들이 치유되길 원합니다', '나에게 평화와 위로의 은사를 주십시오. 가난과 질고에 시달리는 가난한 사람들이 나를 통해 하늘의 위로와 소망을 갖게 해 주십시오.' 그러나 하나님의 사람은 잠시 동안 말을 멈추고 있었습니다. '단, 그 은사를 나의 그림자에게 내려주십시오. 그래서 내가 무슨 일을 하고 있는지 알지 못하도록 해 주십시오.' 천사는 매우 흡족해서 하나님의 사람의 그림자에 하늘의 신비한 은사를 내려주고 갔다고 합니다. 그 사람의 그림자가 스치는 곳에 많은 병자가 치유를 받았고, 절망가운데 사는 민중들이 하늘의 위로를 얻었지만, 그 사람은 자기가 그런 놀라운 일을 하는지도 모른 채 평소와 다름없이 하나님과 깊은 사랑을 나누며 살았다고 합니다."

그리스도인의 영성이란 무엇일까? 믿음으로 의롭게 된다는 것은 무엇일까? 아마도 그것은 나를 비어 가난한 사람들을 위해(option for the poor) 스스로 가난함과 영적 청빈함을 선택하는 자들(option to be poor)에게 주어지는 하나님의 은총의 선물이 아닐까? 여기에 신비의 그리스도가 임재 한다면, 이 영성의 심연을 몸으로 체험한 자들이 그리스도의 신비를 잃은 채 표류하는 한국교회의 어둠을 정화하고, 치유하는 새로운 밀레니엄에 남겨진 하나님의 사람들이 아닐까요?(정승훈, 『종교개혁과 21세기』, 92-93).

루터의 94개 논제 해설

종교개혁 500주년에 즈음하여 종교개혁을 향해 급진적인 질문을 던진 신학자들의 '94개 논제'가 전 세계 신학계의 주목을 받고 있습니다. 가톨릭의 프란시스 교황은 94개 논제를 환영했고, 해방신학자인 레오나르도 보프는 94개 논제를 격찬하는 글을 쓰기도 했습니다. 94개 논제는 무엇입니까? 논제 작성을 위한 5년간의 워크숍 통해 각 분야의 세계적 신학자들이 관여했습니다. 이 운동은 세계교회협의회 (WCC)의 협력기구인 세계루터교연맹(LWF)이 종교개혁 500주년 기념대회를 발의하면서 WCC가 협력하는 것으로 시작되었습니다.

에큐메니칼 운동의 한 중요한 축을 구성하는 루터의 종교개혁의 유산이 우리 시대에 비판적인 대화를 요구한다는 점에서 94개 논제는 큰 의미를 담고 있습니다. 그렇게 '종교개혁의 급진화'는 과거인 종교개혁의 뿌리에 내재적 비판을 시도하면서 미래의 새로운 차원을 여는 운동으로 한층 다가설 것입니다.

이번에 논제를 94개로 정리한 것은, 우선 '루터의 95개 논제'에 대한 겸손의 표시입니다. 루터의 95개 논제에 숫자를 맞추는 것은 바람직하지 않다고 본 것입니다(「기독교사상」, 2016년 10월호). 94개 논제는 해방과 자유, 하나님과 재물의 관계, 십자가의 말씀과 하나님의 능력, 새것이 되었도다, 평화, 피차 이웃의 짐을 나누어지는 일, 성령의 바람은 불고 싶은 대로 분다(요 3:8) 등으로 나누어 자세하게 각 항목에서 새 시대를 전망하게 합니다.

나가며: 성경 본문의 해설

베드로후서는 신앙적으로 위기에 빠져있는 그리스도인을 구출하는 영적 지식이 담뿍 담겨 있는 알찬 서신입니다. 이 서신에는 생명과 경건에 속한 모든 것이 가득 차 있어서 신의 성품에 참여하려는 자들을 위해 올바른 방향을 제시해 줍니다. 공동번역성서에는 "신의 성품에 참여하여"라는 말을 "하느님의 본성을 나누어 받게 되었습니다"라고 번역하였습니다. 예수님의 지상 생활은 하나님의 성품과 의지를 거침없이 드러내 보이신 역사적 사건입니다. 또 사도들의 교훈의 중심은 이 예수 그리스도와 내적으로 영적으로 교제하는 가운데 하나님의 본성을 나누어 받게 하려는데 그 의미가 있습니다.

하나님의 본성을 나눔이란 하나님의 영과 밀접한 관계를 가짐입니다. 곧 그의 도덕적 품성, 그의 거룩한 목적, 그의 구원하는 사랑, 그의 새롭게 하는 빛, 그의 공정에 대한 관심, 그의 무한한 연민, 그의 순결한 정의, 그의 승리적이요 우주적인 섭리 속에 드는 것입니다. 우리는 예수 그리스도를 본받을 뿐만 아니라 그의 본성을 나누는 것입니다. 우리는 예수 그리스도를 피상적 모델로 보다 내재적 능력으로 모십니다. 그리스도가 우리 안에 사시는 것입니다(갈 2:20). 사도들은 예수님과 사귀는 체험을 했습니다. 하나님의 본성을 받고 나누는 삶을 살았습니다. 그들은 그리스도의 고난에 참여하는 자들로 즐거워하였습니다(벧전 4:13). 그리스도의 나타날 영광에 참여 할 자인 것입니다(벧전 5:1). 우리 그리스도인들은 예수님과 같은 본성을 가졌으니 우리도 예수님과 같이 고난당하고, 그와 함께 영광에 참여하게 될 것입니다.

여러분은 열성을 다하여 믿음에 미덕을 더하고, 미덕에 지식을, 지식에 절제를, 절제에 인내를, 인내에 경건을, 경건에 교우끼리의 사랑을, 교우끼리의 사랑에 만민에 대한 사랑을 더하십시오(벧후 1:5-8, 공동번역).

이상의 일곱 개의 덕의 구슬을 하나의 금줄에 꿴 것입니다. 일곱 개의 은사를 인격화한 것입니다.

우리 그리스도인이 나아갈 길은 품성의 도야, 우리 인격의 온전한 변화, 거기 신앙의 참된 삶의 가치와 보람이 있습니다. 오늘 우리에게 중요한 것은 옛 그리스도의 위대한 정신과 얼을 닮은 인격자가 되는데 있습니다. 여러분, 예수 그리스도의 인격에 접촉되고 동화되어 예수의 인격이 여러분의 삶의 현장에 성육되기를 바랍니다. 하나님의 은혜가 가득 하시기를 바랍니다.

종교 개혁자들(요시아, 루터, 칼빈)과 개혁하는 교회

역대하 34:1-7, 29-34, 로마서 1:16-17

시작의 말: 율법 책 발견과 요시아왕의 주도적 개혁 조치들

오늘 우리의 교회는 과거 어느 시대 이상으로 간절하게 개혁을 갈 망하고 있습니다. 한국의 개신교, 종교개혁의 교회는 더 이상 남에게 항의하고 비판하는 일에 시간과 열성을 소진할 수 없게 되었습니다. 오히려 오늘 우리를 행하신 하나님의 항의, 책망의 말씀을 들어야 합 니다. 종교개혁의 달에 붙여, "종교개혁자들(요시아, 루터, 칼빈)과 개혁 하는 교회"라는 제목으로 말씀을 나누고자 합니다. 그리고 개혁자들 을 통해 오늘 알려주는 하나님의 말씀을 듣고 깨닫고 개혁하는 신앙의 삶의 행보로 응답해야 합니다.

열왕기하 22-23장(역대하 34-35장)은 유다 역사상 가장 광범위하 고 철저한 국가개혁을 시도한 요시아왕의 치적을 칭찬하며 그의 종교 -국가개혁을 자세히 나열합니다. 국제정치적 관점에서 보면, 요시아 의 재위기간은 매우 격동기적인 사건들로 점철되어 있습니다. 바벨론 이 패권을 잡으면서, 고대 근동 지방의 앗수르의 지배는 끝나가고 있 었습니다. 애굽 군대가 앗수르를 도우려고 바벨론에 대항하여 전쟁을 하러 왔을 때에, 요시아가 그들을 저지하려 하였으나 그 전쟁에서 패배하고 므깃도 전투에서 전사하였습니다(B.C. 626-605년경의 역사).

요시아의 개혁 작업은 율법 책의 발견과 함께 그 책의 명령에 따라 세 가지 종교개혁 과업들—계약 갱신, 북 왕국까지 확장되는 종교개혁, 유월절(왕하 23:1-24)준수—을 추진합니다. 여기에 개혁 왕 요시아의 진정한 경건이 그 진수를 드러냅니다. 그의 개혁 활동은 하나님의 진노나 저주의 효력을 중지시키기 위한 개혁운동이 아니라, 하나님의 거룩한 현존 앞에 바로 서기 위한 개혁 활동이었습니다. 이 개혁 활동의 본질은 하나님의 거룩한 인격적 현존과 부딪친 요시아의 마음과 성품의 반응이었습니다.

요시아의 종교개혁은 그의 비극적 죽음에 의하여 산산이 부서집니다. 그럼에도 그의 의로운 성품과 진실한 양심은 하나님의 말씀에 자복하며 대파국적 재난의 예고 앞에서도 율법 책의 요구에 응답에 최선을 다하였습니다. 요시아의 진정한 믿음은 어떤 이익을 바라는 이해타산을 초월합니다. 성서의 하나님과 맺은 계약관계는 어떤 상업적 거래도 아니며, 개인적 이익을 바랄 요량으로 이뤄지는 종교적 거래도 아닙니다. 그것은 보상에 대한 어떤 욕망이나 징벌의 두려움과는 아무 상관없이 표현되는 신뢰와 정절의 문제입니다. 이런 점에서 요시아는 구약성서의 인물들 중에서 단지 하나님을 경외하거나 복종하는데 머물지 말고 마음과 뜻과 힘을 다하여 하나님을 사랑하라(신 5:5, 왕하 23:25 참조)는 신명기의 요구를 실천한 최선의 모범이었습니다. 요시아는 그의 심장을 찢으며(왕하 22:11) 또한 그의 신앙과 행위를 지배하던(왕하 23:25) 하나님의 말씀에 의해 도전 받았습니다. 그는 말씀에 의하여 개혁 당하면서 국가와 종교를 개혁하는 개혁 군주였고 개혁적인 지도자였습니다(버나드 W. 앤더슨, 『구약성서의 이해』, 441-447).

중세 교회 역사 이해

종교개혁의 배경이 되는 중세 교회 역사의 개괄적인 이해가 필요합니다. 중세 교회는 크게 나누어 확장기와 지배기와 와해기의 세 기간으로 구분할 수 있습니다. 제1기 확장기는 5-11세기인데, 이때 이교도인 야만족들을 정복하고 기독교화 세력을 확장해 나갔던 시기입니다. 북으로 스칸디나비아 지역까지, 동북으로 슬라브족에까지, 확장되었던 것입니다. 제2기 지배기는 12-13세기인데, 기독교가 중세사회 전 영역에 걸쳐 지배적이던 시기로서 소위 '신정시대'라 합니다. 교회는 영적인 영역만이 아니라 사회 전 영역에 통치자의 위치에 군림하였습니다. 교황을 우두머리로 한 교권이 이런 대권을 장악할 수 있었던 바탕은 성례전적 교회제도였습니다. 소위 7성례(세례, 견신례, 주의 성찬, 고해, 종부 성사, 신품성사, 혼배성사 등)를 은총의 방도로 주장하는 중세 교회는 현세와 내세를 막론한 인생 운명 전체를 지배하게 되었습니다. 황제까지도 교황 앞에 무릎을 꿇어야 했습니다.

중세 교회는 제3기 14-15세기에 이르러 지배적이고 통합적인 체계가 점차 와해되기 시작하였습니다. 교황 권은 새로운 민족의식의 대두와 자유 상업도시의 발흥, 마침내 프랑스와 영국 같은 강력한 민족국가가 형성되었습니다. 사람들은 내세 관심에서 현세로, 전체로부터 개인 관심으로, 속박과 억눌림부터 벗어나 인생의 아름다움과 현세의 만족을 찾게 되었습니다. 이러한 현상은 특히 회화, 조각 그리고 문학작품 등으로 나타나고 인문주의(Humanism) 운동으로 절정에 이르렀습니다. 고전 언어 연구는 자연스럽게 성경의 번역과 연구로 이어졌고, 바른 해석과 잘못된 교리에 대한 사상적 비판이 생겨났습니다. 인쇄술 발전도 종교개혁의 결정적 요인으로 작용했습니다. 금속인쇄술로 서민과 가난한 자도 책을 쉽게 구입하고, 자국어판 성경을 볼 수 있었고, 로마 교회의 잘못된 성경해석도 비판하게 되었으니, 종교개혁을 앞당기게 되었습니다(유스토 L. 콘잘레스, 『간추린 교회사』, 65-112).

개혁자 루터는 누구인가?

중세 신학의 특징은 세 사닥다리에 의해서 하늘에 올라가는 것이라 할 것입니다. 그것은 스콜라주의적 합리주의와 신비주의적 황홀경험과 일반적인 도덕주의입니다. 합리주의는 이성을 근거로, 또 신비주의는 경험, 도덕주의는 행위를 바탕으로 신(God)에게 나아가는 것입니다. 헌데, 교회사의 전환점이 되었던 종교개혁은 어거스틴파의 수도사인 마르틴 루터(Martin Luther, 1483-1546)가 수도원에서 경험한 구원에 대한 신앙적 체험에서 이루어졌습니다. 그것은 "믿음으로 말미암아 의롭다 함을 얻는다"(Justification by faith)는 그의 체험적 확신에서였습니다. 루터로 비롯된 종교개혁의 역사적 의의는 바로 여기에 있습니다.

루터의 궁극적 관심과 목표는 의롭다 함을 얻음은 오로지 믿음으로만이며, 그 믿음은 성서적 말씀의 전적인 수용이고, 그것은 성령의 역사로만 가능한 것입니다. 루터에게 신-인 관계는 객관적인 관계가 아니라 나와 당신(I-Thou)이란 인격적인 신뢰의 관계로 되었습니다. 다시 말해서 루터에게 있어서 인간의 참된 구원은 하나님께 대한 인간의 그리고 인간에 대한 하나님의 인격적인 철저한 신앙체험에 의한 이신득의적 신-인간의 새로운 관계성 형성이라 하겠습니다.

이제부터 루터의 개혁과정을 개괄하여 보겠습니다. 1) 면죄부 논쟁, 전 유럽으로 퍼지다: 루터가 진정 우려한 것은 아무런 희생도 봉사도 헌신도 없이 면죄부 구입 같은 행위로 구원을 받는다고 믿는 가짜 그리스도교의 등장이었습니다. 1517년 10월 30일 '제95개조 반박문' 게시사건은 종교개혁의 시작이고 새 시대 개막의 상징이었습니다. 이로써 역사는 중세가 아닌 근대로 건너오게 되었습니다. 루터의 글은 금속활자로 인쇄되어 수많은 사람들에게도 전파되었습니다. 면죄부 판매로 성 베드로 대성당의 건설 비용을 충당해 왔던 교황 레오 10세는 일개 수도사의 도전에 경악하였습니다. 1518년 교황은 루터를 누르고자 독일 비텐베르그 영주 프레더릭 현제(Frederick the Wise)에게 압력을 넣었으나 프레더릭은 루터 편을 들었습니다. 이듬해 1519년 7월 교황청은 이름난 학자 엑크(Johann Eck)를 보내 라이프치히에서 루터와 공개토론회를 갖게 했으나 그 자리에서 루터는 아예 교황까지 공격하였습니다.

2) 루터의 저술들: 1520년 엑크와의 토론회 직후 루터는 가장 대표적인 저술 4권을 내었습니다. 첫째인 『독일 귀족에게 고함』(Appeal to the German Nobility)은 이탈리아 교황들과 종교귀족들의 전횡을 고발하였습니다. 이 논문은 독일국민들의 민족적 정체성을 고양시키는데 기여하였습니다. 루터는 종교개혁을 위해 민족주의를 자극하며 이렇게 물었습니다. "왜 독일인들이 이탈리아인들의 지배를 받아야 하는가?"

『교회의 바벨론 포로』(Babylonian Captivity of the Church)라는 저술에서 루터는 교회가 교황의 포로가 되었다고 탄식하였습니다. 교황이 각종 그릇된 전례와 의식으로 가짜 그리스도교를 만들어 신자들을 노예처럼 묶어 두었다고 비판하였습니다. 또한 루터는 세례와 성만찬을 제외하고 다른 성례들은 거부하였습니다. 또 "모든 사람이 다 성직자"라는 "만인 사제직"사상도 펼치며 사제와 신도 간에 아무런 영적 차등이 없음을 주장하였습니다.

세 번째 글 『그리스도인의 자유에 대하여』(On the Freedom of A

Christian)에서 루터는 신자의 전적인 영적 자유를 외쳤고, 그리스도인은 모든 자중에 완전히 자유로운 주인이어서 아무에게도 굴복하지 않으며, 그리스도인은 모든 자 중에 완전히 충성된 종이어서 모두에게 복종한다고, 그리스도인의 전적 자유를, 이웃에 대한 종으로 매인 삶을 강조하였습니다. 네 번째 논문 『수도원 서약에 대한 심판』(*Judgment on Monastic Vows*, 1521)은 수도원 독신을 비판하고 결혼과 가정의 가치를 주장하였습니다(Mark A. Noll, *Turning Points*, 1999, 227).

3) 루터와 황제 카를 5세의 역사적 대면: 1520년 6월 교황 레오 10세는 루터에게 최후 통첩장을 보내며, 60일 이내에 이단성을 인정하고 그 동안의 주장을 철회하라며 파문할 것을 경고했습니다. 루터는 아예 교황의 교서를 불태우며 철회를 거부했고, 교황은 신성로마제국 황제 카를 5세에게 루터 재판을 요청하였습니다. 카를 5세는 독일과 스페인뿐 아니라 오스트리아, 네덜란드, 나폴리, 시실리, 사르디아, 북이탈리아, 크로아티아 등을 모두 지배하는 유럽 최고의 군주였습니다.

그는 루터 문제로 그의 제국의 분란을 원치 않았으므로 제국회의를 열어 종결지으려 했습니다. 루터는 카를 5세로부터 안전을 보장받고 1521년 4월 16일 보름스(Worms)에서 열린 제국회의에 참석하였습니다. 이는 세계 역사상 가장 극적인 만남들 중 하나로서 중세를 상징하는 인물과 근대를 상징하는 인물의 대면이었습니다. 가톨릭의 수호자와 개신교 개혁자의 충돌이었고, 유럽의 가장 권세 있는 군주와 가난한 수도사의 만남이었습니다. 카를 5세는 루터의 해명을 듣기조차 거부했고 단지 딱 한마디 질문만 던졌습니다. "문서에 나오는 그대의 주장들을 철회하는가?"

루터는 답변을 위해 하루의 시간을 요청하였고, 다음날 다시 황제와 수백의 청중들 앞에서 결연한 의지로 이렇게 외쳤습니다. "폐하!

제 대답은 이것입니다. 저는 수없이 오류를 범한 교황과 공의회를 신봉하지 않습니다. 제 양심과 성경에서 직접 가르쳐 주지 않는 한 저는 철회할 수 없고 철회하지도 않겠습니다. 오! 하나님, 저를 도우소서! 제가 여기 섰나이다."

카를 5세는 예상치 못한 이 대답에 심히 불쾌해 했습니다. 다음날 황제는 청중들에게 이렇게 선포했습니다. "나는 가톨릭 신앙과 전통을 수호하기로 결심했습니다. 나는 생명을 걸고 루터의 거짓 주장을 간과하지 않을 것입니다." 일주일 후 황제는 루터 문제에 대해 보름스 칙령(Edict of Worms)을 내렸는데, 루터는 이단이므로 처벌하고 동조자들도 사형과 재산몰수로 벌하겠다는 내용이었습니다. 루터의 귀환을 이미 약속했기에 회의장에서 즉각 구속하지 않았지만 루터는 돌아가는 길부터 목숨이 경각에 달리게 되었습니다.

비텐베르크로 돌아가는 도중에 루터는 갑자기 일군의 병사들에게 납치되었습니다. 이들은 루터를 지지한 영주 프레더릭 현제가 보낸 병사들이었습니다. 루터는 발트부르크(Wartburg)성에 안전하게 연금되어 1521년 한 해를 보냈는데 개혁의 급선무인 성경 확산을 위해 독일어판 신약성서를 번역하였습니다. 어려운 라틴어로 쓰여 천년 동안 일반인들이 접근할 수 없었던 성경은 이제 대중언어로 번역되어 보급되기 시작했습니다. 교황의 말을 듣는 그리스도교가 아닌 성서의 말을 듣는 그리스도교가 나오기 시작했습니다. 한편 루터의 성경은 독일어의 발전과 문자교육에 큰 공헌을 하였습니다. 각국은 자국의 언어로 성경을 번역하여 읽게 되었습니다(Mark A. Noll, *Turning Points*, 216-243; 김동주, 『기독교로 보는 세계역사』, 553-618).

제네바와 칼빈의 종교개혁

우리 개혁교회의 조상이라 할 수 있는 제네바에서의 칼빈의 사상과 그 영향에 대하여 개괄해 보겠습니다. 개혁사상을 가진 칼빈은 단지 하루 밤을 위해 방문한 제네바에서 파렐을 만나 함께 일할 것을 강력히 설득 받았습니다. 칼빈의 제1차 제네바 사역은 실패했으나 스트라스부르의 개혁 책임자 마르틴 부처(Martin Bucer, 1483-1546)를 만나 많은 것을 배웠고, 프랑스 이민(피난민) 교회의 목회자가 되었습니다(1538-1541). 칼빈은 그 때 결혼도 했고 인생의 많은 득을 얻는 계기가 되었습니다(최윤배, 『잊혀진 종교개혁자 마르틴 부처』, 75).

칼빈은 제네바로부터 초청을 받고 "천 개의 목숨이 있다 해도 하나도 주고 싶지 않은" 싫은 도시였지만, 곧 마음을 열어 '신속과 신실'함으로 초청을 수락하였습니다. 그는 제네바에서 목사, 장로, 교사, 집사의 네 직제를 가진 교회공동체를 세웠습니다. 칼빈의 '장로교회'(Presbyterian Church) 즉 더 정확한 표현으로 '장로회 교회'가 시작하였습니다.

칼빈이 세운 제네바 아카데미(Geneva Academy)는 유럽 명문대학으로 급성장했습니다. 20세기 초부터 정부가 교육을 책임 지기 전부터 칼빈주의자들은 세계 각지에서 약 400년간 수많은 학교를 세워 지성사적 발전에 기여하였습니다(미국 하버드, 예일, 프린스턴 등).

제네바는 현재도 가장 삶의 질이 높은 도시로 간주됩니다. 인도주의적 기관과 UN기관과 적십자본부, 금융센터 등 국제도시로 발전한 것, 유럽의 존경 받는 개혁, 교육, 복지의 도시로 발전되고 현대유럽의 중심도시가 된 것은 분명 역사적 측면에서 칼빈의 공헌이 컸습니다. 스코틀랜드의 개혁자 존 낙스(John Knox)는 "제네바는 가장 완벽하고 거룩한 도시이다"라고 단언했습니다.

민주주의와 자본주의 발전에 대한 칼빈의 유산이 큽니다. 민주주의는 토론과 투표로 결정하는 체제로 규정한다는 헬레니즘의 유산이 있습니다. 그러나 민주주의의 중심 가치들이 모든 인간의 기본적 존엄성과 법에 대한 만인의 평등, 억압부터 자유 한다는 것은 칼빈주의 사상에서 비롯되었습니다. 영국식 미국식 민주주의도 칼빈의 후예들이 주도하였습니다. 청교도와 침례교도들은 미국에서 마을회의(town meeting)를 시작하였고 뿔 뿌리 민주주의를 가능케 했습니다.

칼빈 사상은 경제적 측면에도 큰 영향을 끼쳤습니다. 예정론(predestination) 사상은 인간구원은 창조주의 절대주권에서 나온다는 고백적인 사상이었습니다. 예정은 무엇으로 확인할 수 있습니까? 그것은 사치와 방종이 아닌 청빈과 절제의 열매를 통해서입니다. 이러한 칼빈의 사상이 퍼진 곳에는 낭비와 방종이 질책되고 저축과 근면이 미덕이 됩니다. 칼빈의 자본주의는 물질의 숭배, 배금주의가 아니었습니다.

칼빈주의자들의 사회에서 근면으로 축적된 자본들은 새로운 재투자를 낳았고 자본주의 경제발전을 가져왔습니다. 막스 베버의『개신교 윤리와 자본주의 정신』(The Protestant Ethic and the Spirit of Capitalism, 1905)은 경제가 순수방법적 요소들뿐만 아니라 인간의 신앙과 태도 등 정신적 요소에 의해서도 영향 받는 것을 논증했습니다. 실제로 근대역사는 개신교가 확산된 국가들이 먼저 자본주의 발전과 국부를 이루었음을 보여 주었습니다.

제네바의 후임 개혁자 베자(Theodone Beza)는 칼빈을 이렇게 추모하였습니다. "그보다 더 검소하고 초라하게 산 사람이 있는가? 그의 재산은 소장하고 있는 책들에 불과하였다. 그는 진실로 모방하기도 어려운 경건한 삶과 죽음의 본보기였다"(Just L. Gonzalez, *The Story of Christianity*, 109-122).

종교개혁이 주는 오늘의 의미는 무엇인가?

루터가 종교개혁 운동에 나서게 된 동기는 여러 가지가 있지만 또 역사적인 면이 반영 됩니다. 알렉산더 6세의 교황권 승계정책에 따른 교회의 군주 제도화에도 그 동기가 있습니다. 그것은 중세 교회의 구조적 타락이 얼마나 깊고 넓었나를 말해주는 실례입니다. 그것은 이교도인 이슬람 세력으로부터 잃은 성지를 탈환한다는 미명하에 8차례에 걸친 십자군전쟁을 일으켜 경제적 이익을 꾀하는 과정에서 엄청난 숫자의 젊은이들의 목숨을 잃게 한 사건과도 연결됩니다. 더구나 일반 부유한 신자들에게는 물론 전쟁 참여를 빌미로 십자군 참전 용사들에게 면죄부를 판매하거나 공여한 사실도 부정부패의 한 단면을 제공해 주고 있습니다.

오늘의 교회 타락, 곧 세계 양심의 타락은 부당한 권력승계라는 정치독재, 그에 연결된 조직적 부정부패의 난무, 거기에 심각한 도덕적 양심의 타락이 가세된 현실입니다. 여기에 개혁 정신은 하나님의 명령인 것입니다. 잠시 우리 한반도의 분단체제 속의 현실을 눈앞에 그려 봅시다. 북조선은 그 내세우는 명분이야 어쨌든 통치권력의 부자 세습제가 이미 제도화 된 현실로 굳어 진지 오래인 것입니다. 남한은 어떤 명분으로도 합리성이 성립되지 않는 군부 독재체제가 일종의 사람을 바꾼 세습화 모양을 띠고 지속되고 있는 것은 아닌지요. 남북관계 개선을 위한 민족자주성이나 상생 원리에 입각한 남북 교류나 발전은 어렵게 되어가고 있는 실정입니다. 그런데 지난 인천아시안게임에 북한 3인 실세의 전격 방문은 남북 화해, 협력의 신호탄이 되어서 앞으로 오솔길을 대통로로 만드는 기대감을 높이게 되었습니다.

교회사적으로, 루터나 칼빈은 그들이 속해있는 가톨릭교회를 좀 더 나은 교회로 개혁하자는 것이었지 딴 교단을 만들려는 것은 아니었습니다. 그러나 가톨릭에서 파문당하고 축출당하는 경우에는 부득이 그렇게 되어진 입장에서 재출발하지 않을 수 없었기에 교회를 "재형성"(Reform)한 것이었습니다. 당초에는 "재형성한 교회"(Reformed Church)로서, 과거형이 붙은 것으로서도 얼마든지 새 것 노릇을 할 수 있었습니다. 그러나 세월이 가는 동안 또다시 고정적이고 관습적인 낡은 교회 형태로 되었기에 "재형성"의 개혁은 끊임없이 계속되어야 합니다. 그래서 "개혁한 교회"라기 보다는 "개혁하는 교회"(Reforming Church)로 불러야 마땅하다는 것이 이미 상식화 된 이야기입니다. 신학자 K. 바르트의 표현을 빌리면 "예수 그리스도의 지상적, 역사적 실존 방식"이라고 주장하였습니다. 이와 같은 본질적인 물음은 역사와 상황 속에서 변질된 교회가 예수 그리스도의 몸으로서의 교회로 거듭나기 위한 자기성찰의 물음이어야 합니다. 종교개혁은 일회성 사건이 아닙니다. 종교개혁은 이미 한차례 이루어졌고, 항상 이루어지고 있으며, 앞으로도 반드시 이루어져야 할 것입니다. 그래서 종교개혁은 지나간 역사이자, 오늘의 사건이고, 미래의 과제입니다.

나가는 말

이제 마감으로 정리해야겠습니다. 요시아는 예루살렘성전 깊숙이 들어와 진치고 있는 아세라와 바알과 태양 신상과 하늘의 일월성신 신상들과 그것들을 섬기는 제기들과 사제들을 제거하고 추방하면서 개혁 작업을 진두지휘하였습니다. 한국교회 지성소는 많은 가짜 신들에 장악 당하고 있습니다. 기업적 교회 운영, 목회자 개인 숭배, 세습 문제 등 많은 가짜 신들이 야훼종교와 십자가 고난의 신앙을 몰아내고 있습니다. 진정 오늘 한국교회는 하나님과 거룩한 말씀에 잡혀 지속적인 양심의 가책을 느끼며 변혁과 개혁의 씨앗으로 충실하게 살아야 합니다. 루터의 고백적 증언은 자신의 철저한 회개와 고뇌, 곤혹과 절망을 거쳐 하나님 말씀과 양심에 따라 솟아나온 것이었습니다. 칼빈의 청빈하고 경건한 신앙과 삶이 위대한 제네바 개혁으로 후대에도 역사변천의 개혁정신으로 계승되었습니다. 우리의 기도와 신앙은 무엇보다도 먼저 자기정화인 회개와 하나님과의 인격적 만남과 예수의 현존을 감지하며 새 지평의 새 생명의 세계를 향하여 나가야 합니다. 주여, 우리를 도우소서!

종교개혁 500주년 "말씀으로 새로워지는 교회"
(Renewing and Empowering the Church in the Word of God)

이사야 42:5-9, 고린도후서 2:17, 요한복음 1:1-5

종교개혁의 동인과 그 의미

금년은 종교개혁 500주년이 되는 해입니다. 루터의 '오직 믿음'의 신학은 당시 권위와 제도에 눌려 있었던 사람들에게 자유와 해방을 주는 근거가 되었고 그 정신을 따라 프로테스탄트교회가 세워졌습니다. 2천년 역사에서 크게 두 번의 분열을 겪습니다. 첫 번째는 1054년 동방교회인 희랍정교회 측과 로마가톨릭교회의 갈림, 두 번째는 1517년 로마가톨릭교회와 프로테스탄트의 갈림입니다. 우리가 돌이켜 보고자하는 주제는 두 번째 분열입니다. 이것은 1517년 10월 31일 루터가 로마교황청의 면죄부 판매를 정면으로 비판하는 95개 조항의 항의문을 비텐베르크 성문에 게재한 것으로 촉발됩니다. 그 역사적 사건으로 결국 유럽 중세가 허물어졌습니다.

루터의 종교개혁을 폴 틸리히(P. Tillich)의 신학과 연관시켜 서론적 평가를 하자면, 첫째, 궁극적 관심(ultimate concern)과 둘째, 상관적 방법(correlative method) 그리고 셋째, 종교와 문화의 관계입니다.

그 첫째는 종교란 인간의 궁극적 관심입니다. 루터의 종교적 관심은 '죽음에 임하였을 때 하나님의 심판대 앞에서 의롭다함을 인정받을 수 있는가'하는 것입니다. 이 루터의 물음은 '생존'이라는 궁극적 물음에서 시작됩니다. 루터는 가난한 농부(루터의 아버지 한스는 농민이었으나 광부로 전업)의 아들로 태어났지만 부모님의 극성스런 교육열로 그 당시 명문인 에르후르트대학을 마치고 법학을 공부하려던 차에 고향을 방문하고 오던 어느 날 폭우 속에서 친구가 낙뢰에 맞아 급사하는 것을 보고 죽음에 대한 물음을 깊게 가지게 됩니다. "살려 주십시오. 수도사가 되겠습니다"하고 성 안나(St. Anne)에게 맹세했습니다. 희망했던 법학 공부를 내려놓고 곧 바로 어거스틴 수도원에 들어가 수도사가 됩니다. 하나님 앞 심판대에서 의롭다함을 얻기 위하여 온갖 고행과 노력을 다합니다. 실로 이 문제는 루터에게 있어서 인생의 궁극적인 관심이었습니다.

틸리히 신학의 두 번째 주제인 상관성 방법에 의하면 물음이 없이는 대답이 없다는 것입니다(no answer, no question). 이것은 철학과 신학의 관계입니다. 인간의 궁극적 질문은 인간 스스로는 해답을 찾을 수 없습니다. 그 해답은 하나님으로부터만 옵니다. 루터는 그 해답을 찾기 위해 비텐베르크대학에서 신학을 전공하여 신학박사가 되었고, 신학교수가 되어 성서를 강해하면서 성서연구에 매진한 결과 탑의 체험을 통하여 하나님께로부터 그 해답을 찾습니다. 이것이 '이신칭의' 진리인데, 즉 로마서 1:17절의 말씀 "오직 의인은 믿음으로 의롭다함을 얻는다"(justification by faith)는 것입니다. 불교(佛教)용어로 각(覺), 즉 깨달았다는 것이지요. 이 진리를 깨닫는 순간 루터는 하나님 상(Image of God)이 그 이전의 무서운 심판의 하나님에서 이제 자비로운 아버지 하나님으로 완전히 바뀌게 됩니다. 그러한 하나님은 자유이고 평안이고 기쁨인데, 교황청에서 면죄부를 판다고 하니까 여기에 대해 항의 내지 반박문으로 95개 조항을 내걸었습니다. 이것은 바티칸 입장에서 보면 권위에 대한 도전이 됩니다.

세 번째는 종교와 문화의 관계입니다. 틸리히는 종교는 문화의 본질(substance)이고 문화는 종교의 외형(form)이라고 합니다. 루터의 종교개혁은 단지 종교뿐 아니라 문화에도 영향을 주어 유럽에서 크고 새로운 문화의 물줄기를 생성합니다. 문예부흥 르네상스와 연결이 되었고, 루터의 독일어 성서 번역으로 문학 발전에 기여하고, 나아가 교육 분야와 복지 분야에도 큰 영향을 미쳤습니다. 이중에 가장 중요한 것은 '이신칭의'를 통해 인간이 하나님 앞에서 참다운 사람으로서 새롭게 되는 전기를 연 것인데, 틸리히는 새로운 존재(New Being)라 했고, 20세기 에큐메니칼 용어로 인간화(Humanization)입니다. 참다운 인간을 찾았다고 보는 것입니다. 그래서 종교개혁의 마지막 결실은 인간화, 인권의 문제입니다. 이것이 결국 르네상스와 함께 바탕이 되어 서구 민주주의의 기틀이 됩니다. 종교개혁은 비단 종교 내에서 뿐만 아니라 유럽 사회 전체에 영향을 미쳤고 세계사적인 사건이 되었습니다. 오늘의 메시지는 종교개혁 500주년 "말씀으로 새로워지는 교회"입니다.

성서 본문 해설

이사야 42:1-9절은 여호와의 종에 관해 말하는 네 편의 시(詩)들 가운데 첫 번째입니다. 다른 세편은 49:1-6, 50:4-11, 52:13-53:13입니다. 이 시(詩)들은 보통 "종의 노래"라고 일컬어집니다. 어떤 이는 그 종이 한 개인으로서, 아마도 선지자 자신이라고 여깁니다. 또 다른 이는 이스라엘 민족이라고 생각합니다. 처음 몇 절에서 하나님은 그 종을 소개하고 그의 사명을 기술하십니다. 42:5-9절에서는 그 종 자신에게 직접 말해지고 그의 사명이 상술됩니다.

이스라엘을 하나의 인격으로 표시한 것이 사실이며, 히브리적인 전통사상인 '공동인격'(共同人格, corporate personality)은 다수(多數)가 하나 안에 있고, 하나가 다수와 동격(同格)인 '정신적 통일체'를 말하는 것이어서 이 노래에 있어서도 개인이냐 집단체냐 하는 문제는 그리 중요한 논점을 이룰 수 없는 것입니다. 이것이 그리스도라는 한 개인에게 응하여졌다 해도, 그리스도는 이스라엘 전(全) 역사(歷史), 아니 전(全) 우주(宇宙)의 경륜이 지향하고 걸어온 유일한 초점이어서 그의 안에 이스라엘 전(全) 민족(民族)정신의 정수(精髓)가 성육(成肉)하였음과 동시에 하나님의 말씀의 화신(化身)한 것이라면 그 '개인'(個人)은 단순한 단절된 '개인'이 아니라, '하나 안의 많음'(many in one)인 것이기 때문입니다(장공, 성서해설).

바울은 고린도후서 2:14-17절에서 "그리스도를 아는 냄새"를 말씀합니다. 이는 곧 그리스도에 대한 지식을 넘어 널리 전한다는 것으로, 제물의 향기(香氣)에 비유하고 있습니다. 이 말은 주 예수 그리스도를 육신으로 나타나신 하나님으로 영접하고 사랑하며 경배 드린다는 의미로서, 우리가 그 분을 알아야 한다는 것이 바로 구속의 극치요 모든 축복과 특권의 절정인 것입니다. 2:15절의 "그리스도의 향기"는 그리스도께서 바울 자신을 포함한 모든 그리스도인을 하나님께서 기뻐하시도록 하셨음을 의미합니다. 2:17절의 "하나님의 말씀을 혼잡하게 하지 아니하고," 여기서 '혼잡하게 하다'에 해당하는 헬라어 '카펠류오'는 본래 '장사꾼이 되다' 혹은 '장사꾼처럼 행동하다'라는 뜻입니다. 비유적인 의미로는 무엇을 섞어서 팔거나, 무엇을 팔아서 이득을 본다는 의미로 사용되었습니다. 바울은 유대주의나 헛된 철학(자신의 사색)을 섞음으로써 하나님의 말씀을 혼잡하게 하는 일을 하지 않았으며, 하나님의 말씀을 이기적이거나 상업적인 목적으로 이용하지도 않았습니다.

요한복음의 핵심인 메시지는 예수는 태초부터 하나님이시라는 것, 육신이 되어 세상에 나타나신 인류의 구세주시라는 것, 하나님이 그를 통하여 세상 모든 사람을 향한 자신의 사랑을 나타내셨다는 것, 모든 사람은 영생에 초청받았다는 것, 모든 사람은 예수의 죽음과 부활 이후에 보혜사를 받게 되었다는 것 등등입니다. 1:1-5절에서는 이 생명, 영생, 곧 하나님이 예수 그리스도를 통하여 인류에게 주신 선물인 그 생명, 빛, 인류에게 주신 하나님의 자기 계시, 예수 그리스도 자신, 그의 선교와 가르침, 최상으로는 그의 기적 사건 등, 이 빛은 사람들로 하여금 생명을 가지게 하고 그들을 위한 하나님의 목적과 뜻을 알게 합니다.

면죄부와 참된 회개

면죄부는 라틴어로 'indulgentia'이고 영어로는 'indulgence'인데, 이 용어의 원래 뜻은 죄를 사해준다는 것이 아니고, 지은 죄 때문에 내가 치러야 할 대가 곧 보속(죄를 보상하거나 대가를 치르는 일)을 교회 이름으로 자선·기도·헌금 등을 좀 더 많이 하면 그 부분을 감면해준다는 뜻입니다. '면해줄 수 있다'라는 의미에서 '대사'(大赦)라는 용어를 씁니다. 그런데 큰 은혜를 베풀 때 대사를 얻을 수 있는 방법은 언제나 '회개'가 전제되어 있습니다. 다만 자선과 봉헌 자체를 보속이 감해지진 않고, 꼭 회개를 전제로 합니다. 죄는 하나님만이 사해주시는 것입니다.

면죄부 문제는 종교개혁 운동의 발단이 되었습니다. 면죄부에 대해 '돈 궤에 돈을 넣으매 쨍그랑 소리가 나면 벌써 천국에 들어갔다,' 이렇게 표현해 왔습니다. 그러니 '구원이 돈에 달려 있었다'라는 식으로 전달이 되면서 정작 돈을 내면서 회개하는 심정이 어떤 것인지에 대해서 숙고해 봐야 합니다. 가톨릭교회의 '고해성사 제도'인데, 신부가 신자의 고백을 받고 용서해 준다고 하면 신자의 마음의 평안, 심리적인 안정을 얻습니다.

여기서 우리가 알아야 할 것이 있습니다. 고백 제도의 전제(前提)는 인간은 하나님 앞에서 죄인이라는 것입니다. 교회공동체가 하나님의 보호를 받고 보장되며 거룩하지만, 그러나 인간이 죄인이기 때문에, 인간으로 구성된 교회공동체는 동시에 죄인들입니다. 신자도 사제도 교회공동체 일원으로서 은총 속에 머물러 있지만 죄를 지으면 하나님과의 관계 회복을 위해 공동체 앞에서 죄를 고백해야 합니다. 그러니 고해성사에서 신자가 사제(교황까지도) 죄를 고백할 때, 사제가 공동체의 대표로서 그 죄를 들고 하나님께 용서를 청하며 성부와 성자와 성령의 이름으로 죄를 사하는 것이지, 사제의 이름으로 죄를 사해 주는 것은 아니라는 것입니다.

그런데 최근에 와서는 고백 제도에 문제점이 있다고 지적하는 신학자들도 있습니다. 고백 제도가 천 년 이상 내려오다 보니 형식화된 점을 지적하고 있습니다. 이제는 우리가 아무도 책임지지 않는 사회의 구조적인 악들에 대해서 교회 모두가 가슴을 치고 뉘우치며 공동 참회와 헌신 봉헌해야 한다고 강조하고 있습니다. 개인의 죄는 물론 사회 구조적 악에 대해서도 공동 책임을 갖고 뉘우쳐야 한다는 것입니다.

루터의 삶을 고찰해 보면, 그는 중세 교회의 경건 속에서 어린 시절과 젊은 시절을 보냅니다. 성인(聖人)과 성(聖)유물(遺物) 숭배가 가정에서 자연스럽게 통용되고, 학교는 고행(苦行)과 금욕(禁慾) 등 공로(功勞)와 연관된 성례전(聖禮典)적 사상이 지배적입니다. 루터는 당시 경건의 형태, 즉 성유물, 면죄부(免罪附) 그리고 순례(巡禮) 등 대부분의 경향을 직접적으로 잘 알고 있었습니다. 루터는 젊은 시절에 철저히 중세적 인물이었고, 그 시대 경건의 추종자였음을 보여줍니다. 그는 1505년 수도원에 들어가 입교하면서 중세적 경건의 실체를 모두 체험하게 됩니다. 수도사의 삶은 끝없는 참회의 삶입니다. 그는 수도원의 규정에 철저히 헌신하여 매주 정기(定期) 고해(告解)뿐만 아니라, 보속(補贖)과 성무(聖務) 일과(日課)도 전념합니다. 그러나 철저한 참회(懺悔)의 삶은 자유 대신 루터를 영적으로 더 구속시켰고, 진노하시는 하나님 앞에서 피할 수 없다는 두려움을 더욱 가중시킵니다. 그러다가 1차 시편 강의(1513-1515)를 하면서 루터는 수도사의 고행적(苦行的) 삶의 허구에 눈을 떴습니다.

1515-1516년 로마서 강의는 '하나님의 의'에 관한 루터의 의문을 풀어주어, 이신칭의라는 종교 개혁적 통찰을 얻게 해줍니다. 루터는 로마서를 통해 벌하고 징계하는 하나님 이미지를 극복하고, 은혜와 긍휼의 하나님 이미지를 얻습니다. 그리고서 '의'는 참회와 고행을 통해서가 아니라, 믿음으로 얻는 것이며, 때문에 의인은 오직 믿음으로 산다는 결론에 이릅니다. 루터의 통찰에 의하면, 인간은 "의인이면서도 동시에 죄인"입니다.

1518년 4월 초에 집필한 『면죄부의 가치에 관한 논제 해설』은 95개 논제에 대한 신학적 증빙입니다. 루터는 '회개'에 대한 성서 신학적 근거를 제시하고, 신자의 전 생애가 참회의 삶이어야 하는 이유를 밝힙니다. 더 나아가 예수는 영이시며, 그의 말씀은 생명과 영이기에 신자의 회개는 영과 진리에 의한 회개이고, 기도, 금식, 구제 그리고 보속 등 외적 행위를 말함이 아니라고 강조합니다.

루터의 삼대 논문은 종교개혁 신학의 금자탑

종교개혁 500주년을 기념하는 해에 한국 개신교회가 이 땅에 전래되어 고난과 형극의 역사를 거쳐 오늘의 큰 성장과 괄목할 만한 업적을 이룬 것이 사실입니다. 하지만 우리에게 진지하게 문제되는 것은, 그것이 얼마나 복음에 충실하며, 개신교의 원래 정신과 신학을 계승하고 있느냐는 것입니다. 오히려 많은 탈선과 변질, 왜곡과 실망, 부패와 혼란 등이 현재 한국교회를 깊이 파헤쳐 놓고 요동케 하는 것이 아닌가 하며 고뇌하게 합니다. 한국교회는 무엇보다도 초대교회의 순수한 모습으로의 회복을 어떻게 할 것인가를 고민할 수밖에 없게 되었습니다.

우리는 이와 같은 의의 깊은 도전에 직면하여, 루터의 종교개혁의 시발점에서 발표된 삼대 논문을 고찰하고자 합니다.

1) "독일 민족의 그리스도인 귀족에게 고함"(1520)에는 종교개혁사의 핵심적인 내용이 담겨있습니다. 루터는 영적 신분이 세속적 신분보다 우월하고, 교황만이 성서를 해석할 수 있고, 교황만이 합법적으로 공의회를 소집할 수 있다는 교황주의자들의 교의를 전면 부정합니다. 대신 루터는 세례를 받은 그리스도인은 지위고하를 막론하고 다 평등하고 누구나 사제가 될 수 있다는 '만인사제설'(萬人司祭說, Priesthood of all believers)을 주장하였습니다. 루터는 성경을 직접 읽고 하나님 말씀에 직접 연결된 이상, 교황이나 사제의 도움이나 중재 없이 직접 하나님과 만날 수 있고 하나님 음성을 들을 수 있다는 깨달음을 가지게 되었습니다. 따라서 성경을 읽고 하나님과 직접적인 관계를 가질 수 있고 그 은혜로 구원을 얻을 수 있다는 신념입니다. 나아가 평신도와 사제, 제후와 주교 사이에는 직무와 일, 기능상의 차이만

있을 뿐 신분 차이는 없으며, 교황도 잘못하면 처벌해야 한다고 한 것입니다. '만인사제직'의 정신은 교회 구조를 민주적이고 선교적인 형태로 개혁한다는 의미를 내포하고 있습니다. 이것이야말로 혁명적인 민주주의 사상, "하나님 앞에 모든 사람은 평등한 존재"라는 근대적 민주주의 사상의 뿌리가 되었던 것입니다.

그렇다고 루터 신학이 근대 세속적 개인주의를 성취한 것은 아닙니다. 그것은 철저히 신(神)에 예속된 종교적 개인주의일 뿐이며, 그런 면에서 루터는 반개인주의자라고 할 수 있습니다. 그런 개인주의는 루터와는 다른 길을 간 인문주의자 에라스뮈스가 추구했고, 르네상스와 계몽주의를 거쳐 완성되었습니다.

그럼에도 루터 신학이 개인화라는 근대 사회학적 지표를 창출해낸 것은 바로 교회에 속박되어 있던 개인을 해방시킨 종교적 개인주의와 거기에 내포된 '근대화의 잠재성' 때문입니다. 이는 시대적 상황과 밀접한 관련이 있습니다. 그 시절을 "내세(來世)가 전부이고 성만찬에 참여할 수 있는 자격에 그리스도인의 사회적 지위가 달려있으며, 성직자가 목회, 교회규율, 설교를 통해 주는 감화가 우리 현대인들이 '절대 그 이상 상상할 수 없을 만큼' 막대한 영향력을 행사"한 시대였습니다. 종교가 사회적 일들과 내세까지 압도적인 영향력을 발휘하는 시절에 돌연 등장한, 교황과 교회의 집단주의로는 구원이 불가능함을 설파한 루터 신학의 종교적 개인주의는 그 억압적 집단주의를 산산조각 냈습니다. 교황주의 비판에 초점을 맞췄던 루터의 저작들은 애초에 토론, 논쟁을 위한 것이었으나 그가 전혀 의도하지 않았던 혁명을 유발하였습니다.

부패한 가톨릭이 기득권을 유지하고 경제적 수익을 올리기 위해 도입한 성례전, 마리아 숭배, 미사 등의 '연출된 경건'에 내포된 주술적 요소들을 루터 신학이 정면 비판함으로써 그 길을 열었기 때문입니다.

그 개인주의를 더 밀고 나간 것은 칼빈의 제네바의 개혁이었고, 종교적 탯줄을 아예 끊어버린 것은 계몽주의였습니다.

2) "교회의 바벨론 포로" — 새로운 성례전 해석

루터는 면죄부 논쟁 이후에 자신이 겪어온 로마 교회의 횡포에 대해 그것이 신앙의 강탈이라는 결론에 도달했음을 밝힙니다. 교회는 자유를 박탈당하였고, 마치 이스라엘이 구약에서 바벨론으로 사로잡혀 포로가 되었듯이 이제 바벨론 왕국과 힘 센 사냥꾼인 니므롯의 힘처럼 교황권이 휘둘러지는 "대 사냥"이 행해졌습니다(창 10:8-9를 루터는 염두에 두고 생각해낸 것이다). 특별히 성례전 문제에 집중하면서, 루터는 교회 결정과 그리스도의 명령이 동일한 것이 아님을 확인합니다. 교황청에 의해 포로가 된 비참한 교회를 구해내기 위해 7성사(성례)를 반대하면서 오직 세례와 성찬의 성례만을 인정하는 종교개혁의 분명한 교회론이 전개되고 있습니다.

3) "그리스도인의 자유" — 종교개혁 신앙의 위대한 선언

루터는 1520년 11월 초 "그리스도인의 자유"를 발표하였습니다. 그 핵심은 두 가지입니다. 즉 그리스도인이 믿음으로 죄에서 해방되어 자유케 된다는 것과 사랑으로 이웃을 섬겨야 한다는 것입니다. 이 논문으로 루터의 신앙과 윤리에 관한 분명한 윤곽이 확고히 제시되었으니, 즉 행위가 아니라 믿음에 의해 구원받으며 사랑에 의해 그 구원받은 삶이 펼쳐진다는 것이 힘차게 공포되었습니다.

루터는 그리스도인의 자유는 신앙이며 내면적인 것이라고 정의합니다. 루터에게 그리스도의 본질은 자유인 동시에 섬기는 봉사자입니다. 그 자유의 핵심은 신앙입니다. 신앙은 덕행의 하나가 아니라, 그 능력을 맛보는 체험을 통해 가능한 하나님과의 가장 직접적인 관계입니다. 루터는 자신의 심원한 경험에 근거하여, 시련이 억압함에 신앙이 주는 용기를 경험해야 한다고 확언합니다. 루터 르네상스를 일으킨 저명한 루터학자 칼 홀(Karl Holl)은 루터의 종교를 양심과 관계된 인격적 자유의 종교를 서술한 바 있습니다. 신앙은 영생에 이르도록 솟아나는 산 샘물입니다(요 4:4). 이어서 전체의 주제를 루터는 요약합니다. '그리스도인은 더 할 수 없이 자유로운 만물의 주이며 아무것에도 예속되지 않는다. 그리스도인은 더 할 수 없이 충실한 만물의 종이며 모든 사람에게 예속한다'고 했습니다. 이 두 명제가 실제로는 조화됐을 성경의 여러 말씀에 입각하여 알 수 있습니다. 특별히 인간의 모형이요, 참인간이신 그리스도는 만물의 주요, 하나님의 참 형상으로 종의 형상을 입으셨기 때문입니다.

루터는 인간 본성의 이중성에 근거하여 자유를 해명합니다. 사람은 한편으로 영혼에 관하여 볼 때, 영적, 내적인, 새 사람입니다. 다른 한편, 육체의 본성에 의하여 사람은 겉 사람, 후패하는 현세적, 외적인, 옛 사람입니다. 이 배치되는 대립 속에 한 인간이 존재합니다. 영적으로 새롭게 된 의롭고 자유로운 그리스도인입니다. 이 차원은 외적인 것과 무관하며, 영혼의 자유, 곧 의를 이룹니다. 어떠한 육의 조건도 영혼을 해할 수 없다는 것입니다. 의의 자유를 위해서는 오직 그리스도의 복음만 필요하며, 하나님의 거룩한 말씀으로 믿음이 일으켜지며 바로 거기에 자유가 있습니다. 말씀만으로 영혼은 부족함 없이 부요하며, 생명, 진리, 빛, 평화의 구원, 기쁨, 지혜, 능력, 은총, 영광, 축복 등이 다 허락됩니다. 따라서 말씀을 듣지 못하는 기근이 가장 무서운 재난이요 하나님의 진노인데, 이에 대해 말씀을 보내셔서 고치자는 것이 가장 큰 자비입니다.

결론: 한국교회 이야기

오늘 한국의 개신교회는 역사적인 종교개혁 500주년을 맞으며 그 의미를 재발견하려는 노력을 하고 있습니다. 서구 교회와 주로 미국의 개신교회들을 통해 한국에 복음이 선교된 지 130여 년을 지내면서 과연 한국교회는 개신교회의 역사적 유산을 올바로 계승하고 있을까요? 아니면 개신교회가 오히려 중세 말 로마가톨릭교회와 같이 부패하고 도덕적으로 타락하여 물질주의, 교권의 지배에 포로, 속박되고, 외형과 번영, 세상적인 성공과 출세의 우상숭배에 빠져 있는 것은 아닐까요? 종교개혁에서 비롯된 교회가 가장 개혁의 대상이 되어 세속 사회로부터 비방과 염려를 도출하는 비극이 연출되고 있는 것은 아닌지요?

이러한 현재의 상황에 비추어, 우리는 루터의 종교개혁의 위대한 정신과 원리를 재발견하고 회복하여 한국 개신교회를 개혁하고 정화해야 할 절박한 요구에 직면하였습니다. 진실로 루터는 복음을 재발견하였고, 참 교회의 비전을 다시 찾은 위대한 개혁자입니다. 그는 행위로 의롭게 될 수 없는 인간의 전적인 죄인 됨을 하나님 앞에서 (coram Deo) 철저히 발견했고, 오직 하나님의 은혜, 예수 그리스도의 십자가의 속죄로 구원이 이루어짐을 선포하였습니다. 교회의 제도, 성례전, 어떤 외적 수단이나 방식으로 구원이 오는 것이 아닙니다. 오직 하나님의 용서하시는 자비의 은혜로, 그 은혜를 받아들이는 단순한 믿음만으로 참 내면의 자유를 얻고 의롭다 함을 받는 구원이 이루어집니다. 하나님의 말씀과 신앙의 회복이 교회를 개혁하는 원동력이 되었습니다.

위에서 논의했듯이 루터의 삼대 논문은 신앙과 행위에 걸쳐 그리스도인의 정체성과 삶, 교회와 성례전의 바른 모습을 회복하는 개혁의 핵심 프로그램을 제시하였습니다. 루터의 개혁적 원리와 정신에 따라 한국 개신교회도 개혁되어야 할 것이 무엇인지, 어떻게 가능한지를 정직히 성찰하여야 합니다. 나아가서, 한국의 현실에 비추어, 개혁에의 요구에서 가장 중요한 점은 참된 회개와 십자가의 신학이라고 생각합니다. 루터는 그리스도인의 삶의 본질이 십자가 아래서의 삶임을 확언하였습니다. 밭에 감춰진 보화와 같이, 참된 그리스도인은 세상에서 하나님의 은밀하신 눈에만 보이는 숨겨진 삶을 삽니다. 믿음으로 그는 보이지 않는 하나님을 향해 사는 것입니다. 그런데 그 삶은 그리스도의 고난에 동참하여 그와 일치함으로써, 제자도와 순종으로 이루어집니다(본 회퍼). 특히 루터는 십자가의 길이 세상에서 박해받고 고난 받는 순교자의 길을 교회에 재현하며, 겸비와 시련과 믿음의 기도 속에서만 그 십자가 아래서의 삶이 가능하다고 보았습니다. 세상에서 영광을 누리고 출세하는 외적인 혹은 육적인 삶에는 이 내면의 영적인 고투가 결여됩니다. 오늘 한국교회가 교권주의, 성공주의와 물질적인 외적 가치들에 노예화, 속박되는 또 하나의 바벨론 포수의 상황이 되었다면 그리고 교회까지 '세습'하는 한국 개신교의 암울한 현실(〈한겨레신문〉, 10월 26일자 사설)은 루터가 교회의 부패를 비판하는 글을 공개한 지 500돌이 되는 날(10월 31일)을 앞두고 일어난 '명성교회 세습'은 새로운 종교개혁의 불을 댕기려 하는 것입니다. 한국 개신교회의 세속적이고 이기적인 현실이 안타깝기 짝이 없습니다. 한국 개신교회를 향하여 루터는 다시 회개와 십자가에로 돌이킬 것을 역설하고 있는 모습을 향하여 보는 새로 깨어남이 있어야 할 것입니다. 한국교회는 '다시', '새롭게' 성서 말씀대로 사는 운동을 펴야 할 때입니다. 오늘의 한국교회가 꼭 유념해야 할 것은 루터는 직업을 '소명' (Vocation, 혹은 Calling)이라고 강조하면서 삶 속의 신앙을 강조했습니다. 말하자면 매일의 직장과 가정과 사회에서 '사제처럼' 그리스도의 증인으로 살라는 것입니다.

동방정교회 영성에는 영적 삶의 세 가지 기본 요소로 회개, 겸손, 부활의 삶이라고 주장합니다. 하나님의 기뻐하시고 온전하신 역사가 우리와 한국 개신교회 위에 함께 하시기를 기도합니다.

출애굽 해방 이야기와 우리 민족의 화해

신명기 26:5-9, 에베소서 2:14-18

시작의 말: 억압에서의 해방이고 구원입니다

8월은 광복의 달입니다. 해방 69주년에 즈음하여 출애굽과 광야 40년에 얽힌 이야기와 우리 민족의 화해에 대한 말씀을 드리겠습니다. 이스라엘 백성은 그들이 섬긴 하나님이 "우리 음성을 들으시고 우리의 고통과 신고와 압제를 보시고" 그리고 영원히 잊지 못할 은혜의 증거로 "여호와께서 강한 손과 편 팔과 큰 위엄과 이적과 기사로 영원히 잊지 못할 은혜의 증거로 인도하여 내셨다(신 26:5-9, 6:21-25참조)"고 구약의 본문, 그들의 신앙고백에서 확언하고 있습니다. 이스라엘은 그들의 역사의 기원을 억압과 압제로부터의 경이로운 해방에 두고 있습니다. 비참한 경지에 빠져 무기력하고 절망에 찬 노예들에게 하나님이 역사하지 않았다면 그들은 역사적인 소명의식을 가진 계약 공동체로서 하나의 백성으로 형성되지 못했을 것입니다. 출애굽의 해방이야기는 하나님이 들으시고, 보시고, 마침내 구원하시는 단계로 이루어진 것입니다. 그러므로 구약 본문을 다시 요약해 말하면, 출애굽은 이스라엘 백성의 억압에서의 해방입니다.

출애굽기에 나타나는 주도적이고 강권적인 하나님의 구원은, 400년의 노예생활에서 만들어진 노예근성으로 오합지졸이 되어버린 히브리노예들을 형제자매의 우애와 사랑이 넘치는 자유시민 공동체로 만들고자 하시는 하나님의 교육적, 훈련적 목적 속에서 이뤄졌습니다.

출애굽이야기의 줄거리를 살펴보면, 두 가지 대립된 세력 사이의 투쟁이었음을 알 수 있습니다. 하나는 모세와 그의 형 아론에 의해 나타난 "히브리인의 하나님"이고, 다른 하나는 교활한 마술사들을 거느리고 이집트의 세력과 영광을 지닌 완고한 바로 입니다. 여기서 주목할 것은 모세의 하나님은 이집트의 신들과 대결하지 않고, 건방지게도 역사를 주도할 수 있다고 생각하는 바로와 대결했다는 점입니다. 이 당시는 라암세스 2세가 아마르나 시대에 상실한 아시아 제국, 팔레스타인과 시리아를 통치하기 위해 수도를 텔타 지역으로 옮긴 때였습니다. 하피루를 국가의 노예로 고용하여 동원시킨 비돔과 라암셋에서의 건축 사업도 라암세스 2세의 거대한 정치적 야망 중의 하나였습니다. 그러나 애굽제국은 쇠잔해 갔습니다. 출애굽 구원사가 일어난 시기는 보편적 역사로 볼 때도 하나님의 때가 찬 시점이었습니다.

출애굽 이야기는 "이 세상의 모든 것이 여호와께 속한 것이기 때문에"(출 9:29) 모세를 통해 말하고 행하는 하나님이 모든 것을 통치한다는 가정 하에 기록되었습니다. 출애굽이야기는 극적인 드라마적 긴장감을 불러일으킵니다. 이야기의 처음 시작은 바로가 히브리인들을 꺾기 위해 그들에게 중노동을 시키고 더 나가서 히브리인들의 새로 태어나는 장자를 모두 죽이라는 명령을 내려 대학살을 감행하는 것으로 시작 됩니다. 그러나 이러한 상황에서도 모세―이스라엘의 미래의 지도자―는 나일강에서 이집트의 공주에게 구출되어 궁중에서 바로 앞에서 키워지고 교육을 받게 됩니다. 세월이 지나가면서, 모세는 이집트 식으로 양육되었지만, 하나님의 명을 받아 "조상들의 하나님"의 이름으로 바로에게 도전을 하게 됩니다.

모세가 바로에게 찾아갈 때마다 이집트에 대한 재앙도 심해지게 됩니다. 결국, 바로의 완고함이 꺾여 히브리인들은 풀려납니다. 거대한 재앙으로 인해 바로는 히브리인들이 떠나는 것을 허락하는데, 곧 마음이 바뀌어 군사를 풀어 히브리인들을 추격하게 합니다. 이스라엘인들이 이집트 군대와 그들 앞에 있는 홍해바다 사이에 갇혀 진퇴유곡에 처했을 때 홍해바다가 갈라져 이스라엘인들이 건너고 뒤쫓아 오던 이집트 군대는 바닷물에 삼켜지는 것으로 이 출애굽의 대단원은 막을 내립니다. 극적인 요소로 가득 차 있는 이 출애굽 이야기는 수세기 동안 상상력과 구원의 영감을 많이 불러 일으켰습니다. 여호와 하나님만이 창조주이며 해방과 구원의 주님이십니다.

우리가 맞는 해방절을 되새겨 봅니다

우리가 맞는 해방절 주일에 1945년 8월 15일 당시를 되새겨 보게 됩니다. 미국이 태평양 전쟁에서 일본에게 승리한 날, 바로 이날을, 우리 민족은 되새기며 한국교회는 모두 일본제국주의에서 해방된 것을 기념하는 주일예배를 드리고 있습니다. 여기 70대 이상의 어른들은 당시의 기쁨과 감격, 새 나라에 대한 어떤 꿈, 믿음과 희망을 꿈꾸었습니다. 아니 이 광복절의 해방이 꿈인가 현실인가를 생각하며 감격해하며 만세를 부르며 거리로 나가기도 했습니다.

그런데 일제시대 특히 태평양 전쟁시대에 우리 민족은 지독하게도 가난했으며 가진 것이라고는 몽땅 일본 군국주의자들에게 빼앗기고 말았습니다. 젊은이들은 군인으로, 징용으로 소집돼 갔고, 처녀들은 취직시켜 준다는 감언이설에 속아 강제로 일본군의 위안부로 끌려갔습니다. 억압과 학대 속에서 근근이 마지못해 살다가 맞이한 해방이었습니다.

　그러나 회상하면, 무엇보다도 아프고 통탄할 사건은 우리 한반도와 민족은 1945년 해방이 되면서 남과 북으로 두 동강이 난 채, 왜 동족들끼리 싸워야 하는지 영문도 모르고 형제 자매를 원수로 동족상잔의 6.25전쟁까지 치러야 했습니다. 제2차 세계대전 이후에 분단된 나라들 가운데 아직 통일되지 못한 마지막 분단국가로 남아있습니다. 부정선거 때문에 4.19학생 의거로 민주한국으로 출범했지만, 군인들의 쿠테타와 군사독재로 보내야 했습니다. 그래도 민주화를 위해서 투쟁하며 몸을 바친 분들과 민중들의 힘으로 민주화는 실현되었고, 한때, 남북 지도자 당사자들끼리 만남으로 남북관계 개선의 새로운 시대를 맞는 것인가 희망이 보이는 듯 했습니다. 그런데 다시 남북관계는 경직되어가고, 상생의 원리에서 공존하며, 공영의 교류를 힘들게 하고 있는 상황입니다.

　지난 4월 16일 세월호 참사는 한국 근·현대사에서 그 이전과 이후를 나누는 결정적 사건 중 하나가 될 것임이 분명하다는 것이 대체적인 의견입니다. 이러한 오늘의 삶의 자리에서 우울하고 무거운 마음으로 해방 69년을 맞이하고 있습니다. 그러면서 우리의 사정을, 옛날 이스라엘 백성의 출애굽 해방의 역사와 견주어 생각하게 됩니다.

이스라엘의 광야 40년의 역사는 우리 민족의 거울입니다

　사실상, 억압에서 해방이 되어서 광야40년 동안 얼마나 헤매고 방황하며 배고파하며 고생을 많이 하며 연단을 받았을까 구약성서의 역사를 통해 생각해 봅니다. 광야에서의 인도는 모세를 통하여 그들이 하나님을 섬김으로써 그들의 자유를 찾도록 보내졌습니다. 이 광야 여정은 많은 고난과 불안정으로 가득 차 있었기에, 광야에서의 자유란 이집트에서 노예생활보다 나을 바가 없다고 여기며 "이집트의 고기 가마"(출 16:3)를 그리워 한 적도 있었습니다. 모세의 가슴을 제일 아프게 한 것이 바로 이 사건과 금송아지 사건입니다. 분명히 이스라엘은 광야에서 은혜를 입었으나, 그들은 불평하고, 반목하였으며, 모세에게 반항하기도 했으며, 무엇보다도 신앙이 결핍되어 있었습니다. 홍해바다를 기적적으로 건넌 사건을 비롯하여 여러 이적이 일어났음에도 그들은 "야훼께서 우리 가운데 계신가 안 계신가?"(출 17:7)라고 불평했던 것입니다.

모세가 시내산에 올라가서 하나님과 대화를 나눈 것은 바로 노예된 민족의 내면적 해방을 고민한 것이라고 생각합니다. 모세는 하나님과 대화 끝에 하나님의 계명을 받습니다. 새로운 나라를 만들어 나가야 하는 이스라엘 민족의 헌법의 기초, 정신적 기초가 되는 십계명을 받아가지고 산을 내려옵니다. 새로운 삶의 스타일, 새로운 법률제도, 새로운 생활습관, 새로운 정치 구조, 새로운 문화를 하나님의 계명으로 받아서 내려옵니다.

그런데 시내산 아래에서는 사람들이 자기들이 이집트에서 감추어 가지고 나온 금붙이들을 모아 녹여서 웅장한 금송아지를 만들고 거기에 절하고 예배하는 사건입니다. 그 금송아지는 이집트 사람들의 우상이고 최고의 가치였습니다.

뿐만 아니라 금송아지는 제국주의의 우상이며 최고의 가치입니다. 금송아지는 서구 사회가 아시아와 아프리카, 남미와 여러 나라의 금광을 찾아서 타민족을 추방하고 땅을 차지하고 식민지를 만들어 온 제국주의의 심벌입니다.

미국을 대표할만한 양심적이고 실천적인 역사가 하워드 진(Howard Zinn)은 그의 『미국 민중사』(*People's History of the United States*)라는 저서로 역사학계에 새로운 지평을 열었습니다. 그는 전쟁 반대와 민권,

여권, 인종 간의 평등, 제3세계에 대한 관심을 주된 테마로 역사를 기술했습니다. 사실 대부분의 역사책은 정치 경제의 핵심을 차지하고 있는 소수의 사람들에 관한 것입니다. 그러나 그는 '우리' 즉 '민중'이 어떻게 지내왔는가의 관점에서 역사를 기록하려고 노력합니다.

물론 미국 건국의 아버지들이 자유와 독립을 위해 미국을 세우고, 잭슨 시대에 이르러 미국식 민주주의가 확립되고, 링컨이 노예를 해방시켜 자유를 확대했습니다. 카네기와 록펠러 등이 진취적인 기업정신으로 미국을 풍요와 기회의 땅으로 만들고, 윌슨이 자유와 민주주의를 전 세계에 전파했습니다. 그러나 하워드 진은 "미대륙의 역사는 곧 정복과 차별의 역사가 시작된 것이다"라고 일갈합니다. 신대륙을 발견한 콜럼버스는 영웅인가? 인디언 원주민들이 내민 환영의 악수를 거부하고 황금을 찾기 위하여 무력을 과시했던 역사라고 회상합니다. 그 이후로 계속된 인디언, 흑인, 여성, 노동자, 이민자, 반전운동가 등은 짓밟히고 빼앗긴 수많은 사람들의 아픔의 소리에 귀를 기울입니다. '아래로부터의 역사', '민중의 역사' 가운데서도 독보적인 위치를 차지하고 있는 까닭은 무엇보다도 이제까지 감춰졌던 약자와 소수자들의 목소리를 고스란히 살려내고, 한편의 장대한 서사시로 구성했다는 점입니다. 매우 교훈적인 역사관을 주고 있습니다.

우리나라 안의 상황은 모든 분야에 걸쳐서 '권피아', '관피아'라는 새로운 용어가 통용 되고 상식화 되어가고 있습니다. 심지어 종교계까지도 이젠 돈이면 무엇이든 다 해결 된다는 의식구조와 삶을 지배한다는 상황에 사로잡혀 있습니다. 오늘 세월호 참사의 발생은 정치와 경제뿐 아니라 종교도 핵심적으로 관여되어 있음이 드러났습니다. '종교'와 '경제'의 합병이라는 점에서, 청해진 해운의 실소유주로 알려진 기독교복음침례회, 소위 '구원파'가 우리 사회에 불러온 재앙은 분명 바로 잡아야 합니다. 우리는 여기서 한국 기성 기독교 교회의 뿌리 깊은 근본주의와 배타주의, 아직도 '대 교회주의'와 '돈'의 밀착에 대한 현실을 직시하며 깊은 반성과 참회를 해야 합니다.

먼저 우리 교회는 무엇보다도 "진실된 그리스도인"이 되는 것입니다. 그리고 신뢰를 회복하는 일입니다. 솔직히 오늘의 우리의 교회들을 성찰하자면, 바리새적 위선적인 율법주의와 사두개적 교권주의에다 헤롯당의 정치 지원에 안주하고 맘몬 왕 노릇을 하는 자본주의 성장원리에 기초한 교회는 자기 몸 불리기에 여념이 없습니다. 진정한 책임감을 갖고 이웃을 돕고, 사회와 역사 참여의 문제는 포기해 버린 채 예언자적 증인된 삶은 사그라지고 있음을 깊은 자리에서 성찰하며 회개해야 합니다.

민족 분단의 아픔을 극복하고 민족 화해를 이룩해야 합니다

우리에겐 민족 분단의 역사와 해방의 역사가 함께 동시에 주어졌습니다. 우리는 분단을 극복하는 과정을 해방의 과정으로 받아야 합니다. 분단을 극복하기 전에는 우리가 참으로 해방되었다고 할 수 없기 때문입니다. 아직 우리는 분단의 노예입니다. 분단논리와 분단 이데올로기의 노예의 현실 속에서 살고 있습니다. 역사적으로, 실재로 이북은 우리의 동족인데, 우리는 그들을 우리의 적이고 정복의 대상이고 멸공의 대상이며, 흡수통일의 대상으로 여기는 노예근성에서 벗어나야 합니다. 우리 동족이라고 하기엔 창피한 족속이라고 생각하게 된 이 노예근성에서 우리 모두는 자유하여야 합니다.

먼저, 우리의 남과 북은 민족 자존, 자주성을 서로 존중하고, 민족 동질성을 반드시 회복하여야 합니다. 그리고 상생의 원리에 근거하여, 남북 지도자 당사자들끼리 만나고, 남북 동족들끼리 만나야 합니다. 공존과 공생, 공영하는 평화통일을 이룩해야 합니다. 시일이 걸리더라도 남과 북이 더 쉬운 교류부터 이루고 확장하며 신뢰를 구축하고 우리 남북 민족들의 교육을 실시한다면 평화통일은 반드시 올 것이라고 확신합니다.

우리 한민족의 평화통일에의 의지와 집념이 분명하고 굳은 결의로 통일에의 노력을 계속해 나갈 때, 미국, 일본, 중국, 러시아 등의 주변 나라들도 이 평화통일을 저지하거나 꺾지 못하고 오히려 지원, 협조할 것입니다. 작년 부산에서 제10차 세계교회협의회(WCC) 총회에서도 '한반도 평화와 통일에 관한 성명서'를 채택하고 적극 지원한다는 선언을 했습니다.

내년이면, 제2차 세계대전 이후 70년이 되는데, 그 동안 우리는 너무나 우유부단하고 민족자주 정신이 모자란 국민으로 강대국들에게 보인 것은 아닌지, 우리는 민족적으로 참회를 해야 합니다. 그리고 남북 정권 자들뿐만 아니라 남북 국민들 스스로가 의식을 높이고 남북이 하나의 민족으로서의 자질에 하등의 손색이 없음을 세계 열강에 분명히 보여주어야 합니다. 동시에 어느 때보다 더 국제적 이해로 얽히고, 자국의 이익, 위주의 국제사회 속에서 이에 대한 정확한 지식과 전문적인 대처 활동이 요청된다 하겠습니다.

마감의 말: 민족 화해를 위한 우리의 기도를 드립시다

해방과 민족 분단 69주년, 그 동안 한국교회는 분단 이데올로기를 조성하며, 남북 화해나 통일에의 실질적인 역할을 다 하지 못하였습니다. 그들의 복음이란 것도 축복 일변도에 역사와 현실을 외면하였고, 영적이라면서 가장 물질적이요 물량 증대에만 관심을 기울여 오히려 더 타락한 종교가 되었음을 숨길 수 없습니다. 한국교회는 이런 과오를 바로 인식하고 하나님과 민족 앞에 철저한 참회와 변화를 받아야 합니다. 우리의 교회들은 이제부터라도 가장 민족의 비극적인 요인이 민족 분단, 국토분단에 있음을 자각하고 이 문제해결에 총력을 기울여야 합니다. 한국교회 선교정책도 새롭게 평화통일을 위한, 민족 화해를 위한 프로그램으로 재편성 되어야 합니다. 이는 하나님이 우리 민족을 향하신 참된 뜻이라고 믿으시기 바랍니다.

프란치스코 교황의 방한에서 "평화는 정의의 결과"이며 정의는 우리가 과거의 불의를 잊지는 않되 용서와 관용과 협력을 통해 불의를 극복하고, 상호존중과 이해와 화해가운데 서로에게 유익한 목표를 이루어가겠다는 의지를 요구합니다. 평화란 상호비방과 무익한 비판이나 무력시위가 아닙니다. 남북한 형제자매가 누가 이기고 지는 것이 아닌 한 가족이라고 했습니다.

신약성서 에베소서 2장에는 기독교의 핵심인 예수 그리스도를 새롭게 가르칩니다. "그리스도는 우리의 평화"요 그는 "자신의 몸을 바쳐서 유대인과 이방인이 서로 원수가 되어 갈리게 했던 담을 헐어버리시고 하나로" 만드신 분(엡 2:14-16)이라고 선언합니다. 세계교회협의회(WCC)의 성명서 속에도 "그는 우리의 평화로 이 세상에 오시고(엡 2:13-19) 고난 받으시고 십자가에서 죽으신 뒤, 묻히셨다가 인류를 하나님과 화해시키고 분열과 갈등을 극복해 모든 사람들을 해방시키고 그들을 하나 되게 하시기 위해 다시 살아 나셨으며(행 10:36-40), 메시아로 새 하늘과 새 땅을 가져다주신(계 21-22장) 예수 그리스도에 대한 한국 그리스도인들의 신앙고백에 공감한다"고 합니다. 무엇보다도 1953년 7월 27일의 휴전협정을 평화협정으로 향해가는 과정은 한반도, 동북아시아 그리고 세계평화를 위해서 아주 중요합니다. 이 일에도 적극 헌신하며 기도하겠다고 다짐합니다. 바로 이런 그리스도의 화해와 일치 정신이 한국교회와 그리스도인들의 정신과 노력, 기도이고 사명이어야 합니다.

우리 교회들은 분명히 분단의 십자가적인 상황에서 고난의 종의 사명적 책임수행이 있다는 역사인식을 새롭게 해야 합니다. 우리 그리스도인 신앙의 핵심인 예수님의 자기희생과 화해정신을 본받아, 분단 한반도의 통일과 하나 되는 운동에 모든 힘을 기울여 평화통일의 참 해방을 가져오는 과제를 최우선시 해야 합니다.

그러므로 금후 한국교회는 남북 분단에서 한반도를 '하나의 새 민족으로 만들어 평화를 이룩하는 교회'가 되어야 합니다. 한반도 평화통일을 위하여 한국교회가 정신적, 물리적인 공헌이 뚜렷할 때에 비로소 하나님 선교의 새 시대가 크게 열리게 될 것입니다. 이것은 바로 예수님의 하나님 나라 운동이고 이 시대에 하나님이 한민족인 우리에게 주시는 하늘의 뜻이고 사명입니다. 성도 여러분에게 이 귀한 하나님의 은혜가 가득하기를 바랍니다.

끝으로, 분단된 이 땅에 사는 그리스도인들이 들여야 할 기도는 어떻게 해야 할까요? 현대 신학 형성에 큰 영향을 준 키에르케고르는 기도란 인간의 최후 최고의 종교행위라고 설파했습니다. 그는 '그리스도인이 되는 것'과 '개인적 실존을 실현하는 것'을 목표로 구도자적인 삶을 살았습니다. 그의 기도문 가운데, "주님의 위대하심, 나의 하찮음"이 있는데, 이렇게 기도합니다. "하늘에 계신 하나님, 제가 진정으로 자신의 하찮음을 느끼게 해 주십시오. 그러나 그것 때문에 절망하는 것이 아니라 주님의 크신 선하심을 더욱 느끼게 해 주십시오."

2014년은, 평화통일 남북 공동주일 기도문을 만들어 평화와 화해, 통일을 염원하며 광복절 직전 주일을 '공동기도주일'로 지키기로 약속한 지 25년째입니다. 참으로 어려운 시기에 남북교회가 "평화통일주일"로 지키자는 약속이었습니다. 오늘 우리 교회는 "길과 진리, 생명 되시는 주님께" 주여, 우리 민족을 불쌍히 여겨 주소서! 분단으로 모든 길이 막힌 현실을 아파하며 평화통일의 길을 열어주소서! 기도합니다.

성서와 교회 역사의 오랜 역사에도 많은 훌륭한 인물이나 신앙의 선배들은 그들의 생애에서 참으로 어렵거나 기쁠 때, 심지어 사망의 문턱을 방황 할 때에도 하나님께 무릎을 꿇고 기도했습니다. 많은 기도문이 있지만, 특별히 한반도의 평화통일을 위해서, 수없이 듣고 외우고 노래하면서도 성. 프란치스코의 "평화의 기도"는 오늘도 변함없이 우리마음 깊은 곳에 새롭게 와 닿습니다.

주여 나를 평화의 도구로 써 주소서. 미움이 있는 곳에 사랑을, 상처가 있는 곳에 용서를, 분열이 있는 곳에 일치를, 유혹이 있는 곳에 믿음을 심게 하소서. 오류가 있는 곳에 진리를, 절망이 있는 곳에 희망을, 어둠이 있는 곳에 광명을, 슬픔이 있는 곳에 기쁨을 심게 하소서. 위로 받기보다는 위로하며, 이해 받기보다는 이해하며, 사랑 받기보다는 사랑하며, 자기를 온전히 줌으로써 영생을 얻기 때문이니, 주여, 나를 평화의 도구로 써 주소서.

모든 이에게 하나님의 화해의 일꾼으로서 책임감, 사명감의 은총이 충만하시길 바랍니다.

진리 안에서 하나 되는 교회

요한복음 17:17-26, 에베소서 4:1-6

시작하는 말: 하나 됨의 의미

새해 들어, 나는 지난 1월 22일(오후 7-9시)에 천주교 명동성당에서 한국기독교교회협의회(NCCK) 가맹한 교단들과 천주교가 함께 공동으로 드린 〈2015년 한국그리스도인 일치 기도회〉에 참여한바 있습니다. 전통적으로 북반구에서 그리스도인 일치 기도주간으로 정해진 기간은 1월 18-25일입니다. 일치 기도주간은 본래 로마가톨릭과 세계교회협의회(WCC) 신앙과 직제위원회 주관으로, 신·구교간 상호방문 기도회로 개최되어 왔는데 우리나라는 1965년부터 시작해 현재까지 이르고 있는 역사적인 의미가 있는 행사입니다. 이는 "하나가 되게 해 주십시오" 하신 그리스도의 기도를 본받은 것입니다. "그들을 진리로 거룩하게 하옵소서. 아버지의 말씀은 진리입니다"(요 17:17). 오늘은 "진리 안에서 하나 되는 교회"에 대하여 말씀을 나누어 보겠습니다. J. R. 넬슨, 『하나로 지향하는 교회 ─ 한 주님, 한 교회』에 있는 내용에 많이 의존하였습니다.

하나가 된다(unity)는 말은 예수 그리스도 안에 있는 신도와 하나님과의 관계에 대해서와, 또 그리스도인 상호관계에 대해서 다같이 적용되는 말입니다. 전지전능하신 하나님께서 자기의 백성을 택하시고 부르신 것, 영원한 하나님의 말씀이 예수 그리스도의 인격이 되신 것, 그의 죽음과 부활 그리고 성령의 강림 등, 바로 이러한 영원불변한 토대 위에 그리스도교회의 일치는 기초를 두고 있는 것입니다. 또한 성경에서 일치에 대하여 증언합니다. "몸이 하나요 성령이 하나요 세례도 하나요 하나님도 하나요 만유의 아버지도 하나라"(엡 4:4-6)는 명확한 근거 위에 성립되는 것입니다.

그리스도교에서 하나가 되는 것(unity)이란 무엇보다도 먼저 교회와 그리스도가 하나 되는 것을 말합니다. 그리스도인들은 무덤에서 부활하셔서 살아계신 주님으로서의 그리스도를 섬기고 있습니다. 그리스도의 계속적인 임재에 대한 신앙이 행동으로서 나타난 것이 예배요 신앙 간증이며, 그리스도인 공동생활인 것입니다. 교회가 과거 여러 세기 동안 존속해 올 수 있는 것은 "볼지어다 내가 세상 끝 날까지 너희와 함께 있으리라"(마 28:20)고 하신 주님의 약속 때문인 것입니다.

그리스도교에서 말하는 일치는 첫째로 살아계신 주님과 전 교회와 하나 됨을 의미하고, 둘째로 주님에게 충성하는 사람들 간의 연합을 의미합니다. 초대교회에서 그리스도인들은 성령의 거룩한 임재 생활에 참여했으며, 사귐(koinonia)의 생활을 체험하면서 또 이를 간증했습니다. 형제들 간의 분쟁으로 인하여 이 같은 성도의 사귐의 생활이 위태롭게 되었을 때 사도 바울은 "평안의 매는 줄로 성령이 하나 되게 하신 것을 힘써 지키라"(엡 4:3)고 그들에게 권고했습니다.

또한 하나님은 자기의 특별한 목적을 위하여 그리스도의 몸된 교회가 하나 되기를 원하고 계신다는 것을 사도 바울은 가르쳤던 것입니다. 인간들을 하나님과 화해케 하려고 "하늘에 있는 것이나 땅에 있는 것이 모두 그의 안에서 통일되게 하시고자"(에 1:10) 오신 것입니다.

교회는 그리스도의 화해사업을 선포하고 확장하기 위하여 세상에 보냄을 받고 있기 때문에 교회의 일치는 반드시 달성되어야 할 과제가 아닐 수 없습니다. 장차 천국에서 우리가 누리게 될 완전한 화해와 하나 됨의 상징이며 동시에 그 완전한 일치에 이르기까지의 한 수단인 것입니다. 그리스도 안에서 온 세상 백성을 하나가 되게 하는 일에 교회를 사용하려는 것이 하나님의 뜻이라면 교회는 마땅히 하나가 되어야 합니다(J. R. 넬슨,『하나로 지향하는 교회 — 한 주님, 한 교회』, 1966).

하나 됨, 일치에 대한 바른 이해

하나 되는 일은 복된 일이요 아름다운 일입니다. 천지를 지으시고 역사와 인생을 주관하시는 분은 하나님이십니다. 우리를 죄악에서 구속하셔서 자유와 평화와 영생을 주시는 분은 한 분 예수 그리스도이십니다. 모든 인생들에게 구원의 길을 가르치시고 성도의 교제를 통해 순전한 기쁨과 소망을 주는 분은 거룩한 영, 성령이십니다.

요한복음 17장의 기도는 아버지와 아들 예수 그리스도가 하나이고 제자들로 말미암아 예수님을 믿게 될 성도들의 신령한 연합을 위한 기도입니다. 모든 사람의 일치를 위한 기도, 하나 됨을 위한 기도입니다. 하나 됨의 원리, 하나 됨의 진리가 상세하게 계시되어 있습니다. 하나 됨의 하나님의 뜻, 하나님의 사랑, 하나님의 공의가 절대화하면서 여타의 모든 문제는 다원적이요 상대적이요 가변적인 것으로 인식되어야 한다는 것입니다. 여기서 하나 됨의 원리가 이루어집니다.

아버지여 내게 주신 자도 나 있는 곳에 나와 함께 있어 아버지께서 창세전부터 나를 사랑하시므로 내게 주신 나의 영광을 그들로 보게 하시기를 원하옵나이다(요 17:24).

이 본문에는 신비로운 말씀이 있습니다. 하나님의 영광을 높이 찬양하며 그 안에서 이루어지는 하나님의 역사를 읽을 수가 있습니다. 하나 됨의 결과로써 하나님의 영광 안에서 성자의 영광을 따라서 하나가 된다는 것을 말씀합니다. 그러니 원칙적으로 본질적으로 하나라는 것입니다. 우리가 이것을 알고, 이것을 지키고, 이것을 위하여 사는 데에 중요성이 있다는 것입니다.

우리가 요한복음 17장에서 깨달아야 할 것은 제자성(弟子性)에 대한 이해입니다. 선생님은 예수님 한 분뿐이요 우리는 모두 제자입니다. 그는 우리를 보낸 사람이요 우리는 보냄 받은 사람입니다. 저마다 맡은바 사명이 있습니다. 게다가 하나의 목적이 있고 하나의 진리가 있습니다. 우리는 그를 위하여 살아갑니다. 그러므로 우리는 모두 지체이며 모두 제자이며 모두 종입니다. 그만이 선생이요 그만이 주인입니다. 예수님 외에 섬김 받을 사람이 아무도 없습니다. 섬기려 할 뿐입니다. 우리가 이것을 분명히 알고 깨달아야 합니다. 섬기려 하는 자는 하나 될 수 있으나 섬김을 받으려 하고 내가 주인이 되려고 할 때에는 분열뿐입니다. 다 함께 크고 놀라운 하나님의 뜻을 위하여 섬기는 자세로 임할 때에 하나가 될 수 있는 것입니다.

영어에는 '하나 됨'이라는 의미의 단어가 여럿 있습니다. 그 하나가 '유네니미티'(unanimity), 의견상의 합의를 가리킵니다. 그 둘이 '유니포미티'(uniformity), 조직과 형식상의 하나 됨입니다. 그 셋이 '유니온'(union), 개인을 무시한 정치적인 일치를 가리킵니다. 곧 동맹입니다. 그 넷이 '유니티'(unity), 정신적으로, 혹은 생활을 겸한, 다시 말해서, 내적, 외적으로 일치됨입니다. 아마도 성경에서 말씀하는바 일치라 함은 넷 가운데 'unity'에 해당된다 하겠습니다.

요즘 미국사회에서는 '미이즘'(meism)이라는 용어를 많이 쓴다고 합니다. '나주의'입니다. 에고이즘(egoism)과는 또 다른 것입니다. 나와 나에 속한 집단의 유익만을 생각하는 것입니다. 남이야 살든 말든 신경 쓰지 않습니다. 얼마나 어리석습니까? '미이즘'(meism), 집단적인 사회악입니다. 나만을 생각합니다. 아는 대로 세계가 얼마나 좁아졌습니까? 이제는 지구촌이 되었습니다. 세계는 하나임을 강하게 느낍니다. 한민족이 망하면 다른 민족도 망합니다. 한 사람이 죽으면 다른 사람도 죽습니다. 어떤 의미에서는 다른 사람이 살아야 나도 사는 것입니다. 모든 사람이 부득불 하나가 되었습니다. 그러므로 하나 됨을 힘써 지켜야 합니다. 깨닫고 하나 됨의 순수한 본질적 이해로부터 시작되어야 합니다.

예수 그리스도는 우리를 하나 되게 하심

주님께서 우리에게 본을 보여주신 것이 있습니다. 위에서 언급하였지만 요한복음 17장은 하나 됨의 가장 중요한 근거로서 하나님과 그리스도와 제자들과 그들을 통하여 앞으로 믿게 될 성도들의 하나 됨을 말씀합니다. 하나님과 그리스도가 어떻게 하나가 되었습니까? 그의 오심과 그의 사역과 그의 거룩한 역사는 물론이거니와 가장 중요한 사건, 그 극적 장면을 우리가 읽을 수 있습니다.

아빠 아버지여 아버지께는 모든 것이 가능하오니 이 잔을 내게서 옮기시옵소서 그러나 나의 원대로 마시옵고 아버지의 원대로 하옵소서(막 14:36).

겟세마네 동산에서 기도하시고 그 부조리한 십자가를 받아들이십니다. 하나님의 뜻 앞에 자신을 제물로 온전히 위탁하시는 것을 볼 수 있습니다. 이렇게 하여 하나가 되신 것입니다. 아버지의 뜻대로, 설령 그것이 참혹한 고난을 동반할지라도 그 뜻을 받아들이면서 하나가 된 것입니다. 십자가로 하나님과 하나가 된 것입니다. 진실로 예수 그리스도는 우리를 하나 되게 하십니다.

이제, 제자들은 그 예수님의 뜻을 받들어서 복음을 전합니다. 혹 복음전파 중에 제자들 간에 서로 다른 의견도 있었을 것이나, 오로지 주님의 뜻만을 위하여 나아가 마침내 순교에까지 이릅니다. 순교를 통하여 그들은 그리스도와 하나가 된 것입니다.

여기서 이제(here and now) 우리는 깊이 깨달아야 합니다. 나의 뜻을 상대화해 버리고 다른 누구의 뜻도 다 상대화 해 버리고, 오직 주님의 뜻만을 절대화 할 때에, 진리만을 절대화 할 때에, 하나님의 사랑만을 절대화 할 때에야 비로소 하나 됨의 역사는 이루어지는 것입니다. 네가 나를 사랑하고 내가 너를 사랑한다, 그렇다고 하나 되는 것이 아닙니다. 다 함께 하나님을 사랑할 때에 하나가 되는 것입니다.

하나 됨은 신령한 것입니다. 다 함께 그리스도를 사랑하는 것이요 진리 앞에 순복 하는 것입니다. 여기에 그리스도의 사랑이 있고 하나님의 사랑의 확실한 계시가 있습니다. 주님께서 말씀하십니다. "하나님이여, 이들로 하여금 하나 되게 하소서." 마침내 뜻이 하늘에서 이루어진 것같이 땅에서도 이루어 질 것입니다.

오늘의 남북관계도 마찬가지입니다. 진실로 우리 민족의 자주와 평화의 통일을 이루는 하나 됨의 역사는 예수 그리스도의 십자가 위에서만 가능합니다. 십자가를 터전으로 하여 민족 분단의 한복판에 세워진 교회가 일치와 연합으로 하나 되어서 민족의 양심을 바로 세우고 민족정기를 새롭게 갱신해 갈 때에만 가능합니다.

하나 됨은 에베소서의 중심 주제

에베소서의 중심 주제는 "하늘에 있는 것이나 땅에 있는 것이 다 그리스도 안에서 통일되게 하시려는 하나님의 계획"(1:10)이 역사 속에서 실현되었음을 확정하는데 있습니다. 무엇보다도 먼저 유대인과 이방인 사이의 분리의 담을 허물고 그들이 하나 되어서 궁극적으로 하나님과 연합되게 하는 것이 이 계획의 핵심입니다(2:11-3:13). 특히 에베소서는 논증부인 전반부(1-3장)와 권면부인 후반부(4-6장)로 나누어져 잘 구성되어 있습니다. 전반부에서는 예수 그리스도의 십자가 사건 속에서 적대관계였던 인간 집단이 하나가 되고 하나님과 인간 사이에 화해가 성립되는 위대한 구원사건이 일어났음을 천명합니다. 후반부에서는 독자들에게 그리스도 안에서 하나된 것이 그들의 함께 사는 삶 속에서 실재가 되도록 살아가라고 권고합니다.

사도 바울은 그리스도 안에서 하나 됨을 말씀합니다(2:11-22). 유대인의 관점에 의하면, 세상 사람들은 두 부류로 나뉩니다. 즉 유대인과 이방인입니다. 이방인들은 곧 죄인으로 간주되었습니다(갈 2:15). 저자는 이사야 57장 19절을 이용하여 하나님이 그리스도 안에서 하나님 가까이 있는 유대인들과 하나님으로 부터 멀리 떨어져 있는 이방인들을 연합시키셨다(2:17)고 증언합니다. 예루살렘 성전에는 '이방인의 뜰'이라고 불리는 개방된 넓은 마당이 있었습니다. 그러나 내부 뜰에는 이방인들이 들어 갈 수 없었습니다. 내부 뜰과 이방인의 뜰을 갈라놓은 돌담이 세워져 있는데, 거기에는 그리스어와 라틴어로 어떤 외국인이든지 이 안으로 들어오는 자는 죽게 될 것이다(행 21:27-29 또한 겔 44:5-9)라는 글귀가 새겨져 있었습니다. "중간에 막힌 담"(엡 2:14)이라는 것이 바로 성전 뜰에 있는 그 돌담을 가리키는 것입니다.

이러한 역사적 배경에도 사도 바울은 특별한 즉 이방인들을 위한 그의 사역(엡 3:1-13)을 감행하였습니다. 사도 바울은 다른 서신들에서처럼 자신이 이방인 사도로 부름 받았다고 증언합니다(엡 3:7-8). 또 이방인들이 그리스도 안에서 함께 상속자가 됨을 하나님이 깨닫게 해 주셨다고 말합니다. 많은 유대인 기독교도들은 이방인이 유대인으로 귀화하지 않고도 기독교인이 될 수 있다고 하는 사도 바울의 생각에 동의하지 않았습니다. 사도 바울은 로마서, 고린도전후서, 갈라디아서, 빌립보서에서 복음에 대한 다른 이해 때문에 생겨난 갈등의 문제들을 다루고 있습니다. 에베소서에서는 그런 갈등의 문제가 지나간 과거의 문제인 것처럼 보입니다.

사도 바울은 갇힌 자의 삶의 자리에서 간곡하게 하나 됨의 원리에 대한 말씀을 하셨습니다. "모든 겸손과 온유로 하고 오래 참음으로 사랑 가운데서 서로 용납하고 평안의 매는 줄로 성령이 하나 되게 하신 것을 힘써 지키라"(엡 4:2-3). 마침내 "우리 모두가 하나님의 아들을 믿는 것과 아는 일에 하나가 되어 온전한 사람을 이루어 그리스도의 장성한 분량이 충만한 데까지 이르리니"(엡 4:13)라고 말씀하셨습니다.

이것은 물론 그리스도인으로서 사랑 안에서 통일, 교회로서의 '에큐메니즘'을 말한 것입니다. 지구촌이 된 오늘에 있어서는 교회와 세계가 한집의 앞뒤 뜨락과 같은 것입니다. 여기서 말한 사도 바울의 그리스도와 만물과의 관계 — 그는 만물 위에 계시고, 만물을 꿰뚫어 계시고 만물 안에 계십니다. 풀이해 말한다면, 동이나 서, 남이나 북, 자유인이나 노예나, 자유세계나 사회주의 세계, 온 세계가 그리스도의 '인간사랑' 안에서 한 몸의 지체로 통일되어 있는 것입니다.

그리스도의 교회도 하나입니다. 그런데 유감스럽게도 2천년 역사상에 교회가 하나 되어 본적이 한 번도 없었습니다. 그렇다면 실패한 역사일까요? 물론 실패한 비극의 역사인 것만은 사실입니다. 그런데 에베소서가 우리에게 주는 교훈은 다른데 있습니다. 그리스도의 몸은 여러 지체를 지니고 있음으로, 지체마다 각기 다양한 기능을 행사함으로 여러 지체가 모여 한 몸을 이루게 하라는 뜻입니다.

다양성 속에 일치

그리스도교회는 근본적으로 하나라고 하는 성경의 교훈은 분명합니다. 성경은 일치를 예수 그리스도의 사역으로 진술하여 줍니다. "흩어진 하나님의 자녀를 모아 하나가 되게 하시고"(요 11:52) 또한 믿는 모든 사람을 서로 화해하게 하여 사랑의 한 공동체를 만드는 것임을 명백히 하고 있습니다. 그리스도께서 "저희로 다 하나가 되게 하옵소서"(요 17:21)라고 하신 '저희'라는 말은 교파를 뜻하는 것이 아닙니다. 또한 고린도전서 12장에 있는 성령의 은사의 다양성에 관한 사도 바울의 강론도 있습니다. 완전한 교회를 위해서는 하나님의 신령한 은사를 다양성 있게 구현해야 되기 때문입니다.

교파주의는 하나의 교회의 원리에 어긋난다는 것을 신약성서는 말하고 있습니다. 사도 시대에 발생했던 파벌의 실례로서는 사람들이 서로 나는 바울에게, 나는 아볼로에게 그리고 나는 게바에게 속해 있다고 하면서 다투던 고린도교회 안의 세 가지 분파를 들 수 있습니다. 그런데 이와 같은 한 교회 안의 작은 그룹들을 오늘과 같이 잘 조직된 독립적인 교파와 비교하는 데는 물론 무리가 있습니다. 그러나 초대교회 신도들의 당파근성을 공격한 바울의 말씀은 현대 교회의 교파 근성에 대한 말씀으로 이해해도 잘못은 아닌 것입니다. 그는 "그리스도께서 나누었느냐?"하고 힐문했는데 이것은 심각한 물음인 것입니다.

그러나 그리스도께서는 오직 한 분이시며 절대로 나누일 수 없는 것과 같이 교회도 하나이며 따라서 분리 될 수 없는 것입니다. 그렇다면 교회 분열의 원인은 무엇이겠습니까? 사도 바울은 '그리스도 안에

서' 살고 있다는 것을 망각하고 '일반 사람'과 꼭 같이 행동하는 육적이
고 죄악된 성질의 그 원인이 있다고 말하고 있습니다(고전 3:3-4).

여기서 우리는 완전히 기계적인 획일성(uniformity)에 대해 상고
할 필요가 있습니다. 오늘날도 세계 어느 지역에서 전체주의적 국가
와 사회가 일어나 국민을 마음대로 다스리는 권력을 행사하며 복종을
강요당할 때 사람들은 비로소 자유가 얼마나 귀중한 가를 알게 됩니다.

교회의 경우도 그와 같아서 자유를 구속하고 완전히 획일적인 교
리와 예배 형식을 강요하고 또한 획일적인 관리와 도의를 실시함으로
써만 교회의 연합이 이루어진다고 하는 두려움이 퍼지고 있습니다.
이 사람들은 교회에 대하여 분열이냐, 획일이냐의 양자택일의 길밖에
는 없다고 생각합니다. 이와 같은 잘못된 생각을 시정하기 위해서 우
리는 두 가지 사실을 알아야 합니다. 첫째는 신도들에게 완전한 획일
성을 강요하는 교파는 오늘날 없다는 것입니다. 천주교회에서도 완전
한 획일성을 강요하지 않습니다. 천주교회 안에서도 예배에 다양성이
있으며 그 사상도 여러 가지인 것입니다. 교회의 일치를 주장하는 모
든 책임 있는 지도자들은 완전한 획일성이란 피해야 할 악으로서 간주
하고 있습니다.

'다양성'(diversity)과 '분열'(division)을 우리는 명백히 구별하여야
합니다. 교회의 분열은 꼭 피해야 될 일이지만 교회의 다양성은 그렇
지 않습니다. 다양성은 오히려 교회의 건전성을 의미합니다. 교회의
다양성이나 상이성(difference)은 이를 환영해야 합니다. 하나님께서
인간을 개성 있는 개인으로 창조하였으며 인간은 기계가 찍어낸 화폐
와 같은 존재가 아닙니다. 우리 인간은 세계의 수천에 달하는 많은 언
어와 다른 지역들과 환경 속에서 교육과 문화의 다양한 곳에서 지내며
지금에 이르렀습니다. 요컨데 인간에게 이와 같은 다양성이 있기 때
문에 교회에도 다양성이 반드시 반영되어야 합니다. 기독교 신앙은

매우 포괄적이고 또 보편적으로 타당(valid)하기 때문에 개인을 자기 국가로부터 이탈시키거나 교회의 일치를 해침이 없이 그의 천부(天賦)의 다양성을 받아들일 수 있어야 합니다.

세계교회협의회(WCC)의 신앙과 직제(Faith and Order)위원회에서는 '다양성 속의 일치'(Unity in the Diversity)라는 귀한 하나 됨의 진리와 원리를 배우며 실현시켜가고 있습니다. 오늘날 세계와 한국에는 수많은 교회와 교파들이 상존하고 있습니다. 우리 교회들은 이 나라와 민족을 위하여 힘을 합하여 일하되, 때로는 아픈 상처들을 치유하는 일에 있어서도 다양성 속에서 일치를 추구하며 힘과 지혜와 물질을 모아 실현하여야 합니다. 아래로부터 봉사, 교회는 낮은 곳을 향한 공동체의 행진을 계속해야 합니다. 담벽이 없는 낮은 곳에서의 봉사, 섬김을 통해 만남과 일치, 기쁨과 평화의 새 역사의 장을 이룩해야 합니다. 특히 민족 분단의 벽을 헐어야 합니다. 민족화합의 통일을 이루어야 합니다.

끝내면서: 서로 용서함으로

하나 됨을 위하여 우리가 반듯이 꼭 실천할 항목이 있습니다. "모든 겸손과 온유로 하고 오래 참음으로 사랑 가운데서 서로 용납하고 평안의 매는 줄로 성령이 하나 되게 하신 것을 힘써 지키라"(엡 4:2-3)는 말씀입니다.

이제 실감나는 빅토 위고의 소설『레미제라블』의 이야기를 환기하며 끝내겠습니다. 여기에 장발장이라는 죄수가 나옵니다. 어쩌다가 그는 빵 한 조각을 훔쳤다가 이렇게 저렇게 죄가 불려져서 20년 동안이나 감옥살이를 합니다. 만기가 되어 출감했으나 해가 저물어도 갈 곳을 찾지 못합니다. 전과자라고 모두가 외면하기 때문입니다. 마지막으로 찾아간 사제관에서 뜻밖의 따뜻한 영접을 받고 은 식기로 식사 대접까지 받은 뒤 하룻밤을 쉽니다. 물론 신부는 그의 과거를 알면서도 묻지를 않고 좋은 손님으로 대접한 것입니다. 장발장은 이른 새벽, 다시 옛 버릇이 도져서 은 식기를 훔쳐 달아나다가 헌병에게 붙잡혀 다시 사제관으로 끌려옵니다. 이를 본 신부는 "은 식기는 내가 준 것인데, 당신 왜 은 촛대는 안 가져갔지요?"합니다.

장발장은 기적을 본 듯한 충격을 받고 감격의 눈물을 흘립니다. 그는 여기서야 인간 부활을 하게 됩니다. 비로소 회개하고 새 사람이 된 것입니다. 20년 동안 감옥에 가두어 고생을 시켰는데도 장발장은 사람이 안 되었습니다. 한 순간의 용서와 뜨거운 사랑이 그를 회개케 한 것입니다. 회개란 채찍으로 이루어지지 않습니다. 비판으로 이루어지지 않습니다. 그러나 진정한 회개가 없는 곳에 하나 됨의 역사는 없는 것입니다. 다시 한 번 포용하고 다시 한 번 인내하고 다시 한 번 뜨겁게 사랑할 때에 그래서 사랑이 큰 감격을 얻을 때에, 비로소 참 회개가 일어나고, 참 회개가 있는 곳에 하나 됨의 기적이 나타나는 것입니다. 진리로 하나 됨을 이루시는 하나님의 은총이 우리 모두에게 함께 하시기를 바랍니다.

역사의 원점과 본향 찾는 자들

창세기 32:22-32, 히브리서 11:13-16

시작하는 말

설 명절을 맞아 수많은 가족들이 고향을 찾아 나설 것입니다. 조상들에게 배례하고 가족들과 친지들과의 반가운 환대와 어른들께 세배 뒤의 덕담을 하며 음식 나누어 먹기, 즐거운 시간이겠지요. 하지만 덕담이 길어지며 구체적인 삶의 문제에 대한 뼈있는 조언과 우려도 따르겠지요. 고향을 찾는 일과 본향을 찾는다는 그 신앙적 의미도 성찰해 보아야 할 부분이라고 생각합니다.

제사에 대한 한 왕의 이야기

은나라의 성탕왕은 동이인으로서 산동반도를 거쳐 중국의 성군이 된 사람인데, 그 나라에 큰 가뭄이 7년이나 계속되어 농사가 하나도 되지 않았습니다. 태사가 점을 쳐 보고 하는 말이, 사람을 잡아 제물로 바치고 하늘에 빌라고 하였습니다. 성탕왕이 말하기를 "내가 백성을 위해 있고, 백성을 위해 하늘에 빌고자 하는데, 구태여 그래야 한다면 내 몸으로 백성의 목숨을 대신하리라" 하였다고 합니다. 성탕왕은 목욕재계하고 손톱을 깎고, 머리를 자르고, 상여 마차에 흰말을 매고, 몸에 흰 거적을 두르고 몸으로 제물 삼아 상림들의 제단 앞에 꿇어앉았습니다. 여섯 가지의 일을 들어 스스로 자기를 반성하고 책망합니다. "1) 정사를 절도 없이 했습니까? 2) 백성이 직업을 잃었습니까? 3) 궁실을 화려하게 지었습니까? 4) 궁녀들을 가까이 했습니까? 5) 뇌물을 받았습니까? 6) 남을 해치려고 거짓 증거하는 사람을 등용 했습니까?" 이 말을 끝내자마자 큰 비가 수 천리에 퍼부었다고 합니다. 이것은 제사 행위에 대한 하나의 표출이었습니다. 제사는 단순한 이기적 욕구나 간구가 아니라 하늘이 내게 원하시는 조건에 대한 응답입니다.

한국 민족의 역사와 그 원점을 찾아서

한국 민족의 역사의 원점은 무엇입니까? 역사적으로 말한다면 환단 시대를 민족의 원점으로 설정합니다. 환단 시대는 한국 민족과 한국 문화의 원점일 뿐만이 아니라, 동양 문화, 수메르 문화의 원점이기도 합니다. 한국 민족은 종교적인 민족입니다. 환단 시대는 신정 시대였으니, 그 신관 또한 고등 종교와 같은 경지를 점하고 있었습니다.

환단 시대의 윤리는 신률에 속한 것입니다. 단군의 다섯 계명을 소개한다면 다음과 같습니다. "1) 정성스럽고 믿어서 거짓이 없을 것, 2) 경건하고 부지런하여 게으르지 않을 것, 3) 효성스럽고 순종하여 어기지 않을 것, 4) 염치가 있고 의로와 음란하지 않을 것, 5) 겸손하고 화목하여 싸우지 않을 것"(『단군본기』, 『태백일사』).

모세 오경에 십계명이 있지만 그 중에서 하나님에 대한 계명을 빼면 인간끼리의 계명은 여섯 계명이 됩니다. 단군의 계명은 순 인간관계만을 다섯 항목으로 기록하여, 주로 개인 윤리와 이웃 윤리에 중점을 두고 있습니다.

　서양에서는 일곱을 완전수로 다루지만, 동양에서는 다섯을 완전수로 여깁니다. 빛깔도 청, 황, 적, 백, 흑을 오색이라고 합니다. 맛도 단 것, 짠 것, 신 것, 매운 것, 쓴 것이 곧 그것입니다. 음악 곡조도 오음, 즉 궁상각치우의 다섯 음계를 만들었습니다. 방향은 동서남북과 중앙의 다섯 방위이고, 곡식 또한 오곡이라고 하며, 도덕도 오륜입니다. 단군이 오계를 선포했다는 것도 환단 시대의 원점에서 샘솟는 우리 민족 윤리의 원형이라 하겠습니다. 서양 역사가 폭력주의 역사라면 한국 역사는 윤리를 심장으로 한 진인의 역사라도 무방할 것입니다. 환단 시대를 원점으로 한 시각에서 하는 말입니다.

　환단 시대의 관할지역과 그 문화권은 광대했다고 합니다. 중국, 일본, 중앙아시아 그리고 수메르 문명의 모체이기도 합니다. 아브라함의 고향인 '우르'는 우리 환단 고어에서 '소'란 말이고 '수메르'는 '소머리 문명'의 우리말인 '소머리'입니다. 단군 왕국의 수도 '아사달'은 송화강변의 '할빈'이라고 합니다. 송화강을 소머리강이라고 한다는 것입니다. 천지에서 송화강이 흘러내려와 지금의 만주 벌판에서 우리 민족의 젖줄이 되었다고 합니다.

　우리나라 상고사와 원점을 환단 시대에 두었고, 우리 민족이 단군을 민족의 할아버지라고 믿는 것은 당연한 것입니다. 이것은 역사적인 관점에서 하는 말이요, 종교적인 관점에서 하는 말이 아닙니다. 환웅이 데리고 온 부하 삼천 명은 어중이떠중이가 아닌, 가장 우수한 전문 지도자들이었을 것입니다. "풍백, 우사, 운사(기상학자였을 것)를 거느리고 식량과 생명, 형벌, 질병, 선악을 주관하시매, 무릇 인간의 360여 가지의 일들을 주관하셨습니다. 세상에 계실 때 홍익인간의 도리로써 교화하셨습니다"(원동중, 『삼성기』 하편). 그러나 그 수많은 일들에도 불구하고 그 목적은 하나였다고 할 수 있습니다. 인간을 인간답게 교화, 이화하여 홍익인간, 즉 광범위한 인간화에 초점을 두라는 것이었습니다.

이런 방향에서 우리 민족 상고 역사의 원점을 단군 왕조, 즉 환단 시대에 두자는 것입니다. 그렇게 하면 우리 민족의 성격이 옹졸해지거나, 무기력하거나, 비전을 잃거나, 민족 생명의 노쇠를 초래하는 등의 망조를 초극할 수 있을 것입니다. 우리가 잃어버린 고토를 도로 찾겠다는 군사적, 정치적인 침략 근성을 고취하려는 것이 아닙니다. 환단 상고사의 높고 넓은 윤리적 역사를 세계에 선포하라는 것입니다.

우리 민족은 많은 것을 잃었습니다. 선을 위해 바르게 잃는 것은 우리 민족에게 영광으로 되돌아옵니다. 그러나 그렇게 되는 데에는 반드시 통과해야 할 좁고 험한 길이 있습니다. 그것은 원점에 돌아가 새 역사 창조의 새 출발을 시도하는 그것입니다. 원점에 돌아간다는 것과 새로 출발한다는 것은 진리를 따라, 돌이켜 새 역사의 길을 걷는 그것입니다("한국 역사와 그 원점", 『김재준전집 18』, 228-247 참조).

따라서 우리 민족의 자주성이라는 척도에 따라서 고구려의 자주정신, 나라의 자주를 위해서 중국과 일대일로 대결한 을지문덕, 연개소문, 양만춘 등을 민족 정신의 효시로 잡고 평가하고 있습니다. 고구려의 멸망은 한국인의 자주성과 한국 역사의 결정적 분수령이 되었다고 합니다. 그때부터 우리 민족과 우리 역사는 외세에 눌려 기를 펴지 못하고 위축일로를 걸었다는 역사 관찰을 할 수 있습니다. 그리고 신라가 외세인 당나라를 끌어들여 삼국을 통일한 것을 김재준 목사님은 매우 부정적으로 평가했습니다. 그 뒤로 고려와 조선조 그리고 일제 강점과 그 이후 미국 지배 등 일련의 역사는 민족의 자주성과 민족정기의 위축의 일로였다는 것이 그분의 역사 관찰입니다.

생명의 본향을 찾는다는 의미에 대하여 생각해 봅니다

우리는 음력 설, 민속의 절기에 고향을 찾아가는 분주한 그러면서도 즐겁고 벅찬 모습의 사람들의 발걸음을 봅니다. 여기서 우리는 삶의 원점인 본향을 그리워하는 마음을 가지고 있음을 보게 됩니다. 우리는 육신의 몸뚱이가 태어난 산천의 고향을 넘어서 우리 생명의 영원한 본향을 그리워하고 찾는 것을 보게 됩니다. 바로 이러한 맥락에서 육신의 고향을 찾는 것은 생명의 본향을 찾는 것, 신앙과 희망, 나아가 사랑의 고향을 찾는 것이라 할 수 있습니다.

우리의 삶의 원점, 생명이 돌아갈 영원한 본향은 어디이고 그곳은 어디에 있으며, 그 본향에는 누가 있어서 우리를 기다리기에 인간은 본향을 찾아 나그네의 인생길을 걸어가는 것일까요? 신약성서의 본문 히브리서 11장은 믿음으로 약속의 땅을 바라보면서 살다가 가신 신앙인들의 행적입니다. 구약성서 본문 역시 고향을 찾아가는 야곱의 신앙적 결투를 생생히 보여주고 있습니다. 그 의미는 다음과 같이 정리해 볼 수 있습니다.

1) 오늘 우리 인간의 삶이란 하늘에서 뚝 떨어지거나 땅속에서 갑자기 솟아난 것이 아니라 역사의 산물이요, 따라서 사람은 역사 흐름의 물줄기 속에서 비로소 사람 노릇을 할 수 있다는 것을 의미합니다. 성서는 모두 역사 이야기입니다. 역사를 모르고서는 나와 우리의 오늘을 안다고 할 수는 없습니다. 그러한 의미에서 바른 역사 교육은 우리 민족의 사활을 좌우하는 것이라 할 수 있습니다. 오늘의 역사 왜곡의 안타까움을 통탄합니다. 역사 교육을 소홀히 하는 백성은 망하고 맙니다. 사람의 뿌리를 잃어버리기 때문입니다.

2) 역사를 이야기하는 것은 단순히 과거 조상들의 옛이야기를 반복하는데 목적이 있지 않습니다. 그 역사의 옛이야기가 지금 오늘을

살아가는 현재의 사람들에게 갖는 뜻을 되새겨 묻는 것입니다. 사실 조용히 생각하면 조상들은 과거의 기억 속에 있는 것이 아니고 오늘을 살아가는 그 후손들의 생명과 마음속에 살아서 숨 쉬고 있는 것입니다. 과거의 사실들은 오늘 현재 속에서 새로운 형태로 살아나 영향을 끼치는 것입니다. 오늘 우리의 생명과 삶은 우리의 것이 아니고 과거를 이어온 조상들의 피땀과 노력의 결실인 것입니다.

3) 역사와 조상들을 이야기하는 것, 아브라함과 이삭, 야곱 등 족장들의 이야기를 하는 것은 그들의 핏줄을 확인하려는 인간적 동기가 아니라, 그들을 불러서 약속의 백성으로 삼으시는 살아계신 하나님의 경륜을 증언하기 위한 것입니다. 이스라엘의 조상 아브라함이 갈대아 우르와 하란을 떠나 가나안 땅에 입주한 일, 이스라엘 족속의 애굽 피난과 민족 형성과 십계명의 계약을 받은 일이 모두 구원 사건입니다. 성서는 바로 이 구원의 역사와 구원하시는 주 하나님을 증언하는 것입니다.

4) 특별히 이스라엘 백성이 외국 땅에서 나그네가 되고 종이 되어 학대 받고 고난 속에 시달릴 때 그들을 찾아 구원해 주시는 긍휼과 자비가 풍성하신 하나님을 증언하고 있다는 사실입니다. 고통 속에서 울부짖으며 종살이 속에서 시달릴 때, 어머니가 자식을 불쌍히 여기심 같이 말할 수 없는 아픈 마음으로 인간과 피조물 속에 깊이 개입하시는 하나님의 본성, 곧 긍휼과 자비와 의로우심과 거룩하심을 증언해 줍니다.

구원의 역사와 일반의 역사 관계에 대하여 생각해 봅니다

그렇다면 옛 이스라엘 조상의 이야기와 오늘 우리의 삶과는 무슨 관계가 있습니까? 우리 조상들의 하나님, 만주 벌판과 한반도에 들어

와서 고난의 역사를 헤쳐 가면서 살아오신 우리 조상들은 아브라함, 이삭, 야곱의 하나님과 또 그들과 관계된 옛이야기와 아무 관계도 없는 것일까요? 아닙니다. 그것은 육신의 후손이 아니라 믿음의 씨앗으로 거듭난 아브라함의 후손, 곧 믿음의 씨앗을 말하는 것입니다. 하나님의 자녀가 되는 것은 육정으로나 혈통으로 되는 것이 아니라 하나님의 은혜로 부르심 받고 성령으로 거듭남으로 믿음의 후손이 되는 것입니다.

혈통적인 이스라엘 백성 못지않게 한 피를 나눈 우리 한민족은 고난과 종살이와 역경의 역사 속을 헤쳐 왔습니다. 지금의 우리 민족은 절대 빈곤의 상태에서 벗어났지만 수천 년간 우리 조상들은 가난과 배고픔, 정치적 억압과 외국의 침입, 식민 종살이와 국제 열강들의 말발굽에 찢기고 고통당했으며, 심지어 이름과 성씨까지 바꾸고 전쟁터에 끌려가거나 정신대로 불려 나갔고 급기야 동족상잔의 비극을 겪기도 했습니다.

그러나 하나님이 우리 민족을 수난의 풀무 불 속에 연단하심은 세계 구원의 특별한 섭리가 우리 한 민족에게 있기 때문입니다. 북 이스라엘과 남 유다가 남북으로 나누이듯이, 형 에서와 동생 야곱이 서로 장자 직분을 놓고 다투듯이, 또한 에스겔의 환상처럼 북 이스라엘과 남 유다가 하나의 막대기로 연결되듯이, 이스라엘 백성이 세계 구원의 섭리 그릇으로 선택 되듯이, 우리 한 민족은 아시아와 세계를 구원하시려는 하나님의 섭리의 도구로 선택 받았으며, 따라서 우리는 하나님의 경륜 안에 있다고 고백해야 합니다.

믿음의 영원한 본향은 생명과 빛, 사랑이 다스리는 영생의 나라

이제 우리는 믿음의 눈을 들어 고향을 찾는 우리 민족의 대이동을 향해 신앙의 방향과 말씀의 핵심을 제시해야 합니다. 히브리서 기자의 말대로 우리에게는 영원한 하늘의 본향이 있습니다. 하나님만이 우리의 궁극적 본향이요 하나님 나라가 우리의 들어갈 고향입니다. 그것은 예수 그리스도 안에서 계시된 생명의 길이요 진리인 것입니다. 그러므로 예수 그리스도가 삶의 원점이요, 우리의 참 본향은 하나님이 주권을 가지신 하나님의 나라입니다.

설 명절을 맞아 조상의 무덤을 찾아 성묘한다 해도 땅의 질서 속에서는 아무 대답이 없습니다. 우리는 길 잃은 나그네이고, 고향을 잃은 탕자들입니다. 그러나 길이신 주님께서 우리에게 길 되시고 탕자인 우리를 아버지 집으로 인도 하셨습니다. 은혜를 모르고 헤매던 우리 백성에게 독생자의 복음을 빛으로 주셔서 예수 그리스도 안에서 썩지 않고 쇠하지 않는 영원한 기업을 잇게 하셨습니다.

이제 우리는 설 명절을 맞아서 다음 세 가지를 자각하고 믿음으로 고백함이 좋겠습니다.

1) 우리 믿는 자들의 순례길, 여행길, 고향 찾는 발걸음은 향방 없는 것도 아니요 단순히 혈육의 고향산천을 향하는 것이 아니라, 믿음의 영원한 본향, 하나님이 그리스도 안에서 이루신 생명의 나라, 빛의 나라, 영생의 나라를 찾아가는 길이라는 자각입니다.

2) 오늘 우리의 삶이 가능함은 우리 조상들의 피 땀 어린 노력과 애씀, 그들의 고난과 시련을 하나님께서 긍휼히 여기시고 용납하셔서 우리 조상과 민족을 하나님의 섭리 백성으로 삼으셨기 때문이라는 은혜의 고백을 할 수 있어야 합니다. 따라서 우리 민족은 가인의 혈육적 원리 즉 이기심, 난폭함, 교만, 탐심, 살육, 혈기로 살려 한다면 모두 망할 것이요, 아벨의 성령적 원리 곧 사랑과 섬김과 겸손과 예배와 봉사와 형제우애의 정신으로 산다면 축복받고 하나님의 세계 경륜의 그릇과 도구로 선택될 것이라는 신앙고백에 따라 살아야 합니다.

3) 설 명절은 원단이라 하여 부모 형제가 하나 되고 화목하며 새로

운 출발을 다짐하는 축복의 날입니다. 서로 장자의 축복권을 독차지하려고 에서와 야곱이 20여 년을 으르렁거리듯, 우리 민족은 그보다 세배나 더 긴 세월 동안 남과 북이 서로 장자권을 주장하며 갈라져 싸워 왔습니다. 그러나 이제 역사에 새로운 전기가 왔습니다. 에서와 야곱이 서로 만나 서로 껴안고 용서하고 형제애를 확인하면서 서로 울었듯이, 남과 북은 한 형제로 화해하고 교류하고 협력하여 평화와 통일을 이뤄야 합니다. 이것이 하늘의 뜻입니다.

결론: 신앙의 재 각성과 새 사람이 된 브니엘의 체험

여기에 잊지 말아야 할 중요한 사실이 있습니다. 그것은 정치, 경제, 사회적 통일의 차원을 넘어서서 신앙적으로 하나님의 축복을 받고, 믿음의 조상들의 정통성을 계승할 수 있는가는 신앙에 달려 있다는 점입니다. 다시 말해서 얍복강의 나룻터에서 밤새도록 환도뼈가 위골되는 씨름을 하면서 야곱 이름을 이스라엘로 바꿔 받는 경험을 할 수 있느냐에 달려 있습니다. '야곱'이라는 말뜻은 속이는 자, 영리하고 꾀 많은 사람의 상징입니다. 세상을 계산과 요령과 잔꾀로 살아가는 자기중심적 삶의 인간을 말합니다. 그러나 '이스라엘'은 하나님의 다스리심, 하나님과 겨룸을 뜻합니다. 곧 믿음, 용기, 끈질김, 진지함, 성실, 진실의 뜻이 담긴 삶의 인간 원형을 말합니다.

야곱은 밤새도록 씨름하고 환도뼈가 위골되어 절둑거리면서도 아침 해가 돋을 때 얍복강을 건너 명실공히 약속의 땅에 들어감을 허락받았습니다. 그때 그의 마음에 아하 내가 하나님의 얼굴을 뵈었구나! 하나님의 축복을 입었구나! 라는 신앙적 깨달음 곧 '브니엘'의 체험을 한 것입니다. 이제 우리는 겨레가 응답의 메아리 없는 고향산천을 찾아 성묘하는 혈육의 차원을 넘어 은혜의 눈을 떠서 브니엘의 체험을 하는 새해가 되기를 기원해 봅시다. 설 명절을 한 번 더 지냄으로 우리 신앙인의 영의 눈이 더 밝아지고 속사람이 성숙해져서 영생의 축복과 예수 그리스도 안에 나타난 사랑의 높이와 깊이, 넓이와 길이를 깨닫는 브니엘의 축복의 아침, 벧엘의 가정 제단을 쌓는 복된 새해가 되시기를 기원합니다.

그리스도는 우리의 평화
: 하나의 새 민족으로

마태복음 6:14-15, 에베소서 2:14-16

　　해방을 의미하는 영어의 Liberation은 자유하게 한다는 뜻입니다. 어떤 억압과 구속이 있을 때 억압과 구속으로부터 벗어나는 것이 해방이고 자유입니다. 우리는 '해방'하면 8.15 해방, 일제 36년간의 억압과 속박이 1945년 8월 15일에 제2차 세계대전에서 연합국의 승리로 일시에 주어진 뜻깊은 감격, 기쁨을 민족적으로 경험한 해방입니다. 이는 진실로 성서적으로 이스라엘 민족의 출애굽 사건만큼이나 의미 깊은 잊을 수 없는 역사적 사건입니다.

　　그러나 해방과 자유의 그 기쁨과 감격은 잠시요, 더 비참한 남북분단의 비극이 뒤를 이었습니다. 해방 이후 67년이 지나는 동안, 세계 모든 이데올로기로 인한 분단국가들이 통일, 화해, 평화를 되찾았습니다. 유독 한반도에서만 동족상쟁의 6.25 전쟁을 치루었고, 군사독재자들로 인해 민주화 실현에 많은 세월을 보내야 했고, 평화를 찾는 데는 멀어져만 갔습니다. 이후 남북 정상의 만남으로 화해 분위기가 이루어지는가 했지만, 국제정세는 한반도 통일을 어렵게 만들고, 남북 간의 정세도 평화 준비는 되지 않은 상태로 극한의 힘 다루기로 나아가는 상황입니다. 북쪽은 중국에 밀착해 가고 있고, 남한은 미국 주도하에 남북관계 질서에 따르고 있습니다.

산상수훈(마 6장)에서 '어떻게 기도할 것인가' 하는 제자들의 요청에 주기도문을 가르치던 예수는 하나님과 우리를 위해 가장 중요한 몇 가지를 기도 제목으로 제시하였습니다. 우리가 이 세상에서 사는데 있어 매일 필요한 양식 다음으로 용서를 가르칩니다. "우리가 우리에게 죄지은 자를 용서하여 준 것 같이 우리의 죄를 용서하여 달라"고 기도하라고 했습니다. 매일의 양식 없이 우리는 살 수 없습니다. 동시에 사람들과 함께 살면서 피차 용서 없이는 이 사회 그 어떤 공동체도 존재할 수 없다는 원칙을 가르칩니다. 가장 작은 단위인 부부나 가족에서부터 신앙공동체인 교회까지 용서 없이는 결코 평화가 있을 수 없고 그 보존이나 발전도 있을 수 없습니다. 사람은 누구나 신분 고하를 막론하고 약점과 실수를 범하는 존재입니다. 예수는 누구보다 이런 인간의 본질과 진상을 바로 알았기에 용서를 사회나 교회 공동체의 기본 원리로 삼았습니다.

주기도문에서 이렇게 용서를 강조하고도 부족하여 예수는 하나님의 용서에 단서를 붙이며 인간이 이 땅에서 함께 평화롭게 사는 원리로서 우리 인간의 용서가 필수적임을 말씀하셨습니다. "너희가 사람의 잘못을 용서하면 너희 하늘 아버지께서도 너희 잘못을 용서하시려니와 너희가 사람의 잘못을 용서하지 아니하면 너희 아버지께서도 너희 잘못을 영서하지 아니하시리라"(마 6:14-15). 용서 받기를 원한다면 우리도 내게 잘못한 그 누구의 허물도 용서할 줄 알아야 합니다. 용서의 중요성을 위해 예수는 아주 엄하게 경고합니다. 만약 우리가 다른 사람의 과오를 용서치 않는다면 하나님도 우리의 용서를 거절하신다는 것입니다. 따라서 우리가 하나님께 우리 죄 사함을 간구할 때마다, 우리가 자문할 일은 "나도 내게 잘못한 그 누구라도 용서했는가?"하는 것입니다.

베드로가 용서에 대해 예수께 의논하면서 내 형제의 잘못에 대해 몇 번까지 용서할까 묻습니다. "7번까지면 될까요"라며 묻습니다(마 18:21). 유대인의 법도를 잘 아는 베드로이기에, 이웃의 용서는 세 번이면 된다는 랍비의 가르침을 생각하며, 사실 그는 예수에게 상당한 칭찬을 기대하며 한 질문이었습니다. 그러나 뜻밖에 예수는 "7번만이 아니라 7번을 70번까지라도 해야 한다"(마 18:23)고 했습니다. 이는 결코 용서에는 끝이 없다는 뜻입니다. 그들이 참으로 뉘우치거든 언제나 용서하라는 것입니다. 용서하지 못하는 자는 하나님의 사람이 될 수 없습니다. 내 형제 자매나 교우, 그 어느 종교나 종족의 그 누구라도 아직도 용서 못하고 마음속으로는 미워하는 자가 있습니까? 여전히 그 누가 원망스럽고 섭섭하며 소원한 자는 없는지 우리는 지금 깊이 자문해야 합니다. 용서와 화해의 소중함을 가르치던 예수는 제단에 봉헌할 때에라도 형제자매에게 아직도 거리낌이 있다면, 그 헌물을 거기 둔 채 먼저 되돌아가 그와 화해하고 다시 오라고까지 가르쳤습니다. 함께 여행하듯 가는 그가 갑자기 세상을 떠나게 된다면 화해할 길이 없고, 하나님 앞에 서게 되는 날 부끄러울까 두려워서 라고 했습니다.

펜롭(Penelope J. Stokes)은 〈엑스해일을 기다리며〉(Waiting to Exhale)라는 영화의 한 장면에 대해 언급합니다. 남편의 불륜에 희생된 한 여인이 분을 참지 못해 그의 옷, 신, 벽장에 있는 모든 물건들을 비싼 그의 벤츠 차에 쳐 넣고 불 지르면서 그녀의 결혼이 불타고 있는 증거로 여기며 눈물짓는 장면입니다. 많은 관객들은 박수 치며 기뻐했습니다. 그러나 펜롭은 함께 울었습니다. 그녀의 마음속 깊숙이 잠긴 분노의 노출이 한풀이는 될지 모르나 그녀의 상처를 치유하는 데는 아무런 도움이 되지 않음을 알기 때문입니다. 치유를 향한 동작이란 분통을 터트리는 것을 넘어 그녀가 어떻게 용서할까를 배워야 합니다. 치유는 분노와 성냄, 미움이나 격리가 아니라 용서와 화해의 길에서만 가능합니다.

1백세 이상을 산 노인들의 삶을 연구한 심리학자 브리클리 박사(Dr. Michael Brickley)는 다음과 같은 사실을 발견했습니다. 그들은 과거의 '감정적 찌꺼기'(emotional baggage)를 잘 털어 버린 자들입니다. 그들에게도 과거의 슬픔, 배신, 상처, 완성하지 못한 일, 해결 안된 관계나 후회스러운 일들이 없지 않았습니다. 그러나 이들은 하나같이 건강하고 적극적인 방법으로 이전 찌꺼기들을 깨끗이 털어버렸습니다. 주어진 오늘의 하루하루를 기쁘고 즐겁게 감사하며 사는 사람들이었습니다. 1백세까지 사는 장수의 비결은 몸 관리를 잘하며 운동을 열심히 하는 자들이기 보다는 저들의 마음과 심혼을 더 잘 지키고 다스리는 자들이라는 보고가 있습니다.

용서와 화해에 관한 예수의 가르침에서 우리가 배우며 고백해야 할 비밀이 있습니다. 무엇보다 누구나 용서하지 않는다면 그 자신이 온전한 사람이 되는 자유가 없다는 것입니다. 사실 용서할 수 없는 사람은 온전한 사람이 되는 자유가 없습니다. 그러나 아직도 이 세상엔 저들 자신의 분노, 상처, 과거로부터 해방되지 못하는 무능 때문에 과거의 노예로 잡혀있는 자들이 얼마나 많습니까? 우리 누구도 과거, 나의 어린 시절의 불행이나 분노, 그 밖의 여러 주변인들의 상처, 실망스런 언동 때문에 아직도 거기서 해방되지 못한 불행은 없기를 바랍니다. 평화와 화해의 첫 단계입니다.

용서와 화해의 결정적인 것은 예수의 십자가입니다. 용서할 수 있는 능력을 우리는 거기서 찾을 수 있습니다. 예수께서 유대 종교 지도자들과 로마 정치인 군병들에 의해 십자가에 못 박혀 운명하던 순간, 십자가 위에서 남겼다는 예수의 마지막 일곱 마디의 첫째 말씀, "하나님이여, 저들을 용서해 달라"는 간구입니다. 유대 종교인이든, 로마 정치가나 군인이든, 저들은 다 자기들이 하고 있는 일이 무엇인지조차 알지 못하기에 용서해 달라는 것입니다. 자기를 십자가에 못 박고 조롱하며 침 뱉고 주먹질하던 저들을 용서해 달라며 측은히 여기던 예수, 그 십자가의 현장과 목소리를 듣고 깨닫는 자라면 이 세상 그 누구든 용서 못할 일이 있겠습니까?

우리가 아무리 억울하고 분할지라도 예수의 십자가를 보고 그의 음성을 듣고 생각하게 될 때면, 오히려 송구하고 감격스러울 뿐입니다. 그 무엇보다도 분노보다는 용서와 화해, 차라리 감사함으로 변하는 위력은 다 예수의 십자가의 숨겨진 비밀 때문입니다. 진실한 그리스도인이라면 예수의 한 생에서 이런 용서나 화해는 몇 번이고 체험되는 사건들이 아닐 수 없습니다. 예수의 십자가는 용서의 극치요 모든 평화와 화해는 이 십자가에 달려 있고 또한 용서의 힘도 거기서 나옵니다.

여순 반란 사건 때 손양원 목사는 자기의 두 아들을 죽이고 체포된 빨치산 청년을 용서할 뿐만 아니라 자기의 양자로 삼았습니다. 인간 세상의 법으로나 윤리, 도덕으로는 전혀 불가능한 것이나, 하나님의 사랑과 그리스도의 십자가, 성령의 강한 역사가 이런 용서와 사랑을 가능케 한 것입니다. 이런 진리는 예수의 때나 오늘이나 동일한 위력을 가집니다. 그리스도를 통한 하나님의 참 용서와 구원의 사랑을 체험한 자들만이 지금도 여전히 이러한 용서와 사랑을 원수들에게까지 베풀고 있습니다.

미국의 민권운동가 루터 킹이 흑인들을 향해 백인들을 미워하지 말라고 한 것도 같은 맥락의 하나님의 사죄의 사랑을 체험하며 한 말입니다. 흑인이 백인을 미워한다면 백인들의 흑인 증오를 탓할 수 없기 때문입니다. 그는 동시에 백인들에게 흑인 민권운동은 결코 흑인만 위한 것이 아니라 백인의 자유를 위해서라며 누구를 미워하는 동안 그 죄의 포로가 되기에 참된 해방을 위해 백인들은 흑인 차별을 중단해야 했습니다.

우리 한민족이 걸어온 지난날들과 한반도의 분단도, 용서와 화해가 그 과거를 변경할 수는 없으나 오늘의 통일과 한민족의 앞날을 전혀 새롭게 할 수 있습니다. 지금 우리 한민족에게 있어서 해볼만한 가장 위대한 일이 한 가지 있다고 확신합니다. 남북관계의 개선을 위하여 먼저 우리의 '권력을 사심 없이 화해의 도구로 사용하는 결단'입니다. 여기에는 실로 화해의 용기가 필요할 것입니다. 그야말로 남과 북이 하나님께 모든 것을 바치는 믿음으로 나올 때 그와 같은 용기가 나올 수 있을 것입니다. 자기를 버리고 죽으려 할 때 살고, 이기적으로 살려 할 때 죽는다는 것은 진리입니다. 진정으로 위대한 용기를 지닌 사람은 살아남는 이 진리를 터득할 것입니다. 이러한 용기, 용서와 화해의 진리를 실현하려는 민족적인 각성과 실천운동에서 하나의 새 민족으로의 역사를 일으킬 것입니다.

우리 민족은 아직까지 분단의 재앙에서 벗어나지 못하고 있습니다. 해방 후 67년, 통일의 기운이 조금이라도 성숙되어야 하는데 아직 불신과 증오를 굳히고 있습니다. 오늘의 세계에서는 남한도 북한도 세계화에 동참해야 합니다. 따라서 남북한은 내부에서부터 서로 증오를 키우는 일을 중단하고 남북한이 공조해야 합니다. 긴요한 일은 민주주의와 개방체제의 육성을 위해 상상의 진리를 적용해야 합니다. 누가 상생의 길을 열겠습니까? 한반도의 주변 강대국들이 상생의 길을 열겠습니까? 이해관계에 복잡하게 얽힌 주변의 나라들에 의존하기 보다는 우리 한민족 남북 당사자들의 몫입니다. 동북아시아의 평화를 실현할 주도적인 민족은 우리 한민족임을 먼저 자각을 해야 합니다. 상생의 진리를 깨닫고, 그 진리를 실천하려는 우리 민족끼리, 남북이 상호간에 공조를 하며 평화통일의 주도적 역할을 해야 합니다. 그리 할 때 우리는 통일이라는 정말, 죄악의 분단으로 부터 해방, 자유함을 갖게 될 것입니다.

우리 민족 내부의 이 모든 분열을 타게 함에는 모든 민간들로부터 교회와 사회 각 계층, 특히 권력을 화해의 도구로 전환해 사용하는 지도자들의 지도력을 용기 있게 발휘할 때 평화통일, 자유 해방을 맞도록 하나님께서 허락하실 것이라 믿습니다.

에베소서 2장에는 기독교의 핵심인 예수 그리스도를 새롭게 가르칩니다. "그리스도는 우리의 평화요" 그는 "자신의 몸을 바쳐서 유대인과 이방인이 서로 원수가 된 것 곧 중간에 막힌 담을 허시고 하나로" 만드신 분입니다. 분단된 한반도에서 교회는 지난 67년 동안 자신의 몸을 바쳐 동족 간의 원수 된 골을 화해시켜 하나 되게 하기 보다는 오히려 분단을 더 조장하고 견고하게 했다는 솔직한 죄책 고백을 함이 옳을 것입니다. 한국교회는 그 동안의 과오를 회개하고 반성하며 변화하여 그리스도가 보여준 화해와 통일, 하나 되게 하는 화합의 정신을 철저히 따라야 합니다.

세계에서 유일하게 이데올로기로 인한 분단 상태인 한국 땅의 교회들은 세계 제일의 교세나 선교사 파송의 제일국으로만 자랑할 것이 아닙니다. 그리스도인 신앙의 핵심인 예수의 자기희생과 화해의 정신을 본받아 분단 한반도의 통일과 하나 되는 새 민족으로 평화를 가져오는 과제를 최우선으로 해야 합니다. 교회의 세속화 속에서 성장 신화에 사로잡혀 있거나, 물량 증대에나 관심을 갖고 그 속에서 안주하며 스스로의 자족과 평안만을 누린다면, 이는 교회의 바벨론 포로이겠고, 두말할 나위 없이 하나님과 그리스도에게 죄를 짓는 소행이 될 것입니다.

빵 없이 인간의 생명을 유지할 수 없는 것과 같이 용서 없이는 함께 살 수 없는 이 땅에서 그 어떤 공동체나 사회와 나라, 세계는 공존 공생할 수 없습니다. 예수의 용서와 화해 정신의 실천이 온 세계에 가득하기를 기도합니다.

8월 해방의 절기를 민족 평화통일의 달로, 한국교회는 남북 분단 한반도를 '하나의 새 민족으로 만들어 평화를 이룩하는 교회'가 되어야 합니다. 나아가 십자가에서 죽으심으로 둘을 한 몸으로 만들어 모든 원수를 화해시키며 '평화의 기쁜 소식'을 전하는 그리스도의 참된 복음을 최우선으로 삼아야 합니다. 한국교회가 한반도 평화통일에 정신적, 물질적인 공헌이 뚜렷하게 할 때에 비로소 선교의 새 시대가 크게 열리게 될 것입니다.

새해, 온 땅에 임할 평화

이사야 7:14, 9:6-7, 11:1-9, 마태복음 1:18-25

들어가며: 길을 예비하라

예언자 제2이사야는 "광야에서 여호와의 길을 예비하라 사막에서 우리 하나님의 대로를 평탄하게 하라 골짜기마다 돋우어지며 산마다, 언덕마다 낮아지며 고르지 아니한 곳이 평탄하게 되며 험한 곳이 평지가 될 것이요"(사 40:3-4)라고 하나님의 말씀을 선포했습니다.

예수께서 공생애를 시작하실 무렵에 세례 요한이라는 의인이 나타나 이사야의 글대로 앞서 길을 예비하였습니다. 요한이 입을 열면 당시의 부정부패한 예루살렘의 바리새인들과 사두개인들 그리고 정권의 실세들까지 두려워하였습니다. 요한은 메뚜기와 석청을 먹으며 피부를 긁어대는 불편한 가죽옷을 입고 무엇을 원하거나 바라지 않고 정의로운 말씀을 두려움 없이 쏟아냈습니다. 공의가 빛처럼 드러나고, 구원이 횃불처럼 나타날 때까지! 새로운 세상 나라, 평화의 나라는 그냥 저절로 주어지는 것이 아닙니다. 새 시대는 역사의 주권자 하나님과 역사를 살아가는 우리 그리스도인들의 합작품인 것입니다. 합작할 때에야 새 시대 민주, 평등의 세상이, 평화의 나라가 열린다는 것입니다. 이것이 하나님의 말씀, 성서의 가르침입니다.

오늘의 세계는 테러와의 전쟁, 강대국 간의 무기 경쟁을 계속하고 있으며, 남북관계 개선도 굳어져 있고, 한국 사회는 부정부패로 돈과 권력, 오만과 탐욕의 쇠사슬에 묶여있는 상태입니다. 다시 솟아나는 방산비리의 구조와 원천의 암 덩어리, 힘센 자들과 군에 대한 불신은 가히 분노가 폭발할 지경(〈한겨레신문〉, 2015년 12월 21일자)입니다. 어찌 위기와 어둠이라 아니할 수 있겠습니까?

예언자 이사야의 임마누엘 탄생의 역사적인 배경의 이야기와 샬롬과 팍스 로마나, 팍스 이코노미카의 진행에 대하여 상고하겠습니다. 이어서 한국교회가 걸어온 긍정적인 면, 인권, 민주화 및 통일운동의 성찰과 부정적인 면, 기복신앙과 이원론적 사고에 대한 반성을 해 보겠습니다. 오늘 말씀은 '새해, 온 땅에 임할 평화'라는 제목입니다.

임마누엘의 탄생과 배경의 역사 이야기

때는 주전 733년, 앗시리아 대제국의 남하를 막기 위하여 시리아(아람왕)와 이스라엘이 연합하고 다시 유대(남 왕국)를 그 연맹에 가담시키려 하였으나 여의치 못했으므로 무력을 사용하기로 결정하고 연합군은 돌연 예루살렘을 포위하였습니다. 민심은 '광풍에 나뭇가지 흔들리듯' 동요되었습니다. 유대의 아하스왕도 민심과 함께 질겁하는 것이었습니다. 이사야는 아하스왕을 향하여 "네가 믿지 아니하면 네가 세움을 받지 못하리라"(사 7:9)하고 격려하였습니다. 그러나 이미 사기를 잃은 아하스왕에게는 "하나님을 믿고 모험한다"는 것은 너무 비현실적인 충고였습니다. 그는 하나님보다도 앗시리아왕(디글랏 빌레셀)을 더 믿음성 있는 것으로 보았던 것입니다. 이렇게 불신앙적인 아하스왕에 대한 이사야의 분노는 폭발하였습니다. 그리하여 그의 입에서는 저 유명한 메시아 예언인 "임마누엘의 탄생"이 선포된 것이었습니다.

> 보라 처녀가 잉태하여 아들을 낳을 것이요 그의 이름을 임마누엘이
> 라 하리라(사 7:14).

이제 이상 왕 메시아가 오십니다. 그는 너 '아하스왕'과 같은 믿음 없는 인간이 아닙니다. 그의 임재가 그대로 "하나님이 우리와 함께 계심"이 되는 하나님으로 충만하시다는 선포였습니다. 임마누엘이라는 이 아기는 자기 백성의 고통을 함께 나누고, 파괴되어 황폐하게 된 땅에서 백성들과 함께 살 것입니다. 이사야가 먼 미래를 바라보고 이 아기를 "메시아"(기름부음 받은 자)라는 말로 통치하는 왕을 지칭하였다는 것은 역사적인 사실입니다. 그렇다면 이사야 9:1-7에 나오는 메시아 시는 그가 예언한 주제와 꼭 들어맞습니다(또한 사 11:1-9를 보라). 아하스에 대한 이사야의 처음 예언과 마찬가지로 이 구절은 주전 733-732년 앗시리아왕(디글랏 빌레셀)이 스불론과 납달리(갈릴리)를 초토화시키고 이 지파들의 영지를 앗시리아제국에 병합시켰을 때의 참상을 생각나게 하는 멸망과 어둠에 관한 묘사로 시작됩니다. 그러나 이 어둠 속에서 큰 빛이 비치고 있습니다.

> 이는 한 아이가 우리에게 났고 한 아들을 우리에게 주신바 되었는데
> 그의 어깨에는 정사를 메었고 그의 이름은 기묘자라, 모사라, 전능하
> 신 하나님이라, 영존하시는 아버지라, 평강의 왕이라 할 것임이라
> (사 9:6).

이사야로부터 이 예언은 예언전승의 흐름 속에 들어갔고 마침내 신

약성서의 시대 기독교 복음의 새로운 열쇠가 되었습니다(마 4:15-16).

온 땅에 임할 평화

이사야 11장 1-9절, 특별히 6-9절은 생태적 평화가 이룩된 미래 낙원에 대한 묘사로 자주 인용되는 본문입니다. 그러나 이 본문은 생태적 평화가 아니라 "이상 왕 메시아의 출현으로 이스라엘과 유대뿐 아니라, 전 세계에 임할 항구한 공의와 평화"를 묘사하는 본문으로 이해되어야 합니다.

이사야 11장 2절은 그 새로운 지도자가 하나님의 영을 부여 받는 것으로 묘사함으로써 이상적 지도자가 중앙집권적 제왕이 아닌 왕조 이전, 혹은 초기 왕조의 지도자를 연상하게 합니다. 사사 시대의 사사들이나 초기 왕조 시대의 사울이나 다윗은 하나님의 영이 그들 위에 내리는 경험을 체험했습니다. 하나님의 영의 임재는 그 지도자를 통한 하나님의 직접 통치를 암시하기도 합니다. 그리고 이 지도자는 하나님으로부터 독립된 존재가 아니라 9장 1-7절의 "평화의 왕"과 같이 전적으로 하나님께 의존적인 존재이며, 하나님의 능력과 덕목의 원천입니다.

이사야 11장 2절은 야웨의 영을 "곧 지혜와 총명의 영이요 모략과 재능의 영이요 지식과 야웨를 경외하는 영"으로 소개됩니다. 여기서 이사야가 말하는 영은 두 가지로 요약됩니다. 첫째는 "야웨를 경외하는 지혜의 영"을 뜻합니다. 잠언과 전도서와 같은 지혜문학에서 야웨를 경외하는 것이 지혜의 근본이라고 말한 것도 이와 상통합니다. 둘째는 "공의로 심판하는 총명의 영"을 뜻합니다. 이 둘은 하나님의 지혜의 동전 양면이기도 합니다. 솔로몬이 지혜를 간구할 때에 그 목적을 "하나님 백성 사이의 옳고 그름을 판단하고 잘 다스리는 지도자가 되고 싶기 때문"이라고 말했고 그는 실제로 지혜를 통해 백성을 공의로 판단하고 지혜로운 통치를 하였습니다(왕상 3:10).

결론적으로 이사야 11장 1–9절은 새로운 이상적 지도자의 출현으로 도래할 정의와 평화의 나라는 강대국과 약소국 사이의 전쟁이 종식되고 궁극적인 창조질서가 실현된 상태임을 보여 줍니다. 그리고 이러한 평화는 인간의 힘이 아니라 전적으로 하나님의 능력(영)에 의하여 실현될 것입니다. 이사야 11장은 '우주적 사랑의 공동체'의 모습인데, 온 땅에 임할 평화의 나라와 가장 유사합니다. 그리고 범우주적 사랑의 공동체는 하나님의 뜻이 인간의 전 생활에 군림하여, 성령의 감화가 전체를 지배하는 때에 가능해집니다.

주여! 온 땅에 임할 그리스도가 다스리는 평화의 나라, 한반도에서 이루어지게 하옵소서.

샬롬과 팍스 로마나, 팍스 이코노미카

마태와 누가가 전하는 예수탄생 이야기는 폭군의 추격과 도피, 살해당한 아기들과 어머니들의 울부짖음이 있으며, 누가의 예수탄생 이야기에는 혁명의 노래를 부르는 여인들이 등장합니다. 새로 태어난 "유대인의 왕"과 헤롯 사이의 갈등은 마태의 크리스마스 이야기를 이끌어가는 주된 동기이며, 누가에 의하면 이 아기는 로마제국과 유대 제사장들 같은 원수들로부터 이스라엘을 구원할 것이었습니다.

예수탄생의 역사적 배경에는 각각 민중의 평화인 '샬롬'과 '팍스 로마나', 즉 로마의 평화, 제국의 평화를 상징하는 것들이 나타납니다. 민중의 평화인 '샬롬'에 대한 희망은 먼 조상 아브라함부터 이삭과 야곱, 열 두 아들에게로 그리고 사라로부터 리브가, 라헬로 이어집니다. '샬롬'은 구체적인 이름들과 지명들, 오랜 세월 습득해 온 삶의 규율들,

토착적인 평화, 민중의 평화라고 할 수 있습니다. 반면 '팍스 로마나'는 오랜 세월 자연스럽게 형성된 경계들, 민족적 경계와 자연적 경계, 모든 경계와 차이들을 폭력적으로 물리쳐 버리고 '제국'의 틀 안에 포섭한 평화이며, 전쟁과 전쟁 사이에 있는 가면적 인위적인 평화입니다. 따라서 마태와 누가의 예수탄생 이야기는 이 두 개의 평화 사이에 벌어지는 대결과 갈등에 대한 이야기로 읽을 수 있습니다.

성서학자들은 마태가 모세출생 이야기를 염두에 두면서 예수탄생 이야기를 서술했다고 합니다. 모세가 탄생했을 때 이집트 제국의 파라오가 사내아이들을 죽이라고 명령을 내렸듯이, 예수가 탄생했을 때는 로마제국의 졸개 헤롯이 사내아이들을 죽이라는 명령을 내립니다. 또 헤롯이 죽은 뒤 천사가 요셉의 꿈에 나타나 이스라엘로 돌아가라고 (마 2:19-20) 명하는데, 이것 역시 이집트로 돌아가라는 야웨의 명령 (출 4:19)과 비슷합니다. 모세도, 예수도 출발부터 제국의 조직과 대립합니다. 마태는 일종의 원형적 해방 사건인 출애굽을 자신의 예수 이야기의 틀로 사용한 것입니다. 마태에 따르면, 아기 예수는 모세처럼 출애굽과 같은 해방 사건을 일으킬 인물입니다. 이집트의 압제 아래 신음하던 히브리인들이 그들을 이끌어 낼 해방자를 기다렸듯이, 로마와 유대 지배자들 아래서 고통당하던 유대인들 역시 새로운 통치, 즉 하나님의 통치, 하나님 나라를 기다렸습니다. 아기 예수는 이 기다림의 끝을 쥐고 세상에 왔다는 것입니다.

로마제국의 역사는 끊임없이 '샬롬'을 침탈해가는 역사였습니다. 베들레헴의 유아 학살과 세금 징수를 위한 호구 조사령은 인종과 문화와 자연적 차이를 넘어 '팍스 로마나'가 확대될 때 그것은 군사적, 경제적 폭력, 즉 전쟁을 수반한다는 것을 보여줍니다. 그러나 성서는 아기 예수의 평화, 진정한 평화는 '팍스 로마나'가 아니라 '샬롬'이라고 하며, 결국에는 '샬롬'이 승리한다는 믿음을 보여줍니다.

그러나 근대에 이르면, 이 믿음 자체가 흔들리게 됩니다. 경제가 삶의 전 영역으로 침투해 들어가면서 이제 전혀 다른 의미의 평화 개념이 생겨났습니다. 이반 일리치(Ivan Illich, 1926-2002)라는 학자는 근대 사회에서 인간의 삶을 노예의 삶으로 만드는 것이 무엇인지를 탐구했습니다. 그는 이 새로운 평화 개념을 '팍스 이코노미카'라고 했습니다.

전 세계적으로 확대되는 '팍스 이코노미카'는 경제 개발과 경제 성장 이데올로기의 확산을 통해 추진됩니다. 경제 개발은 민중의 자급적 문화를 변용시켜, 그것을 전 세계적 경제 시스템 속으로 통합하는 것을 의미합니다. 개발은 언제나 민중의 자립, 자급적 활동이 희생되고, 공식적인 경제 영역이 확대되는 것으로 귀결됩니다. 따라서 민중의 평화는 희생시키고 팍스 이코노미카를 강요합니다. 대규모 토목공사, 생산성을 높이고 소비에 대한 의존성을 높이는 정책들은 언제나 토착적인 민중의 삶을 파괴합니다.

오늘 우리는 삶의 가장 근원적 토대인 '땅의 평화'가 파괴되어가는 것, 생태적 위기를 목도하고 있습니다. 인간은 다른 동물들과 마찬가지로 입에 밥과 물이 있어야 목숨을 유지할 수 있습니다. 생명을 영위하기 위해서는 물과 경작지, 숲, 깨끗한 공기 같은 것이 필수적입니다. 그러나 '팍스 이코노미카'는 '민중의 평화'의 토대인 '땅의 평화', 생태계를 파괴했습니다.

오늘 우리에게 예수 삶의 의미는 무엇일까요? 무엇보다도 그것은 우리 그리스도인 삶에서 상품소비와 서비스에 대한 의존을 최대한 줄여나가는 것을 의미합니다. 2천 년 전 갈릴리 예수가 말씀한 "가난하고 고르게 나눔의 행복과 평화"를 추구하고 삶으로 실천해야 합니다. 우리 그리스도인의 생활은 검소하고 가난하면서도 진실하고 일용할 양식으로 만족하고 오늘 살아 있음에 대하여 감사하며 예수님의 삶을

흠모하며 이웃 속에서 실천해가는 조용한 내적 변혁과 반항을 일으켜
야 합니다.

한국교회, 그리스도인들의 자기 성찰과 반성

이 땅에서 가장 오래된 기독교의 자취는 신라시대 네스토리우스
교도가 남긴 것으로 추정되지만, 그들이 교회를 세웠다는 증거는 없
습니다. 그로부터 천 년 뒤 청나라 연경에 갔던 이승훈이 자진해서 세
례를 받았고, 이로써 한반도는 예수를 믿는 교인이 자생적으로 생긴
'기적의 땅'이기도 했습니다. 19세기 벽두부터 60여 년에 걸친 박해의
시기에 수 천 명의 천주교인들이 십자가를 밟기보다는 차라리 죽기를
택하였습니다.

한국 천주교 230여 년이지만, 개신교는 130여 년이 됩니다. 그것
은 1884년 언더우드와 아펜셀러가 인천에 상륙한 때로부터 계산한
것입니다. 그러나 그 이전에 벌써 만주로부터 서상륜, 일본으로부터
이수정이 우리 자력으로 또는 우리의 자기 결단에 의하여 기독교를 우
리 민족의 종교로 삼았습니다. 천주교는 개신교보다 100년 앞서 실학
파 학자들에 의하여 수용되었습니다. 이런 역사로만 보더라도 기독교
는 외래 종교라기보다 토착 종교라 할 만큼 친근감이 있습니다.

이제는 한국교회가 걸어온 길, 긍정적인 그 의미를 고찰해 보겠습
니다. 그것은 인권, 민주화 및 통일운동에 관한 성찰과 반성입니다.
1961년 5월, 군사 쿠테타가 일어나 종래의 '민주정부'를 뒤엎어 버리
자, 한국교회는 새로운 시련과 과제를 안고 사회와 역사 참여에 나서
게 되었습니다. 회고하면, 1960년대부터 1980년대 말까지 약 30년
간 군사정권 하에서 한국교회는 그 존재감을 점차 드러내기 시작했습
니다.

처음 단계는, 1965년 6월, 한일기본조약 체결을 전후한 시기에 한국교회는 정부의 '대일굴욕외교'에 항거하여 집단적인 움직임을 드러냈습니다. 일제 강점기, 신사참배 강요 등 많은 고난을 당했던 한국교회가 국교 타결 이전에 일제의 식민 지배와 신앙 탄압에 대한 사과를 요구한 것은 당연했습니다. 대부분 한국교계가 뜻을 모았다는 것으로, 이는 정부의 대일 외교 자세가 이들을 설득시키지 못했을 정도로 문제가 있었던 것으로 회고됩니다.

다음 단계는 한국기독교교회협의회(NCCK) 중심으로 인권, 민주화를 위한 투쟁에 나섰습니다. 한국교회의 이같은 인권, 민주화운동은 1976년 3월 1일, 천주교와 개신교 지도자들의 명동성당사건으로 연결되었습니다. 따라서 세계교회협의회(WCC)를 비롯한 세계 교회가 한국의 민주화 운동에 관심을 갖고 지원하게 되었습니다. 1979년 10월에 유신정권이 끝나게 된 것은 이런 진보적 그리스도인들이 전개한 인권, 민주화운동과 무관하지 않습니다. 유신정권 하에서 자기를 희생한 많은 민주화 인사들이 있었기에 오늘날 우리가 이 만큼의 자유를 누릴 수 있게 되었습니다. 이 모든 일을 가능케 하시는 역사의 주, 하나님의 개입하심이 있었다는 것을 깊이 머리 숙여 감사해야 합니다.

1980년대, 한국교회의 통일운동은 1970년대까지의 인권, 민주화운동의 연장선상에서 이룩된 것입니다. 민주화운동이 통일과 불가분의 관계에 있다고 인식한 한국교회는 1980년대에 이르러 통일운동에 더 박차를 가하게 되었습니다. 1980년대는 한국교회가 통일운동에 선구적이고 치열한 투쟁을 전개한 시기라고 해야 할 것입니다. 한국교회 통일운동은 한국의 민간 통일운동의 효시를 이루었고, 그동안 남북의 지배자만이 다룰 수 있다는 통일문제를, 그 통일을 앞으로 누리게 될 민중에게 귀속시키려 했던 것입니다. 그런 점에서 한국교회

통일운동의 의미는 매우 크다고 할 수 있습니다.

통일운동은 해외에서와 국내에서 동시적으로 분단 세력들의 반대의 난관을 극복하면서 전개되었습니다. 먼저 해외 거주 그리스도인들과 북과의 접촉이 시작되었습니다. 1981년부터 비엔나에서 프랑크푸르트까지 11차례의 회합을 가지며, '북과 해외동포 기독자 간의 통일대화'도 통일운동의 좋은 밑거름이 되었습니다. 1984년 11월에는 일본 도산소에서 WCC국제위원회 주최로 도산소협의회를 열고 한반도 통일은 남북한 그리스도인의 사명이라는 요지의 선언을 발표케 되었습니다. 이 무렵 WCC의 주선으로 1986년부터 1988년, 1990년 세 차례에 걸쳐 스위스 글리온에서 남북한 교회가 통일대화를 갖게 되었습니다. 남북 대표들은 만나 예배와 성찬예식을 거행, 그리스도 안에서 한 형제 됨을 확인했고, 광복 50년이 되는 1995년을 '민족의 평화와 통일을 위한 희년'으로 정하기까지 했습니다.

국내에서는 1988년 2월 29일 "민족의 통일과 평화에 대한 한국기독교회 선언"(NCCK통일선언)이 발표되었습니다. 이는 굳이 의미를 붙이자면, 한국교회가 한반도의 통일과 평화 위해 얼마나 노력하고 있는가를 구체적으로 보여준 선언이었습니다. 죄책고백으로 시작된 이 선언은 '7.4공동성명'이 규정한 자주, 평화, 민족대단결의 통일 원칙에 인도주의와 민주적 참여의 두 가지 원칙을 부가하여 5개의 통일 원칙을 확인했습니다. 그리고 통일을 위해 휴전선상의 무장의 감축과 한반도 내의 핵무기 제거 등 남북한 정부가 수행할 정책과 한국교회가 수행할 내용 등을 규정했습니다. 이 선언은 분단 이래 한국교회가 주장한 통일의 기본원칙을 집약한 것이었습니다.

결론적으로 회고하면, 인권, 민주화 및 통일운동은 한국 역사에도 큰 영향을 미쳤습니다. 그러나 이 운동 과정에서 한국교회가 자신의 그리스도교적 정체성을 그대로 유지하고 있었는가 하는 문제는 하나의 의문으로 제기될 수 있습니다. '우리는 거저 부족하오니 역사의 주님! 오셔서 남북의 형제들을 하나로 묶어 주옵소서' 기도할 수밖에 없습니다.

왜곡된 축복 사상과 이원적 삶에 대한 극복

한국교회는 아이러니하게도 1960년대부터 1980년대에 이르는 기간에 유례없는 양적 성장을 가져 왔습니다. 그 결과 1950년에 3,114개 교회가 1960년에는 5,011개, 1970년에는 12,866개, 1980년에는 21,234개, 1990년에는 35,819개로 늘어나게 되었습니다. 이런 성장세의 교회는 1990년대 중반에 이르러 그 성장이 둔화하게 되었습니다.

한국교회의 성장과 그 원인에 대해서는 여러 관점들이 있습니다. 문제는 그런 성장 뒤에 후유증으로 나타난 복사상과 이원적 삶에 대해서 간단히 언급하고자 합니다. 한국교회는 성경의 복과는 무관한 복을 구하는 기복종교로 변했고, 거룩성, 세속의 이원적 삶은 아직도 우리의 신앙을 지배하고 있습니다.

한국교회에 복의 바람이 세차게 불기 시작한 것은 1960년대부터입니다. 당시 새마을운동 '잘 살아보세' 운동을 할 때, 한국교회 일각에서도 요한3서 2절을 인용, 복의 바람을 일으켜 3박자 축복, 3박자 구원이라고 했습니다. 이 운동은 한국교회를 양적 성장시키는 데에는 공헌했습니다. 그러나 성서의 복 사상을 한국의 다른 종교와 다를 바가 없도록 만들어 버렸고, 그 결과 한국교회는 또 하나의 기복 종교가 되어 버렸습니다. 기복 종교로는 사회변혁을 할 수 있는 힘이 없습니다. 웃음거리가 되고 맙니다. 거룩성, 세속의 이원론적 삶의 방식도 아무런 영향력을 사회에 발휘할 수 없습니다. 오늘의 한국교회가 도리어 우리 사회의 걱정거리로 전락한 것과 다른 기복 종교들처럼 사회를 개혁하는 힘을 거의 상실하게 된 것은 바로 이 때문인 것입니다. 따라서 성서적인 교훈으로 지적하자면, 한국교회가 머리털을 깎아버린 삼손이 된 것은 바로 이 때문인 것입니다.

오늘 한국교회가 실천해야 할 것은 "주는 것이 받는 것보다 복이 있다"(행 20:35)는 그 복입니다. 세속인들은 소유하고 더 얻는 것을 복되다고 합니다. 예수 따름 이들은 소유와 탐욕 중심의 복의 정의를 달리할 것을 요구합니다. 받는 것과 주는 것, 그 사이에서 더 복된 것은 받는 것이 아니라 주는 것을 강조하고, 얻는 것보다 주는 것, 베풂을 당하는 것보다 베푸는 것이 복되다고 합니다. 주님과 사도들의 이 말씀은 소유 중심의 일상적인 복 관념을 뒤집어 버립니다. 따라서 하나님 나라에서는 남에게 주고 실천하는 자가 많이 가진 자보다 복되며, 많이 가지려고 탐욕을 부리는 자보다 훨씬 복된 삶이 가능하게 됩니다. 하나님 나라에서는 가난한 자가 오히려 부자보다 더 부자가 될 수 있는 기막힌 반전이 가능하게 됩니다.

나오면서: 새해에 평화로의 기원

21세기는 전쟁과 폭력, 경제적 불의와 양극화, 기후변화와 생태계 파괴, 종교 간 갈등과 충돌, 세대, 문화 간 단절 그리고 영적, 정신적 혼동 등 일찍이 인류가 경험해 보지 못한 심각한 위기의 시대를 경험하고 있습니다. 우리 시대는 인간의 탐욕이 문명의 멸망을 재촉하고 심지어 우주적 종말까지 예견케 하는 시대입니다.

하나님께서 우리 앞에 생명의 길을 내놓으셨고, 이제 그만 전쟁과 폭력과 자기파멸의 길에서 벗어나 생명과 정의와 평화의 길로 나아가라고 명령하십니다. 특별히 새해 실천과제는 남북관계를 화해와 평화로 이끌어야 합니다. 이제 더 이상 적대적 공생관계 속에서 북에 대한 증오를 부추겨 자신의 존재감을 드러내려는 어리석은 의도를 지양해야 합니다. 70년 동안 남북대결의 험로에 용서와 화해, 평화통일의 통로를 깔아야 합니다. 십자가의 사랑의 도를 한반도에서 실현하기 위해 이 땅의 모든 종교인, 온 민족이 간절히 기원을 올리는 해가 되어야 합니다.

고대의 그리스도 교회와 개혁 교회를 시작한 칼빈은 역사 속 교회의 역할에 대하여 스스로 어머니 교회라고 불렀습니다. 어머니의 마음과 사랑으로 나라와 민중의 병을 치유하고, 온 누리가 서로 돕고 살리는 길로 가도록 이끌어야 합니다. 어머니 교회의 자리는 사람의 혼의 깊은 자리, 모두를 품어 안고 있는 자리, 나라 전체의 자리에서 느끼고 생각하고 말하고 행동하는 마음자리입니다. 한국교회는 이런 어머니 심정의 예언자적 시대정신으로 한반도의 평화를 열어가야 합니다. 더 나아가 동아시아의 일본과 중국을 이끌고 정의, 평화의 향도의 역할을 해야 합니다. 새해를 맞는 우리 모두에게 온 땅에 임할 평화의 주 하나님의 놀라운 은혜가 가득하기를 바랍니다.

부록

〈논문〉 비잔틴 영성

동방정교회 영성의 역사적 고찰
— 장공의 "십자군"과 "제3일"의 영성*

1. 동방정교회의 역사

그리스도교 역사에서 동방과 서방은 콘스탄티노플 알렉산드리아, 안디옥, 예루살렘을 중심으로 헬라어 권역과 로마 교구를 중심으로 라틴어 권역에 속한 서방으로 구분된다.

콘스탄티누스 황제(324-337)는 그리스도교와 로마제국의 충돌 시대에 종지부를 찍었다. 그는 옛 수도를 버렸고, '문명화된 세계'로 간주되어온 제국의 정치적, 문화적 중심을 비잔티움이라는 보스포러스, 옛 그리스 도시로 옮겼다. 공식적으로 콘스탄티노플 혹은 '신(新)로마'라 불리게 된 이 도시는 이후 로마제국이 1453년 투르크에 멸망하기까지 1100년이 넘도록 계속해서 제국의 수도였다.[1]

특히 중요한 그 시대의 모든 보편적 공의회들은 콘스탄티노플 혹

---

* 이 글은 장공사상연구 39회 목요강좌에서 발표한 것이다.

1 존 메이엔도르프, 『비잔틴 신학 – 역사적 변천과 주요교리』, (2013, 정교회출판사), 9. 이집트, 팔레스타인, 시리아의 그리스도교 중심지들이 사라진 후 콘스탄티노플은 동방 그리스도교의 중심지가 되었고, 이 도시의 주교는 '세계총대주교'라는 칭호를 가진다. 선교사들은 발칸 지역, 동유럽의 대평원에 신앙을 전해주었다. 서방 라틴 세계에서 '구 로마'가 그러했던 것처럼, '신 로마' 또한 중동 지역과 동유럽 문명의 요람이 되었다.

은 그 인근에서 개최되었다. 그 이후 콘스탄티노플로부터 오는 선교
사들은 슬라브 민족과 동유럽의 다른 민족들을 그리스도교로 개종시
켰고(불가리아 864년, 러시아 988년), 성서와 예배 문서들을 각기 다른
지역의 언어들로 번역되었다.

동·서방 교회의 분열의 원인과 격렬한 논쟁 중 하나는 서방 교회
가 니케아 신조에 동방과의 협의 없이 추가한 '필리오케'(Filioque: 그
리고 아들로부터) 조항과 관계된 것이 결정적 이유가 되었다. 9세기에
포티우스(photius)를 콘스탄티노플의 대주교로 정한 것을 교황이 거
부한 것도 중요한 분열의 원인이다. 동·서방 간의 논쟁의 심화는
1054년에 서로 간에 파문장을 보냄으로써 정점에 이르렀다. 제4차 십
자군(1204년)때에 서방 교인들이 콘스탄티노플을 약탈한 사건은 서방
을 향한 동방의 적의를 증대시켰다.[2]

이 글은 비잔티움 제국의 시대(324-1453)에 일어난 '동방정교회
영성의 역사적 고찰'에 대한 소고(小考)이며 장공의 「십자군」과 「제3
일」의 영성과 관련하여 고찰한 것이다.

1) 제2의 로마

초대교회사에서 가장 흥미로운 역사적 사건은 어떻게 박해 받던
그리스도교로 부터 위대한 제국을 떠맡게 되었는가 하는 것이다.

312년 콘스탄티누스는 주된 적수인 멕센티우스에게 결정적인 승
리를 거두었다. 이를 '밀비안브리지'의 전투라고 묘사한다. 콘스탄티
누스는 전투 전날 밤에 그의 군대와 더불어 프랑스를 말을 타고 지나
가고 있을 때, 그는 하늘을 쳐다보고 태양 앞에 있는 십자가 빛을 보았

---

2 Bruse Shlley/박희석 역, 『현대인을 위한 교회사』(*Church History in plain
  Lauguage*), (크리스챤다이제스트, 2005), 187-199.

다. 십자가와 함께 거기에 비문이 있었다. 즉 그것은 "이 표징으로 정복하라"(In this sign couquer)였다. 이 환상의 결과 콘스탄티누스는 그리스도교 신앙을 받아들인 첫 번째 로마 황제가 되었다. 이 사건들의 연속은 교회사 첫 번째 주요한 시기를 끝내고, 비잔틴 그리스도교 제국의 창조를 가져오는 것이었다.[3]

324년 콘스탄티누스는 최고 절대적 권력을 장악하자, 새로운 국가 창조에 주요한 요소로서 교회를 이용하기 시작하였다. 맥구킨 교수는 로마 영토 내의 동·서방 지역들의 독재적인 유일한 황제가 된 콘스탄티누스의 과업 결과를 다음과 같이 알린다. "그는 새로운 수도를 찾아냈는데, 그것은 '제2의 로마', '모든 도시의 여왕'―콘스탄티노플이었다― 그리고 모든 면에서 옛 수도를 능가했다. 군사적으로, 경제적으로, 지리적으로 로마 세계의 진정한 심장부 즉 국제적인 문화의 영향력의 주요한 창구이자 중심지였다"[4]

그리스도교화 한 로마제국에 대한 역사적 고찰을 이렇게 정리할 수 있다.

> 비잔티움 발전의 주된 원천은 로마의 국가제도와 그리스문화 그리고 그리스도교 신앙이다. 이 세 요소들 가운데 어느 하나를 제외한다면 비잔티움의 본질은 생각할 수 없다. 우리가 흔히 비잔티움 제국이라고 부르는 역사적 구조물은 헬레니즘 문화와 그리스도교라는 종교 그리고 로마의 국가 형태가 종합되면서 비로소 성립했다.[5]

---

3 존 안토니 맥구킨/이기영 역, 『비잔틴 전통의 성인들』(*Standing in God Holy Fire: Byzatine Tradition*), 동연, 2016, 18-25.

4 존 안토니 맥구킨, 『비잔틴 전통의 성인들』, 21.

5 게오르크 오스트로고르스키/한정숙·김경연 역, 『비잔티움 제국사 324-1453』(까치글방, 2014), 9.

2. 일곱 에큐메니칼공의회(325-787)

동방정교회에서 공의회는 하나님이 그의 백성을 인도하기 위해 선택한 주요한 기구라 믿으며, 보편 교회를 본질적으로 협의회적(conciliar) 교회로 생각한다. 공의회는 교회의 본질적 본성의 살아있는 구현체이다.6

그리스도교는 철저하게 믿음의 종교이지만 또한 지식을 중시하는 종교이다. 이런 지적인 초대 그리스도인들에게 의문이 생겼다. 과연 예수그리스도는 어떤 분인가? 그는 정말 하나님이신가? 하나님과는 어떤 관계인가? 소위 '삼위일체 하나님'에 관한 신학적 의문이 제기되었던 것이다. 비잔틴 시대의 교회 생활은 일곱 차례의 보편적 공의회의 지도를 받았다. 공의회는 다음의 세 가지 문제를 제기하고 결정하였다. 삼위일체, 그리스도론 그리고 성화상이 그것이다.

1) 니케아공의회(325년)

여러 숙적들을 제거하고 유일한 황제가 된 콘스탄티누스제국에 문제가 발생되었다. 그것은 알렉산드리아의 장로 아리우스(Arius)가 "예수는 하나님이 아니라 피조물이다"라는 삼위일체와 관련된 발언이었다. 이것은 알렉산드리아의 한 교구에서 발생된 문제였지만 제국 평화를 최우선으로 하는 콘스탄티누스에게는 다소 위협적인 사안이었다. 아리우스는 안디옥의 교사 루시안의 제자였다. 그는 좌파 오리겐 신학의 영향을 받아 하나님만 성부로 인정하고, 예수는 피조물로 주장하였다. 그는 이를 근거로 예수는 하나님과 '동일본질'(Homoousios)이 아니라 '유사본질'(Homoiousios)이며 심지어 "예수가 존재하지 않았

---

6 디모데 웨어/이형기 역, 『동방정교회의 역사와 신학』(한국장로교출판사, 2008), 5.

던 때가 있었다"(There was a Time When He was Not)고 비성서적인 발언도 서슴지 않았다.

이에 대해 알렉산드리아의 알렉산더 감독이 아리우스를 소환하여 철회할 것을 강요했으나, 아리우스가 거절하자, 황제 콘스탄티누스는 공의회를 소집했다. 이것이 그리스도교 세계에서 처음 열렸던 325년 니케아공의회였다. 이 공의회는 황제의 여름 별궁에서 3개월 동안 진행되었다. 토론 끝에 아리우스가 이단으로 정죄되었고, 예수는 '하나님과 동일본질(Homoousios)'이라고 선포하였다. 이와 더불어 니케아신조가 작성되었으며, 부활절 날짜 등 20개의 교회법들이 결정되었다.[7]

니케아의 과제는 381년 콘스탄티노플에서 개최된 제2차 에큐메니칼공의회에 의해 채택되었다. 이 공의회는 니케아신조를 확장시키고 개정하였다. 특별히 성부와 성자가 하나님인 것처럼 성령도 하나님이라고 확정하여 성령에 관한 가르침을 발전시켰다. 즉, "성부로부터 나오시고(proceeds), 성부와 성자와 더불어 예배를 받으시고 영화되심을 받으시는 분."[8]

또한 공의회는 새 수도가 된 콘스탄티노플의 위치를 더 이상 무시할 수 없음으로 그 서열을 로마 다음으로, 알렉산드리아 앞으로 정하였던 것이다. 콘스탄티노플의 감독은 콘스탄티노플이 새로운 로마였기 때문에 영예에 있어서 로마 감독 다음의 특권을 가지게 되었다.

---

7 Leo Donald Davis, *The First Seven Ecumenical Councils(325-787) Their History and Theology*, The Liturgical Press Collegeville, minnesota, 1990, 51-68. "2장 니케아공의회 1", 325에서 자세한 삼위일체논쟁 내용을 기술하고 있다(졸역. 근간 예정).
8 디모데 웨어, 『동방정교회의 역사와 신학』, 33.

2) 에베소공의회(431년) 그리스도론 논쟁 — '크리스토토코스냐, 데오토코스냐'

알렉산드리아의 시릴(Cyril, 444년 사망)은 431년 에베소에서 개최된 제3차 에큐메니칼 공의회에서 콘스탄티노플의 다른 감독인 네스토리우스(Nestorius)의 몰락을 가져오게 한 사람이다. 시릴과 네스토리우스는 그리스도가 참 하나님이며, 삼위일체 중 한분이심에 동의하였다. 그러나 그들은 그의 인성에 대한 묘사와 하나님의 단일한 위격(a single person) 안에 신성과 인성의 결합을 설명하는 방법에서 의견이 달랐다. 이 두 학파가 서로 조화를 유지하지 않고 투쟁으로 들어간 것은 그리스도교 세계에 있어서 하나의 비극이었다.[9]

네스토리우스는 처녀 마리아를 '하나님의 어머니'(Theotokos)라고 부르기를 거절함으로 논쟁을 촉진시켰다. 네스토리우스는 마리아를 '그리스도의 어머니'(Christotokos)로 불러야 한다고 주장했다. 마리아가 '하나님의 어머니'라는 제목은 이미 대중적 신앙 속에서 받아들여졌으나, 네스토리우스에게는 그리스도의 인성과 그의 신성의 혼동을 내포하고 있는 것으로 보였다. 공의회에 의해 지지를 받은 시릴은 "말씀이 육신이 되어"(요 1:14)라는 본문으로 대답하였다. '마리아는 육신이 되신 하나님의 말씀을 낳았기 때문에' 하나님의 어머니이다. '하나님의 어머니'(Theotokos)라는 이름은 그리스도의 위격의 일치성을 안전하게 한다. '본질상 하나'(Homoousios)라는 단어가 삼위일체론에서 우선성을 차지하듯이, 하나님의 어머니(Theotokos)라는 단어가 성육신론에서 우선성을 차지한다. 에베소공의회(431)는 네스토리우스를 이단으로 정죄하였다.[10]

---

9 디모데 웨어, 『동방정교회의 역사와 신학』, 35

10 디모데 웨어, 『동방정교회의 역사와 신학』, 36. 게오르크 오스트로 고르스키, 『비잔

3) 칼케돈공의회(451년): 신성과 인성

새로운 황제 마르키아누스(재위450-457년)는 451년 칼케돈공의회를 소집했다. 그리스도교의 제4회 공의회는 그리스도가 완전하다고 분리할 수 없는, 그러나 또한 뒤섞일 수 없는 두 가지 본성을 가지고 있다고 공식적으로 천명했다. 칼케돈공의회는 예수가 신성에 있어서 성부와 동질이며 인성에 있어서도 우리와 똑같은 인간이라는 니케아 신앙이 재확인 되었다.[11]

그러나 칼케돈의 결정으로 비잔티움의 중앙부와 제국의 오리엔트 속주들 사이에서 간극이 심화되었다. 이집트뿐만 아니라, 한때 네스토리우스파 이단의 피난처였던 시리아도 단성론을 지지하며 칼케돈의 교조에 반대했다. 양성론(兩性論, dyophysitism)을 지지하는 비잔티움교회와 단성론을 지지하는 오리엔트교회의 대립은 그때부터 초기 비잔티움제국의 가장 격렬한 교회 정치 및 국가 정치상의 문제들 가운데 하나가 되었다. 단성론은 이집트와 시리아의 정치적 분리 주의 분출구가 되었다. 즉 단성론은 비잔티움의 지배에 대항한 투쟁에서 콥트인과 시리아인의 표어로 이용된 것이다.[12]

칼케돈 정의(定意)는 그 후 콘스탄티노플에서 개최된 두 개의 공의회에 의해 보충되었다. 제5차 공의회(553년)는 알렉산드리아 관점으로 칼케돈을 재해석하였고, 칼케돈이 사용했던 것보다 건설적인 용어

티움제국사 324-1435』(2014), 39. 시릴과 네스토리우스 간의 논쟁을 역사적 사회적인 관점에서 다루고 있다. Leo Donald Davis, "4. The Council of Ephesus", *The First Seven Ecumenical Councils(325-787)*, 431에서 신학적 논쟁 자세한 상황을 참고할 수 있다. 140-163

11 게오르크 오스트로고르스키, 『비잔티움 제국사 324-1453』, 40.

12 앞의 책, 40-41.이집트의 콥트교회와 시리아의 일부 교회들은 아직도 단성론자들이다. 이슬람이 북아프리카의 침공 때에 단성론이었기에 쉽게 점령되었다는 역사적 일화가 있다.

로 어떻게 그리스도의 본성이 하나의 단일한 위격을 형성하도록 연합되는가를 설명하고자 했다.

제6차 공의회(680-681)는 그리스도가 두 본성을 가졌음에도 불구하고 그는 하나의 단일한 위격이기 때문에 단지 하나의 의지(意志)를 가져야만 한다고 대답했다. 그리스도는 참 하나님일 뿐만 아니라 참 인간이다. 그는 신적 의지뿐만 아니라 인간적 의지를 가져야만 한다.[13]

4) 제7차 공의회(제2차 니케아공의회, 787): 성화상 논쟁

그리스도의 위격에 대한 논쟁들은 681년 공의회에서 끝나지 않았고, 8-9세기에는 다른 형태로 확장되었다. 논쟁은 성화상들(The Holy Icons), 그리스도의 모습, 하나님의 어머니 그리고 교회와 개인의 집에서 숭배되었던 성자들(the saints)에 집중되었다. 이콘은 하나의 단순한 형상이나 장식이나 성경에 대한 삽화가 아니다. 교회사 속에서 이교(異敎)와 이단 세력들과의 투쟁 속에서 형성해 낸 특별한 형상들은 이콘반대운동 시기에 수많은 순교자와 고백자들의 피 값으로 지켜 낸 것이다.

약 120년 동안 지속된 성화상 논쟁의 교훈을 통해 교회는 이콘을 정교회의 가르침의 전체로서의 정통신앙(orthodoxe) 그 자체의 표현으로 본다. 이콘에 대한 공경은 제7차 공의회(787년)에서 정식화된 그리스도교 신앙의 한 교리이다. 교회의 근본 교리인 '인간이 되신 하나님'이라는 신앙고백으로부터 흘러나온다. 성화상에 대한 최종적 승리는 '동방정교회의 승리'로 알려졌다.[14]

---

13 디모데 웨어, 『동방정교회의 역사와 신학』, 41; Leo Donald Davis, 같은 책. 260-270.
14 레오니드 우스펜스키, 『정교회의 이콘신학』(정교회출판사, 2015), 9-12. 하나님

성화상은 단순한 그림이 아니고, 아름다운 예술을 통해서 피조물을 구원하는 영적 능력의 생동감 있는 표현이다. 성화상의 예술적인 완벽성은 천상 영광의 영상인 것만은 아니다. 그것은 본래적인 조화(調和)와 아름다움(美)으로 환원된 실물의 구체적 예이며 성령의 그릇으로 봉사하는 것이다. 성화상은 우주 조화(宇宙造化)의 한 부분이다. 성화상은 승리의 노래요, 계시이며, 악령의 치욕과 성인들의 승리에 대한 영원한 기념비이다.15

5) 공의회의 역사적 의미

7개의 공의회들은 동방정교회에 대단히 중요하다. 동방정교회의 구성원들에게 있어 7개의 공의회들에 대한 관심은 역사적일 뿐만 아니라 현대적이다. 동방정교회는 공의회의 기간들 속에서 위대한 신학의 시대를 보았고, 모든 세대 속에서 일어나는 새로운 문제들에 대한 해결책을 구함에 있어서 공의회들은 성경 다음의 기준과 안내서로 삼고 있다.16

7개의 공의회는 325년부터 787년까지 무려 462년 동안 진행된 동방과 서방의 연합 공의회였다. 공의회의 최대 목적은 당대 그리스도인들에게 적절하고 합당한 성서적 교리를 제공하는 것이었다. 7개의 공의회는 동방의 4개 주요도시에서 개최되었는데, 니케아, 콘스탄티노플, 에베소, 칼케돈 등이었다. 공의회는 교회 안에서 발생된 신학적이며 실질적인 문제를 해결하기 위해 주로 황제들의 소집에 의해 모인 감독들과 교회 지도자들의 모임이다. 공의회는 그리스도교 역사

의 인간을 자신의 'image' 즉 icon에 따라 창조했다는 사실에서 정교회의 모든 신학적 인간론이 출발한다. 디모데 웨어, 『동방정교회의 역사와 신학』, 43.
15 강태용, 『역사와 신학 동방정교회』 (홍익재, 2010), 51-52.
16 디모데 웨어, 『동방정교회의 역사와 신학』, 47-48

뿐만 아니라 오늘날 그리스도인들의 정체성 이해에도 중요하다.

7개 공의회의 주된 관심은 삼위 하나님의 세 위격과 예수의 신성과 인성에 관한 문제였다. 따라서 "예수가 참 하나님이며 참 사람이다"라고 선언한 451년 칼케돈공의회는 그리스도교 역사에서 하나의 전환점이었다. 사실 '칼케돈 정의'(Chalcedonian Definition)는 오늘 모든 동방정교회만 아니라, 로마가톨릭과 16세기 종교개혁 시기에 발생된 교회들의 공식적인 가르침이 되었다.

오늘날 동방정교회는 7개 공의회만 인정하는 교회이다. 이런 의미에서 동방정교회는 '7개 공의회 교회'로 불렸다. 물론 몇몇의 동방교회들은 칼케돈공의회를 인정하지 않고 초기의 4개 공의회만 인정하는 교회도 있다. 로마가톨릭은 7개의 공의회뿐만 아니라 제2차 바티칸공의회를 포함한 14개의 공의회까지 모두 21개 공의회를 인정하였다. 그러나 성공회와 칼빈 중심의 개혁교회는 초기 4개 공의회만 인정하였다.

장공은 민족 수난(6.25전쟁)과 한국 장로교의 분열의 시기에 즈음하여, 공의회의 역사에서 역사적 교훈을 삼을게 있다고 다음과 같이 진술한 바가 있다. "하나님은 공의로우심과 동시에 인자하시고 오래 참으신다. … 그리스도교 역사는 이점에서 무수한 과오를 범하고 있었다. 아타나시어스와 아리우스가 서로 상이점(相異点)을 인정하면서도 '심판'은 주님께 맡기고 오직 '사랑'으로 서로 용납하여 보충해 갔더라면 얼마 지나는 동안에는 주님께서 둘 다 바로 깨닫게 하여 교회는 그 후의 끊임없는 살육을 면했을 것이다. 그 후에도 가령 네스토리앤(景教)을 추방하지 않고 교회 이상(以上)의 사랑으로 용납하였다면 그 수많은 경교인들로 하여금 유랑하다가 민멸(民滅)의 비운에 빠지는 일은 면케 하였을 것이다."[17]

17 「십자군」 속간 제10호(1952.11) "종교재판의 성서적 근거", 1-7.

3. 동방정교회의 영성

1) 예배의 아름다움의 영성

동방정교회 예배는 헬라적 상상력에 의해 그 형태가 이루어졌으며 수많은 상징들이 사용되었다. 동방 교회에서는 서방 교회에서 부르는 '미사' 대신에 '성찬예배'라고 부른다.

동방정교회 예배는 오랜 역사적 변천 과정을 거쳐 오늘날에 이르렀다. 예전의 기본적 핵심은 그리스도와 사도 시대로부터 여러 세기를 지나는 동안 첨가되면서 9세기에 와서 최종적으로 기본적 형태가 만들어졌다. 성찬예배는 복음 중심의 삶에서 얻는 심오한 기쁨을 표현하고 느끼는 현장이다.

예배란 하나님과 인간과의 만남이다. 개인이 아닌 같은 믿음을 가진 신앙 공동체가 말과 행위로 하나님과 교제하는 것이다. 따라서 예배는 단합된 하나님의 소리로서 공동체를 영적으로 끌어올려 창조주 하나님과 교제케 한다. 이 만남을 통해 하나님은 인간을 죄와 죽음에서 구원하시며, 우리에게 영원한 생명을 허락하고, 하나님 나라를 "지금 여기에" 현존케 한다.[18]

9세기경부터 러시아의 공후들은 간헐적으로 세례를 받았고, 실제로 키에프 루스 전체가 그리스도교로 개종한 것은 988년이었다. 당시 키에프 루스의 통치자였던 블라디미르(Vladimir) 공후는 987년에 러시아 땅에 종교를 전해 주려는 주변국들의 사절단을 접견하였다. 처음 온 사절단은 이슬람을 믿는 자였고, 다음은 로마가톨릭을 믿는 게르만이었고, 그 다음은 유대교를 믿는 자였다. 그러나 다 받아들일 여건이 충족되지 않았다. 마지막 동방정교의 원리를 전해주자 공후는

---

18 박찬희, 『동방정교회 이야기』 (신앙과 지성사, 2012), 137-142.

그들의 박식함에 탄복하였다.

블라디미르는 한 종교가 자기 백성에게 적합한지를 검토하며 여러 가능성을 조사하기 위하여 사신을 파견했다. 콘스탄티노플에 도착하여, 성찬전례에 참석한 비잔틴 황제를 만나기 위해서 하기아 소피아 (Hagia Sophia) 대성당에 인도 되었을 때, 만여 개의 촛불이 휘황찬란하게 밝혀진 가운데 성대하게 거행된 예배의식을 참관하고 돌아와서는 다음과 같은 말로써 동방정교를 찬미하였다. "소신들은 소신들이 천국에 있는지 지상에 있는지 알 수가 없었나이다. 지상에는 그러한 광휘와 아름다움이 있을 수가 없기에 제대로 묘사할 바를 모르겠나이다. 다만, 그곳에서는 신께서 인간들과 함께 거하신다는 것 그리고 그 사람들의 예배의식은 다른 민족의 예배의식보다 더 아름답다는 것을 말씀드릴 수 있습니다. 소신들은 그 아름다움을 잊을 수가 없나이다."[19]

현자들(사신)의 말에 감동을 받은 블라디미르는 이듬해(988년)에 세례를 받았고 키예프 루스의 국교는 동방정교임을 만천하에 선포하였다. 그리하여 이후 천여 년 동안 러시아인들의 정신을 지배하게 될 영성의 씨앗이 뿌려지게 되었다.[20]

러시아가 동방정교를 받아들인 것은 무엇보다도 그 예배의식의 아름다움 때문이었다. 블라디미르는 종교의 원리나 종교에 내포된 사상 혹은 교의가 아니라 감각적인 아름다움에 매료되어 자신과 국가의 종교를 결정했다. 동방정교는 로마가톨릭에 비해 상대적으로 덜 교의적이고 덜 체계적이라는 것이 일반적인 견해이다. 사실 동방정교는 따지고 논하고 분석하기 보다는 관상하고 전 존재로써 체험하는데 더 큰 비중을 두었다. 러시아인에게 하나님은 진리와 믿음의 신일 뿐 아니

---

19 존 안토니 맥구킨, 『비잔틴 전통의 성인들』, 193-194; 석영중, 『러시아정교, 역사, 신학, 예술』(고려대학교 출판부, 2007), 16-17.

20 석영중, 같은 책, 18(키에프 루스는 강력한 공국으로 성장하며 오늘날의 러시아의 모태가 되었다).

라 아름다움의 신이었고, 그리하여 신앙이란 곧 아름다움이라는 등식이 그들의 마음속에 각인되었다. 아름다움은 곧 진리였으며 진리는 곧 선한 것이었다. 진선미(眞善美)의 합일은 그들에게 있어서 어떤 논리적인 증거나 이론적이고 사변적인 신학을 요하는 것이 아니었다. 전 우주적인 조화의 이상과 자연스럽게 하나가 되어 오늘날까지 러시아의 장인과 화가와 시인들의 가슴속에서 반향하고 있다. 예술은 신의 선물이며 인간은 아름다움을 통해 신과 교감할 수 있다는 확신은 수세기동안 이어져 온 러시아 문화의 전통이다.21

따라서 우리가 감히 진단해 볼 수 있는 것은, 예배의 아름다움, 신앙과 아름다움의 합일은 하나님을 찬미하는 중세문학 작품과 찬란한 이콘과 장엄한 성가, '미(美)가 세상을 구원하리라'는 러시아의 문화와 예술 전체를 아우르며 천여 년 동안 면면히 지속되어 온 영성이라고 할 수 있다.

비잔틴 예전(禮典)을 구성하는 기도들은 그 전성기에 있어서 그리스의 교부신학에서 고양된 것이다. 일반적으로 사용하는 예전은 5세기 초 콘스탄티노플의 대주교인 성 요한 크리소스토무스로 부터 기인한다.22

후세 사람들이 크리소스토무스(Chrysostomus, 황금의 입[金口])라 부르는 안디옥 출신과 콘스탄티노플의 대주교 요한, 고대 말엽 교회의 위대한 인물이다. 그는 주일마다 수천 개의 정교성당에서 거행되는 그의 이름을 딴 전례(典禮)를 통해, 그의 저술들은 오늘날에도 우리

---

21 석영중, 같은 책. 19
22 루돌프 브랜들레/이종한 역, 『요한 크리소스토무스 – 고대교회 한 개혁가의 초상』 (분도출판사, 2016), 7-10; 요아니스 알렉시우/요한 박용범 역, 『성 요한 크리소스토무스』(정교회 출판사, 2014). 요한 크리소스토무스는 불의의 권력에 맞선 정의의 설교자였고 평소와 유배 중에서도 가난한 자들 병든 자들의 진정한 목자였고, 그는 유배에서 순교자로 그의 유해가 담긴 관으로 콘스탄티노플에 귀환한 예수님 닮은 교부였다.

가운데 살아있다.

2) 수도사들의 영성

수도운동은 박해시기에 사막으로 피신했던 이들도 있었지만, 313
년에 콘스탄티누스가 밀란칙령을 통해 그리스도교 신앙을 허용한 시
점에서 시작되었다. 4세기 초부터 이집트는 엄격한 수도 운동의 중심
지였다. 수도사들은 청빈과 고행으로 피의 순교가 더 이상 존재하지
않는 시대의 순교자들이었다.

수도운동은 영어로 'monasticism'인데 이 단어는 헬라어 '모나코
스'(monachos)에서 유래하였다. 모나코스는 'solitary' 즉 홀로 기거
하는 것을 의미하는데, 수도 운동은 엄격한 절제의 삶을 열망하고 기
도생활과 하나님을 관상하며(contemplation), 또한 예배하는 삶에 전
적으로 자신을 헌신하기 원하는 자들로 시작하였다. 수도 운동의 가
장 기본적인 요소는 세상과의 단절 그리고 자기 욕망을 제어하며 수덕
(修德)의 삶을 사는 것(asceticism)이었다.[23]

수도사들은 사막, 광야로 은둔함으로써 교회생활에 예언자적이며
종말론적인 성직의 의무를 다하였다. 그들 은수자들은 황량한 광야의
숲속 오두막집이나 동굴, 심지어 무덤 속에서, 나뭇가지 사이에서, 바
위 꼭대기에서 고독한 생활을 영위하는 사람들이었다. 은수(隱修) 생
활의 큰 모델은 수도 운동의 창시자, 이집트의 안토니오(251-356)이다.

일반적으로 동방정교회 수도원은 서방 교회 수도원보다 덜 활동적
이라는 말을 듣는다. 동방정교회 수도사의 첫째 사명은 기도생활이다.
다른 이들에게 봉사하는 것도 기도를 통해서이다. 문제가 되는 것은

---

23 박찬희, 『동방정교회 이야기』(신앙과 지성사, 2012), 170. 'asceticism'은 금욕주
의보다 수덕주의가 그 의미에 더 가깝다.

'수도사가 무엇을 하느냐보다는 오히려 수도사란 누구인가?'라는 질
문에 올바른 대답을 하는 것이다.24

　『안토니오의 전기(傳記)』의 저자 아타나시오는 안토니오가 이집
트 전역의 의사(醫師)가 되었다고 썼다. 안토니오는 생의 초기 18세에
서 55세까지는 사막에 은둔한 채 고독 속에서 살았다. 그 후 그는 견고
한 울타리 안의 생활을 단념하고 방문객을 맞이하였다. 한 무리의 제
자들이 그의 주위에 모였고 때로는 아주 먼데서부터 조언을 받으러오
는 사람들의 모임이 더 크게 생겼다.

　수도사들의 외적 과정(課程)의 형태는 거의 같다. 즉 수도사는 우
선 들어오기 위한 은둔(隱遁)으로 은수(隱修)한다. 그리고 침묵 속에
서 하나님과 그 자신에 대하여 진실을 배워야 한다. 고독 속에서 긴
수련을 한 후에 스타렛츠(장상)로서 요구되는 통찰력의 은사를 얻고
서야 자기 독수방(獨修房)의 문을 열수 있고, 그가 은수했던 세계로부
터 승인을 받게 되는 것이다.25

　10세기 이후 정교회 수도원의 주된 중심지는 아토스(Athos)인데,
6,670피트 높이의 꼭대기에 정점을 이루는 북그리스에 있는 돌 바위
가 많은 반도이다. 거룩한 산(聖山, Holy Mountain)으로 알려진 아토스
는 은수자 조직뿐 아니라 수십 개의 제도적 수도원과 많은 수의 작은
수도원을 포함하고 있다. 아토스반도는 완전히 수도원 촌(村, town)으
로 되었으며 수도원이 팽창해 나가던 시대에는 거의 4만 명의 수도사
가 거주한 것으로 전해진다. 20명의 지도급 수도사들 가운데 최고 연
장자인 대 라브라(Great Lavra)는 혼자서 26명의 총대주교와 144명
이상의 감독을 배출하였다. 이것은 동방정교회의 역사에 있어서 아토

---

24 강태용,『동방정교회』(홍익재, 2010), 54-55.
25 강태용, 같은 책, 56. 스타렛츠는 성령 충만한 영적지도자, 통찰력과 지혜를 갖춘
　　지도자, 영적 안내자이다. 레이문트콧체, 베른트묄러 편/이신건 역, "안토니오와
　　은둔수도원 운동",『고대교회와 동방교회』(한국신학연구소, 1995), 293-301.

스(Athos)의 중요성에 대한 의미를 부여한다.[26]

그 시대의 영적 아버지들은 믿음이 강했으며 매우 소박하였다. 대다수의 영적 아버지들이 많이 배우지는 못했지만 그 대신 자신을 낮추면서 영적인 투쟁을 하였기 때문에 계속해서 하나님의 은총을 받았다. 이에 비해 우리가 살고 있는 시대는 어떠한가? 학문적으로는 수준이 높아졌음에도 불구하고 논리를 내세워 지금까지 쌓아온 믿음을 뒤흔들어 놓았으며, 마음속에 질문과 의문만이 가득하게 만들었다. 그 결과는 참으로 뻔하다. 하나님의 기적을 보기 힘든 세상을 만든 것이다. 어째서 그런가? 기적이란 자연스럽게 일어나는 것일 뿐 인간의 논리로는 설명이 불가능한 것이기 때문이다.[27]

3) '예수 기도'와 헤시카즘: 쉼 없는 기도와 침묵의 영성

주 예수 그리스도 하나님의 아들이시여 죄인인 나를 불쌍히 여기소서(Lord Jesus Christ, Son of God, have mercy on me, a Sinner).

정교회의 기도 중에 '예수 기도'라는 기도 형태가 있다. 이 기도의 성서적인 배경은 다음의 말씀과 성구에서 그 근거를 제공하고 있다. "기도할 때에 중언부언하지 말라"(마 6:7), "예수의 이름에 무릎을 꿇게 하셨다"(빌 2:9-10), 한센병 환자 10명이 "우리를 불쌍히 여기소서"(눅 17:13), 세리의 기도 "불쌍히 여기소서. 죄인이로소이다"(눅 18:13), 여리고 시각장애인이 "다윗의 자손 예수여 나를 불쌍히 여기소서"(눅 18:38) 등이다.

---

26 강태용, 같은 책, 56; 디모데 웨어, 『동방정교회의 역사와 신학』, 53.
27 파이시오스 수도사, 『아토스성산의 수도사들』(정교회출판사, 2011), 17-18.

정교회는 이러한 하나님 경험을 '신화'(神化, Theosis)라고 정의한다. 그리스도의 성육신은 인간으로 하여금 하나님의 성품에 참여하게 한다. 이러한 신화의 단계에서 기도자는 호흡마다 하나님 성품의 담지자인 예수와 하나 됨을 경험한다. '예수 기도'에서 가장 중요한 요소는 절대적 침묵이다. 이 침묵 기도를 가르켜 '헤지카즘'(Hesychasm)이라고 하는데, 기도자 즉 헤지키스트는 기도 속에서 자기를 말하는 것이 아니라, 내면에서 들려오는 하나님의 음성 듣기를 지향한다.[28]

헤지카즘(Hesychasm)은 정교회 수도사들이 하나님과 합일에 이르기 위한 수단으로서 헤지키아(Hesychia)의 상태를 추구하는 수도 방법이다. 헬라어 '헤지키아'는 고요함, 평정심, 침묵 등의 뜻을 가지고 있다. 수도사들은 관상수도에서 고요와 평정심을 통해 인간적 격정(pathos)을 물리치고 무정념의 상태(apatheia)에 이르고자 헤지키아의 상태를 추구한다. 헤지카즘은 13세기 중엽에 정교회 영성의 샘이라 일컬어지는 아토스 성산의 수도사 니케포로스(Nikephoros)가 기도법으로 추구한 이래 정교회 수도사들의 중요한 기도법이 되었다.[29]

'예수 기도'에서 수도정신이란 무엇을 뜻하는가? 저자 이에로테오스(대주교)는 다음과 같이 쓰고 있다. "그것은 순종, 겸손, 자기멸시, 기도를 향한 끝없는 갈망이다. 영적 아버지에 대한 순종 모든 이들을 향한 겸손이며, 가장 위대한 활동은 겸손과 거룩함을 얻는 것이다. 그럴 때 우리는 정말 부유해진다. 겸손과 거룩함이 없다면, 아무리 훌륭한 공동체 사업도 금방 흔적도 없이 무너지지만, 거룩함과 겸손이 함

---

28 존 안토니 맥구킨, 『비잔틴 전통의 성인들』, 제7장 '헤지카즘의 빛나는 침묵'을 참조하라. 헤지키아(Hesychia) — 평온은 기도에 몰두하기 위해 조용한 은둔의 삶을 추구하는 수도사. '예수 기도'의 짧은 기도의 규칙적이고 느린 반복에 의해 영적인 감각을 조용하게 할 필요성을 가르치고 있다.
29 존 안토니 맥구킨, 『비잔틴 전통의 성인들』, 제7장 참조; 박찬희, 『동방정교회 이야기』, 158-161.

께 한다면 아무리 작은 일이라도 놀라운 차원의 열매를 맺는다."[30] 하나님께 순종, 모든 이에게 겸손, 거룩함을 얻는 것의 중요성을 강조하고 있다.

수도 정신은 무엇을 하든지 칭찬 받는 일과 칭찬을 잃는 일을 항상 명심해야 한다. 따라서 어디에 있든지, 길을 가든지, 운전 하든지, "주 예수 그리스도여 나를 불쌍히 여기소서"하고 '예수 기도'를 드려야 한다. 신자들은 "끼리에 엘레이손"(주여 불쌍히 여기소서)이라고 기도하며 응답한다.

아토스 성산으로부터 광야의 한밤중 한 은둔 수도사의 기도 영성에 대한 체험담이 전해진다. "수도사는 나가서 바위위에 걸터앉았다. 멀리 바다에서 물결소리가 들려왔다. 영원의 온화함이 격해진 내 영혼을 어루만져 주었다. 거대한 고요, 나는 사람이 되신 하나님께서 이 광야를 꽉 채우고 계심을 분명히 느낄 수 있었다."[31]

아토스 성산의 수도원 원장과 수도사는 대화 내내 율법적 훈계가 아니라 진정한 신비학적 가르침을 주고받았다. 수도사는 옛날 가르멜 산에서 엘리야가 그러했던 것처럼, 머리를 숙여 무릎 사이에 두었다. 그리고 '예수 기도'를 시작하기에 앞서 마음을 훈훈하게 하기 시작했다. 밤 시간은 수도사들에게 아주 역동적이고 생명이 넘치는 때이다. 왜냐하면 바로 이때가 '끊임없는 기도를 수행하는 시간이고, 또 예수를 마음속 깊이 묵상하고 공부하는 시간'이기도하기 때문이다.[32]

'예수 기도'는 더 높고 깊은 경지로 안내한다. 자정이 훨씬 지났을 것이다. 밤 꾀꼬리가 일어나 노래하고, '통회의 샘'들은 목마른 대지를 흘러 적시고, '거룩한 산의 등대'들은 빛을 비추고, '향내 나는 그윽한 백합'들은 온 땅을 그 향기로 채우고, 암자들마다 기도소리가 울리고

30 이에로테오스, 『예수 기도』(정교회출판사, 2013), 210.
31 이에로테오스, 『예수 기도』, 225.
32 이에로테오스, 『예수 기도』, 226.

참회와 빛 비추임의 눈물로 넘쳐난다. … 수도사들은 그리스도를 찬양하고 하나님의 은총과 넘치는 자비를 빌기 위해 일어난다.33

이상의 기도와 명상은 아토스 거룩한 산에서 들려오는 이야기이다. '예수 기도'는 언제라도, 다른 사람들과 같이, 또는 혼자서도, 공동 기도로도, 개인 기도로도 할 수 있다. '예수 기도'는 모든 세대를 위한, 어떤 장소이든, 매 순간을 위한, 사막이든, 도시이든, 초보자이든, 경험자이든, 시간과 장소에 구애받지 않는다.

만약 당신이 신학자라면 당신은 참으로 기도하고, 만약 당신이 기도한다면 당신은 참된 신학자이다.34

4. 장공의 십자군과 제3일의 영성

장공 김재준(長空 金在俊, 1901-1987)은 한국 근대사를 살며, 목사와 신학교수 그리고 저술가로 진리 추구와 신앙적 양심으로 사회 역사 참여와 구도자적 그리스도인 삶의 본을 보여주었다. 그의 삶과 진보적 자주적 신학함은 큰 자취를 남겨 신학과 역사의 방향을 찾는데 길잡이가 된다.

먼저 '영성'이란 '인간과 하나님과의 인격적 사귐', '인간의 자기 초월', '하나님 형상화 작업', '자연속의 역사창조' 등으로 설명할 수 있다. 달리 말하면 현실 속에서 이루어지는 초월 체험과 그 구현이라 할 수 있다. 현실과 초월의 만남과 교류, 그것이 종교요 역사이다. 장공의 영성은 초월적이며 현실적이고, 종교적이며, 역사적이다. 분명히 장공이 그리스도교와 민족 역사에 평상 솔직하고 충실하려 노력하였던 것

---

33 이에로테오스, 『예수 기도』, 230.
34 이에로테오스, 『예수 기도』, 204.

도 그의 영적 체험과 구현 의지 때문이었다.

장공은 3·1운동 이후, 우리 민족이 일제에 항거하던 무렵에 새 깨달음과 고향을 떠나 신앙의 새 여정을 시작하였다. 가슴이 뜨거워 지는 신앙체험, 기도에 열중, 밤새워 성경 읽기, 전도와 가난한 자 돕는 마음이 일어나며 삶의 방향이 달라졌다. '새사람'이 됐다는 자의식을 가졌다.[35]

그의 진리 추구의 마음과 청빈, 무소유의 낭만은 장공에게 신앙체험 전과 체험 후의 삶을 확연히 갈라놓는 분기점(turning point)이 되었다. 이런 거듭남(重生)과 신생(新生)의 체험을 통과함으로 그리스도인 장공의 삶의 시작, 새 출발이 되었다. 동방정교회의 신생 체험과 유사한 부분이어서 객관적 성찰이 필요한 대목이다. 그 이후 장공의 삶은 청빈과 진리 탐구자로, 사회 역사적 삶의 정황을 안고 책임적인 삶을 보냈다. 장공의 삶은 청빈 영성과 생활 신앙으로 일관하였다. 이후 우리는 장공의 「십자군」과 「제3일」의 영성에 대하여 고찰하려고 한다.

1) 십자군의 영성

장공은 1937년 5월에 개인 신앙잡지 월간 「십자군」(十字軍, The Crusader)을 창간하였다. 장공은 귀국해서 평양에서 얼마 지난 후 간도 용정에서 2년 여 지내면서 많은 글을 발표하며, 고독과 혼란의 어둔 시대 상황에서 예언자적 영성과 오직 그리스도의 십자가만 붙잡고 행진하는 '십자군 영성'을 가졌다. 장공이 잡지 제목을 '십자군'이라 했을 때 그가 의미하는 십자군은 무엇이었는가를 성찰해 볼 필요를 갖는다.

역사적으로 '십자군'은 중세기 성지(예루살렘) 회복이란 명분하에

---

35 "한권의 성서", "무소유의 낭만", 『장공 김재준 저작전집』 5권, 217-226.

무기로 승리주의에 잡혀 정복전쟁에 나서서 이교도(이슬람)들을 무자비하게 살육하고 추방했던 파괴적 십자군이었다. 예루살렘이 그리스도교에서 갖는 상징적 중요성을 고려할 때, 그리스도인들이 성지에 자유로이 왕래한다는 것은 당연한 공리라 여겨졌다. 그러나 '십자군'은 성지 회복의 목표 외에 다른 과오를 저질렀다. 4차 십자군 원정 때 1203년 7월에 결과적으로 콘스탄티노플을 포위 공격하고 도시를 약탈하고 수많은 생명을 죽였다.[36]

장공에게 '십자군'은 영적 의미를 갖고 그리스도를 총수로 하며 칼 대신 성경으로, 폭력 아닌 사랑의 실천으로 어둠의 시대 상황에 계몽과 선한 사회사역을 추구하는 복음의 일꾼들을 의미하였던 것이다. 십자군의 참된 의미와 사명적 역할을 찾기 위해서 역사적으로 미국 교회사의 흐름을 관찰할 필요성을 갖게 한다.

한국 선교 역사에 직접 영향을 끼친 미국의 대각성운동 역시 성찰해 봐야 할 대상이다. 19세기 후반에 무디(Dwight Lyman Moody, 1837-1899)는 찬양인도자인 친구 생키(Ira Sankey, 1840-1908)를 만나 동역하였다. 무디는 보수적인 부흥사였고, 그는 1876년에 학생자원운동(Student Volunteer Movement)을 결성하여 수천 명의 젊은 학생들이 "이 세대 안에 세계복음화"를 실현하는 일에 나서도록 용기를 북돋았다.[37] 그것이 곧 미국의 세계 선교에로 이어지게 한 역사였고, 한국 선교에도 직접 영향을 끼쳤다.

20세기에 개신교 복음전도자 빌리 그래함(Billy Graham,1918-)은 십자군 운동을 기획하였다. 그의 사상은 철저히 분리주의적 근본주의자였다. 그의 경력 초기에 빌리 그래함의 전통적인 복음주의 신앙은 미국의 전통적인 신앙과 조화를 이루었다. 1950년 그는 장기 라디오

---

36 알리스터 맥그리스/박규태 역『기독교의 역사』(포이에마, 2016), 204-207.
37 마크 A · 놀,『미국 카나다 기독교 역사』(CLC, 2005), 603.

프로그램인 "결정의 시간"(The Hour of Decision)의 첫 방송을 진행했
는데, 그것은 반공주의 열풍과 복음주의를 전형적으로 혼합시킨 것이
었다.38

장공의 '십자군'의 기본정신은 무디(3차대각성운동)와 그래함(4차대
각성운동)의 승리주의에 도취되어 성장 신화를 끌어냈던 것과 반(反)
하는 것이었다. 해방 직후부터 한국교회의 양상은 노골적으로 들어난
교권 발동과 그것에 의한 사상 통제였다. 여기에는 미국 선교사들의
물질적, 정신적 가세까지 있어 사뭇 만용적이었다.39

장공은 속간 「십자군」(The Crusader, 1950.1~1956)을 내면서 보수
근본주의, 한국교회 어두운 상황에서 계몽적 역할을 하며, 개혁교회
의 개혁적인 사명에 온갖 힘을 쏟았다. '기장의 탄생', 출애굽 역할을
한국신학대학(당시)의 신학의 고장에서 출범시켰다.

장공은 망국의 백성들이 포로처럼 살아가던 만주 땅 용정에서 '십
자군 영성'(Crusader Spirituality)을 체득했고, 1947년-1953년 기장
출범 당시 종교개혁자적 사명으로 한국교회의 바른 방향을 향하여 계
몽적 책임성을 갖고 용진했던 것이다. 민족 수난(6.25 전쟁)의 와중에
서 교회는 교권 다툼과 교회 분열의 아픔의 이중고(二重苦)를 겪어야
하였다.

장공은 그때에 세계 교회의 신학적 주류(主流)에 병진함으로써 교
회신학의 본류(本流) 또는 주류에 동참하는 것이라고 다음과 같이 선
언하였다. 1) 세계 교회의 신학은 정통주의에서 그 정반대인 자유주
의로 옮겼다가, 다시 종합된 더 높은 차원에로 진행되고 있다. 2) 역사
문제에 대하여 그리스도교는 인간 역사라는 소재(가루 서말)에 하나님
나라라는 속량 역사(누룩)를 심어, 결국은 그 소재인 인간 역사 전체를

38 위의 책, 604-605.
39 「십자군」속간 제25호(1956년 6월), 10.

하나님과 그리스도의 나라로 변화 또는 감화 아래 있게 하는 '하나님-사람'의 운동이다. '우리는 세계 교회와 병진함과 동시에 전적인 그리스도가 인간생활의 전 부문에 주(主)가 되게 하기 위하여' 전 존재를 바치려 한다는 의미에서 '역사적'이라 하였다. 3) 현실 교회 자체의 문제로서 '교회를 교회 되게 하는 것'은 '그리스도와의 일치'라는 인격적 친교에 있다는 것이다. 한국교회는 해방 전후해서 들어난 모습으로 본다면, 그것은 '그리스도와의 일치'라는 것보다 어떤 '우상과의 일치'를 지향하고 있었다.[40]

루터와 그 동역자들이 로마가톨릭의 교권적 제국주의에서 복음의 자유를 회복한 것이 교회사상에 거대한 생명운동을 전개한 것이었음을 시인한다면, 우리 한국교회의 정통주의적 '바리새이즘'에서 복음주의를 수립하려는 우리의 운동이 교회사적으로 무의미한 것이 될 수 없다는 확언이었다.

'94개 논제'는 무엇인가?

종교개혁 500주년에 즈음하여 종교개혁을 향해 급진적인 질문을 던진 신학자들의 '94개 논제'가 전 세계 신학계의 주목을 받고 있다. 이 94개 논제는 2017년 종교개혁 500주년을 기념하는 자리에서 역사적으로 루터가 1517년 종교개혁의 포문을 연 95개 조항을 붙였던 비텐베르크 성교회 정문, 그 자리에 붙게 된다.

94개 논제의 신학화 작업은 세계교회협의회(WCC)의 협력기구인 세계 루터교 연맹(LWF)이 종교개혁 500주년 기념대회를 발의하면서, WCC가 협력하는 것으로 시작되었다. 94개 논제 작성을 위한 5년간의 위크숍 통해 종교개혁 신학에 정평이 난 학자들이 동원되었다. 특히 프란시스 교황은 94개 논제를 환영했고, 해방신학자인 레오나르도 보프는 94개 논제를 격찬하는 글을 쓰기도 했다.

---

40 「십자군」 속간 제25호, '대한기독교장로회의 역사적 의의', 1-10.

에큐메니칼 운동의 한 중요한 축을 구성하는 루터의 종교개혁의 유산이 우리 시대에 비판적인 대화를 요구한다는 점에서 94개 논제는 큰 의미를 담고 있다. 그렇게 '종교개혁의 급진화'는 과거인 종교개혁의 뿌리에 내재적 비판을 시도하면서 미래의 새로운 차원을 여는 운동으로 한층 다가설 것이다.

이번에 논제를 94개로 정리한 것은, 우선 '루터의 95개 논제'에 대한 겸손의 표시이다.

94개 논제 가운데 29조는 십자가의 신학을 다음과 같이 기술하였다.

29. 십자가의 신학은, 십자가와 식민주의 시대 십자군 전쟁 사이의 오욕으로 얼룩진 교회의 모습을 극복할 수 있게 한다. 이것은 민중(minjung)과 만인을 위한 경제 정의와 생태의 생명망의 보존과 연결되어 있는 하나님의 빛 가운데서 드러난 생명신학(부활)을 위해 십자가의 신학을 새롭게 하는 것을 의미한다. [41]

장공은 그의 '십자군 영성'으로 기장의 역사적 존재 의의가 뚜렷하며 또 한국에서 뿐만 아니라 전 세계 그리스도교 역사의 본류(本流)를 지어가고 있음을 천하에 공언(公言)한다는 것이었다.

2) 제3일의 영성

장공은 1970년 9월 「제3일」을 창간, 1974년 4월까지 44호를 발간하고, 1974년 10월 「제3일」 속간 1981년 6월까지 60호를 발간하였다(카나다). 당시 군부 유신 정권에 대한 항거로 발행한 것은 한국교회 역사 속에서 대단히 큰 비중과 의미를 갖는다.

---

41 「기독교사상」 2016, 10월호, 62, 76

슈바이처는 예수의 죽음과 부활을 그의 '예수전'에서 이렇게 그렸던 것을 생생히 기억하고 있다. '예수라는 한 젊은이가 굴러 오는 역사의 바퀴를 전신으로 가로 막았다. 그러나 역사의 거대한 바퀴는 그대로 굴러서 이 젊은이를 압살(壓殺)하고 말았다. 그러나 이상한 일이 생겼다. 압살된 그 시체가 그 바퀴에 그대로 붙어 돌아갔는데, 그것이 점점 커지고 커져서 마침내 굴러가는 바퀴를 정지시켰을 뿐 아니라, 그것을 반대 방향으로 전환시켰다.'

장공에게 있어서는 예수께서 십자가에 죽었다가 부활한 것을, 악의 정점에 선 인간을 향한 하나님의 '아니오'가 바로 무덤을 열어젖힌 부활이었고, 죽음으로부터 제3일째 되는 날이었다. '제3일'은 오늘의 역사에서 의인이 가진 특권 ─ 역사의 희망은 이 제3일에서 동튼다. 이 날이 없이 그리스도교는 없다. 이 날이 없이 새 역사도 없다고 장공은 창간호 「제3일」(The Third Day)에서 외쳤다.[42]

예수의 십자가는 결코 상징(Symbol)이나 장식품이 아니며 미술품도 아닌 무시무시한 '죽음'이다. 콘스탄티누스시대도 지나가고 후기 콘스탄티누스 시대(Post-Constantine Era)가 우리에게 접근하고 있다. 그것은 예수와 함께 죽고 예수와 함께 부활한다는 외로운 죽음의 씨앗에서 싹트는 부활을 되찾는 시대가 오고 있다는 말이다. 관념이나 심볼이나 미술품이 아닌 '몸'으로 죽고 사는 역사의 시대다. 예수의 부활은 역사의 내일을 위한 십자가의 행진에서 그 현실적인 의미가 체득된다는 것이 오늘 우리에게 주어진 진실된 메시지이며 그것이 '제3일'의 영성이다.[43]

장공에게 이 세 번째 날은 그리스도교의 존재 이유였고 역사가 희망을 가질 수 있는 근거이자 토대였기에 이를 그리스도인의 영적 정체

---

42 「제3일」 창간호 안표지.
43 『장공 김재준 전집』 11권, 87.

성이라 여겼다. 따라서 '제3일'은 지난(至難)했으나 궁극적으로 사망
(불의)을 무화(無化)시킨 생명 부활의 믿음이며 영성의 본질이었다.

　　인간 역사와 우주에 하나님의 공의를 뿌리내려 그 힘을 온 땅에 펼
쳐야 할 존재가 바로 '제3일'의 영성을 지닌 그리스도인의 운명이며 정
체성이었다. 장공에게 그리스도의 몸(교회)은 인간과 우주, 민족과 세
계를 아우르는 공동체적 생명을 일컬었으며, 하나님 사랑 안에서 만
물이 정신, 영으로 변화하여 자유케 되는 상태와도 비견될 수 있었다.
따라서 그가 믿는 그리스도는, 교회는 물론 세상을 넘어 온 우주를 품
어 속량할 만큼 넉넉한 사랑의 존재였다.[44]

　　초대 그리스도교와 동방정교회는 '부활'을 중요하게 여겼다. 부활
을 통해 예수는 하나님 현존을 영적으로 매개할 수 있었고, 따라서 역
사성을 넘어 종말론적 우주와의 연결고리를 갖게 된 것이다. 예수의
부활로 인해 인간과 우주의 미래, 곧 우주 자체의 전적 변화를 기대할
수 있었다. 장공이 끝까지 잡으려 했던 목표, 곧 우주적 생명 공동체는
천지인(天地人)의 일체 관계성이 회복된, 죽음 본능이 지배(역할)못하
는 이 땅에 임하는 하나님 나라 모습이다.

---

44 『장공 김재준 전집』 18권, 528-532.

러시아정교회 영성의 역사
: 장공의 역사 참여적 영성

1. 서론적 이야기

988년에 러시아에 전래된 그리스도교는 이후 약 천 년 동안 러시아 민족의 정신 구조를 형성하고 지배하는 압도적인 요소가 되어 왔다. 포괄적인 의미에서 러시아의 정신은 그리스도교와 불가분의 관계를 맺으며 러시아 고대 및 중세 문화가 전적으로 종교적이었고 문화의 세속화가 이루어진 17세기 이후에도, 무신론을 표방하던 구소련에서도 정교신앙은 민족성의 일부로서 삶과 문화의 방향을 조성하는 내적인 조타수의 역할을 하였다.

러시아정교 신앙의 핵심인 수도자들의 영성은 역사적 흐름과 그 신학적 본질 그리고 신앙의 지상적 표징인 성당과 이콘(Icon)은 상호 연관되는 가운데 아름다움과 진리와 선함이 장엄하게 어우러진 삶, 러시아인들이 천 년 동안 가슴에 지녀왔던 삶의 이상을, 더 나아가 정신적인 가치에 관해 재고해 볼 기회를 갖게 할 것이다.

본 과제는 "러시아정교회 영성의 역사 — 장공의 역사 참여적 영성"에 대한 소고이다. 정교회 영성과 장공의 영성의 만남의 지점, 향후 한국교회의 영성은 그리스도교(로마가톨릭, 개신교, 동방정교회)를 아우르는 방향이었으면 하는 바람에서다.

2. 러시아정교회 역사: 모스끄바 시대 — 제3의 로마

14세기 말부터 몽고 타타르의 압제는 점점 힘을 잃어갔고 거기에 맞추어 모스끄바의 권력은 점점 강화되었다. 1480년 러시아는 몽고의 굴레에서 해방되어 모스끄바를 중심으로 하는 단일한 국가로 다시 태어났다. 국호 또한 루스에서 러시아란 이름으로 변경되었다.

'모스끄바 — 제3의 로마'설은 비잔티움 제국의 멸망하고 러시아가 몽고의 압제에서 완전히 해방된 시점에서 흘러나왔다.

> 여기서 요점은 터키(이슬람)에 의한 콘스탄티노플의 함락(1453년)
> 이 러시아의 몽고 타타르 지배의 종식(1480년)과 대략 시기적으로
> 일치했다는 점이다. 러시아인들에게 이 두 개의 사건은 자연히 서로
> 관련이 있는 것으로 여겨졌다. 비잔티움에서 이슬람이 정교회에 대
> 해 승리를 거둔 것과 같은 시기에, 러시아에서는 반대의 사건, 즉 이
> 슬람에 대한 정교회의 승리가 이룩되었던 것이다.[1]

한 세상의 종말과 새로운 세상에 대한 기대감이 교차하는 시점에서 모스끄바는 멸망한 제1로마와 제2로마(비잔티움)를 계승한 제3의 로마로 부상했다. 주변국의 멸망과 러시아의 상대적인 융성, 종교적 독립성과 중앙집권체제의 확립 등은 15세기 중반부터 모스끄바의 위상을 드높여 주었고, 모스끄바야말로 그리스도교 수호의 마지막 보루

---

1 석영중,『러시아정교 역사·신학·예술』(고려대학교출판부, 2007), 77. '제3의 로마 — 모스끄바'의 영원한 권세를 뒷받침하는 성서적 근거는 다니엘 7:27, 요한계시록 20:6이고, 12세기 이탈리아 신비주의자 피오레 요아킴의 삼위일체의 위격에 따른 세 단계의 발전 궤적을 갖는다.

라는 생각을 자연스럽게 유포시켰다. 그리하여 두 로마의 패망과 모스끄바-로마의 항구한 영광을 구원사적 측면에서 해석하는 이론과 작품들이 속속 등장하면서 러시아인들의 역사적 상상력을 자극했다.

'모스끄바-제3의 로마' 이론은 모스끄바 시대부터 오늘날에 이르기까지 러시아 역사를 관통하는 이데올로기로 지속되어 왔다. 그것은 군주들에게는 무력 외교와 폭정을 합리화시키는 지배 이데올로기를 제공해 주었으며, 민중들에게는 선민사상을 심어 주었다. 물론 한 국가의 종교가 전적으로 정치와 무관하기는 어려운 일이지만, 강력한 국가상을 원했던 위정자들은 제3의 로마설에서 정권 수호를 위한 편리하고도 만만한 이론적 지지대를 발견했고, 그것은 결국 부정적인 의미에서 신정정치로 이어졌다. 비잔티움에서 계승한 황제교황주의(caesaropapism)와 250년간 몽고 지배를 받으면서 누적되어온 민족적 열등감에 '모스끄바-제3의 로마' 이론이 더해지면서 기형적인 전제정치와 제국주의의 기반이 다져졌던 것이다.[2]

다른 한편으로 '모스끄바-제3의 로마' 이론은 다양한 변주와 증폭을 거치면서 독특하게 러시아적인 메시아니즘의 창출에 기여했다. 모스끄바를 진정한 최후의 지상 왕국으로, 신 예루살렘으로 고양시키려는 순수한 그리스도교적 의지는 수난과 극기의 자기 비움으로 이어졌다. 또 러시아가 구원의 선봉에 서 있다는 세상은 수 세기동안 러시아인들을 온갖 고난과 시련으로부터 지켜줄 수 있었다. 그들에게 조국은 신의 선택을 받은 지상의 마지막 왕국이었으며, 그것을 지키는 것이야말로 그리스도인의 거룩한 소명이었다. 물론 이러한 선민사상은 정치적으로 악용될 소지가 충분히 있었고, 지난 20세기 레닌(V.I. Lenin)이나 스탈린(I.V. Stalin)이 전체주의 체제를 유지하기 위한 수단으로 선민사상과 메시아니즘을 교묘하게 이용하였다는 것은 잘 알려

---

2 석영중, 『러시아정교 역사·신학·예술』, 81-82. 빌링턴의 지적 삽입.

진 사실이다. 오늘날까지도 러시아인들의 마음속에 보이지 않는 삶의 원동력이 되고 있다. 페레스트로이카 이후 놀라우리만큼 빠른 속도로 이루어진 정교회의 부흥은 구원에의 희망이 혁명과 내전과 전쟁과 숙청을 거치면서도 얼마나 집요하게 러시아인들의 정신을 사로잡아 왔는지를 극명하게 보여준다.[3]

반드시 기억할 것이 있다. 1917년 볼셰비키 혁명은 러시아정교회의 행로를 완전히 바꿔 놓았다. 새로 출범한 소비에트 연방공화국은 "종교의 철폐는 인민의 진정한 행복을 위한 필수불가결한 조건이다"(마르크스)라고 단언했다. 그리고 "모든 종교적 사상, 신에 관한 모든 사상, 심지어 신에 관한 사상과 놀아나는 행위까지도 형언할 수 없이 비열한 짓이다. 수백만의 죄악, 더러운 행위, 폭력 행위, 물리적 오염도 저 말쑥한 이데올로기의 옷을 입은 교묘하고 정신적인 신의 사상만큼 위험하지는 않다"(레닌)라고 말했다. 종교는 신이 없는 낙원을 건설하려는 볼셰비키들에게 장애가 되고, 잠정적인 위험세력이었다. 그들은 러시아 역사의 중요한 시기에는 언제나 교회가 중심에 있었다는 것을 잘 알고 있었다. … 지상의 천국을 꿈꾸는 자들에게 둘러싸인 20세기 러시아 교회는 끊임없이 절멸의 위협과 맞서 싸우며 힘겨운 생존을 유지해 나가야 했다. 러시아가 그리스도교를 받아들인 이후 그토록 조직적이고 집요한 교회 탄압은 일찍이 한 번도 없었다. 잔인한 몽고의 한(汗)들도 모스끄바국의 저 권위적인 짜르들도 교회 세속화의 선봉장이었던 뾰뜨르 대제도 공산주의 지도자들처럼 그토록 파괴적으로 교회를 증오하지는 않았었다.[4]

---

3 석영중, 『러시아정교 역사 · 신학 · 예술』, 76-83 참조.
4 석영중, 『러시아정교 역사 · 신학 · 예술』, 176-177. E. H. 카/유강은 역, 『러시아 혁명 1917-1929』(이데아, 2017). 역사가 카는 스탈린과 레닌의 연속성을 인정하면서도 레닌의 진정한 국제주의와 마르크스주의, 평등주의 그리고 스탈린의 민족주의와 권력욕, 피상적인 사회주의를 구별한다.

3. 수도원 영성의 역사

러시아의 수도생활(monasticism)은 끼예프 시대에 시작되었다. 러시아 최초의 수도원은 1051년에 창건된 끼예프동굴 수도원이다. 러시아인 최초 수좌 대주교 일라리온(Ilarion)이 드네쁘로강 유역의 언덕에 깊은 지하 동굴을 파 놓고는 종종 그곳을 찾아와 홀로 기도를 올린 데서 유래한다. 동방 정교 영성의 중심지 성산(聖山, Holly Mount) 아토스 출신 수도자 안토니오스(Antonius)가 이곳에 터를 잡고 기도와 노동을 시작하자, 그를 숭배하는 사람들이 합류했다. 여기서 수도생활을 하며 기도와 묵상과 노동을 통해 그리스도의 길을 따르려는 수도자의 수는 점차 늘어났다. '동굴 수도원'이라는 이름이 붙여졌고, 안토니오스는 러시아 수도생활의 아버지라고 불리게 되었다.

정교회력에 포함된 성인(聖人) 중 1백 명 이상이 이 수도원 출신이었다고 하니 고대 러시아에서 동굴 수도원의 역할이 얼마나 컸는지 짐작할 수 있다. 러시아 수도원은 영성의 중심지며 교육과 문화의 중심지였다. 그것은 19세기까지 러시아의 작가와 예술가들에게 영감을 제공해 주었다. 도스또예프스끼가 이 수도원을 방문한 뒤 거기서 받은 감동을 토대로 『까라마조프가의 형제』를 썼다면 러시아를 대표하는 시인 뿌쉬낀(A. Pushkin)은 까즈베끄산 위의 수도원에서 속세를 초월하는 안식처를 발견했다.

끼예프 루스 시대에는 창작문학도 활발하게 씌어졌다. 이 시기 창작 문학의 장르는 연대기, 성자전, 교훈서 등으로 대별된다. 그 문학은 단순하고 소박하지만 거기에는 영원에 대한 항구한 지향이 담겨있어 오늘날까지도 숙연한 마음을 불러일으킨다.[5]

---

5 석영중, 『러시아정교 역사 · 신학 · 예술』, 41-49.

1) 수도원 성장과 성 세르기[6]

몽고 지배기 러시아 영성의 중심은 수도원이었다. 14세기부터 15세기 중엽에 이르는 약 150년 동안에 180여개의 새로운 수도원이 창설되었다. 러시아 수도 생활의 전통은 이 시기에 완전히 수립되었다고 해도 과언이 아니다. 당시 수도원은 신비주의자들이나 금욕주의자들의 은둔처 이상의 의미를 가졌다. 대부분의 수도원들이 수백 명의 수도자들을 포함하는 작은 도시나 다름없었다. 수도원은 토지를 소유했고, 그 주변에는 위성도시들과 마을이 생겨났다. 수도자들은 백성들과 밀접하게 관련되어 있었다. 그들은 백성들을 가르치고 그들에게 용기와 희망을 불어 넣어 주었으며, 배고픈 이들에게 빵과 고기를 먹여 주었다. 수도자들은 가난한 이들을 위해 농부의 역할은 물론, 봇짐장수의 역할까지도 마다하지 않았다. 그들은 황량한 들판에 버려진 고아와도 같은 러시아인들에게 부모였고 교사였으며 지도자였다. 이 시기에 가장 위대한 민족 지도자는 수도자였다.

당시 수도원 중 가장 잘 알려진 것은 '삼위일체-성 세르기 대수도원'(Troitse-Sergieva Lavra)이었다. 수도원의 창설자인 라도네주의 세르기(Sergii Radonezhskii, 1314-1392)는 라도네주라는 작은 도읍에서 농부의 아들로 태어났다. 부모가 사망하자 그는 모스끄바에서 북동쪽으로 60km정도 떨어진 곳에 있는 울창한 산림 속으로 숨어 들어가 작은 오두막집을 짓고 거기서 2년간 기도와 고행 속에 은둔 생활을 했다. 그에 대한 소문이 퍼지자 사람들이 그의 주위에 모여들었고, 자연스럽게 신앙의 공동체가 형성되었다. 그들은 조그마한 성당을 세워 본격적인 수도생활에 들어갔고, 그 조그마한 성당은 훗날 '삼위일체-

---

6 석영중,『러시아정교 역사·신학·예술』52-55; 디모데 웨어/이형기 역, '몽고 지배하의 러시아교회(1237-1448)',『동방정교회의 역사와 신학』(한국장로교출판사, 2008), 103-109 참조.

성 세르기 대수도원'으로 성장한다.

세르기가 세운 수도원은 두꺼운 벽으로 둘러싸인 요새와도 같았으며, 그 안에는 학교도 있고, 공방도 있고, 작업장도 있었다. 그곳은 당시 모든 이들의 삶의 터전이었고, 세르기는 러시아 역사상 가장 어려운 시기에 민중들에게 희망의 횃불과도 같은 존재가 되었다. 그는 러시아의 '우밀레니에'(자비와 연민)를 진정으로 실천한 인물로, 공후에서부터 거지에 이르기까지 온갖 계급의 사람들이 그를 찾아와 축복과 조언을 구했다. 그는 영적인 심오한 지혜를 부여받은 인물, 성령의 특별한 은사, 즉 '카리스마'를 받은 인물로 추앙되었으며, 사후에 시성으로 모스끄바에 수호성인으로 오랫동안 세인들의 사랑을 받았다.

세르기는 또한 '장로'(starets)라는 명칭으로 불린 최초의 인물이기도 했다. 장로는 성령의 직접적인 인도를 받아 영적 발전의 최고 경지에 이른 사람을 뜻하는데, 이 러시아 특유의 장로제도는 이후 여러 우여곡절을 거듭하면서 19세기까지 지속되었다. 러시아의 장로는 도스또예프스끼가 창조한 찌혼 장로, 조시마 장로의 형상을 통해 독자들이 마음속에 생생하게 각인되어 있다.

2) 러시아정교회의 위대한 장로들

정교회의 전통을 수호하며 겸허하게 신앙의 길을 걸어간 위대한 장로들이 있었다. 수많은 수도자들과 성직자들이 어지러운 세상을 떠나 광야로 피신했지만 그들은 결코 세상을 저버린 것이 아니었다. 그들은 황무지에 작은 수도원을 세우고 노동과 기도를 통해 하나님과 인간을 연결해 주는 고리가 되고자 각고의 노력을 기울였다. 18세기 러시아 성직자들, 특히 지방 교구의 사제들은 태반이 문맹 내지 준 문맹이었으며 성서조차 제대로 읽지 못하는 경우가 많았다. 이러한 상황에서 선지자적인 은수자들과 성직자들이 일반 민중과 하위 성직자들의 교육과 계몽을 위해 팔 걷고 나선 건 너무나 당연한 일이었다. 신앙의 부흥을 가져온 가장 주목할 만한 인물 세 사람을 소개하려고 한다.

(1) 빠이시 벨리츠꼬프스끼(Paisii Velichkovskii, 1722-1794)

속명은 뽀뜨르다. 그는 12세 때 끼예프신학교에 입학했으나 그리스어와 라틴어를 주로 가르치는 신학교육 제도에 환멸을 느끼며 신학교를 떠나 여러 수도원을 전전하다가 아토스 성산의 한 수도원에 입단하여 헤시카즘의 전통을 깊이 체득하였다. 그는 『필로칼리아』를 슬라브어로 번역했고, 1793년 모스끄바에서 출판했다. 그는 계속적인 기도―무엇보다도 '예수 기도'―의 실행과 장로나 starets에 대한 복종의 필요성을 매우 강조했다.[7]

빠이시는 수도 생활에 새로운 활력을 불어 넣어준 장본인이었다. 약 1백 개에 달하는 러시아 수도원이 그의 영향을 받아 되살아났으며, 황야에 버려졌던 작은 수도원들이 알려지기 시작했다. 19세기에는 무수한 '황야'의 수도원들이 크고 웅장한 수도원들을 압도하면서 새로운 영성의 중심지로 부상하기 시작했다. 빠이시와 그의 제자들은 러시아 정교회 안에 헤시카즘의 전통을 부활시켰으며, 그들의 번역 사업은 그후 러시아 영성의 발전에 지대한 영향을 끼쳤다.

(2) 자돈스끼의 찌혼(Tikhon Zadonskii, 1724-1783)

속명은 찌모페이 소꼴로프, 시골 보제의 가정에서 태어났다. 유년

---

7 디모데 웨어, 『동방정교회의 역사와 신학』 147; 석영중, 『러시아정교 역사·신학·예술』(132-133. 『필로칼리아』는 4세기부터 15세기까지의 동방정교회 교부들의 저술을 모아 엮은 책이다. 영성규범이었고 그리스도인 삶의 지침서였다.

시절을 극심한 빈곤 속에서 보낸 그는 매우 우수한 성적으로 신학교를 졸업하고 그리스어와 수사학과 철학을 강의했다. 1758년 수도 서원을 한 그는 은수생활에 뜻을 두었으나 탁월한 지적 능력과 지도력을 인정받아 주교가 되었다. 그는 『일곱 가지 거룩한 신비』 등 사제들을 위한 영성 교본을 집필했다. 1767년 주교직에서 사임하고 성모수도원으로 은퇴하였으나 그곳에서 교육과 계몽을 위한 활동을 하였다. 수천 명의 사람들이 그의 조언과 가르침을 받기 위해 찾아왔고 그들에게 그는 진정한 그리스도교적 가르침을 전했다. 그 외에도 『세상에서 수집한 영혼의 보물』과 『진정한 그리스도교에 관하여』의 책은 당대는 물론 19세기와 20세기에도 수많은 사람들의 사랑을 받았다. 도스또예프시끼도 그의 책들을 여러 번 탐독했고 자신의 소설 속에서 예술적으로 실현시켰다.

찌혼은 청빈과 겸손의 삶을 살았고 사랑과 온유를 설교했다. 그는 짚더미 위에서 잤고, 굶주림을 면할 정도의 최소한의 음식으로 연명했으며, 얼마 안 되는 연금과 후원자들의 성금을 가난한 이들에게 나누어 주었다. 1783년 그가 사망하자 그를 성자로 추대하는 물결이 전 러시아로 번져갔고, 1860년에 시성되었다. 도스또예프스끼를 비롯한 19세기 작가들에게 문학적 영감의 원천이 되기도 했다. 『까라마조프가의 형제』의 조시마 장로는 그를 모델로 한 것이며, 소설 속에 삽입된 조시마 장로의 일대기 또한 찌혼의 전기에서 영감을 받아 쓴 것이었다. 그의 설교 모음집은 쉽고 친숙한 메타포와 이미지, 우화와도 같은 흥미로운 주제를 통해 전 우주적인 생명의 환희를 전달했다. 그는 삼라만상에 깃든 하나님의 모습을 찬미했고, 살아있는 모든 것을 사랑했으며, 삶 그 자체를 기쁨으로 받아들였다. 그는 고행이나 극기가 아닌 생명으로 충만한 사랑이 인류를 구원으로 인도한다고 믿었고, 또 그 믿음을 그대로 사람들에게 전했다. 그의 설교에는 인간에 대한 사랑, 삶에 대한 사랑, 하나님에 대한 사랑이 넘쳐흘렀고, 그 흘러넘치는 사랑의 복음을 듣고 사람들은 환희의 눈물을 흘렸다. "사랑이 있는 곳에 영원한 영혼의 축제와 기쁨이 있다"라는 그의 말은 이성과 합리성의 시대를 비추는 작지만 강력한 등불이었다.

(3) 빠이시와 찌혼의 뒤를 이어 새로운 영성운동을 19세기로 연장시킨 사로프의 세라핌(Serafim Sarovskii, 1754-1833)

상인 가문에서 태어난 그는 어린 시절 부상을 당했다가 기적적으로 회복한 뒤로 신비한 환영을 자주 보았으며, 성모 마리아와의 교감을 체험했다. 그는 1793년에 사제서품을 받았지만 교구 사제가 되기보다는 광야에서 기도와 관상을 하는 삶을 선택했다. 그는 울창한 삼림지대에 세워진 사로프 수도원 근처 5km 정도 인근 광야에 작은 오두막을 지은 뒤 거기서 수 년 동안 극도의 고행과 극기의 생활을 보냈다. 그의 기도는 거의 믿을 수 없을 정도로 오랫동안 지속되었으며, 광야의 짐승까지도 그의 친구가 되고자 작은 오두막을 찾아오곤 했다.

그는 몇 차례 심각한 질병에 걸렸으나 그때마다 기적적으로 회복되었다. 수도원으로 돌아온 그는 진정한 예언과 치유의 능력을 가진 장로로 추앙받았고, 매일 수천 명의 순례자들이 그를 방문했다. 온화한 미소를 띤, 이 살아있는 성자는 방문객 하나하나를 기쁨으로 맞아들이고 그들 모두에게 축복해 주었다. 온유와 겸손, 내면의 평화와 안식 그리고 침묵 속의 기도를 자신의 전 존재를 통해 보여준 그는 19세기 러시아에 헤시카즘의 전통을 부활시키고 진정한 장로의 모습을 새겨놓았다. 그는 성모 이콘(Icon) 앞에서 기도하던 중 기도하는 자세 그대로 눈을 감았다. 그는 사후 70년이 지난 1903년에 시성되었다. 서방교회에서 세라핌과 가장 가까운 성인을 찾자면 아마도 아시시의

성 프랜시스가 될 것이다.[8]

3) 도스또예프스끼의 공동체 정신: 사랑의 영성과 톨스토이의 진리 추구

(1) 도스또예프스끼의 공동체 정신, 사랑의 영성

도스또예프스끼는 박식한 신학자도 성직자도 거룩한 수도자도 아니었지만, 그의 삶과 작품을 통해 러시아 그리스도교의 정수가 응축되고 무한히 증폭된다는 점에서 그를 정교회사의 핵심적인 위치에 놓을만하다. 그의 영성은 끼예프 시대부터 쌓여온 러시아적 신앙의 전통을 몇 권의 소설책을 통해 가장 미학적인 방식으로 종합해 놓았으며, 19세기 말과 20세기 초에 있게 될 영적 르네상스를 위한 길을 터주었다. 신자나 불신자나 간에, 위대한 성인(聖人)의 일대기나 심오한 신학 저술보다는 살인범과 매춘부와 거짓말쟁이와 술주정뱅이와 간질병환자와 무신론자로 가득찬 그의 소설들을 통해서 러시아정교의 본질을 직관적으로 체득하고 거기에 공감하며 감동을 얻을 수 있다는 것은 놀라운 일이다. 그의 모든 소설들은 성서와 동방교회의 가르침에 대한 한 예술가의 오랜 탐색과 정신적인 고뇌를 반영하면서 세속화된 19세기 러시아를 등불처럼 비추어 주었다. 도스또예프스끼라는 한 인간이 존재했음으로 인해 러시아는 한편으로는 권력과 유착된 신성종무원, 타락한 성직자들 그리고 온갖 변형된 종교들에 시달리고, 다

---

8 석영중, 『러시아정교 역사·신학·예술』, 131-137; 디모데 웨어, 『동방정교회의 역사와 신학』, 148-151 참조. 동방정교회의 신성화(deification)에 대한 사상이 얼마나 육체를 포함하는지 보여준다. 이것은 세라핌의 영이 아니라 하나님의 은혜로 변화된 육체 전체이다. 세라핌은 지도해주는 선생도 후계자도 없었다. 그가 죽은 뒤 그의 연구는 은둔자 집단에 의해 이어졌다.

른 한편으로는 사회주의와 허무주의와 무신론의 강력한 위협에 노출되어 있었음에도 불구하고 정교 신앙의 중심지로 남을 수 있었다.

그는 어린 시절 엄격한 정교회식 가정교육을 받으며 보냈다. 특히 그의 어머니는 진실한 기도와 성서읽기를 통해 평생 동안 지속될 성서의 의미를 어린 아들의 가슴 속에 새겨주었다. 그는 일생에 가장 큰 영향을 미친 최초의 책을 〈욥기〉였다고 술회할 정도로 어린 시절의 독서 체험을 소중히 간직했다. 그러나 '나의 호산나는 엄청난 회의의 도가니를 거쳐야만 했다'라는 그의 말처럼, 유년기에 그의 내부에 형성된 종교적 성향이 성숙되기까지는 의혹과 방황의 긴 여정을 통과해야만 했다.

청년시절 그는 그리스도교적 사회주의에 매료되었다. 그에게 인류애와 박애주의는 그리스도교와 동의어였으며, 그러한 가치의 구현을 방해하는 일체의 제도에 저항하는 것은 그리스도인의 의무였다. 1845년 그는 영성체를 중단했으며, 비밀단체 서클에 가입하여 활동했다. 이 시기에 그는 여전히 그리스도에 대한 믿음을 간직하지만, 그의 믿음은 사회 정의 구현이라는 좀 더 현실적인 테두리 안에서 전통적인 교회의 가르침과는 상당한 거리가 있을 수밖에 없었다. 그에게 각성의 계기가 찾아왔다. 1849년 반정부 단체에 가담했다는 혐의로 체포되고 사형선고를 받고 형장에 세워졌다가 극적으로 감형 받아 시베리아로 유배를 당했다.

유배지에서 보낸 4년간 그는 죄수들에게 허용된 유일한 책인 성서만을 읽으며 선과 악의 문제, 죄와 수난과 구원의 문제에 깊이 몰두해 들어갔다. 그가 시베리아로 이송 도중에 받은 성서는 손톱자국과 메모와 밑줄로 나달나달 헤어진 채 그가 죽을 때까지 그의 손을 떠나지 않았다. 하늘과 땅이 맞닿은 듯한 시베리아의 광활한 대지와 수백 번 읽으면서 사색한 성서는 이 고뇌하는 지식인을 결국 그리스도의 참된 빛으로 인도해 주었고, 유배지에서 돌아온 그는 천부적인 문학적 재능을 발휘하여 『죄와 벌』에서 『까라마조프가의 형제』에 이르는 대작들을 발표했다. 유배기 이후 발표한 그의 소설들은 각기 다른 주제에서 출발하지만 결국 정교 신앙이라고 하는 동일한 바다에서 만나게 된다.

사실 그는 제도로서의 교회에 대한 그의 태도는 수시로 흔들렸다. 또 그는 러시아 장로제와 장로들에 대한 무한한 애정과 존경심을 품고 있지만, 공식적인 교회의 입장에서 볼 때 그는 항상 위태로운 신앙인이었다. 사실 이점은 그의 소설들에서도 드러난다. 예를 들어, 죄인 라스꼴리꼬프를 갱생으로 인도하는 소냐는 그에게 사제를 찾아가라고 하는 대신 대지(大地)에 입맞추고 죄를 고백하라고 권유하며, '그리스도를 닮은' 미쉬낀 공작은 교회와 무관한 삶을 영위하고, 조시마 장로는 주인공 알료사에게 수도원을 떠나 속세로 가라고 명한다. 그의 소설이 그리스도교적인 주제를 발전시킴에 제한되어 있었다.

도스또예프스끼는 체계적인 신학과는 거리가 먼 인물이었다. 그는 아름다움을 통해 은총과 계시를 보여주려고 했을 뿐 고정된 도그마를 설교하는 데는 별 관심이 없었다. 그는 신앙을 고백했으되 신앙을 논하지는 않았다. 그의 작품 속에서도 신앙을 '논하는' 인물들은 대부분 신앙의 반대편에 있는 자들이었다. 파란만장했던 그의 삶과 그의 사상의 여정을 보여주듯, 그의 작품 속에 들어 있는 종교적 관념은 격렬하게 소용돌이치며 뒤얽히는 가운데 깊이를 더해 갔지만 일관성 있는 체계를 형성하지는 못했다. 그에게 예술과 유리된 추상 관념이란 존재치 않았으며, 그는 언제나 소설가로서 유기적인 합일의 관계를 유지했다. 그가 한평생 추구했던 것은 "아름다움과 기도의 유기적인 결합"이었다.

그럼에도 불구하고 만년의 도스또예프스끼가 도달한 곳은 교회 안에서의 신앙이었다. 1881년 1월 25일 폐동맥 파열로 쓰러진 그는 죽음이 목전에 다가왔음을 직감했다. 그는 사제를 청해 성유성사(종부성사)를 받았고, 28일에는 신약성서 마태복음 3장 15절 "예수께서 요한에게 '지금은 내가 하자는 대로 하여라. 우리가 이렇게 해야 하나님 원하시는 모든 일이 이루어진다' 하고 대답했다." 그는 자신의 죽음이 예수의 뜻이라고 해석했고 그의 해석은 옳았다. 그는 아들에게 성서를 물려주고 그날 저녁 평화로이 눈을 감았다. 그가 임종 시에 보여준 것은 평생에 걸친 종교적 고뇌와 종교적 열정이 승화되어 이룩된, 겸손한 그리스도 교인의 죽음이었다.9

이제 그의 공동체적 정신, 사랑의 영성에 대하여 진술함으로 장공의 우주적 사랑의 공동체 영성과 접목할 수 있겠다고 생각된다. 1866년대에 '대지주의'를 표방하면서, 그는 러시아 지식인들의 비극이 대지와의 단절에 기인한다고 주장했다. 그리고 러시아는 민중들과의 교감을 회복함으로써 동과 서, 슬라브주의와 서구주의, 아시아와 유럽의 장엄한 화해를 가져오고 또 그것을 토대로 구원의 선봉에 설 수 있다는 생각을 발전시켰다. 이렇게 민중과의 관계 회복을 주장하는 가운데 그는 서서히 교회로 돌아갔고, 그의 종교적 고뇌는 '공동체 정신' 속에서 그 해결점을 찾았다. 모든 이가 한 목소리로 하나님을 찬미하는 성찬예배는 공동체 정신의 가장 가시적이고 영속적인 구현이었던 것이다.

그의 공동체 정신은 조시마 장로의 입을 통해 '모든 사람은 세계보편적인 죄악뿐 아니라 만인에 대하여 죄인이다.' 모두가 죄인이라는 자각을 통해 인간은 끝없이 흘러넘치는 영원한 우주의 사랑 속에서 감동하게 되고 눈물로써 세계의 죄악을 씻어낼 수 있는 힘을 얻는다. 구원을 향한 긴 여정에서 선인도 악인도 공적도 죄악도 궁극적으로 하나

---

9 석영중, 『러시아정교 역사 · 신학 · 예술』, 146-156.

님의 영광을 드러내주고, 그들이 흘리는 환희의 눈물은 대지를 적시어 신적인 사랑과 인간적인 사랑의 거룩한 조화를 만들어낸다. 그리스도에 열렬한 사랑에서 출발한 그의 종교철학은 이렇게 공동체 정신을 통해 전 인류의 구원에 대한 이상으로 완결지어졌다. 그는 그리스도가 곧 사랑이라는, 그리스도교의 가장 근원적인 의미를 예술을 통해 보여 주었다.

장공의 '전 우주적 사랑의 공동체'라는 신학적 비전은 단순히 인생 마감 단계인 80세 고령에 나왔지만 이는 그의 전체적 생애 속에서 정립된 것이라 여긴다. 장공은 그리스도 안에서 사랑으로 민족 사랑, 인류 사랑, 자연 사랑까지 구현한다. 그리스도 안에서 최후의 원수인 죽음의 권세를 이기고 부활의 영원한 생명을 체험한다. 하나님의 사랑은 무량애(無量愛)여서 전우주적 사랑의 공동체를 이룬다. 이러한 헤아림으로 도스또예프스끼의 공동체적 정신(사랑)과 장공의 전 우주적 사랑의 공동체에 대한 원대한 이상을 비교해 보며 즐겨보는 것이다.

(2) 톨스토이의 진리 추구

톨스토이 역시 19세기 러시아가 낳은 위대한 작가였고, 그의 종교철학 역시 러시아정교회사에 지울 수 없는 흔적을 남겼지만, 그의 신앙은 도스또예프스끼의 신앙과는 정반대의 길로 나아갔다. 톨스토이는 합리주의자였고 현실주의자였다. 그 역시 도스또예프스끼처럼 무한한 정열의 소유자였지만, 그의 정열은 도스또예프스끼의 신비주의적 열광이 아닌 진리를 향한 부단한 노력으로 기울어졌다. 진리와 그리스도가 상치될 경우 도스또예프스끼가 진리 대신 그리스도를 따르려 했다면, 톨스토이는 그리스도 대신 진리를 따르려 했다.

그는 도덕가이자 설교가였으며 행동가이자 사회개혁가였다. 그가 종교에서 구한 것은 사람들을 일깨우고 가르치고 올바른 길로 인도하는 지혜, 부수고 다시 세우는 데 필요한 지혜였으며, 그렇기에 그러한 지혜를 제공할 수만 있다면 그리스도교가 아닌 다른 어떤 종교라도 상관이 없었다. 그는 진리를 구하기 위해 세계 각국의 종교를 섭렵했으며, 심지어 분리파와 종파들의 일부 교리에 매료되기까지 했다.

그는 또한 종교에 입각한 새로운 낙원을 세우는 데 방해가 된다면 자신의 예술과 종교와 국가, 심지어 그리스도까지도 기꺼이 부정했다. 그는 르낭이나 슈트라우스가 그러했듯이 '지극히 선한 인간' 그리스도를 그려냈지만, 새로운 그리스도를 '창조'하는 일에 적극적으로 나섰다.

톨스토이는 1878년 '회심'을 기점으로 교회의 가르침을 조목조목 비난한 『교의 신학 연구』, 4대 복음서를 자기 식으로 고쳐 쓴 『4대 복음서의 번역과 통합』, 그리스도교에 대한 독자적인 해석을 담고 있는 『나의 신앙』은 모두 그리스도교가 얼마나 신앙의 신비로부터 멀리 떨어져 있는가를 여실히 보여준다.

1901년 러시아정교회는 그를 파문시켰고, 그는 결국 '톨스토이즘'이라 불리는 새로운 종교의 교주가 되었다. 무정부주의, 채식주의, 무저항주의, 금주와 금연 등등은 이 새로운 종교의 교리였다. 그는 '신이 없는 신학'을 만들어 낸 것이다. 톨스토이의 새로운 종교에서 우리는 바로 그 '합리적인 신앙'의 자취를 느끼게 된다.

러시아 밖에서 톨스토이는 '세기의 현자', '인류의 양심'이라고 불렀다. 그러나 그는 어쩌면 지나치게 현명했고 양심적이었는지 모른다. 그래서 그리스도를 받아들일 수 있는 마음속의 작은 공간마저도 그 양심과 현명함에 의해 닫혀졌는지도 모른다. 그는 확실히 인류를 사랑했고 인류의 행복을 위해 헌신했다.

도스또예프스끼가 불신의 도가니를 지나 신앙을 되찾았다면, 톨스토이는 무신론과 종이 한 장 차이의 종교를 창시했고, 도스또예프스끼가 복음서를 전 존재로써 받아들였다면, 톨스토이는 다섯 번째 복음서를 썼다. 도스또예프스끼가 임종을 앞두고 신의 섭리에 모든 것을 겸허히 바쳤다면, 톨스토이는 진리를 찾아 집을 나선 뒤 쓸쓸한 시골역에서 "진리를… 사랑한다…"라고 중얼거리다가 숨을 거두었다. 이 두 위대한 작가가 정반대되는 입장에서, 그러나 때때로 동일한 신조를 공유하며 구원을 향해 걸어간 길은 수백 년 동안 지속되어 온 러시아 메시아니즘의 두 가지 패러다임을 대변해준다. 톨스토이, 그는 진리 추구를 유산으로 주고 갔다고 할 수 있다.

4. 미(美)가 세상을 구원하리라

솔제니찐은 1972년 노벨상 수상 연설문에서 "아름다움이 세상을 구원하리라"라고 했던 도스또예프스끼의 말을 인용하면서 이렇게 자문한다. "물론 아름다움은 고상하고 숭고한 것이다. 하지만 미가 언제, 누구를 구원했다는 말인가?" 이 자문에 대한 그의 대답은 정교회 예술에 함축된 러시아적 미의 개념을 설명해 준다는 점에서 의미심장하다. "미가 세상을 구원하리라"라는 도스또예프스끼의 말은 그냥 튀어나온 말이 아니라 예언이 될 것 아니겠는가. 어쨌든 그는 많은 것을 볼 수 있는 재능을 타고난 사람, 놀라운 빛으로 충만한 사람이었으니까. 그렇다면 예술과 문학은 정말로 오늘의 세상을 도와줄 수 있지 않겠는가?(Solzhenitsyn, 1972, 40-42).[10]

러시아 사람들이 예술에서 이룩하고자 했던 것은 진선미(眞善美)의 합일이었으며, 그들은 노래와 시와 이콘과 성당을 창조함으로써 구원의 여정에서 신과 만날 수 있다고 진정으로 믿었다. 정교회 예술

---

10 Solzhenitsyn, A. Nobel Lecture. N.Y. : Farrar, Straus and Giroux. 1972. 석영중, 『러시아정교 역사·신학·예술』, 251-252에서 솔제니찐의 노벨상 수상 연설을 소개하고 있다. 더욱 연구할 이들을 위해서 영문판 책을 제시한다.

은 어떻게 보면 도스또예프스끼에서 솔제니쩐에 이르기까지 러시아 예술들이 생각한 진선미의 합일을 구체화시켜주는 가장 이상적인 예술이라고 할 수 있다. 아름다움을 통해 신과 만나고 아름다움을 통해 그리스도의 진리에 다다른다는 것이 다양한 교회 예술 장르의 저변을 흐르는 공통된 취지임을 감안해 본다면 정교 예술이야말로 '세상을 구원하는 미', 진과 선의 역할까지 대신 맡아 해 줄 수 있는 미의 예라고 할 수 있을 것이다.

러시아 역사를 강타했던 온갖 가짜 진리와 가짜 선, 왜곡된 메시아니즘과 전도된 복음주의, 거짓과 악의 소용돌이 속에서도 살아남아 아직도 구원이 가능함을 묵묵히 그러나 강력하게 말해주고 있는 성당들, 성당에서 울려 퍼지는 성가 그리고 이콘들 ― 이것들이야말로 아름다움의 항구한 힘을 대변해주는 증거가 아니겠는가. 거짓된 사상이 예술을 폄하한다고 해도 예술의 의미, 진선미의 합일은 언젠가 드러나게 마련이다.[11]

1) 성당의 상징화

성당은 정교 신앙의 3차원적 상징이다. 그것은 거룩한 전례가 봉헌되는 공간, 보이지 않는 하나님이 보이게 되는 공간, 그리스도의 삶과 죽음과 부활이 재현되는 공간이다. 블라지미르 공후가 그리스도를 처음 수용했을 때 끼예프의 광활한 대지 솟아오른 소박하면서도 웅장한 성당들에서부터, 모스끄바 시대의 화려하고 위압적인 성당들, 뻬쩨르부르그 시대의 세련된 성당들, 두메산골의 작지만 아늑한 성당들에 이르기까지 러시아 땅 방방곡곡에 세워진 수만 개의 성당들은 오랜 세월동안 말없이 민족의 영성을 대변해 주어 왔다. 성당은 그 자체로

---

11 석영중, 『러시아정교 역사 · 신학 · 예술』, 254.

서 아름다운 예술작품이며 동시에 신앙의 표징이다. 공간과 기하학적 형태와 숫자와 색채의 상징주의 위에 세워진 성당은 건축가들과 석공들과 장인들이 민족의 염원을 담아 신께 바친 돌과 나무의 시이며 공간의 언어로 번역된 기도이다.

성당은 지상과 천상의 조우하고 일회적인 의식이 초시간적 리얼리티에 조응하는 소우주이며, 그렇기 때문에 그 건축은 일정한 상징의 원칙을 따른다.

러시아 성당의 가장 특징적인 부분은 아무래도 '돔'일 것이다. 돔 양식은 비잔티움에서 전해진 것이지만 돔의 증식과 그 형태의 다변화는 순수하게 러시아적인 현상이다. 비잔티움 성당의 돔은 흔히 매끄러운 표면의 거대하고 완만한 반구형을 특징으로 하는 반면, 러시아 돔은 그것보다 작으며 여러 개가 중앙의 돔을 에워싸는 형태를 취한다. 러시아 초기 성당은 대개 무수한 돔을 보유했다. 다섯 개의 돔은 보통이고 일곱, 아홉, 심지어 서른 세 개의 돔을 보유한 성당도 있었다. 돔의 숫자 역시 성당 건축의 다른 부분들과 마찬가지로 신학적 상징으로 받아들여질 수 있다. 예를 들어 한 개의 돔은 신성의 일치를, 세 개의 돔은 삼위일체를 상징한다. 또 숫자 5는 그리스도와 4대 복음사가를 상징하고, 7은 성령의 일곱 은사 혹은 일곱 가지 성사를 상징하며, 9는 9품 천사를, 13은 그리스도와 12사도를 각각 상징한다. 몽고침략 때 완전히 소실된 끼예프의 십일조 성당처럼 25개의 돔을 갖는 경우, 그것은 요한계시록에서 언급되는 천상의 옥좌나 그 주변의 24자리를 상징하며(계 4:2-4), 33개의 돔은 그리스도가 지상에서 보낸 33년간의 공생애를 상징한다.

돔은 또한 교회 상징학에서 머리를 지칭한다. 성서는 우리의 몸이 성전이라고 가르친다(고전 6:19). 인간은 하나님의 '모습과 닮음'을 내적으로 간직하므로 인간의 몸은 하나님의 성전이며, 따라서 교회의 머리는 인간 신체의 머리이기도 하다. 그것은 하나님을 향한 인간의 염원을, 그 타오르는 신앙의 불길을 상징한다. 이러한 상징적 의미를 통해 건축과 인간의 영성은 동일한 리얼리티의 두 차원으로 맞물리게 된다. 돔은 다른 한편으로 교회의 머리인 그리스도를 상징한다. 꼭대기를 장식한 십자가와 함께 불꽃 모양을 이루는 찬란한 돔은 성인과 순교자와 은수자들의 러시아, 천 년의 유구한 세월 동안 신앙을 간직해온 민중의 러시아를 그리스도의 빛으로 밝혀주는 횃불이다.[12]

2) 이콘(Icon) — 침묵의 설교

이콘은 그리스어로 'eikon', 즉 이미지, 상(像)을 의미한다. 그래서 러시아 사람들은 이콘을 단순히 '상'(obraz)이라고 부르기도 한다. 요컨대 이콘은 거룩한 존재, 보이지 않는 존재를 인간의 눈으로써 인식할 수 있도록 해주는 형상이라고 할 수 있다. 이콘은 색채로 말하여진 신학, 즉 그리스도의 강생과 신이 창조하신 이 세상의 아름다움 그리고 물질세계의 변모 가능성에 관해 말해주는 설교이다. 러시아정교회는 초기부터 이콘에 대해 독특한 공경을 표명해 왔다. 이콘에 대한 러시아 민족의 정서적 집착은 엄청난 것으로, 그 예술은 다른 나라에서는 찾아보기 어려운 공경과 사랑과 믿음을 바탕으로 화려하게 꽃 피었다. 이콘은 러시아정교 신앙의 가장 찬란하고 가장 눈부신 표현이었다.

이콘은 성당 내부를 장식하는 그림일 뿐 아니라 러시아 국가의 삶과 개인의 삶을 모두 조명해주는 그림이기도 하다. 전장으로 향하는 군대의 맨 앞에는 이콘이 있었으며, 위난의 순간이면 군주는 이콘 앞에서 국가 수호를 간구했다. 러시아를 지켜준 이콘, 기적의 이콘에 관

---

12 박찬희, 『동방정교회 이야기』, 184-189; 석영중, 『러시아정교 역사·신학·예술』, 266-286 참조.

해 무수한 전설이 만들어졌고, 많은 성당들이 나라를 지켜준 이콘에 봉헌되었다.13

혁명 전 러시아 가정에는 예외 없이 이콘이 비치되어 있었다. 러시아인들은 여행 시에도 이콘을 휴대하고 다녔으며 어려운 일이 닥칠 때면 그 앞에서 기도했다. 그들은 이콘을 바라볼 뿐 아니라 만지고 입맞추며, 이콘을 향해 감사하고, 이콘으로부터 위안을 얻었다. 한마디로 말해서 이콘은 러시아처럼 종교와 정치가, 국가의 영성과 개인의 영성이 긴밀하게 결합된 사회에서 개인과 국가가 모두 하나님과 함께 있다는 것을 말해주는 시각적인 증거였던 것이다.

5. 러시아정교회의 신학 주제들

1) 십자가와 부활신학

그리스도 수난과 십자가에 못 박히심 그리고 부활은 정교회의 축일과 전례(예배)의 핵심이다. 부활은 죽음에 대한 승리이며 구원의 희망으로서 정교회 전례를 통해 선포된다. 확실히 부활은 서방 교회에서보다 동방 교회에서 훨씬 장엄하게 축하된다. 서방 교회가 자정 미사를 크리스마스에 봉헌하는 것과 달리 동방 교회는 부활절 자정에 성찬예배를 봉헌하며, 또 서방 교회가 성주간 의식에 포함되는 십자가의 길을 통해 그리스도의 수난을 재현한다면, 동방 교회는 부활의 기쁨과 희망에 더 큰 무게를 둔다.14

러시아정교가 그리스도의 탄생보다 부활을 신앙의 핵심으로 간주하는 것은 수난을 영성생활의 일부로 받아들임으로써 부활의 영광과

---

13 석영중, 『러시아정교 역사·신학·예술』, 287-291; 강태용, 『동방정교회』 (홍익재, 2010), 264-266.
14 석영중, 『러시아정교 역사·신학·예술』, 218.

기쁨에 참여하려는 지극히 러시아적인 성향을 나타내며 그것은 부활절 인사를 통해서도 극명하게 드러난다. 러시아정교에서 부활은 대단히 구체적인 사건이다. 따라서 "부활을 축하합니다"라는 서방 교회의 추상적인 인사 대신, 정교회에서는 "그리스도께서 부활하셨습니다"라고 인사하며 "참으로 부활하셨습니다"라고 응답한다. 천 년 동안 사용되어온 인사말에 담겨 있는 구체성은 그 어떤 신학이나 교리보다 직접적으로 러시아정교에 부활이 갖는 의미를 말해준다. 파스테르나크는 '성대주간'이라는 시에서 추운 겨울 뒤에 찾아오는 봄과 어둠을 물리치는 빛 그리고 죽음을 정복하는 그리스도의 부활을 같은 맥락에서 노래한다.[15]

2) 케노시스

동방교회 영성에서 그리스도의 강생과 연장선상에 있는 개념은 '케노시스'(kenosis)로, 그리스도의 '자기 비움', 비움 안에서 온전히 하나님을 드러내는 성스러운 신비를 의미한다(빌 2:6-11 참조). 케노시스는 그리스도의 강생과 십자가의 못 박히심 그리고 성체성사에 이르는 정교회 교리와 전례를 아우르는 동시에 비합리적이고 예술적인 러시아 민족의 정서와 결합하여 소위 "역설의 신학"이라 불리는 현상을 만들어 냈다. 비움으로써 가득차고, 낮춤으로써 올려지고, 죽음으로써 영원히 살게 된다는 저 신비한 가르침은 복음서 곳곳에서 발견된다. 그리스도의 비움과 낮춤은 동방교회 교리 전체를 관통하는 구원의 원리가 된다.

러시아정교에서 케노시스는 '복음적 부드러움'이라 부를 수 있는 심오한 감정인 우멜리니에'와 연결된다. '우밀레니에'는 겸손, 온유,

---

15 석영중, 『러시아정교 역사 · 신학 · 예술』, 218-220.

부드러움, 연민 등을 포괄하는 감정으로 러시아정교는 초기부터 그러한 성향을 강조해 왔다. 우밀레니에와 케노시스는 위대한 은수자들과 수도자들에 의해 지극히 러시아적인 영성의 장구한 전통으로 굳어지게 되었다.

러시아 케노시스의 전통은 끼예프동굴 수도원의 페오도시(Feodosi)로 거슬러 올라간다. 페오도시는 진정한 겸손와 온유의 성정을 지니고 있었고, 그리스도의 겸손을 관상하면서 스스로를 낮추고 가장 낮은 자로 여겼다. 페오도시의 성자전에 표현된 케노시스의 이상은 그 후 러시아 문학, 특히 도스또예프스끼의 거룩한 창녀 소냐, 백치의 미쉬낀 공작, 조시마 장로에 이르기까지 여러 등장인물을 통해 그리스도의 비움과 낮춤을 문학적으로 구현했다.16

3) 테오시스 - 하나님을 닮아가는 과정17

"하나님의 성품에 참여하는 자"(Theosis, 神化)라는 말은 개신교에 있어서는 생소한 표현이다. 하지만 그것은 사람들이 신화(神化)되고 또는 테오시스의 소명을 받았다는 동방정교회의 신학적인 특징을 드러내는 말이다. 테오시스는 인간이 하나님의 영역으로 고양되는 것, 즉 하나님의 영역으로 상승되는 것을 의미한다. 동방정교의 신화의 의미는 하나님과 같이 하나님의 형상으로 창조되는 인간, 하나님의 자녀가 됨, 하나님과 그리스도를 닮아감을 관상과 자비와 덕과 기도 등 여러 가지로 표현된다.18

테오시스는 창세기 1장 26절 "하나님은 '우리 모습을 닮은 사람을 만들자'고 하셨다"에서 출발한다. 즉 모든 인간은 태어날 때부터 자신

---

16 석영중, 『러시아정교 역사 · 신학 · 예술』, 220-222.
17 석영중, 『러시아정교 역사 · 신학 · 예술』, 222-224.
18 박찬희, 『동방정교회 이야기』, 103-104.

안에 하나님의 '모습과 닮음'을 담지하고 있으며 그의 궁극적인 목표는 믿음과 은총의 힘으로 하나님과 하나가 되는 것이다. 인간은 그리스도를 따르는 삶을 통해 자신 안에 주어진 하나님의 모습에 가까이 다가서게 되고 그리하여 결국 하나님과 하나가 될 수 있다. "신비 안에서 충만히 사는 것을 신화라 한다. 우리를 향한 하나님의 연민이 우리를 신화에로 인도한다. 그리스도교의 삶은 초자연적 은총만을 구하면서 현실 안에 그대로 머무는 것이 아니라, 현실 안에서 신성과 인간성을 지니신 하나님과 함께 사는 것이다."[19]

테오시스는 그리스도인이 오를 수 있는 영성의 절정이라 할 수 있다. 인간은 그리스도를 본받고 그리스도의 케노시스를 삶 속에서 실천하는 가운데 신심을 획득한다. 그러므로 테오시스를 획득하기 위해서 인간은 부단한 기도와 영적인 수련과 은총에 대한 희구뿐 아니라 실천적으로 그리스도의 길을 따르려는 의지를 가져야 한다. 신학자 볼가꼬프(Bulgakov)는 이러한 의지를 '창조적인 그리스도의 모방'이라고 부른다.

그분에서 각 개인은 자기 자신의 영원한 이상적 얼굴을 구하고 발견해야 하지만 이는 외적인, 비창조적인 모방을 통해서는 결코 완성되지 않는다. 그것은 언제나 정확하게 '자기 나름의' 십자가를 찾고 자기 방식으로 그분을 따라 그 십자가를 짊어지는 '창조적인 길'이어야 한다.[20]

그러나 만일 이러한 신화(神化)의 개념이 변질되거나 왜곡되면 사람이 되어 오신 그리스도, 곧 신인(神人)을 밀어내고 신의 자리에 오른

---

19 곽승룡, 『비움의 영성』 (서울: 가톨릭출판사, 2004), 71.
20 석영중, 『러시아정교 역사 · 신학 · 예술』, 223.

인간, 즉 인신(人神)을 창출해 낼 수 있다. 인신은 신화(神化)의 원리를 도용한 교만과 위선의 산물로 인류 역사와 예술의 여러 페이지를 장식해 왔다. 그리스도의 틀을 빌려 온 반 그리스도적 사상들, "모든 것이 허용된다"고 주장하는 라스꼴니코프에서 대심문관에 이르기까지 도스또예프스끼가 창조한 무신론자들 그리고 전체주의와 사이비 메시아니즘과 획일주의를 지향하는 정치적 권력은 모두 인신(人神)을 창조하는 뒤집힌 신화(神化), 일그러진 신화를 바탕으로 한다.21

6. 장공의 역사 참여적 영성

장공은 그의 삶에서 보여주듯이 '영성의 사람'(man of spiritualty)이었다. 장공은 영성을 인간과 하나님의 인격적 사귐, 인간의 자기초월, 하나님 형상화 작업, 자연 속의 역사 창조 등으로 설명했다. 다른 말로 하면 현실 속에서 이루어지는 초월 체험과 그 구현이라 할 수 있다. 현실과 초월의 만남과 교류, 그것이 종교요 역사다. 그런 면에서 장공의 영성은 초월적이며 동시에 현실적이고, 종교적이며 동시에 역사적 보편적이며 동시에 민족적이다. 이것을 장공의 역사 참여적 영성이라 할 수 있다. 장공이 평생 종교(그리스도교)와 민족 역사에 솔직하고 충실하려 노력한 것도 이런 영성 체험과 구현 의지 때문이었다. 이는 동방정교회의 테오시스(Theosis)—하나님의 성품에 참여하는 자—와 비교되며 만남의 지점이기도 하다. 이 글은 장공의 역사 참여적 영성, 그의 회심—새 사람 경험—과 청빈 그리고 역사 참여의 현실 변혁을 지향하는 삶에 대한 소고이다.

---

21 석영중, 『러시아정교 역사·신학·예술』, 224. 반그리스도교적 사상과 실상들에 대한 예증들이다.

1) 장공의 고향에서[22]

장공(1901-1987)은 어린 시절 고향에서 당시 특히 은밀하게 만주와 시베리아를 오가며 독립운동을 한다는 지사들을 먼발치로 바라보면서 '넓은 세상을 향한' 그의 꿈이 영글기 시작했다. 그것은 '종교적 외경'으로 시작되었다. 장공은 유교에서 천(天)이란 개념이 막연하기에 '무엇인가 초자연적인, 인간 이상의 신, 조상의 혼백이나 귀신과 다른, 참 하나님이 있어야 하겠다고 생각했다'고 회상한다. 또한 장공은 고향에서 일본인의 신사(神社)가 있었는데 그 앞을 지날 때도 무슨 숭엄한 외경(畏敬)을 느꼈다고 회상한다.

장공은 19세 때, 이상한 꿈을 꾸었다고 회상한다. 꿈의 내용인즉, 웅기항에 아주 화려하고 찬란한 목선이 한 척 들어오는 것을 보았다. 무지개를 싣고 오는 배인 것 같았다. 그 배에 사람이 하나 타고 있었는데 그가 항구에 가져온 짐을 내려놓았다. 그것은 글자가 새겨지지 않은 백옥(白玉) 비석이었다. 그 사람이 말했다. '이제 네 스스로 이 비석에 새길 비문을 지어 새겨라' 하는 것이었다. 장공에게 긴 세월 속에서 그 꿈이 '잊혀지지 않는 꿈'으로 남아 있었다. 그리고 장공은 그의 생애를 마감할 즈음에야 그 꿈에 담긴 계시의 의미를 해석해 낼 수 있었다. 장공은 그 꿈을 '그리스도인으로 살 미래'를 미리 보여주신 계시로 해석했다. 그러면서 그 은총에 감격했다. 바로 칼빈이 그리스도인이 체험하는 구원의 첫 단계로 제시한 '선행은총'(prevenient grace)이다. 장공에게 선행은총의 계시는 구체적으로 만우 송창근(1898-1950)을 통해 임했다. 만우의 단호한 강압적인 권면에 장공의 가슴이 움직였다. 장공은 서울 유학을 결심했다. 그렇게 해서 "본토 친척 아비의 집을 떠나"(창 12:1) '약속의 땅'을 향한 장공의 긴 여정이 시작된 것이다.

---

22 『김재준 전집 18』, '조약돌 몇 개', 399-400.

2) 거듭남, '영의 사람'이 되다.

장공은 서울에 와서 중동학교 고등과에 등록했다. 장공은 중동학교 성적은 좋은 편이었음으로 그대로 나갈 수 있었다면 경성의학전문학교나 보성전문학교(현 고려대 전신) 쯤에는 들어갈 수 있었을 것이고, 그랬다면 어느 지방 의사나 재판소 판사쯤으로 종신했을지 모른다고 회상했다.[23] 1920년 여름, 서울에 온 장공은 중동학교 고등과 편입과 종로 YMCA 학관 영어부에도 등록하여 수업을 받았다. YMCA 이상재, 윤치호, 신흥우 총무 등이 뜻있는 청년들에게 민족의식과 신지식을 제공하였다.

1921년 늦은 가을 승동예배당에서 김익두 목사의 부흥회가 열렸다. 김익두 목사 자신은 예수를 믿기 전에 황해도 장돌뱅이었다고 한다. 그의 언어는 민중의 말 그대로 구수한 예화로 엮어가는 설교로 부담을 주지 않았다. 열흘 마감 날 장공은 믿기로 작정했다. 가슴에 뜨거운 정열이 타 올랐다. 그 기쁨은 생리적, 심리적 작용이 아니었다. 장공은 이것이 성령강림이라는 것이구나 하고 벅찬 기쁨에 황홀해졌다. 장공은 화끈했다. 맘속에 생명의 불이 치솟는다. 장공은 변해서 새 사람이 됐다는 실감이었다. 기도의 욕심쟁이가 됐다. 밤새는 줄 모르고 성경을 탐독하였다. … 이런 장공의 회심 당시의 회상은 80대의 고령이 되어서 하신 이야기다.[24]

장공의 삶의 방향이 달라졌다. 그 전 생활은 '분토' 같이 여겨졌다. 나는 '새 사람'이 되었다고 느꼈다. 그것은 바울의 '다메섹 체험', 어거스틴의 '밀라노 체험', 웨슬리의 '올더스게잇 체험'과 같은 것으로 체험 전과 체험 후의 삶을 확연하게 갈라 놓는 결정적 '분기점'(turning

---

23 『김재준 전집 18』, 403.
24 『김재준 전집 18』, 405-406; 「제3일」 32호, 26.

point)이 되었다. 이런 거듭남과 신생의 체험을 통과함으로 그리스도인 장공의 삶이 시작되었다.

장공은 화산처럼 솟구치고 형언할 수 없는 영의 기쁨, 곧 성령 내림을 체험한 후 일본 유학을 꿈꾸던 중에 고향 집의 형님에게 끌려서 고향에 갔다. 이유인즉 장공이 서울에서 기독교로 개종한 후 가난과 고난을 '신의 은총'으로 여기며 학업보다는 신앙생활에 더 열심을 낼 즈음 고향의 가족들은 그를 '실패한 인생'으로 판단하고, 1924년 여름 형이 올라와 그리고 데리고 고향으로 내려갔다. 억지로 끌려간 장공은 그것을 가족 전도의 기회로 알고 열심히 전도했다. 하지만 부친은 전보다 더 완강한 자세로 거부했고, 이단 사설에 빠진 아들을 용납지 않았다. 다른 가족과 친척들도 마찬가지였다. 훗날 장공은 당시 자신의 처지를 "이방인 진영에 포로가 된 심정",[25] "북새에 귀양 간 충신의 고독"으로 표현했다. 그 이유를 장공은 당신이 '다시 난' 사람이고 '생명의 바탕이' 달라졌기 때문이라고 한다.

장공은 그 무렵에 또 다른 성령 체험을 한다. 고향에 8개 동네가 서당들을 폐쇄하고, 귀낙동에 학교를 세웠는데 장공이 교사로 초빙을 받았다. 장공은 소학교 교육과 함께 주일학교와 예배를 드렸던 것이 말썽이 난다. 동네 어른들은 수군거리기 시작했다. "우리가 소학교육을 시키려고 학교를 창설한 것이지 예수쟁이 만들려고 학교하는 거냐?" 그러나 장공은 밤에도 학교 교실에서 기도하며 혼자 지냈다. 장공은 그때 열심히 전했는데 듣고 무언가 감동하는 것 같았다고 회상한다. 성령의 직접적인 감화가 듣는 사람들 마음속에 작용한 것이라고 생각된다고 했다.

여름 초복 날 밤에 동네 청년들이 몽둥이를 들고 예수쟁이 선생을 두들겨 잡는다고 했다. 밤 자정에 장공은 아무것도 모른 채 학교 교실

---

25 『김재준 전집 18』, 409. '조약돌 몇 개'.

에서 혼자 철야 기도를 했다. 하숙집 부인이 와서, 청년들이 복날에 술에 취해 호미, 방망이 등을 들고 선생님을 욕보인다고 떠드니 속히 피하라고 했다. 장공은 그때 대답했다. "나는 여기서 혼자 밤을 새겠습니다. 그렇게 말한 후, 부인을 귀가시키고 장공은 조용히 묵도하며 때가 오기를 기다렸다. 아닌 게 아니라 고래고래 고함치는 소리가 차츰 가까워진다. 그 순간 나는 황홀할 정도로 가슴이 벅차고 기쁨이 넘치고 즐거웠다. 그 기쁨은 내게서 나오는 것이 아니었다. 성령의 위로였다. 그래서 나는 두 번째로 성령의 충만을 경험했다. 그와 동시에 밖에서 떠들던 소리는 고요해졌다."[26] 장공은 서울 있을 때 센케비치의 『쿼바디스』를 읽은 일이 있었는데, 마치 로마의 카타콤 예배를 연상하게 한 것이었다.

3) 성 프랜시스의 청빈 영성

진리의 영이요 사랑의 영인 창조주 하나님의 영의 체험을 하였고, 장공은 옛 인간은 죽고 그리스도 영 안에서 새 사람으로 탄생하는 영적 갱신이 쉼 없이 계속되고 있었다. 이 무렵 장공에게 영성 형성에 가장 큰 영향을 끼친 이는 13세기 아시시의 성 프랜시스였다. 장공은 20세기 초 러시아의 대문호 톨스토이, 도스또예프스끼의 책들과 일본의 무교회 신학자 우찌무라와 고베에서 빈민 공동체 운동을 전개하던 가가와의 저술을 읽으며 중생을 체험하고 예수의 뜨거운 심장에 영적 귀를 기울인 것이다. 특별히 성 프랜시스의 출가(出家) 광경이 장공의 심혼을 움직였다. 무일푼의 탁발승으로 평생을 걸식 방랑한 공(空)의 기록, '공'에 회오리바람처럼 몰려드는 하나님의 사랑, 그것이 퍼져가는 인간과 자연에의 사랑 등에 장공은 매혹되었다. 그래서 나도 프랜

---

26 『김재준 전집 18』, 410-411. '조약돌 몇 개'.

시스처럼 살아본다고 무일푼의 탁발행각을 꿈꾸기도 하고 어느 추운 겨울에 거지한테 단벌 외투를 벗어 입혀 보내고는 황혼에 그의 뒤를 몰래 따라가면서 '저이가 혹시 예수님으로 화하지 않나!' 하고 진지하게 기대해 본 적도 있었다.27

장공은 프랜시스에 대한 "예찬의 말씀"이란 원고를 도쿄에 있는 만우에게 보냈던 바, 만우는 그것을 읽고 「사명」지에 실어준 것은 물론이고 장공에게 답장을 보내오면서 '장공'(長空)이란 호를 지어 보내온 것이라고 장공의 증언이다. 장공을 통해 프랜시스를 알게 된 만우도 이후 '프랜시스인(人)'이 되어 '성빈'(聖貧)을 삶의 좌표로 여기며 살았다. 장공은 만우에게 프랜시스 책을 보냈던 것을 회고하면서 "내 생각으로는 만우 형이 아시시의 성자와 친하게 된 것은 그것을 계기로 시작된 것이 아닐까 싶습니다"라고 적었다.28

이런 저런 일들을 회상하면 한국기독교장로회는 본래부터 프랜시스칸들에 의해서 시작되었다고 할 수 있다. 만우와 장공은 항상 뜻을 함께 하며 사신 어른들이었다. 만약에 만우가 오랫동안 사셨더라면 민주화와 역사 참여의 영성을 발휘하며 함께 걸었을 것을 상상해보는 것이다. 또 한 가지는 러시아정교회 전통에서 온유와 겸손, 내면의 평화와 안식 그리고 침묵 속의 기도를 자신의 존재를 통해 보여 준 세라핌은 서방 교회에서 가장 가까운 성인을 찾자면 아마도 아시시의 성 프랜시스가 될 것이다.29 그렇다면 러시아정교회의 영성은 만우, 장공의 영성도 만날 수 있는 경계 지점에 있을 것이다.

이후로 장공은 프랜시스의 청빈을 일생동안 그의 생활에서 구현하려 노력하였다. 장공은 생애 말년까지 프랜시스에 '빛진 자'의 심정으로 살았다. 주지하는 바 이후 장공은 일본과 미국 유학시절 고학생활

---

27 『김재준 전집 5』, 179, 13, 54.
28 『김재준 전집 18』, 217.
29 석영중, 『러시아정교 역사 · 신학 · 예술』, 137.

을 하면서도 그리고 귀국 후에 번듯한 '일자리' 없이 경제적 빈곤을 벗어나지 못하고 이리저리 옮겨다닐 때에도, 1950년대 보수·근본주의자들로부터 자유주의, 이단신학자라는 누명과 모함을 받으며 교회 밖으로 추방당하는 시련 속에서도, 유념할 바는 군사 독재시절 온갖 탄압과 회유에도 타협하지 않고 장공 자기 길을 갈 수 있었던 것은 가난과 고독을 신의 은총으로 여기며 살았던 프랜시스의 '청빈 영성'(poverty spirituality)을 흠모하고 따라 실천하려는 의지가 있었기 때문에 가능했다.

만우와 장공은 아울러 프랜시스 청빈 영성을 살아내신 프랜시스칸들이다. 그러한 면에서 언급했듯이 본래 한신(韓神)과 기장교단(基長教團)의 신학 언저리에는 프랜시스의 청빈 영성이 흐르고 있음을 우리 기장인들은 잊어서는 안 될 것이다.

4) 역사 참여적 영성

장공은 역사 이해에서 민족문제에 대한 많은 글을 쓰고 있다. 장공은 1974-1983년 기간에 캐나다에 체류하면서 민족의 현실문제와 민족의 미래 문제에 대해서 깊은 성찰의 시간을 가졌던 것이다. 장공은 한국 고대사로부터 근대사에 이르기까지 중요한 사건들을 빠짐없이 해석하면서 중요한 '민족의 자주성'이라는 척도에서 평가한다. 장공은 고구려의 정신을 높이 평가하며 나라의 자주를 위해서 투쟁한 을지문덕, 연개소문, 양만춘 등을 민족정신의 효시로 삼고 있다. "이제 생각건대 고구려의 멸망이 그대로 한국인과 한국 역사의 결정적인 분수령이 되겠다고 하겠다. 그때부터 우리 민족과 우리 역사는 외세에 눌려 기를 펴지 못하고 위축일로(萎縮一路)를 걸었다."[30] 따라서 신라가 외

---

30 "한국인과 한국역사 1", 『김재준 전집 12』, 376-385.

세인 당나라를 끌어들여 삼국을 통일한 것을 장공은 매우 부정적으로 평가한다. 함석헌과 친분에서 비롯했을지 모를 일이나 장공의 역사관은 상당히 유사성을 갖는다. 고구려의 멸망과 신라의 삼국통일을 대비시킨 것이나 사대주의와 숙명론 그리고 계급주의를 타파해야 할 민족의 과제로 삼은 것도 유사하다.

장공은 "한국 민족주의의 민주화와 통일 ― 한국 민족주의의 인간화와 사회화"라는 글에서 민족의 알맹이가 무어냐? 그 민족 하나하나가 '알찬 인간'으로 되는 그것이다. 알찬 인간이란 어떤 인간일까? 개인관계에서는 사랑을 알고 사랑하려는 심정으로 사는 인간이겠고 사회적으로는 의 사모하기를 주리고 목마름같이 하는 '의인'일 것이다. 나아가 민족국가의 영광은 민족 성원(Members)의 하나하나가 관권(官權)이나 군권(軍權)의 압박에 시달림 없이 자유하면서 바르게 잘 사는 나라 건설에 자진 협동하는 것이 아니겠는가? 이것을 향한 한걸음 한걸음이 인간 해방과 '민족의 민주화 행진'일 것이다.[31]

실제로 3.1 운동에 대한 그의 글에서 우리는 말년의 생각을 엿볼 수 있는 대목을 여럿 발견할 수 있다. 이 땅의 종교들이 함께 했던 3.1 운동을 장공은 사랑과 희생을 실현한 민족의 번제물이라 하였다.[32] 그를 민족의 부활을 위한 십자가로 본 것이다. 왜냐면 모두가 평등하고 자유한 주체적 국가를 이루고 그 나라의 백성이 되는 것은 그 자체로 그리스도교적이며 진리로 여겼던 탓이다. 나아가 장공은 3.1 운동을 단순히 독립 운동만이 아닌 진리 운동이라 하였고 남북의 허리가 잘려 있는 한 그것은 완결된 것이 아닌 진행형이라 믿었다.

장공은 이 땅에서의 정치의 민주화, 인간화를 이루는 것을 복음의 토착화로 여겼다. 이렇게 자유와 평등을 위해 종교의 벽을 허문 3.1

---

31 『김재준 전집 12』, 202-209.
32 『김재준 전집 18』, 315-317.

운동의 유산을 장공은 70년대의 민주화 투쟁을 위한 자양분으로 삼았다. 반독재 민주화운동이 교회만이 아닌 전 국민적, 종교적 운동으로 번질 것을 바란 것도 사실이다. 이를 위한 한국교회의 고난을 세계 교회의 보편적 고통이라 여기며 '한몸' 사상을 발전시킨 것도 대단히 의미 깊다.33

주지하듯 장공은 본래 구약 신학자였고, 따라서 예언자들의 거룩한 정열에 대한 연구가 깊었다. 예언자들의 '거룩한 정열'은 하나님의 절대 사랑과 공의로우심, 생명을 긍휼히 여기는 마음과 공동체 속에서 정의가 강물처럼 흐르게 한다는 것이 중요 핵심이다. 따라서 하나님 앞에서 인간들이 자유, 평등, 평화, 사랑의 공동체를 이루며, 어떤 국가권력과 왕의 권력, 종교제도나 종교의례를 절대시하며 인간을 비인간화시키는 것을 비판하고 저항하는 '우상타파 정신'이 바로 예언자 정신이다.34

장공은 또한 그의 삶 후기에는 기독교윤리학자로서 강의와 그 구현에 힘을 써 왔는데 그 배경에 20세기 신학자들 중에서 예언자 정신을 시대 상황에서 새롭게 재해석하고 현실 속에 적용시키려 노력한 라인홀드 니버(Reinhold Niebuhr)와 리처드 니버(Richard Niebuhr) 두 형제의 신학사상에 정통하였다. 20세기 저명한 기독교 윤리사상을 통해 기독교 신앙과 현실 정치와의 관계에 대한 신학적 통찰을 받아들였다.

장공은 개인 그리스도인을 사회에 보내 '정의로운 사회'가 될 것이라는 개인주의적 경건주의 기독교 윤리를 소박한 낙관주의 윤리라고 보았다. 중요한 것은 기독교 신앙 핵심 본질인 성육신 신앙의 진리(요 3:16, 골 2:9-10, 엡 2:14-18)를 어떻게 이해할 것이냐의 문제이다. 그 문제는 결국 교회와 국가, 종교와 문화, 성스러운 것과 속된 것, 영원

---

33 『김재준 전집 11』, 216-217.
34 김경재, 『김재준 평전』 (삼인, 2014), 213.

한 것과 시간적인 것을 어떤 관계로 파악할 것인가의 문제인 것이다.

장공은 리처드 니버의 '그리스도와 문화 변혁설'의 입장을 진지하게 한국에 소개하고 지지하였다.[35] 장공은 '역사 참여의 영성'에 대하여 다음과 같이 말하였다.

> 그리스도인은 한국 역사를 그리스도 역사로 변질시켜 진정한 자유와 정의와 화평으로 성격화한 사랑의 공동체를 건설해야 할 것이다… 그러므로 하나님 사랑의 생명, 영으로 다시 난 생명, 거룩한 생명을 받은 그리스도인은 남과 나와 사회와 국가를 살리는 생명, 더 풍성한 생명의 샘터를 발굴하여 만민에게 생명의 샘물을 제공해야 할 책임이 있다… 우리가 역사에 대한 관심을 강조하는 것은 세속 역사를 하나님 나라 역사로 변질시키는 운동이다. 그것은 역사 도피도, 역사 소외도 아니고 바로 역사 주역으로 등장하는 방향이다.[36]

장공은 현실 정치의 왜곡된 점을 바로 잡고자 노력하며, 예수님의 가르침 곧 '예'와 '아니오'를 분명하게 함을 성서 말씀을 문자적으로 맹신해서가 아니라 깊은 신학적 지성이 뒷받침되어서 그렇게 살고 행동했음을 알아야 한다.[37]

7. 결론적 이야기

동방정교회 영성과 장공의 영성 신학 관계성을 위하여 그것의 만

---

35 H. 리처드 니버/김재준 역, 『그리스도와 문화』(1965). '리처드 니버의 신학과 윤리', 『장공 김재준 논문선집』(2001), 272-285 참조.
36 김재준, 「귀국직후」196, 206, 208; 김경재, 『김재준 평전』(2014), 218에서 김경재는 '성육신적 영성'이라고 주장한다.
37 김경재, 『김재준 평전』, 213.

남의 지점은 무엇인가? 장공의 영성은 인간의 자기 초월, 하나님 형성화 작업이라 하겠는데 개혁교회의 이해로는 바울-어거스틴-루터와 칼빈 칼 바르트로 이어지는 영성신학이다. 초월적인 것, 거룩한 실재에 의해 촉발당하고 붙잡힘 받아 발생하는 것, 즉 계시적 체험, 역동적 변화, 자기초월 경험을 맛보는 것이다. 영성은 이기적 자기중심성에서 해방되어 진정한 자유인으로서 봉사, 사랑, 참여, 단순성, 생사 초월, 청빈 등 공통적인 삶의 모습을 나타낸다.

동방정교회(러시아) 영성 테오시스(神化, Theosis)는 '하나님의 성품에 참여하는 자'라는 의미이다. 테오시스는 개신교에는 다소 생소한 표현이지만 러시아정교회의 신학적 특징을 드러낸다. 인간이 하나님의 영역으로 고양되는 것, 즉 하나님의 영역으로 상승하는 것을 의미한다. 러시아정교회의 신화의 의미는 하나님과 같이 하나님의 형상으로 창조되는 인간, 하나님의 자녀가 됨, 하나님과 그리스도를 닮아감, 이것을 관상과 자비와 덕과 청빈, 기도, 훈련 등으로 표현하며 구현한다.

회심과 거듭남, 새사람이 되는 과정을 적나라하게 보는 것이 곧 헤시카즘이라 하겠다. 헤시카즘은 원래 그리스어의 '정적'(靜寂, he-sychia)에서 유래한 말이다. 헤시카즘 영성의 궁극적 목적은 신의 인식이나 신에 대한 관상이 아니라, 팔라마스(Gregory Palamas)에 의하면 헤시카즘의 실천자는 하나님의 본질로부터 나온 하나님의 힘(energeia)에 의해서 지상에서도 신의 직관에까지 이르는 것이 가능하다고 한다. 이것을 위해 헤시카스트는 우선 속세의 혼잡을 피해 내적, 외적인 정적 속에 잠심하고, 부단히 호흡하는 중에 예수의 이름을 부르며, 영혼, 정신, 육체가 하나로 통일되는 마음으로 기도를 바치고, 일체의 상상에 대해 주의하고 경계하며, 모든 생각을 공허하게 하고, 자신과 인간의 죄와 인간무상을 슬퍼하며, 모든 덕을 몸에 익혀 번거롭지 않은 마음(apatheia)을 확립한다. 이러한 준비적인 단계를 거쳐 마지막 단계에 도달하면 하나님은 이미 관상의 대상에서 벗어나게 되며 관상자 자신은 삼위일체인 신의 생명 속으로 온전히 몰입해서 하나님의 직관에 도달하게 된다.38

70년대 초 루터교회와 러시아정교회와의 대화는 매우 중요한 계기를 제공했다. 이 만남을 필두로 루터의 '의인론'은 다름이 아니라 초대교회 교부들을 통해 내려오는 그리스도교 영성의 핵심인 '하나님의 성품에 참여하는 삶'에 대한 종교개혁적인 응답이요 표현이었음이 밝혀지기 시작했다.39

2016년 2월 '천년만의 만남'으로 전 세계는 프란치스코 교황과 키릴 러시아정교회 교종이 쿠바에서 만나, 그들은 30개 항목에 대해서 공동합의문을 발표했다. 그 내용은 21세기 현대 고통 받는 모든 하나님의 백성의 구원과 세상의 평화를 위해서 가톨릭교회와 러시아정교회가 하나의 신앙으로 협력하자는 것이다.40

---

38 석영중, 『러시아정교 역사 · 신학 · 예술』, 55-56.
39 정승훈, '종교개혁과 영성', 『종교개혁과 21세기』 (대한기독교서회, 2003), 82.
40 키릴 교종/강영광 역, 『자유와 책임』 (대한기독교서회, 2016), 269.

참고문헌

강태용. 『역사와 신학 동방정교회』. 홍익재, 2010.

곽승룡. 『비움의 영성』. 카톨릭출판사, 2004.

김경재. 『김재준 평전』. 삼인, 2014.

디모데 웨어/이형기 역. 『동방정교회의 역사와 신학』. 한국장로교출판사, 2008.

박찬희. 『동방정교회 이야기』. 신앙과 지성사, 2012.

석영중. 『러시아정교 역사·신학·예술』, 고려대학교출판부, 2007.

장공 김재준 목사 기념사업회. 『김재준 전집』. 1992.

장공 김재준 목사 기념사업회. 『장공 김재준의 신학세계』. 한신대학교출판부, 2006.

장공 김재준 목사 기념사업회. 『장공 김재준의 신학세계 2』. 한신대학교출판부, 2016.

키릴 교종/강영광 역. 『러시아정교회 키릴 교종의 자유와 책임』. 대한기독교서회, 2016.

E. H. 카/유강은 역. 『러시아 혁명 1917-1929』. 이데아, 2017.

Solzhenitsyn, A.. *Nobel Lecture*. N.Y: Farrar, Straus and Giroux, 1972.